四通五達　四柱學

極 秘 傳

술술 읽다보면 통달하는 사주의 저자

趙 哲 顯　著

哲 顯 學 會 編

제 1 부　실전 사주감정

- 술술 읽다보면 통달하는 사주학 2편 -

제 2 부　사주감정 극비전

- 3차원적 사주감정법 공개 -

yh 유한문화사

책을 펴내면서

역학(易學)이라는 학문이 무형의 기(氣)를 탐구하는 학문이다 보니 그에 대한 접근과 연구를 하다보면 많은 의문과 혼란을 접하게 된다. 또한 그 역학의 원리를 적용하여 사람의 운명을 연구하는 사주학 또한 마찬가지이다.

예로부터 내려오는 수많은 선학(先學)들의 이론과 저서(著書)가 있으나 그 내용에 대한 진의를 제대로 파악하고 깨달은 사람들이 드물어 이론의 습득과 적용에 있어서도 의견이 분분하다. 이러한 연유로 일부에서는 고서(古書)와 고전(古典)의 이론에 대한 무용론까지 제기되고 있는 실정이며, 새로운 이론을 창안하는 사람들도 있다.

그러나 필자의 생각으로는 이러한 현상들이 앞에서 밝혔듯이 고서(古書)나 선학(先學)들의 생각을 제대로 이해하지 못한 데서 기인한 것으로 본다. 이러한 가운데 역학에 입문하는 초학(初學)들의 입장에서 느끼는 혼란은 어지간한 것이 아니다. 자칫 중요한 부분을 부정하게 되고, 편협된 시각에 의하여 맹신적으로 한 가지 이론에만 집착하게 되어 앞과 뒤와 아래와 위를 골고루 볼 수 있는 시각을 상실하게 된다.

고서에는 분명 그 나름대로의 전달하고자 하는 의미와 함축된 깊은 뜻이 있다. 또한 각각 다른 관점과 시각에서 표현해 놓은 것이므로 얼핏 보면 전혀 무관한 별개의 이론으로 생각될 수 있지만 실제로는 그렇지 않다고 본다. 따라서 필자의 사주감정법(四柱監定法)

도 선학(先學)들이 내어 놓은 모든 고서의 이론에 근거한 것이다.

이번 책자도 그러한 관점에서 선학(先學)들이 남겨 놓은 이론들을 복합적으로 적용하여 사주를 감정하는 방법을 공개하는 것이다. 다소 생소하고 혼란스럽게 느껴지는 부분이 있을지도 모르겠으나, 수차례 거듭 읽다보면 사주를 보는 시야가 한층 넓어지리라 본다.

그리고 「술술 읽다보면 통달하는 사주학」 1권에서는 생년월일과 성명을 가명으로 기재하였었으나, 그에 따른 독자들의 혼란이 있었기에 이번에는 생년월일을 명확히 기록한다.

저자 조 철 현

이 책의 특징

명리학에 입문한 사람들이면 누구나가 겪는 어려움이 바로 사주를 어떻게 풀이 하느냐는 것이다. 이는 명리학을 배우는 궁극적인 목적이라고도 볼 수 있다.

그러나 대부분의 사람들이 수많은 이론과 학술을 배우고도 그 응용법이나 활용방법을 몰라서 실제 감정에 있어서 혼돈하는 경우를 경험하게 된다.

그에 따라 근원적인 학술자체에 의구심을 갖거나, 학술을 부정하는 사례가 발생하기도 한다. 하지만 이 모든 현상은 학술의 참된 의미를 제대로 소화하지 못하고, 적재적소에 응용하여 활용하는 방법을 모르거나, 잘못 사용하였기에 발생하는 문제라 본다.

본서에서는 여기에 주안점을 두고 사주를 감정하는 방법을 기술하였다. 따라서 본서(本書)를 수차례 숙독(熟讀)하다 보면, 고서(古書)나 선현(先賢)들이 언급한 내용들을 쉽게 이해할 수 있으리라 믿는다.

아울러 이 책을 통하여 사주를 보는 시야(視野)가 더욱 넓어지게 되고, 사주를 감정하고 분석하는 사고(思考)에 심도(深度)가 더해지기를 바란다.

편집자

차 례

제 1 부　실전 사주감정 / 13

－술술 읽다보면 통달하는 사주학 2편－

제1부

실전 사주감정

-술술 읽다보면 통달하는 사주학 2편-

1 와, 귀신이다!

정재준(남) / 양력 1968년 9월 24일(卯時生)

癸 丁 辛 戊
卯 酉 酉 申

65 55 45 35 25 15 5
戊 丁 丙 乙 甲 癸 壬
辰 卯 寅 丑 子 亥 戌

년 戊 申 : 관귀학관 금여 천사 천의성 지살
월 辛 酉 : 천을 태극 문창 학당 도화
일 丁 酉 : 천을 태극 문창 학당 도화
시 癸 卯 : 태극 문곡 귀문 육해 공망

정화(丁火) 일간이 유월(酉月)에 태어나고 월지 장간(藏干)에서 신금(辛金)이 월간에 투출(透出)하여 편재격(偏財格)이다. 재왕(財旺)하고 일간(日干)이 신약하여 종(從)을 하고 싶으나 시지(時支)에 묘목(卯木)이 있어 종(從)을 하지 못하니 신약사주가 되었다.

목(木)이 용신(用神)이니 수(水)는 희신(喜神), 금(金)은 기신

(忌神), 토(土)는 구신(仇神), 화(火)는 구신(救神)이다.

■ 성 격

내성적이고 까다로우며 날카롭고 투기심이 있다. 단순한 성격에 소심하나 생활력이 강하고 대인관계가 좋다. 부모에게 받은 인자를 겸한다면 포용력이 있으며 낙천적이고 낭만적이다. 사교적이며 설득력이 있는 실속파다.

■ 조상운

할아버지는 시지(時支)의 장간을목(藏干乙木)이다. 년은 조상궁 또는 할아버지궁으로서 년간(年干)에 상관(傷官)이 투출(透出)하고 연지(年支)에 정재(正財)가 있으며, 관귀학관(官貴學館)·금여록(金與祿)·천사성(天赦星)·천의성(天醫星) 등의 길신이 있어 할아버지는 한의원·침술원 등의 활인(活人)업에 종사하였다.

■ 부모운

정화(丁火) 일간의 아버지는 월간 신금(辛金)이다. 태극귀인(太極貴人)·문창귀인(文昌貴人)·학당귀인(學堂貴人) 등이 있어 아버지는 학자였다. 아버지는 월일간 정신극(丁辛剋) 월일지 유금(酉金)과 유유자형(酉酉自刑) 시지 묘목(卯木)과 묘유충(卯酉沖) 등이 있어 일찍 타계(他界)하여 부모덕이 없다.

■ 형제운

형제는 병정화(丙丁火)며 사주상에 나타나지 않았다. 월지는 형제궁으로서 유유자형(酉酉自刑)에 묘유충(卯酉沖)되어 형제가 없다.

■ 부부운

부인은 연지(年支) 장간(藏干) 경금(庚金)이다. 재(財)가 기신(忌神)에 해당하여 처덕은 없다. 특히 월일지에 도화살(桃花殺)이 있고 정편재(正偏財)가 혼잡되어 재국(財局)을 이루어 정숙한 여자는 한 명도 없다. 도화살(桃花殺)을 차고 유유자형(酉酉自刑)에 묘유충(卯酉沖)하여 깨어진 술집 여성들만 주위에 모여 살아간다.

■ 자식운

자식은 시간에 투출한 계수(癸水)가 된다. 계수(癸水)는 년간(年干) 무토(戊土)와 무계합(戊癸合)을 하여 무정합(無情合)이 되니 그 부모의 인자를 물려받았다.

특히 시지 묘목(卯木)은 일지 유금(酉金)과 월지 유금(酉金)과 묘유충(卯酉沖)하며, 연지 신금(辛金)과 묘신(卯申) 귀문관살(鬼門關殺)이 되니 정신질환도 있다.

정화(丁火) 일간의 입장에서 본다면 시(時)에 용신(用神)과 희신(喜神)이 있어 말년에 자식 덕은 있다.

■ 임술대운(壬戌大運) (5~14살)

임술대운은 연지 신금(申金)과 월일지 유금(酉金)과 신유술(申酉戌)로 서방 금국(金局)을 이루어 신약한 일간(日干)을 더욱 신약하게 만들며, 시지 묘목(卯木)을 극하여 일간(日干)이 뿌리(根)를 내리지 못하게 한다.

대운천간 임수(壬水)는 년간 무토(戊土)를 무임극(戊壬剋)하고 일간 정화(丁火)를 정임합(丁壬合)하여 나쁜 운이다. 일간(日干)은 임술대운(壬戌大運)을 넘기지 못하고 굶어 죽을 수도 있는데, 다행히 대운술토(大運戌土)가 시지 묘목(卯木)과 묘술합화(卯戌合火)되어 일간의 뿌리(根)가 되어 주니, 이는 하늘의 도움이라고 볼 수 있다.

■ 계해대운(癸亥大運) (15～24살)

계해대운의 계수(癸水)는 년간 무토(戊土)를 무계합화(戊癸合火)하고, 지지 해수(亥水)는 연지 신금(申金)과 월일지 유금(酉金)의 기운을 설하여 용신(用神)인 묘목(卯木)을 생하여 주며, 또한 해묘합(亥卯合)을 하여 일간(日干)을 생하여 준다. 이때부터 건강도 찾고 사회활동도 할 수 있게 되었다. 일간(日干)이 신약하고 부모덕이 없어서 학교 공부는 포기하고 기술을 배운다.

■ 갑자대운(甲子大運) (25～34살)

갑자대운의 갑5년은 인수운(印綬運)이 되어 신약한 정화(丁火) 일간에 힘이 되어 준다. 년간의 상관(傷官)을 대운의 갑목(甲木)이 갑무극(甲戊剋)하여 오만불손한 성품을 다스려 주니 직장에서 착실하고 성실한 사람으로 칭송을 받는다. 자운(子運)에는 자묘형(子卯刑)・자유파(子酉破) 등이 일어나게 되어 착하고 성실하던 사람이 풍파를 겪는다.

감정 상황

술이 약간 취한 듯한 두 사람이 사주를 보러 왔다. 한 사람은 그냥 가자고 손목을 당기고, 또 한 사람은 보고 가자며 서로 밀고 당기다가 사주를 보겠다는 사람이 팔목의 힘도 좋고 고집도 세어 결국 사주를 보게 되었다.

사주를 보지 않겠다던 친구가 시비를 걸어온다.

손 님 : "아저씨 사주가 맞는 거요? 텔레비전에 그 유명하다는 아무개라는 사람도 사기꾼이라 하던데, 아저씨 이거 엉터리가 아니오?"

저 자 : "예, 저는 그분을 잘 모릅니다. 세상에는 많은 사람들이 함께 살아가니 이런 분도 있고 저런 분도 있을 수 있겠지요. 하지만 저는 사기꾼이 아닙니다.

저는 신(神)으로 보는 사람이 아닙니다. 단지, 수천 년을 내려온 동양철학을 평생을 통하여 연구하고 깨우친 명리학의 대가들께서 후학들을 위하여 남겨 놓은 저서를 보고 열심히 공부하는 사람이며, 그 내용을 토대로 하여 선생의 사주를 받아 풀어 드리는 것입니다."

손 님 : "좋소! 안 맞으면 돈 안 줄 거요, 됐소?"

저 자 : "예 그렇게 합시다. 그 대신 맞으면 감정료를 곱으로 주시오. 저는 사기꾼이 아니므로 맞지도 않는 것을 가지고 남의 돈을 강탈하고 싶지는 않습니다.

다만 저도 신이 아니기에 100% 다 알아맞히기는 어려우니 80~90%쯤 된다면 선생의 양심에 따라 돈을 주시오. 99개 맞고 1개 틀린 것을 가지고 시비하신다면 저의 입장에서는 어쩔 수가 없고…"

손 님 : "좋소! 잘 맞으면 곱을 주겠소."

보지 않겠다던 사람이 먼저 사주를 보게 되었다.

저 자 : "먼저 선생은 부잣집 거지며, 성격은 불같이 급하고 뒤끝은 없으며, 한탕주의가 강하며 눈치는 무척 빠르고, 꼼꼼하며 섬세하고, 극단적인 공격형에 깨고 부수며 자르고, 섬세하게 다듬기를 좋아하며, 또 투기를 좋아하고 여자를 많이 밝히지요?

싸움을 많이 하여 몸에 상처가 많겠으며, 학업은 많이 하질 못하고 토목 · 건축 · 가구와 같은 직업에 종사하겠으나, 돈을 벌어도 쓸 곳이 많아서 외형은 돈 잘 쓰는 사람이지만 내실은 빈약하여 항상 주머니에 돈이 궁하며, 끈기가 부족하여 한 곳에 오래 근무하지 못하고 자리 변동이 많지요?

15살부터 일찍 직장생활을 하여 열심히 살아왔다고 보이나, 25살부터는 싸움을 많이 하여 흉기나 병 등으로 나를 가해하든가 남을 가해하여 교도소 출입도 여러 번 있었다고 보이며, 88년도부터 여자들과의 연(緣)이 많아 다변한 애정행각을 하여 왔다고 볼 수 있고, 90년 돈 · 여자 문제로 관재(官災) 구설수가 있었다고 보이며, 91년 가을에 나와서 93년에 또 한번 여자를 만나 지내다가 1년 만에 헤어지고, 94년부터 95년도에 만나 96년 또 헤어지고, 그 해 사고로 다쳤다든가 싸워 헤어졌지요?

그 해 다시 또 여자가 들어왔으며, 올해는 돈과 여자 문제로 관재구설이 있을 수 있으니 조심하시고, 내년에 타도(他道) 또는 다른 곳으로 움직일 운이 있다고 보이니 99년 10월, 12월을 극히 조심하십시오."

숨도 안 쉬고 일사천리로 뱉어 내고 상대의 얼굴을 쳐다보니

손 님 : "와, 이 아저씨 귀신이네! 정말 사주가 이토록 정확하게 나오니 탄복하겠네!

아저씨, 공부 얼마나 하셨소? 정말 여기 앉아 있기 아깝다. 좋소. 말이 나왔으니 말인데, 나 가구점에 근무하였으며, 지금은 깡패 아니 칼잡이요."

저 자 : "칼잡이가 무엇이요?"

손 님 : "그런 것이 있다오. 감방에 두 번 갔다 왔소이다. 정말 이 아저씨 귀신이네! 95년도에 만난 아가씨 죽어서 헤어졌는데 그런 것도 다 나오네!"

저 자 : "만약에 그 아가씨가 죽지 않았다면 선생께서 문제가 있을 운이었다고 볼 수 있으며, 지금 그 여자 분의 사주를 알지 못하니 무엇이라고 말은 할 수 없으나 어쨌든 조심하고 사셔야 합니다."

손 님 : "좋소. 이 친구의 사주도 한번 봐 주시오."

설 명

부잣집 거지라고 했는데…

사주상에 재(財)가 왕하고 극신약하니 돈과 여자가 많다는 뜻이 된다.

신왕하고 재(財)가 왕(旺)하면 거부(巨富)의 사주가 되겠으나, 이렇게 사주가 신약하면 외화내빈(外華內貧)하여 남의 돈은 많이 만지나 실상 내가 가지는 돈은 조금이라는 뜻이 되겠다.

재(財)가 병이 되는 사주는 오히려 재복(財福)이 없으며, 신약한 사람이 무리하게 많은 돈을 축재하려고 하면 재(財)는 재생관(財生官)하여 관재구설이 있게 되든가 깡패나 강도 등을 불러들이게 되므로, 돈으로 인하여 생명을 잃게 되는 수가 있다.

한탕주의가 강하다고 하였는데…

정화(丁火) 일간은 음화(陰火)로서 밤을 밝히는 등불에 해당하여 사주가 승격(昇格)되면 군인·경찰·검찰직에 적성인데, 파격(破格)이 되면 반대로 밤에 활동하는 제비족·도둑·깡패의 기질이 있다.

이 사주의 경우 여기저기 돈이 널려 있으며, 년천간에 상관(傷官)이 투출(透出)하고 있다. 상관(傷官)의 특징상 오만불손한 기질로 관(官), 윗사람, 상사를 능멸한다.

시간에 투출(透出)한 편관(偏官)은 싸움꾼·깡패 등으로 볼 수 있으며, 신금(辛金)은 작은 칼 또는 흉기 등으로 볼 수 있다.

묘신(卯申)·귀문관살(鬼門關殺)·원진살(元嗔殺)·묘유충(卯酉沖)·유유자형(酉酉子刑) 등에 월일지의 도화살(桃花殺) 등은 정숙한 여자들이 아닌 술집에 종사하는 수많은 아가씨들이 되며, 충형(沖刑)은 극단적인 공격형에 깨고 부수고 하니 깡패 사주가 되어 말하였던 것이다.

직업이 실내장식 또는 가구점이라고 하였던 것은…

사주 구성이 나쁘고, 대운(大運)이 좋지 못하여 학업을 많이 하기 어려우니 기술을 배웠다고 보며, 시지묘목(時支卯木)이 용신(用神)이 되니 목(木)에 의한 직업으로서 의상·책·건축·실내장식 등으로 볼 수 있다.

을목(乙木)은 작은 나무에 해당하고, 년간의 상관(傷官), 시간의 편관(偏官), 유유자형(酉酉子刑) 묘유충(卯酉沖)하여 깨고 부수고 박고 다듬어 만들면 가구점이 되어 말하였던 것이다.

계해대운(癸亥大運)은 정계극(丁癸克)하여 일찍 기술전선에 뛰어들었다고 볼 수 있다.

시간 계수(癸水)는 편관(偏官)인데, 년간무토(年干戊土) 상관(傷官)이 무계합살(戊癸合殺)하여 편관(偏官)은 정관(正官)의 성질로 되고 상관(傷官)은 식신(食神)의 작용으로 되어 열심히 일하였다고 본다.

계수(癸水)는 편관(偏官)이 되며 길거리 노상·노무자 등으로 보아 육체적 직업이 되며, 대운지지는 용신(用神) 묘목과 해묘합목(亥卯合木)하여 용신(用神)인 묘목(卯木)에게 힘을 더하여 주니 열심히 일하며 내일을 기약하고 지낸다고 본다.

계수편관(癸水偏官)을 무토상관(戊土傷官)이 무계합(戊癸合)을 하니 즉, 조상과 할머니가 보살펴 주고 있다고 볼 수 있다. 갑자(甲子)대운의 갑목(甲木)이 무갑극(戊甲剋)하며 무계합(戊癸合)을 깨니 상관(傷官)과 편관(偏官)의 흉작용이 살아나게 되었다.

대운 자수(子水)는 시지 묘목(卯木)과 자묘형(子卯刑)하며, 월일지의 유금(酉金)과 자유파(子酉破)하니, 깨고 부수며 사주상에 있던 유유자형(酉酉子刑) 묘유충(卯酉沖) 등을 합하여 예리한 칼 솜씨로 한탕 왕창하고자 하지만 경찰서를 내 집같이 출입하게 된다.

여자들과 연(緣)이 많은 것은 재(財)가 많으며, 운(運)에 따라 다양하게 변하는 것이 돈이 아닌 술집 여자들이기 때문이다.

월일지가 모두 도화살(桃花殺)이 되어 여성 편력이 대단하다. 대운(大運)이 좋게 흘러주지 않아 험한 세상을 살아간다.

88년부터 여자들의 연(緣)이 많았다고 하였는데…

88년 무진년(戊辰年)의 무토(戊土)는 시간(時干)에 있는 계수(癸水)와 무계합화(戊癸合和火)하니 편관(偏官)의 깡패와 상관(傷官)의 하극상(下剋上)이 비겁(比劫)으로 변하여 친구들과 어울려 길거리를 돌아다닌다.

지지 진토(辰土)는 월일지 유금(酉金) 편재(偏財) 도화살과 유진합(酉辰合)이 되고, 시지 묘목(卯木) 편인(偏印)과 묘진합(卯辰合)하니, 편인(偏印)의 도심(盜心)과 한탕주의가 어울려 천지사방(天地四方)으로 돌아다니지만, 돈은 생기지 않고 여기저기 바람난 아가씨들만 합(合)되어 들어오니 말한 것이다.

90년에는 여자와 돈 문제로 관재구설이 있었다고 했는데…

경오년(庚午年)은 신약한 정화일간(丁火日干)에 경금(庚金) 재(財)가 보이니 친구인 오(午) 중 병정화(丙丁火) 친구들과 함께 어울려 남의 돈을 겁탈하고, 경오년(庚午年)은 백호살(白虎殺)이 되어 관재구설이 있게 된다.

91년은 신미년(辛未年)이다. 신금(辛金)이 전반 6개월을 주도한다면 지지 미토(未土)는 후반기 6개월을 주도하게 되며, 년지 미토(未土)가 시지 묘목(卯木)과 기해월(己亥月)의 해수(亥水)와 해묘미삼합(亥卯未三合) 목국(木局)이 되니 일간(日干)이 신왕해져 교도소에서 나올 수 있었다.

93년에 또다시 돈·여자문제로 관재구설이 있었다고 하였는데…

93년은 계유년(癸酉年)이다. 천간 계수(癸水)는 편관(偏官), 지지 유금(酉金)은 도화살(桃花殺)로 유유자형(酉酉子刑)과 묘유충(卯酉沖)을 하여 돈·여자문제로 관재구설이 있다고 하였다.

정계극(丁癸克)은 발음상 정화(丁火)가 먼저 계수(癸水)를 극(剋)하고, 유유자형(酉酉子刑)도 본인이 스스로 형(刑)을 하는 것이 되므로 본인이 문제를 일으켜 관재구설이 있게 되었다고 본다.

94년부터 여자를 만나 지내다 헤어지고, 95년도에 다시 만나 96년에 싸우며 헤어지는 과정에서 크게 다쳤다고 하였는데…

94년은 갑술년(甲戌年)이 된다. 시간 계수(癸水)로부터 수생목(水生木) 목생화(木生火)하니 일간(日干)이 힘을 받고, 지지 술토(戌土)는 신금(申金)과 유금(酉金)을 합(合)하여 신유술방합(申酉戌方合)으로 묶게 되니 다수의 여자와 교제하였다고 볼 수 있다.

95년 을해년(乙亥年)은 월간 신금(辛金)을 을신극(乙辛克)하게 되니 여자와 헤어진다. 지지 묘유충(卯酉沖)을 하고 있는 묘목(卯木)을 을해년(乙亥年)의 해수(亥水)가 해묘합(亥卯合)을 하니 94년에 만난 여자와 헤어지고 다시 만났다고 하였다.

96년에 헤어지고 다시 만난 것은 월간 신금(辛金)과 병자년(丙子年)의 병화(丙火)가 병신합(丙辛合)을 하고, 지지 자수(子水)가 형충파해합(刑沖破害合)을 하니 싸우며 헤어지는 과정에서 크게 다쳤다고 하였더니 여자가 죽어서 헤어졌다고 하였다.

2 사주쟁이 무섭다

정수민(남) / 양력 1968년 9월 27일(시는 모름)

( ) 庚 辛 戊
( ) 子 酉 申

64 54 44 34 24 14 4
戊 丁 丙 乙 甲 癸 壬
辰 卯 寅 丑 子 亥 戌

년 戊申 : 천사성 천의성 지살
월 辛酉 : 래록 도화
일 庚子 : 월덕귀인 천희성 장성

경금(庚金) 일간이 유월(酉月)에 태어나 양인격(陽刃格)이 되겠다. 일간(日干)이 신왕하고, 월 양인격(陽刃格)이 되므로 화용신(火用神)하면 군인 · 경찰 · 운동선수 · 판검사(判檢事)로 진출하는데, 이 사주는 시(時)를 몰라도 감정이 되고도 남는다. 왜인가?

앞의 사람이 깡패였는데 뒷사람은 볼 것도 없다. 세상 사람 모두가 끼리끼리 어울리기 마련이다.

년간 무토(戊土)는 큰 산을 의미한다. 큰 야적장(野積場)에 가을 이슬 맞은 철광석이 강원도 탄광에서 막 캐내어져 산과 같이 쌓여 있고, IMF로 경제가 어려워지니 제철소에서 제련되지 못하고 산골짜기에서 녹슬어 녹물만 흘러내리고 있는 현상이다.

수(水)가 용신(用神)이 되어 식신생재(食神生財)하므로 수목화운(水木火運)은 길하고, 토금운(土金運)은 흉하다.

■ 성 격

장부다운 기질에 배짱이 있으며, 결단력이 있고 일처리는 잘 하며, 상대방을 꺾어 누르려는 성격이 강하여 시비 구설이 따르고, 손재주가 있다. 부모에게 받은 인자(因子)를 겸한다면 강인한 의지와 배짱이 있으며, 의협심과 통솔력이 있고 독립심과 자존심이 강하다.

■ 조상운

경금(庚金) 일간의 할아버지는 년간 무토(戊土)다. 할아버지는 병지(病地)에 앉아 있으며, 년에 천사성(天赦星)·천의성(天醫星)·지살(地殺)이 있어 할아버지는 고향을 지키지 못하고 타향으로 이주하였다. 할아버지는 농업에 종사하는 평범한 분이다.

■ 부모운

경금(庚金) 일간의 아버지는 갑목(甲木)으로서 사주상에 나타나지 않았다. 월은 부모궁이 되며, 월간 신금(辛金)이 월지 건록궁(建祿宮)에 앉아 아버지는 군인·경찰·운동선수 또는 자유직업에 종사하였다.

아버지는 도화살(桃花殺)에 앉아 있으며, 년간에 편인(偏印)이 있어 아버지는 주색파가(酒色破家)하였다.

■ 형제운

월지는 형제궁(兄弟宮)으로 형제는 월지 녹왕(祿旺)이 되니 형제들은 자수성가하여 부귀하는 형제도 있으며, 월 도화살(桃花殺)이 되어 주색파가(酒色破家)하는 형제도 있다. 사주상 비겁(比劫)이 흉신(凶神)에 해당하여 형제 덕이 없다.

■ 부부운

경금(庚金) 일간의 처성인 목(木)이 사주상에 보이지 않는다. 일지(日支)는 처궁이며, 일지에 월덕귀인(月德貴人)·천희성(天喜星)·장성(將星) 등의 길신이 있으며, 일지 식상(食傷)이 강한 일간(日干)을 설기시켜 주는 용신(用神)이 되어 처덕은 있다.

■ 자식운

자식궁은 시(時)가 되나 사주상에 시를 알 수 없다. 병정화(丙丁火)는 자식이 되고 조후용신(調候用神)이 되어 말년에 자식 덕은 있다.

■ 건강운

금수(金水)는 냉하므로 냉병·소화불량·치질 등이 있다. 천간으로 목(木)이 오게 되면 강한 금(金)이 극(剋)을 하게 되어 간이 나빠질 가능성이 있다.

■ 직업운

금일간(金日干)이 사주상에 병정화(丙丁火)가 없어 다듬어 주지 못하고, 금수(金水)는 차고 어둠을 상징하므로 밤에 활동하고 수(水)가 용신(用神)이 되니 식상생재하여 물장사·색시장사 등을 하면 재(財)를 취할 수 있다.

■ 금전운

일간(日干)이 강하고 일지에 식상(食傷)이 있어 처덕이 있으며, 물장사·색시장사를 하면 경제적으로 큰 어려움은 없다.

■ 임술대운(壬戌大運) (4～13살)

임술대운(壬戌大運) 중 천간 5년은 강한 일간(日干)을 설기(洩氣)시켜 주므로 무난하게 잘 지낼 수 있다. 술운(戌運)은 년지 신금(申金)과 월지 유금(酉金)과 신유술(申酉戌) 방합(方合)을 하여 일간(日干)이 극신왕해진다. 편인국(偏印局)이 형성되니 부모님에게 변화가 있게 되며, 계모의 양육을 받는다. 경금(庚金) 일간은 많은 흙속에 파묻는 형국이 되어 어려움이 많다.

■ 계해대운(癸亥大運) (14～23살)

계해대운(癸亥大運)은 식신(食神) 상관운(傷官運)이다. 일간(日干)의 강한 기를 설기(洩氣)시켜 주게 되므로 어려운 여건 속에서도 무난히 고등학교 정도는 나올 수 있다. 격(格)이 크고 병화(丙火)가 시에 투출(透出)하였다면 군인·경찰·운동선수·의사·판검사 등에 인연이 있으나, 현재 친구가 자칭 깡패며 칼잡이니 승격되지 못하였다고 본다.

■ 갑자대운(甲子大運) (24～33살)

갑자대운(甲子大運)의 갑목(甲木)은 경금(庚金) 일간에 편재운(偏財運)이다. 지지 자수(子水)는 년의 무신(戊申)과 신자합(申子合)하며, 월지 유금(酉金)과 자유파(子酉破)된다.

년 무신(戊申)은 편인(偏印)과 비겁(比劫)이 된다. 편인(偏印)이 희신이 되면 인기・외국어・창의성이 되나, 흉신(凶神)이 되면 도심(盜心)이 되니 야바위꾼・사기꾼이며, 자유파(子酉破)는 작은 흉기가 되어 깨고 부수며, 유금(酉金) 도화(桃花)는 술집 색시가 되어 도심(盜心)이 많은 친구들과 어울리게 된다.

갑목(甲木)대운은 편재(偏財)가 된다. 사주상에 없는 큰 돈이 보이니 한탕주의로 살게 되고, 관재구설이 따라다닌다.

감정 상황

저 자 : "처덕은 있으며, 94년 10월경에 결혼을 하였다고 보며, 물과 관계되는 사업을 하고 여자들이 많이 따라다니니 여자들을 조심하여야 하며, 타고난 적성은 군인・경찰・운동선수 등을 하면 좋겠으나 초년 운이 좋지 못하여 공부를 많이 못하니 좋은 직장에 근무하기 힘들며, 남들이 말하기를 의리 하나는 끝내 준다고 하겠으며, 부인의 말 잘 듣고 열심히 살면 말년에 여유 있게 살며, 자식 덕도 있겠소이다."

손 님 : "지금 제게 여자가 몇 명이라고 봅니까? 몇 명인지 맞추어 보시오."

저 자 : "저의 입장에서 그것까지는 정확하게 알기는 어렵고, 양인도화가 되어 남성다운 면이 있어서 거기에 반한 아가씨들이 많이 따르겠소."

손 님 : "지금 제가 여자가 있는지 결혼을 했는지, 아니면 몇 명인지 정확히 맞추면 감정료 따따불로 주겠소."

잠시 머뭇거리고 있는데, 먼저 나를 시험해 보고 탄복하며 옆에 앉아 있었던 그 친구가 의자 밑으로 손가락 3개를 살짝 내리며 눈을 깜빡거린다.

저 자 : (얼른 눈치를 채고) "부인 외 여자 2명이 더 있겠소."

손 님 : "와, 이 아저씨 정말 귀신이네! 졌다 졌어 정말 이 아저씨에게 사주 보러 오지 않아야겠다. 정말 무서워서 어디 사주 보겠나."

(감정료 따따불로 주며) "나는 여자가 싫다고 하는데도 여자들이 막 따라붙으니 정말 미칠 지경이오. 도화살인가 무엇인가 사람 죽인다 죽여 정말 죽여준다니까!"

신난다고 웃으며 가는데 칼잡이인가 하는 그 친구 한쪽 눈을 깜빡거리며 손을 흔들어 주며 그 친구를 따라간다.

설 명

처덕이 있다고 하였던 것은…

사주가 신왕하고 시(時)를 알 수 없는데, 병화(丙火)가 있으면 관(官)을 용신(用神)하겠으나, 이 사람의 직업이 깡패니 밤에 활동하며, 수(水)가 용신(用神)이 된다고 본다.

90년부터 93년까지 재운(財運)이 없다가 갑술년(甲戌年)은 편재운(偏財運)이 되며, 년지 신금(申金)과 월지 유금(酉金)과 갑술년(甲戌年)의 술토(戌土)가 신유술(申酉戌) 방합(方合)이 되며, 월지가 도화살(桃花殺)이 되니 깡패가 매력적으로 보여 결혼을 하였다고 본다.

신유술(申酉戌) 방합(方合)을 주위의 많은 사람들이 함께 모인 것으로 본다면 결혼식장에 많은 사람이 참석하였다고 추리해 볼 수 있다.

물과 관계되는 직업을 하겠다고 하였던 것은…

수(水)가 용신(用神)인데, 금수(金水)는 음(陰)이 되며, 차고 냉하니 밤에 활동하고, 수(水)는 술·음식이 된다.

부인 덕이 있다고 하였는데…

일지에 자수(子水)가 있어 강한 금(金)의 기를 설기(洩氣)시켜주며, 용신(用神)이 일지에 있으니 부인 덕이 있다. 앞으로 부인 말 잘 듣고 열심히 살면 말년에 잘 살겠다고 하였던 것은 이 사람의 대운(大運)이 나쁘지 않고, 처가 경제활동을 한다고 보면 경제적 안정은 되기 때문이다.

지금 여자가 몇 명이겠느냐고 물었는데 신(神)으로 보는 것이 아니며, 귀신(鬼神)이 아닌데 내가 그것을 안다 함은 무리다. 그 친구의 장난기가 발동하였기에 옆의 칼잡이란 친구도 장난으로 받아들여 나에게 손가락 3개로 알려 주었던 것이다.

여자가 많아 여자를 조심하라고 하였는데…

월지 양인(陽刃)이 도화살(桃花殺)이 되어 정력이 강하고, 양인도화살(陽刃桃花殺)은 양인살(陽刃殺)에 깨어진 여자들이 도화살(桃花殺)을 차고 있는 현상이며, 비겁(比劫)은 동기·동서·친구 등이 되니 임자 있는 여자 또는 아무나 데리고 놀 수 있는 여자들이 되며, 양인도화살(陽刃桃花殺)은 도화살(桃花殺)로 인하여 몸을 상한다고 볼 수 있기 때문이다.

3 사심 없이 풀어 주세요

이승운(남) / 음력 1953년 5월 9일(寅時生)

庚 辛 戊 癸
寅 丑 午 巳

64 54 44 34 24 14 4
辛 壬 癸 甲 乙 丙 丁
亥 子 丑 寅 卯 辰 巳

년 癸巳 : 천의성 지살 공망
월 戊午 : 천을 문곡 도화 공망
일 辛丑 : 화개 원진 귀문관살
시 庚寅 : 천을 태극 관귀학관 겁살

역학 동호인으로서 본인의 사주를 사심 없이 풀어서 실어 주기를 간절히 당부하여 싣게 된 사주다. 학술적 이론대로만 해설하니 혹 불쾌함이 있어도 이해하여 주기 바란다.

먼저 승격된 사주를 모델로 하여 비교를 하여 보면 쉽게 사주를 알 수 있게 되니 우선 4개의 사주를 비교하여 보자.

본인 사주

庚　辛　戊　癸
寅　丑　午　巳

예 1

癸　辛　戊　丙
亥　酉　辰　午

예 2

甲　辛　丙　戊
寅　酉　午　辰

예 3

甲　辛　戊　丙
寅　酉　辰　午

예 4

戊　辛　丙　甲
辰　酉　午　寅

예 1의 경우

년간의 정관(正官)이 간지동(干支同)으로 통근(通根)하여 할아버지때 부귀한 명문가(名文家)였다.

월 정인(正印)이 간지동(干支同)으로 통근(通根)하고 년의 생을 받으니 아버지는 할아버지의 유업(遺業)을 물려받아 부귀하였다. 일간이 건록(建祿)으로 건왕하며 월의 생을 받으니 부모의 유업을 물려받아 부귀한다.

시(時) 식신(食神)은 자식으로 년에서부터 오행이 주류(周流)하여 조상으로부터 물려받은 유업이 손자 대에까지 대대손손 물려주는 명문 중에 명문임을 한눈에 알 수 있다.

예 2, 3, 4의 경우

재관인(財官印)이 녹왕(祿旺)으로 통근(通根)하고, 천간 투출(透出)하고, 일간도 왕하므로 대운(大運)에 큰 비중을 두지 않아도 무관하다.

상관운(傷官運)이 온다고 하더라도 인수(印綬)가 억제하고, 재(財)가 유통시키므로 험한 운이 온다고 하여도 아무 걱정이 없이 부귀영화를 누릴 수 있는 사주다.

필자의 저서에 실린 많은 사주는 실존 인물을 감정한 것을 자료로 하였으며, 혹 본인의 동의(同意)없이 책에 실었다고 추궁하는 사람이 있을까 하는 노파심에 이름을 가명으로 하였다.

1권 출간 후 많은 독자들께서 격려의 전화를 주셨고, 일부는 생년월일에 대한 질문도 하여 주셨으며, 많은 분들이 2권에 본인의 사주를 실어 줄 것을 부탁하였으나 모두 실어 드리지 못함을 사과드린다.

또 기초부분을 재정립하여 알기 쉽게 써 줄 용의는 없느냐고 하신 분도 상당수 계셨는데, 필자의 생각에는 기초부분의 서적은 자평서로부터 시작하여 실력 있는 학자들의 책이 무수히 많이 나와 있다고 여겨지며, 오히려 이론이 분분하여 혼란스럽기까지 한 상태라고 생각된다.

필자는 어느 책이든 한 권만 잘 이해하면 깊은 경지에 도달할 수가 있다고 본다. 한 권의 책은 호기심을 일으키며, 많은 책은 혼돈이 되며, 그 이치를 깨닫게 되면 다시 한 권이 된다.

그러므로 어설픈 기초 책을 한 권 더 내어 혼란스럽게 하기보다는 선생들의 노고에 감사하는 편이 낫다는 생각이 들며, 선생들의 저서를 쉽게 터득하는 방법을 소개하여 독자들의 열화와 같은 성원에 대신할까 한다.

필자가 우둔하기에 많은 시간동안 책을 보아도 그 내용을 완전히 이해하고 습득하기까지는 무한한 어려움이 있었다. 그래서 책을 펴낸 선현들의 생각을 읽어내고자 노력하였고, 많은 시간동안 고심을 한 결과로써 쉽게 이해하고 기억하며, 빨리 터득하는 방법을 찾아내게 된 것이다.

비법공개

1. 사람이 多情多感하나 욕심이 많으며 好酒好色으로 妻妾을 두고 또한 남의 養子가 되어 가기도 하며, 故鄕을 떠나 客地에 나가서 크게 성공한다.

2. 身旺 財旺하면 官星을 필요하고 正官運에 必得名利한다.
3. 偏財가 沐浴을 만나면 父가 風流로 辛苦하는 사람이다.
4. 사주의 偏財가 大運에서 絕墓를 만나면 父의 德이 없으며, 심한 자는 父親과 生別하거나 死別한다.

(엄윤문 저, 命學秘解의 일부에서 발췌)

■ 4번을 예로 풀어 보자

편재(偏財)는 일간(日干)이 임수(壬水)일 경우 병화(丙火)가 된다.

"대운(大運)에서 절묘(絕墓)를 만나면 부(父)의 덕(德)이 없으며"라고 하였는데 병화(丙火)가 대운(大運)에서 술해(戌亥)를 만났다는 말이며, 술토(戌土)는 병화(丙火)의 묘고(墓庫)가 되고, 해수(亥水)는 절지(絕地)가 된다.

부친이 묘(墓)에 왔으니 살아 있어도 죽은 것이나 다름없고, 병화(丙火)가 해수(亥水) 위에 앉게 되니 꺼진 불이나 마찬가지다.

부친이 살아 있어도 능력이 없어 부모의 덕이 없고, 이미 위험지경에 와 있으니 심하면 부친과 살아서 이별하지 않으면 죽어서 사별한다는 뜻이 된다.

이 말을 쉽게 풀이하면,

화(火)가 절지(絕地)인 수운(水運)에 왔다.

수(水)가 화(火)를 극(剋)한다.

화(火)가 힘이 없다.

더욱더 쉽게 말하자면, 결국 甲乙丙丁戊己庚辛壬癸 10개를 가지고서 참으로 할 말도 많고, 쓸 책도 많은 것이다.

책 속의 수많은 말들은 모두가 갑(甲)이 어떻고, 화(火)가 어떻고 등등이며, 수백 권의 책들의 내용은 모두가 아주 간단한 갑(甲)과 을(乙)에 대한 내용들이라 보면 된다.

즉, 한 문장씩을 외우려 하면 안 된다는 것이다.

오행(五行)으로 바꾸어 보면 목(木)이 수(水)의 생(生)을 많이 받았다. 또는 금(金)이 목(木)을 극(剋)했다 등등이며, 이는 다름 아닌 갑(甲)이 어떻고, 을(乙)이 어떻고 하여 갑(甲)과 을(乙)에 대한 내용들인 것이다.

수백 권의 책을 모두 외우려 하지 말고 오행(五行)으로 바꾸어 간단히 이해한다면, 수백 권의 저서 속에 들어 있는 내용은 모두가 甲乙丙丁戊己庚辛壬癸, 子丑寅卯辰巳午未申酉戌亥의 22자에 대한 내용밖에 없다는 것을 알게 된다.

■ 다음은 격(格)과 용신(用神)을 보자

이 세상 사람은 모두 하나씩의 격(格)을 가지고 있으며, 내격(內格)·외격(外格)·특수격(特殊格)·잡격(雜格) 등 약 180개의 격(格)이 있다고 하며, 여기에다 귀격(貴格)·천격(賤格)·승격(昇格)·파격(破格)·정신기(精神氣)·용신(用神)·희신(喜神)·기신(忌神)·구신(仇神)·구신(救神)·유정(有情)·무정(無情)·기반(羈絆)·중화(中和)·통관(通關)·조후(調喉)·억부(抑扶)·병약(病弱)·정관(正官)·편관(偏官)·정인(正印)·편인(偏人)·비견(比肩)·겁재(劫財)·정재(正財)·편재(偏財)·식신(食神)·상관(傷官)의 다변한 생극합(生剋合)·형충파해(刑沖波害)·12운 신살(神殺) 등등 …을 감안한다면…

정말 머리 아프고 복잡다단하다.

손님이 자리에 앉아 3분을 넘기면 술사(術士) 취급을 받는다. 이 세상에 이보다 어려운 직업이 없다.

앞의 사주와 같이 격(格)에서부터 시작하여 복잡다단한 것을 모두 해결하고 있는 모델 사주를 준비하여 두었다가 1초 내에 비교하여 보고 순차적으로 무엇이 빠졌는가, 무엇이 병이 되었는가를 찾아가며 타기법 등을 적용한다면, 무슨 말이 되었든 간에 3분 안에 손님에게 해줄 수가 있게 된다.

필자의 깊은 생각에서 1권 110페이지 하단에 재관인(財官印) 사주를 실어 놓았으나, 대체적으로 그 의미를 잘 모르신 것 같아 실례를 다시 들어보았다. 독자들의 학문 발전에 많은 도움이 되기를 바란다.

■ 격해설

신금(辛金) 일간이 오월(午月)에 태어나 월지 장간(藏干)에서 천간 투출(透出)이 없으므로 월지에서 격(格)을 잡아 편관격(編官格)이 되겠다. 편관격(編官格)에 정관(正官)이 혼잡(混雜)되었으며, 일간(日干)이 신약하여 월간 투출(透出)한 무토(戊土)로 생을 받아 일간(日干)이 강해지면 좋으련만, 무토(戊土)가 무계합화(戊癸合火)하며 묶여 무심하니 부득이 일지편인(偏印)에 의지할 수밖에 없다.

용신(用神)은 일간(日干)이 제일 필요로 하는 오행(五行)인데 조후(調喉)·병약(病弱)·억부(抑扶)·통관(通關)·중화(中和)·

격혼잡(格混雜) 등을 동시에 해결하여 준다면 용신(用神)으로는 최상으로 볼 수 있다.

일간이 약하니 인수(印綬)로 생을 받음을 원하지만, 인수용신(印綬用神)은 조후(調喉)·병약(病弱)·억부(抑扶)·통관(通關)·중화(中和)·격혼잡(格混雜) 등을 동시에 해결하여 주지 못하므로 부득이 수(水)에게 조후(調喉)와 억부(抑扶)를 담당하고, 관살혼잡격(官殺混雜格)에 상관제살(傷官制殺)로 쓰며, 정관(正官)을 정리하고 편관(偏官)만 남겨 이를 격(格)으로 삼고, 편관(偏官)의 살(殺)도 억제하는 2중의 임무를 주어야 한다.

살(殺)이 권(權)이 되면 좋으련만 일간이 신약하니 별무신통하고, 부모의 지극정성이 무용이니 안타까울 뿐이다. 일지에 수양엄마가 정성으로 불공드려 주니, 눈칫밥 먹고 살아도 생모보다 100배 고맙다.

식상(食傷)을 쓰자니 일간이 신약이며, 인수(印綬)가 병이 되는데, 인수(印綬)가 천간으로만 오지 않으면 상관(傷官)도 쓰고 인수(印綬)도 쓸 수 있겠다.

일간(日干)이 신약하여 부득이 토(土)가 용신(用神), 수(水)가 조후(調喉)겸 관살혼잡(官殺混雜)을 제거함과 동시 격(格)을 맑게 하니 희신(喜神), 목(木)은 기신(忌神), 화(火)는 구신(仇神), 금(金)은 구신(救神)으로 보아야 하는 난해(難解)한 사주다.

■ 성 격

깐깐하고 고집이 세며 깔끔하다. 날카로운 성격에 맺고 끊는 것이 분명하다. 자존심이 강하고 지기 싫어하며, 마음에 들어야만 움직이는 성품에 눈치가 빠르고 재능은 많은 편이다. 부모에게 받은 인자를 겸한다면 자만심이 강하고 이기적이며, 감정이 잘 격하고 자신을 과시하기 좋아하며, 반항심이 강하나 소심하고 겁이 많은 편이다.

■ 조상운

할아버지는 편인(偏人)으로서 일지 장간기토(藏干己土)다. 년은 조상궁 또는 할아버지궁으로 년간 식신(食神)과 지지 정관(正官)이 있어 할아버지는 관료로서 부귀하였다.

■ 부모운

아버지는 편재(偏財)로서 사주상에 나타나지 않았으나 시지의 정재(正財)로 본다. 월간은 아버지궁이며, 월지 도화살(桃花殺)이 되고 정편인(正偏印)이 많다. 월간 무토(戊土)가 무계합(戊癸合) 등으로 어머니는 재가하여 계모의 양육이 있었고, 아버지는 처첩이 많았다. 년월이 공망(空亡)이 되어 부모덕이 없다. 할아버지는 손자를 위해 지극정성을 하고 있어 할아버지의 음덕이 있다.

■ 형제운

형제는 연일지 장간(藏干) 경신금(庚辛金) 시간의 경금(庚金)이다. 월지는 형제궁으로 월지는 병 목욕지(沐浴地)가 되며, 월령을 잃고 형제들은 지장간(地藏干)에 장축(藏蓄)되어 어렵게 산다. 도화살(桃花殺)이 동주하고 있어 형제는 풍류가로 보며, 형제 중에 인사형(寅巳刑)·탕화살(湯火殺) 등으로 일찍 헤어진 형제가 있다.

■ 부부운

재(財)가 기신(忌神)에 해당하나 일지가 일간의 뿌리(根)가 되어 부인 덕은 있다. 일지 편인(偏印)은 처를 극(剋)하고 허무주의를 유도하여 함께 살아도 고독을 면키 어려우며, 처가의 보증 등으로 재산을 손재할 수 있다. 탕화살(湯火殺)이 있어 첫 부인은 불의사고 등으로 사별하여 재가를 할 가능성이 있다.

■ 자식운

자식은 년월시지 장간(藏干) 병정화(丙丁火) 등이다. 자식은 월령 시지를 모두 득하여 자식은 잘 된다. 인사형(寅巳刑)・탕화살(湯火殺)・도화살(桃花殺) 등이 있어 자식 중에 건강하지 못한 자식이 있든가 일찍 낳은 자식은 키우기 어렵다. 사주상 관(官)이 기신(忌神)에 해당하여 자식 덕은 없다.

■ 건강운

신금(辛金) 일간이 신약하고 화(火)가 왕하여 화(火)를 제하기 위하여 술을 많이 마시게 되며, 기관지・폐・장・간 등이 약하다.

■ 사업운

편인(偏人)이 용신(用神)이며 상관(傷官)이 희신(喜神)이다. 일간을 합하여 작은 쇳소리 나는 직업, 전자・전기・조명, 음식점 또는 외국어 선생, 종교・역학 등에 인연이 있다.

■ 재물운

모든 기(氣)가 일지 편인(偏印)으로 모여 어려운 중에도 열심히 노력하여 큰 돈의 여유는 없어도 내 집 정도는 지니고 살아가리라 본다.

■ 정사대운(丁巳大運) (4～13살)

정사대운(丁巳大運)은 사오미(巳午未) 남방 화운(火運)이다. 정사대운의 천간 정화(丁火)가 일간 신금(辛金)을 정신극(丁辛剋)하여 아주 나쁜 운이다. 지지 사화(巳火)가 일지 축토(丑土)로 설기당하여 어린시절 건강이 좋지 않았으나 무난히 성장할 수 있다.

■ 병진대운(丙辰大運) (14～23살)

인묘진(寅卯辰) 동방(東方) 목운(木運)이나 진토(辰土)는 토(土)의 성질이 강하여 토(土)로 보아야 한다. 병진대운(丙辰大運)은 경제적 어려움이 있으나 진토(辰土)의 좋은 운이 되어 무난히 학업을 할 수가 있다.

■ 을묘대운(乙卯大運) (24～33살)

을묘대운(乙卯大運)은 재운(財運)이 된다. 경제활동을 하여 착실히 사회기반을 다져 간다. 용신(用神)이 상관제살(傷官制殺)과 편인(偏人)이 되니 교육자가 무난하나 사업을 한다면 작은 쇳소리 나는 직업이 되며, 이 운에 결혼도 한다.

■ 갑인대운(甲寅大運) (34～43살)

재운(財運)이 되어 사회 기반은 착실히 다져 간다. 인사형(寅巳刑)・탕화살(湯火殺)・도화살(桃花殺) 등이 합(合)이 되어 부인과 이별 내지 사별의 운이 있어 가정적으로는 문제가 있다.

90년 경오년(庚午年)은 갑인대운(甲寅大運)과 도화살(桃花殺)이 인오합(寅午合)되어 여성편력이 있고, 91년 신미년(辛未年)은 사오미(巳午未) 화방(火方)에 일지축토(丑土)와 축미충(丑未沖)이 있어 부부 이별의 아픔이 있다.

임신년(壬申年)은 새로운 사업 등을 하며, 부인과 인사신(寅巳申) 삼형(三刑)이 되어 사별 내지 법적 이혼이 되었다고 본다.

계유년(癸酉年)은 년지 사화(巳火) 일지 축토(丑土)가 사유축삼합(巳酉丑三合) 금국(金局)이 되어 일간이 극신왕하니 사업확장, 새로운 투자, 공동사업이 있으며, 문서상의 문제로 어려움도 있다.

갑술년(甲戌年)은 문서로 재물이 생기며, 집을 확장하거나 새로운 인연이 있으며 좋은 운이다.

을해년(乙亥年)은 무리한 투자·확장 등으로 경제적 압박을 받는 해라 이동·변화 등이 있다.

병자년(丙子年)은 천덕지합(天德地合)이 되니 여성 편력이 있을 수 있는 운이다. 대운(大運)이 계축대운(癸丑大運)으로 바뀌며 30년의 대변화가 오게 되는 해가 되며, 계축대운(癸丑大運)의 계수(癸水)가 월간무토(月干戊土)와 무계합(戊癸合)이 되니 사회활동이 멈추어진다. 축토(丑土)는 편인운(偏印運)이 되니 역학·종교 등에 관심이 있게 된다.

정축년(丁丑年)은 일간(日干)과 정신극(丁辛剋)되어 산·절·타향·타도 등으로 이동·변화 등이 있으며, 무인(戊寅) 기묘년(己卯年)은 여자의 도움이 있으며, 학문에 깊이 빠져드는 해가 된다.

54살 임자대운(壬子大運)부터는 월간 무토(戊土)의 합(合)이 풀리며, 상관(傷官) 말이 트이게 되니 역학인으로 인정을 받게 되리라 본다.

신해대운(辛亥大運)에서 경술대운(庚戌大運)으로 이어지며, 술해(戌亥) 천문성(天文星)이 들어오니 역학계에 명성이 있게 된다.

부인 사주

유인선(여) / 음력 1962년 9월 25일(未時生)

辛 甲 庚 壬
未 午 戌 寅

75 65 55 45 35 25 15 5
壬 癸 甲 乙 丙 丁 戊 己
寅 卯 辰 巳 午 未 申 酉

壬寅 : 고란살 지살
庚戌 : 괴강 화개
甲午 : 태극귀인 홍염 장성
辛未 : 천을귀인 귀문관살 반안

지지가 인오술(寅午戌) 삼합(三合)과 오미합화(午未合火)하여 종아격사주(從兒格四柱)로, 불덩어리에 녹아 맥도 못추는 남자 둘을 옆에 끼고 년간(年干)의 임수(壬水)를 생하니, 한증실에 습도(濕度)만 높이고 있는 꼴이며, 지지에 편인(偏人)을 깔고 앉아 먹고 노는 남자 둘을 죽도록 벌어 먹이고 있는 현상으로 자업자득을 하고 있다.

수(水)가 용신(用神), 금(金)이 희신(喜神), 토(土)가 기신(忌神), 화(火)가 구신(仇神), 목(木)은 구신(救神)이다.

■ 성 격

독립심과 자존심이 강하다. 재주가 있으며 영리하고 수단이 좋다.

오만하며 비평을 잘 한다. 멋 내고 꾸미는 일에 유능하고, 자기 표현이 좋다. 문화・예술・학술에 재능이 있다. 부모에게 받은 인자를 겸한다면 담백하며, 사고력과 설득력이 있다. 봉사정신은 강하지만 타산적이며 이기적이다.

■ 조상운

할아버지는 년간 임수(壬水)다. 년간에 편인(編印)이 투출(透出)하여 할아버지는 학자였으며, 처첩을 두어 할머니가 두 분이다.

■ 부모운

아버지는 월지 장간(藏干) 무토(戊土)다. 아버지는 군인・경찰・운동선수와 같은 강한 직업에 종사하며 부귀하였다.

■ 형제운

형제는 년지 장간(藏干) 갑목(甲木)이다. 월지는 형제궁이며, 월(月) 괴강에 화개살(華蓋殺)이 동주하고 있어 형제는 고향을 지키고 살았다고 보며, 군인・경찰・운동선수와 같은 강한 직업에 종사한다.

■ 부부운

정편관(正偏官)이 월시(月時)의 천간(天干)에 투출(透出)하고 일지(日支)로 합이 되므로 학술적 기법에 의하면 두 남편을 섬기고 산다고 말할 수가 있겠다. 타서(他書)를 인용한다면, 식상(食傷)이 왕하면 생식본능이 강하며, 관살혼잡(官殺混雜)에 합다(合多)하면 결혼 후 3년 안에 정부(情夫)와 야반도주 한다고 밝히고 있다.

■ 자식운

식상(食傷)이 합다(合多)하고 관살혼잡 되어 두 집에 자식을 낳고 살아갈 가능성도 있다.

■ 직업운

사주상에 화(火)가 강하고 일간이 약한 가종(假從)이 되니 주점·여관 등에 인연이 있고, 교육자·언론인·미용 등에 인연이 있으나 활활 타는 불길 위에 쌍칼 들고 춤추는 무녀(巫女)일 확률이 크다.

■ 금전운

편인(編印)과 화개(華蓋)·귀문관살(鬼門關殺)이 있어 선견지명이 있고, 정편재(正偏財)를 깔고 앉아 상관생재(傷官生財) 재생관(財生官)하니 양 옆에 두 남자를 끼고 먹여 살린다.

■ 건강운

신장·방광이 약하다. 대운(大運)이 화(火)운으로 흐르니 대운(大運)에 따라 가종(假從)을 하게 되고, 종(從)을 한 상태에서는 무난하다.

■ 기유대운(己酉大運) (5~14살)

신유술(申酉戌) 서방 금운(金運)이며, 월지 술토(戌土)와 유술합(酉戌合)을 하여 년간 임수(壬水)를 생하여 주니 무난히 잘 지낼 수 있다.

■ 무신대운(戊申大運) (15～24살)

무신대운(戊申大運)은 년을 천극지충(天剋地沖)하여 타향·타도로 이주 또는 일찍 사회생활을 하게 되며, 관운(官運)이 되어 일찍 결혼을 하였다.

■ 정미대운(丁未大運) (25～34살)

사오미(巳午未) 남방 화운(火運)이다. 미토(未土)는 토(土)의 작용이 강하여 토(土)로 보아야 하는데, 정화(丁火)가 천간투출(天干透出)하였으므로 화(火)로 본다. 정미대운(丁未大運)은 상관(傷官)이 왕하여 관(官)을 극하는 운이 되어 정상적인 결혼생활이 하지 못하고 방황하며 종교적 생활로 살게 된다.

■ 병오대운(丙午大運) (35～44살)

인오술(寅午戌) 삼합(三合) 화국(火局)에 월간 경금(庚金)과 시간 신금(辛金)과 지지로 합(合)이 되며, 일간이 극신약하게 되니 이 운부터 쌍칼을 쥐고 춤을 추는 무녀의 길을 가게 되며, 경제적 안정과 함께 두 남자를 거닐고 산과 들로 다니며, 병오(丙午)의 쌍 촛불을 켜게 된다.

■ 을사대운(乙巳大運) (45～54살)

사오미(巳午未) 화국(火局)이 되며, 상관(傷官)은 조상·할머니 등이 되고, 일간은 년지에 인(寅)목이 있어 종(從)이 되지 못하나 강한 화국에 가종(假從)하여 조상신을 모시며 무속인의 길을 간다고 본다.

■ **갑진대운(甲辰大運) (55~64살)**

인묘진(寅卯辰) 동방(東方) 목운(木運)이며, 천간(天干)에 갑목(甲木)이 투출(透出)하여 목(木)의 작용이 강해지며, 일간이 신약에서 뿌리가 들어와 강하게 되니 신의 영역에서 벗어난다고 본다.

4 궁합이 좋습니다

김우성(남) / 음력 1969년 7월 24일(子時生)

壬 癸 壬 己
子 未 申 酉

69 59 49 39 29 19 9
乙 丙 丁 戊 己 庚 辛
丑 寅 卯 辰 巳 午 未

년 己酉 : 문곡귀인 장성 공망
월 壬申 : 관귀학관 월덕귀인 홍염 망신 공망
일 癸未 : 협록 천덕귀인 홍란성 천의성 과숙 고초
시 壬子 : 황은대사 귀문관살 육해

계수(癸水) 일간이 신월(申月)에 태어나 월지 장간(藏干)에서 천간 투출(透出)이 없으므로 월지에서 격(格)을 잡아 인수격(印綬格)이 되겠다.

사주상에 수(水)가 왕하고 정편인(正偏印)이 혼잡하다. 재(財)를 용신(用神)하여 편인(編印)을 제거하고, 목(木)으로 물이 흘러가면

격(格)이 맑아지나 사주상에 재(財)와 목(木)이 장간(藏干)에 있어 안타깝다.

기토(己土)는 왕한 계수(癸水)에 제방이 되어 주지 못하고 기토탁임(己土濁壬)만 하고 있다.

미토(未土)가 용신(用神), 화(火)는 희신(喜神), 목(木)은 기신(忌神), 수(水)는 구신(仇神), 금(金)은 구신(救神)이며, 목화토운(木火土運)은 길하고, 금수운(金水運)은 흉하다.

■ 성 격

소심하며 잔꾀가 많고 소극적이며, 나약하여 의타심이 강하고 겁이 많다. 남에게 이용도 잘 당하며 실패가 많다. 부모에게 받은 인자를 겸한다면 온후하고 명예를 중요하게 생각하며, 지성(知性)적이며 학문(學文)과 예술(藝術)에 재능이 있다.

■ 조상운

조상은 년지 장간(藏干) 유금(酉金)이다. 년간(年干)에 편관(偏官)이 투출(透出)하고, 년에 문곡귀인(文曲貴人) 장성(將星)이 있어 할아버지는 관료(官僚)였다. 사주상에 목(木)이 약하고, 공망(空亡)이 있어 부유하게 잘 살지는 못했다.

■ 부모운

아버지는 일지 장간(藏干) 정화(丁火)다. 아버지 정화(丁火)에서 볼 때 부인이 2명이 되며, 인수(印綬)에 공망(空亡) 망신(亡身)이 있어 어머니는 소실(小失)로 시집을 왔다. 아버지는 묘고(墓庫)에 있어 일찍 타계를 하였든가 무능력하다.

■ 형제운

사주에 형제성이 많다. 월지는 형제궁으로 관귀학관(官貴學館)·월덕귀인(月德貴人) 등이 있으며, 월지 인수(印綬)가 되어 형제들은 문화·예술·학술에 종사한다. 월지가 공망(空亡)이며, 사주상에 비겁(比劫)이 기신(忌神)에 해당하여 형제 덕이 없다.

■ 부부운

부인은 일지 장간(藏干) 정화(丁火)가 된다. 일지는 부인궁이며, 일지에 용신(用神)이 되어 처덕은 있다. 일지 과숙(寡宿) 고초살(孤草殺)과 자미(子未) 귀문관살(鬼門關殺)이 있고, 부인 정화(丁火)에서 보면 월지 신(申) 중 장간(藏干) 임수(壬水)와 정임암합(丁壬暗合)이 된다. 시지 자(子) 중 임수(壬水)와도 정임(丁壬) 암합(暗合)이 되어 남편은 정신질환이 있다.

■ 자식운

자식은 년간(年干)의 기토(己土) 월지장간(月支藏干) 무토(戊土) 일지장간(日支藏干) 기토(己土)다. 사주상에 자식은 3명이 되나 한 명은 조금 병약하다. 자식은 말년에 잘 된다. 자식이 용신(用神)이 되어 자식 덕은 있다.

■ 건강운

사주상에 금수(金水)가 강하고, 화토(火土)가 약하여 심장·위장병이 있다. 일지에 귀문관살(鬼門關殺)이 있어 정신질환이 있으며, 자유파(子酉破)가 있어 신장·방광의 질병도 유의해야 한다.

■ 직업운

사주상에 식상(食傷)이 없어 사업가로는 적합하지 않고, 직장에서 주어진 일을 충실히 하면 무난하다.

■ 금전운

일간이 묘고(墓庫)에 앉아 있어 저축심은 강하다. 사주상에 비겁(比劫)과 도식(盜食)이 호시탐탐 엿보고 있어 조심을 하여야 한다.

대운과 연운에서 축토(丑土)가 와서 축미충(丑未沖)을 하여 재고(財庫)가 열릴 때는 돈과 부인문제로 정신적 고통이 크다.

■ 신미대운(辛未大運) (9～18살)

신미대운은 사오미(巳午未) 남방 재운(財運)이다. 용신(用神)인 관(官)을 생하며, 정편인(正偏印)이 혼잡된 격(格)을 맑게 하여 좋은 운이다. 신미대운(辛未大運) 중 5년은 천간에 편인운(偏印運)이 되어 초년은 좋지 못하다.

인수(印綬)에 공망(空亡) 망신살(亡身殺)이 있으며, 정편인(正偏印)이 혼잡(混雜)되어 어머니는 후처로 시집을 왔다.

■ 경오대운(庚午大運) (19～28살)

인수(印綬)와 재운(財運)이 되어 격(格)도 맑아지며, 용신(用神)을 생하여 주게 되므로 길하다. 시지 자수(子水)가 자오충(子午沖)되어 길 중 흉이 함께 있다.

■ 기사대운(己巳大運) (29～38살)

대운의 사화(巳火)가 년지 유금(酉金)과 사유합금(巳酉合金)이 되며, 월 신금(申金)과 사신합수(巳申合水)되어 격(格)이 탁하게 되어 흉운(凶運)이다.

■ 무진대운(戊辰大運) (39～48살)

무진대운은 인묘진(寅卯辰) 동방(東方) 목운(木運)이나 무진대운(戊辰大運)의 진토(辰土)는 토(土)의 작용이 강하여 토(土)로 보아야 한다. 무진대운(戊辰大運)의 천간은 관살혼잡(官殺混雜)이 되며, 지지 진토(辰土)는 월 신금(申金)과 시지 자수(子水)와 신자진삼합(申子辰三合) 수국(水局)이 되어 극신왕해진다. 일지 용신(用神)인 미토(未土)가 역극을 당하여 왕한 물결에 씻겨 떠내려가게 되니 위장병을 조심하여야 한다.

■ 정묘대운(丁卯大運)(49～58살)

정묘대운의 천간 정화(丁火)는 월시간의 임수(壬水)와 정임합목(丁壬合木)하고, 지지 묘목(卯木)은 일지 미토(未土)와 묘미합목(卯未合木)하여 사주상에 없던 식상(食傷)이 왕(旺)하게 된다. 부모형제 처자가 모두 힘을 합하여 주니 사주가 맑아지며 일할 곳을 찾아 말년이 좋다.

여자 사주

이순옥(여) / 음력 1973년 8월 3일(卯時生)

乙 戊 庚 癸
卯 戌 申 丑

63 53 43 33 23 13 3
丁 丙 乙 甲 癸 壬 辛
卯 寅 丑 子 亥 戌 酉

년 癸丑 : 천을 태극 천덕 천희신 화개
월 庚申 : 문창 암록 망신
일 戊戌 : 태극 과숙 괴강 반안
시 乙卯 : 백호살 귀문관살 공망 도화

무토(戊土) 일간이 신월(申月)에 태어나 월지 장간(藏干)에서 경금(庚金)이 월간에 투출(透出)하여 식신격(食神格)이 되겠다. 일간이 신약하여 인수(印綬)가 용신(用神)이 되며, 용신(用神)이 일지 장간(藏干)에 장축(藏蓄)되어 미약하므로 어려움이 많다.

일지 술토(戌土)와 시지 묘목(卯木)이 묘술합화(卯戌合火)하여 화(火)가 되니 부부가 서로 의지하고 사랑하면 화용신(火用神)이 생겨난다.

화(火)가 용신(用神), 목(木)은 희신(喜神), 수(水)는 기신(忌神), 금(金)은 구신(仇神), 토(土)는 구신(救神)이다.

■ 성 격

온화하고 착실하며 부지런하고, 자기 주장이 강하며 현실에 밝다. 부모의 인자를 겸한다면 따사로운 포용력에 낙천적이며 봉사정신이 강하다.

■ 조상운

사주상 할아버지인 병화(丙火)가 없어 일지 장간(藏干) 정화(丁火)로서 할아버지로 본다.

년은 조상궁 또는 할아버지궁으로서 년간(年干)에 정재(正財)가 투출(透出)하고 천을귀인(天乙貴人)·태극귀인(太極貴人)·천덕귀인(天德貴人)·천희신(天喜神)·화개(華蓋) 등의 길신이 있어 할아버지는 학자로서 부유하게 잘 사셨다.

■ 부모운

아버지는 월지 장간(藏干) 임수(壬水)다. 월에 식신(食神)이 녹(祿)으로 건왕하고 문창귀인(文昌貴人)·암록(暗綠) 등의 길신이 있어 아버지는 교육자로서 부유하였다.

■ 형제운

형제는 년지 장간(藏干) 기토(己土) 월일지 장간무토(藏干戊土)다. 월지는 형제궁이며, 문창귀인(文昌貴人)·암록(暗綠) 등의 길신이 있어 형제들은 교육자로서 부귀한다.

■ 부부운

남편은 시간의 을목(乙木)이다. 남편인 을목(乙木)과 일간(日干)이 지지로 묘술합(卯戌合)하여 부부 백년해로한다. 남편궁에 공망(空亡)이 있고, 일지에 과숙살(寡宿殺)이 있으며, 일지에서 시(時)는 도화살(桃花殺)이 되고, 시지 장간(藏干) 갑목(甲木)과 암합(暗合)이 되니 남편 이외 숨겨 놓은 애인이 있다.

■ 자식운

월 경금(庚金)이 자식이 되며, 건록궁에 앉아 건왕하며 문창귀인(文昌貴人)·암록(暗綠) 등의 길신이 있어 자식은 학자(學者)로서 부귀(富貴)한다.

■ 건강운

일간이 조금 신약하다. 사주상에 화(火)가 없어 산후병(產後病)과 냉병(冷病)이 있으며 심장이 약하다.

■ 직업운

년시는 음간(陰干)이며, 월일은 양간(陽干)으로 외형은 부드러우나 내형은 강하다. 무술일간(戊戌日干)은 괴강일로 여성으로는 강한 성격의 소유자이며, 사회활동은 적극적이다.

식신격(食神格)의 특성상 문화·예술·학술방향과 컴퓨터·디자인은 무난하다.

■ 금전운

금전운은 대체적으로 대운(大運)과 밀접한 관계이므로 단편적으로는 이야기하기는 어려우나 식신격(食神格)에 정재(正財)가 합(合)하고 있어 재복은 있다.

■ 신유대운(辛酉大運) (3～12살)

신유술(申酉戌) 금운(金運)이다. 일간이 신약한 중 신유대운(辛酉大運)은 월지 신금(申金)과 일지 술토(戌土)가 신유술방합(申酉戌方合)을 하여 더 약하다. 명예인 관(官)을 을신극(乙辛剋)하여 좋은 운이 아니다.

■ 임술대운(壬戌大運) (13～22살)

임술대운(壬戌大運)은 신약한 일간의 비견운(比肩運)이 된다. 일간의 힘을 보태어 주며, 시지 묘목(卯木)과 묘술합화(卯戌合火)되어 사주상에 없는 인수(印綬)가 생겨 공부를 잘 하였다.

시 묘목(卯木)은 도화살(桃花殺)이 되어 18살부터 이성에 눈을 뜨게 된다.

■ 계해대운(癸亥大運) (23～32살)

해자축(亥子丑) 북방 수운(水運)이다. 일간이 합다(合多)한 중 대운에서 다시 합운(合運)이 된다. 일지 장간(藏干)에 상관(傷官)이 장축(藏蓄)되어 있고, 도화관(桃花官)이 일지에 합(合)이 되니 혼전 임신을 하여 결혼을 한다.

시 도화(桃花) 관합(官合)이 있으며, 일지에 과숙살(寡宿殺)이 있다. 사주상에 식상(食傷)은 왕하며, 남편은 공망(空亡)이 되어 해운(亥運)을 넘지 못하고 정부를 불러들인다.

■ 갑자대운(甲子大運) (33～42살)

갑자대운은 일간 무토(戊土)를 무갑극(戊甲剋)한다. 월지 신금(申金)과 대운의 자수(子水)가 신자합(申子合)하고, 년지 축토(丑土)와 자축합(子丑合)을 하니 친구 또는 형제와 공동사업을 한다.

신약한 일간이 대운(大運)이 좋지 못하여 어려움은 많다.

감정 상황

한 쌍의 청춘남녀가 다정스럽게 손을 잡고 궁합을 보러 왔다.

저 자 : "두 사람은 98년에 만나 교제하고 있으며, 99년에 결혼하려고 두 사람은 부모에게 서로의 생년월일을 가르쳐 드리니 양쪽 집 부모들이 궁합을 보시고 서로 궁합이 나쁘다고 반대하고 계시기에 정말 두 사람 궁합이 나쁜 것인가 확인하러 오신 것이 아니요."

손 님 : "예, 맞아요. 우리 궁합이 맞지 않는 것입니까? 도대체 궁합이라는 것이 무엇입니까?"

저 자 : "궁합이요? 말 그대로 두 사람이 한평생 살아가면서 서로 사랑하며 서로 아껴 주며 변함없이 잘 살아갈 수 있을 것인가 없을 것인가를 사주상으로 맞추어 보는 것이지요."

손 님 : "말도 안돼. 우리가 서로 사랑하면 되는 것이지 사준가 궁합인가를 맞춘다 해 가지고 결혼을 못 하게 하니…

아니, 이 세상 사람들 모두 궁합봐서 장가가고 시집가면 이혼들을 왜 합니까? 아니, 궁합보지 않고 장가가고 시집가도 잘만 살던데…"

저 자 : "그렇다면 제가 방금 두 사람 부모들이 반대하니 확인하여 보고 싶어 오지 않았느냐고 하였는데 그것은 무엇이라고 대답하시겠소?"

손 님 : "참, 그러고 보니 선생님 귀신이네! 그것은 그렇고 우리의 궁합이 좋습니까? 나쁩니까?"

저 자 : "나쁘다면 두 사람 헤어질 것입니까? 두 사람은 내년에 부모님의 동의를 받지 않고 동거하다가 후일 부모님의 동의를 받게 생겼소."

손 님 : "예, 지금 선생님이 말씀하시듯이 부모의 동의를 받지 못하면 우리끼리 결혼하여 살지요, 뭐…"

(두 사람의 눈동자가 반들거린다.)

저 자 : "운이 그렇게 흘러갑니다."

손 님 : "우리 궁합 좋지요? 우리가 이렇게 사랑하는 것이 궁합이지, 궁합이 따로 있나요? 아저씨, 제 말이 맞지요?"

저 자 : "예, 맞습니다."

(궁합을 보러온 것인지 아가씨 앞에서 좋다고 해 달라는 것인지… 저 사람이 사주쟁이를 가지고 놀다 가네)

설 명

남자의 사주를 보니 계수(癸水) 일간이 금수(金水)가 혼잡(混雜)되어 많은데, 무토(戊土)의 제방이 없고 기토탁임(己土濁壬)되어 산천을 흘러내리고 있다.

수원(水原)에 중금속이 많이 흘러들지 못하게 화(火)로 막아야 하고, 기토(己土)로 흙탕물이 되어 있으니 목(木)으로 맑게 하여야 하나, 식상(食傷)과 재(財)가 일지 장간(藏干)의 씨앗으로 존재하니 탁수(濁水)가 되어버려 공업용수로도 쓸 수가 없다.

대운(大運)에서 목화(木火)가 동시에 들어와 주어야 격(格)이 맑아지리라 보이는데, 일지 장간(藏干)에 목화(木火)의 씨앗이라도 품고 있으니 처덕은 보겠다.

여자의 경우를 보니 년에 정재(正財), 월에 식신(食神), 시에 정관(正官)이 튼튼하게 뿌리내리고 일간도 일지 통근(通根)하여 좋은 사주를 만났다 했는데 인수(印綬)가 빠져 신약하다.

일지가 묘고(墓庫)에 남편궁이 공망(空亡)이요, 시도화살(桃花殺)에 암합(暗合)이다.

두 사람은 98년에 만났다고 하였는데…

남자의 경우 무인년(戊寅年)의 무토(戊土)와 일간이 무계합(戊癸合)이 되며, 무인년(戊寅年)의 인목(寅木) 장간(藏干)에 병화(丙火) 정재(正財)가 있어 여자를 만났다고 볼 수 있다.

여자의 경우 무계합(戊癸合)·묘술합(卯戌合) 등으로 합다(合多)한 중 무인년(戊寅年)은 무계합(戊癸合)이 되는 해이며, 무인년(戊寅年)의 인목(寅木)은 남자가 되어 한 말이다.

남자의 경우 99년 기묘년(己卯年)은…

일지 처궁에 묘미합(卯未合)이 되니 남자는 결혼을 하고자 하나, 어머니인 년월지 정편인(正偏印)에 묘유충(卯酉沖), 묘신(卯申) 원진살(元嗔殺)이 되며, 시지에 자묘형(子卯刑)이 되니 주위에서 모두 반대를 하게 된다.

여자의 경우에도 부모궁에 묘신(卯申) 원진살(元嗔殺)이 성립되고, 기묘년(己卯年)의 기토(己土)가 년 아버지를 계기극(癸己剋)하니 부모 마음에 들지 않는다고 볼 수 있다.

시간 정관(正官)이 을기극(乙己剋)되니 똑바른 남편감이 아니며, 상처받고 깨어진 남편감이라고 반대를 한다. 일지에 도화(桃花) 관합(官合)이 되니 결혼은 꼭 하여야 하고 부모의 동의는 받기 어렵다.

남자나 여자나 년을 충극(沖剋)을 하니 집을 나간다고 보아 말하였던 것이다.

궁합이 좋다고 하였던 것은 이미 궁합(宮合)이 좋고 나쁨을 떠나서 운이 정해져 있고, 부모의 반대도 무릅쓰고 결혼을 하려고 하는 사람에게 기분 나쁘게 할 필요가 없다.

이 세상에 똑같은 것이 둘이 없듯이 백년해로하는 사람도 있고 이혼하는 사람도 있기 마련이며, 처음부터 이혼한다고 결혼하는 사람은 이 세상에 없다. 백년해로 하자고 하나 사주팔자에 백년해로하지 못하도록 짜여져 있기 때문이다.

무자식인 사람은 무자식이 될 수 있는 사람과 궁합이 맞고, 이혼할 사람은 이혼할 수 있는 사람끼리 궁합(宮合)이 맞는 것이며, 남편이 죽어 과부(寡婦)가 될 사람은 여자는 언제 남편이 죽을 것인가 그 운에 죽을 남자가 인연인 것이다.

궁합을 보는 것은 인간의 욕심일 뿐이며, 이 사람은 남편 잡아먹는 사주라 이 사람은 안 된다가 아니며, 그 남자가 단명사주(短命四柱)인가를 먼저 보아야 한다.

이 세상에 똑같은 것이 둘이 없다 함은 이미 전생에서부터 운명이 짜여져 후생으로 연결이 되었기에 똑같은 것이 둘이 생겨나지 않는다. 저승에서 실타래가 얽히듯 꼬여 있던 것이 이승에 태어나며, 모두 똑같은 것이 생겨난다고 보기 어렵다.

대우주의 수많은 별들이 모두 둥글듯이 우리의 모든 것이 전생과 후생으로 이어져 둥글게 짜여져 있다고 보아야 한다. 우리 지구의 반대편은 밤이 되고, 반은 낮이 되듯, 태양이 비치는 달의 반대편이 보이지 않는다고 하여 없다고 말하지 않는다.

작년의 그 잠자리가 올해도 그 잠자리이듯, 우리 인간도 천년 전의 그 사람의 작은 유전자(遺傳子) 하나가 지속적으로 이어져 가고 있기에 천년 전의 그 사람이 오늘의 그 사람과 다를 바가 없다.

일간이 임수(壬水)일 때 아버지는 병화(丙火)다. 병화(丙火)의 아버지는 경금(庚金), 이렇게 할아버지 할아버지로 올라가면 6번째는 다시 임수(壬水)가 온다. 이는 분명 육십화갑자(六十花甲子)로 윤회하고 있다는 증거다.

생년월일은 평생 운명을 지배하기에 생일을 중요시하고 있으며, 회갑은 윤회의 의미가 담겨 있기에 생일과 같은 중요성이 있다고 보아야 한다.

5 내 자식인가 확인해 주시오

곽민호(남) / 음력 1966년 윤3월 6일(巳時生)

辛 乙 壬 丙
巳 卯 辰 午

53 43 33 23 13 3
戊 丁 丙 乙 甲 癸
戌 酉 申 未 午 巳

년 丙午 : 천주 문창 태극 학당 장승
월 壬辰 : 래록 천덕 월덕 과숙 고초 괴강
일 乙卯 : 천의성 도화 공망
시 辛巳 : 관귀학관 금여 천희신 망신

을목(乙木) 일간이 진월(辰月)에 태어나 월지 장간(藏干)에서 천간 투출(透出)이 없으므로 월지에서 격(格)을 잡아 정재격(正財格)이다.

진월(辰月)은 목왕절(木旺節)에 일지 묘목(卯木)과 묘진합(卯辰合)을 하여 일간이 왕할 것 같으나 진월(辰月)은 토왕절(土旺節)이며, 을목(乙木)은 여기(餘氣)에 불과하고, 일지 묘목(卯木)과 묘진합(卯辰合)을 하였다고는 하나 삼합(三合)이나 방합(方合)이 완전히 이루어진 것이 아니다.

임수(壬水)가 용신(用神), 금(金)은 희신(喜神), 토(土)는 기신(忌神), 화(火)는 구신(仇神), 목(木)은 구신(救神)이다.

■ 성 격

대쪽같은 성품에 내심(內心)은 강인(强忍)하고 치밀(緻密)하고, 끝맺음이 분명하며, 온순하고 인자하며 조용하고 안정위주로 성실하다. 부모에게 받은 인자를 겸한다면 온후하고 명예를 중요하게 생각하며, 지성적이며 학문과 예술에 재능이 있다.

■ 조상운

조상(祖上)은 월지 장간(藏干) 계수(癸水)다. 년간에 상관(傷官)이 왕지(旺支)에 있으며, 천주귀인(天廚貴人)·문창귀인(文昌貴人)·태극귀인(太極貴人)·학당(學堂)·장성(將星) 등의 길신이 있어 할아버지는 교육자 또는 한의원 등을 하였다.

■ 부모운

아버지는 년지장간(藏干) 기토(己土)다. 부모궁 월지에 정인(正印)과 정재(正財)가 동주하며, 천덕귀인(天德貴人)·월덕귀인(月德貴人) 등의 길신이 있고, 월에 격(格)과 용신(用神)이 함께 있어 부모덕이 있다.

■ 형제운

일지 묘목(卯木)은 형제다. 월지는 형제궁으로 형제는 재(財)의 장간(藏干)에 있어 경제적으로 안정된 생활을 한다.

■ 부부운

부인은 월지 진토(辰土)다. 일지는 부인궁이나 일지에 비겁(比劫)이 동주하고 있으니 나의 부인과 형제가 일지에 함께 있는 현상이다. 일지에 도화살(桃花殺) 공망(空亡)이 있어 의처증이 있으나 신약한 일간의 뿌리(根)가 되어 주니 처덕이 있다.

■ 자식운

자식(子息)은 시간 신금(辛金)이며, 시(時)는 자식궁이다. 신금(辛金)에서 지지를 대입하면 사지(死地)가 되며, 일간(日干)에서 대입하면 목욕지(沐浴地)가 되어 자식은 주색파가(酒色破家) 할 가능성이 있다.

■ 직업운

정재(正財)는 기술자(技術者), 목(木)은 건설(建設), 상관(傷官)은 깨고 부수며, 편관(偏官)은 군인・경찰・검찰・노상 길거리 싸움꾼 등 종합하면 건설회사 근무다.

■ 금전운

대운(大運)이 금수운(金水運)으로 흘러 주지 못하고 사오미(巳午未) 남방 화운(火運)에 있어 경제적 어려움이 많다. 대운이 신유술

(申酉戌) 서방 금운(金運)이 오면 부모형제의 도움도 있다.

■ 계사대운(癸巳大運) (3~12살)

사오미(巳午未) 남방 화운(火運)으로 일간에 좋은 운이 아니나 초년 부모님의 운이 좋아 좋은 가정에서 성장하였다.

■ 갑오대운(甲午大運) (13~22살)

대운(大運)은 좋지 않으나 월간에 인수(印綬)가 생하여 식상운(食傷運)에 수기발로(秀氣發路)하여 공부는 잘 하였다.

■ 을미대운(乙未大運) (23~32살)

사오미(巳午未) 남방 화운(火運)이나 미토(未土)는 토운(土運)이다. 을미대운(乙未大運)에 일지 묘목(卯木)과 대운미토(大運未土)가 묘미합목(卯未合木)하여 이성과 교제를 하며, 을묘대운(乙卯大運)의 천간에 을목(乙木)이 함께 왔기에 돈과 여자문제에 라이벌이 있다.

미토(未土) 재(財)는 년지 오화(午火)와 시지 사화(巳火)를 사오미(巳午未) 상관(傷官) 방합(方合)을 하여 신약한 일간의 힘을 설기시키니 어렵게 결혼도 한다.

■ 병신대운(丙申大運) (33~42살)

신유술(申酉戌) 서방 금운(金運)이다. 임수(壬水)가 진토(辰土)에 약하게 통근(通根)하고 금수(金水)가 극히 약하다. 신유술(申酉戌) 서방 금운(金運)이 오게 되면 오행이 주류(周流)하며, 일간 을목(乙木)도 임수(壬水)의 생을 받게 된다.

시간의 신금(辛金)과 대운병화(大運丙火)가 병신합수(丙辛合水), 사신합수(巳申合水), 월지 진토(辰土)도 년에서 자수(子水)가 오면 신자진삼합(申子辰三合) 수국(水局)을 이루어 좋아진다. 그러나 금운(金運)은 일간을 극하게 되므로, 시련이 있은 후 자신의 부족한 부분을 연마한 후에 좋아진다고 보아야 한다.

■ 정유대운(丁酉大運) (43～52살)

정유대운(丁酉大運)의 정화(丁火)는 월간 임수(壬水)와 정임합목(丁壬合木)하여 일간을 도와준다. 식신(食神)은 사회활동 인수(印綬)는 학문이 되어 문서와 관계되는 일을 하게 된다.

지지 유금(酉金)은 시지 사화(巳火)와 사유합금(巳酉合金) 월 진토(辰土)와 유진합금(酉辰合金)하여 월간의 임수(壬水)를 충분히 생하여 명예가 함께 한다.

감정 상황

저 자 : "선생은 지금까지 남의 회사에 다녔으나 작년에 결혼을 하고 개인사업을 하는데 사업자금 문제로 어려움을 겪고 있으며, 올해는 형제나 동업자의 도움이 있기를 원한다. 또는 부모님의 재산을 형제에게는 주되 본인에게는 주지 않는가 하는 의혹도 생길 수도 있으며, 부인에게 불만이 있을 수도 있습니다."

손 님 : "예, 저는 선생님 말씀대로 작년에 결혼을 했습니다. 지금 우리 마누라가 나와 만나기 전에 사귀던 남자가 있었던 것 같은데 나와 결혼을 하였고, 지금 아이가 한 명이 있는데 이 아

이가 내 아들인가도 의심이 갑니다."

저자 : "설마하니 그렇게 까지야… 말도 안 되는 소리."

손님 : "아니요, 아무리 생각해도 임신 기간이 안 맞아요."

저자 : "무슨 날벼락 맞을 소리를… 어디 부인 사주를 봅시다."

부인 사주

최미선(여) / 음력 1970년 1월 3일(卯時生)

丁 己 戊 庚
卯 未 寅 戌

61 51 41 31 21 11 1
辛 壬 癸 甲 乙 丙 丁
未 申 酉 戌 亥 子 丑

년 庚戌 : 태극 황은대사 화개 괴강
월 戊寅 : 천사성 지살 공망
일 己未 : 태극 암록 협록 천희신 과숙 반안 귀문
시 丁卯 : 문곡 천덕 도화 공망

기토(己土) 일간이 인월(寅月)에 태어나 월지 장간(藏干)에서 무토(戊土)가 월간에 투출(透出)하였으나 같은 오행은 격(格)으로 잡지 않는다는 원칙에 월지에서 격(格)을 잡아 정관격(正官格)이다.

일간 기토(己土)가 실령하였으나 년지 술토(戌土) 일지 미토(未土)에 일간이 통근(通根)하며, 월간 무토(戊土)도 인중장생(寅中長

生)하여 일간을 도와주며, 시간의 정화(丁火)도 시지 묘목(卯木)의 생을 받아 일간을 생하여 주니 약하지 않다.

원래 기토(己土)는 논밭으로서 목(木)을 키운다고 본다면 적당한 수(水)가 필요하며, 수기(水氣)가 많으면 논이고, 적으면 밭이라고 볼 수 있다. 이 사주는 수기(水氣)가 하나도 없는 천수답이 되어 하늘에서 비가 오면 잠시 작물이 자라다가 비가 오지 않으면 흙먼지나 날리는 산비탈의 논이라 볼 수 있다.

수(水)가 용신(用神), 금(金)은 희신(喜神), 토(土)는 기신(忌神), 화(火)는 구신(仇神), 목(木)은 구신(救神)이다.

■ 성 격

온화 착실하며 겸손하고 야무지며, 빈틈이 없고 끈질기며, 외유내강하고 근면성실하다. 부모에게 받은 인자를 겸한다면 깐깐하고 공명정대하지만 소심하고 소극적이며 의타심이 많다.

■ 조상운

할아버지는 시간정화(丁火)다. 년은 조상궁이며, 년간에 상관(傷官)이 투출(透出)하면 가문은 좋지 않다고 하나, 년에 괴강(魁)이 있어 군인·경찰·운동선수 등의 직업에 종사하였다고 본다.

■ 부모운

아버지는 계수(癸水)인데 사주상에 없으나 월지는 부모궁이며, 월지에 정관(正官)이 있어 아버지는 공직에 근무하며 집안의 가문이 점차적으로 좋아졌다. 편재(偏財)가 투출(透出)하여야 할 자리에 재(財)를 극하는 비겁(比劫)이 자리하여 재산은 넉넉하지 못하다.

■ 형제운

형제는 년지 술토(戌土) 월간 무토(戊土) 일지 미토(未土)이다. 월지는 형제궁이며, 월지가 공망(空亡)이다. 수(水)가 용신(用神)에 비겁(比劫)이 기신(忌神)에 해당하여 형제 덕은 없다.

■ 부부운

관살혼잡(官殺混雜)에 시지 편관(偏官)이 도화살(桃花殺)에 앉아 일지로 합(合)을 하고, 월 정관(正官)은 인미(寅未) 귀문관살(鬼門關殺)이 되니 남편은 의처증에 시달린다.

남편은 월간 무토(戊土) 년지 술토(戌土) 일지 미토(未土)에 둘러싸여 남편은 외정(外情)이 있다. 일간은 월지 인중(寅中) 갑목(甲木)과 암합(暗合), 시지 묘목(卯木)과 묘미합목(卯未合木)하며, 묘(卯) 중 장간(藏干) 갑을목(甲乙木)이 함께 합(合)이다. 시지 묘목(卯木)은 일지와 합(合)이 되어 다시 년지 술토(戌土)와 묘술합(卯戌合)이다.

남편 입장에서 보면 부인이 다른 사람과 묘술합(卯戌合)하여 낳은 자식이 경금(庚金)이며 이를 의심한다. 관살혼잡(官殺混雜)에 시지 도화살(桃花殺)은 「울밖에 핀 꽃으로 먼저 꺾는 사람이 임자다」라고 타서(他書)에 밝히고 있다. 년간(年干)에 있는 상관(傷官) 자식은 누구의 자식인지 필자도 가리기 어렵다.

■ 자식운

년간의 경금(庚金)이 자식이며, 수(水)가 용신(用神), 금(金)은 희신(喜神)이 되니 자식 복은 있다. 시지는 자식궁으로 도화살(桃花

殺)이 되고, 사방천지가 여자로서 자식도 부모의 인자를 물려받아 주색에 빠진다.

■ 직업운

사주상에 수(水)가 용신(用神)이 되어 무역회사, 수산업 또 상관생재(傷官生財)하여 음식점 등에 인연이 있다. 말로 하는 업무, 교육자 등에도 인연이 있다.

■ 재물운

사주상에는 재(財)가 없으나 대운(大運)이 잘 흘러 주므로 열심히 노력하면 의식주의 걱정은 없다.

■ 정축대운(丁丑大運) (1~10살)

해자축(亥子丑) 북방 수운(水運)이다. 정화(丁火)는 편인(偏印)이 되고, 축토(丑土)는 년지 술토(戌土)와 일지 미토(未土)가 축술미(丑戌未) 삼형(三刑)이 된다.

계수(癸水)가 삼형(三刑)으로 깨어지게 되니 아버지와 일찍 이별하는 아픔이 있다. 건강이 좋지 못하며 좋은 운이 아니다.

■ 병자대운(丙子大運) (11~20살)

천간은 인수운(印綬運)이다. 지지는 재운(財運)으로 용신운(用神運)이 되어 공부도 잘 하고, 경제적으로 안정이 되어 좋은 운이다.

■ 을해대운(乙亥大運) (21~30살)

을해대운(乙亥大運)의 을목(乙木)은 남자가 된다. 지지 해수(亥水)는 월지 인목(寅木)과 인해합목(寅亥合木) 시지 도화살(桃花殺)인 묘목(卯木)과 해묘합목(亥卯合木)하여 을해대운 10년은 관살혼잡(官殺混雜)이 된다.

남자 친구들에게 인기가 좋아 결혼도 한다.

■ 갑술대운(甲戌大運) (31~40살)

신유술(申酉戌) 서방 금운(金運)이 된다. 해자축(亥子丑) 북방 수운(水運)에서 서방 금운(金運)으로 넘어가는 접목운(接木運)이 되어 변화가 많다. 신유술(申酉戌) 서방 금운(金運)은 식신(食神) 상관운(傷官運)이다. 의식주와 관계되는 사회활동이 활발하게 된다.

갑술대운(甲戌大運)은 천간으로는 남편과 다정다감하게 지내는 척하며, 시지 도화살(桃花殺)인 묘목(卯木)과 묘술합(卯戌合)되니 남편이 출근하고 나면 정부(情夫)를 집으로 불러들인다.

남편은 지지 술토(戌土)를 깔고 앉아 남편은 다른 여자와 이중생활을 하는 기이한 가정생활이 된다.

■ 계유대운(癸酉大運) (41~50살)

계유대운(癸酉大運)은 시(時)를 천극지충(天剋地沖)하게 되니, 이중생활을 정리하고 자식을 위한 경제활동이 있게 된다. 경제적으로 안정은 얻을 수 있다. 남편과의 사이는 좋지 못하며 남편은 이중생활을 한다.

감정 상황

이 양반의 말대로 필자도 누구의 자식인지 알 수 없을 정도다. 부인의 부정(不貞)을 이해할 수는 없으나 자식까지 불행하게 만들어서는 안 되므로 이 양반에게 사주학을 가르치게 되었다.

시간의 신금(辛金)과 시지 장간(藏干)의 경금(庚金)을 도표상에 찾아 대입하며, 당신은 사주상에 을목(乙木)이 자신이 되며, 신금(辛金)과 경금(庚金)이 자식이 되고, 부인의 사주상에 금(金)이 자식이 되어 년간(年干)의 경금(庚金)과 년지(年支) 장간(藏干) 신금(辛金)이 자식이 되니 당신의 사주에 자식이 2명이 있고, 부인의 사주에 자식이 2명이 있으니 지금 이 자식은 선생의 자식이다.

저 자 : "선생이 이해가 잘 안 되는 모양인데, 자 다시 설명을 할 테니 자세히 들어봐요. 여기 경금(庚金)이 있지요. 경금(庚金)을 여기 도표에서 찾으니 정관(正官)이 되고, 정관(正官)을 이쪽 도표에서 보니 자식이라고 나오지요.

이번엔 부인에서 다시 대입하여 봅시다. 여기도 자식이라고 나오지요. 자 이제는 이해가 가지요. 이해가 안 되면 한 번 더 설명하여 드리고…"

손 님 : "아! 알겠습니다."

저 자 : "선생은 부인의 혼전 부정을 의심하시는데, 선생은 87년부터 시작하여 혼전 연애한 여자가 얼마나 되는데 어디 내가 한번 찾아볼까요. 87년부터 89년까지 1명, 90년부터 91년까지 2명, 92년에서 93년까지 3명, 94년에서 96년까지 4명, 지금 부인이 5번째가 아니오."

손 님 : "와, 귀신이네! 어디 그럼 우리 마누라의 것도 한번 봐 주시오."

저 자 : "선생, 지금 그것을 알아서 무엇 하시겠소? 선생이 혼전에 깨끗하지 않았다면 부인의 혼전 이성관계는 거론해서는 안 되며, 심지어 자기 자식까지 의심하고서 어떻게 하시겠다는 겁니까?

앞에서도 말씀드렸지만 선생은 사주상에 금(金)이 희신(喜神)이며, 금(金)은 자식인데 자식 없이는 선생의 앞이 잘 풀리지 않으며, 자식은 선생에게 보물이니 자식을 사랑함으로써 선생의 일이 잘 풀립니다."

설득시켜 돌려보냈다.

선생은 98년에 결혼하였다고 하였는데…

지금 이 사람의 나이와 결혼 시기를 대충 잡아 계유년(癸酉年)은 월지 진토(辰土) 부인과 합(合)은 되나 일지 부인궁을 극하므로 결혼이 불가능하다.

갑술년(甲戌年)은 일지 묘목(卯木)과는 합(合)이 되나 월지 진토(辰土)와는 진술충(辰戌沖)이 되어 아니며, 병자년(丙子年)은 월지 진토(辰土)와 자진합(子辰合)이 되나 일지와는 자묘형(子卯刑)이 되어 아니다.

무인년(戊寅年)은 월 진토(辰土)와 일지 묘목(卯木)이 함께 합(合)이 되며, 인묘진(寅卯辰) 방합(方合)이 되니 결혼을 위하여 일가친척이 모두 모이는 현상에 조금 신약하던 일간이 신왕하게 되어 98년에 결혼을 한 것 같다고 말하였던 것이다.

현재까지 남의 회사에 다녔으나 결혼을 하고 자신의 개인사업 하고자 할 것이라고 하였는데…

이 사람은 일간이 신약하며 대운도 일간의 힘을 설기시키는 사오미(巳午未)운이었으나, 33살 결혼과 함께 대운이 신유술(申酉戌) 서방 금운(金運)으로 바뀌게 된다.

월간의 임수(壬水)가 약하여 부모의 도움을 받지 못하였다면 신유술(申酉戌) 서방 금운(金運)은 임수(壬水)를 생하게 된다.

금운(金運)은 사주상의 오행이 중화되어 좋은 운이 되며, 무인년(戊寅年)은 월지 진토(辰土)와 일지 묘목(卯木)과 인묘진(寅卯辰) 목방합(木方合)을 하여 일간이 신왕해지고, 월지 정재(正財)와 합(合)이 되니 부모형제들의 도움이 있었다고 볼 수가 있다.

99년은 경제적으로 어려움이 있을 수 있으며, 부모형제의 도움을 바란다. 또는 부인에게 불만이 있을 수 있다고 하였는데…

98년은 인묘진방합(寅卯辰方合)이며, 99년은 묘진합(卯辰合)이나 방합(方合)과는 차이가 있고, 기묘년(己卯年)은 일간이 신약(身弱)에 편재운(偏財運)이 된다. 98년부터 우리나라의 경제사정이 나쁘니 경제적으로 어려움이 있어 부모형제의 도움을 원한다고 보았다.

지지는 합(合)이 된 상태에서 일간이 기토(己土)와 을기극(乙己剋)을 하니 경제적 문제로 부인과 불편한 관계라고 보았는데…

무인년(戊寅年)은 인묘진(寅卯辰) 방합목(方合木)이 되며, 재(財)가 비겁(比劫)으로 변한 관계로서 혼전 남자관계를 물어 오게 되었다.

6 고인의 명복을 빈다

이춘예(여) / 음력 1947년 윤3월 27일(寅時生)

壬 丁 甲 丁
寅 卯 辰 亥

66 56 46 36 26 16 6
辛 庚 己 戊 丁 丙 乙
亥 戌 酉 申 未 午 巳

년 丁亥 : 천을 홍염 지살 공망
월 甲辰 : 귀문관살 반안 백호
일 丁卯 : 태극 문곡 천의성 장성
시 壬寅 : 천덕 월덕 황은대사 고신 망신

정화(丁火) 일간이 진월(辰月)에 태어나 월간에 갑목(甲木)이 투출(透出)하고 지지가 인묘진(寅卯辰) 목방합(木方合)에 년 해수(亥水)를 해묘합목(亥卯合木) 인해합목(寅亥合木)하고 일간 정화(丁火)가 시지 임수(壬水)와 정임합목(丁壬合木)하여 화기격(化氣格)이 된다.

장간(藏干)에도 목(木)을 극하는 금(金)이 없이 순수하게 이루어진 화기격(化氣格)이다. 다만 년간의 정화(丁火)가 투합(妬合)이 되어 격(格)이 조금 떨어지는 것이 아쉽다.

수목화운(水木火運)은 길하고, 토금운(土金運)은 흉하다.

■ 성 격

용모가 준수하고 단순한 성격에 온화하며 명랑하고 내향성에 깨끗한 것을 좋아한다. 겁이 많고 소심하며 생활력이 강하고 대인관계가 좋다.

■ 조상운

할아버지는 편인(偏印)으로 일지 장간(藏干)의 을목(乙木)이다. 년은 조상궁 또는 할아버지궁으로 년지(年支)에 정관(正官)이 있어 할아버지는 관료였으나 년간(年干)에 비겁(比劫)이 투출(透出)하여 부유하지는 않았다.

■ 부모운

아버지는 편재(偏財)로서 사주상에 나타나지 않았으며, 월은 부모궁이며 월간에 인수(印綬)가 있어 아버지는 학자였다.

사주상에 정편인(正偏印)이 왕하면 아버지인 재(財)를 역극(逆剋)하고 음식인 식상(食傷)을 극하여 먹을 것이 없게 되니, 화기격(化氣格)은 어릴 때 양자나 양녀 등으로 입적하여 타가에서 양육되는 경우가 많다. 일찍 부모곁을 떠나 타가에서 성장하였다.

■ 부부운

남편은 시간의 임수(壬水)다. 남편은 년간의 정화(丁火)와 투합(妬合)이 되어 있다. 일지는 남편궁으로 일지에 편인(偏印)이 동주하고 있어 남편으로 인하여 허무주의에 빠질 가능성이 있다.

■ 자식운

자식은 년월시지 장간(藏干) 무토(戊土) 등이다. 시지는 자식궁이며, 장생(長生)궁이 되어 자식은 잘 된다.

■ 건강운

화기격(化氣格)은 사주 전체가 한 가지 오행으로 형성된 것으로 일간을 생하여 주는 운은 건강하나 일간을 극하는 운이 오면 명을 다한다.

대운(大運)이 아주 중요하게 작용한다.

■ 직업운

진월(辰月)의 목(木)은 아름다운 꽃이 생기 발랄하게 피어나는 나무가 된다.

인묘진(寅卯辰) 목방(方)은 큰 나무, 또는 옷의 경우 큰 옷이다. 정임합(丁壬合)은 유정지합(有情之合)으로 남녀가 아름다운 한 쌍이 되며, 진월(辰月)의 목(木)은 봄에 가냘프게 피어나는 꽃과 나비 같이 아름다운, 여성옷, 드레스, 의상이 된다.

■ 금전운

의상실을 경영하며 활발히 사회활동을 하므로 금전적 큰 어려움은 없다고 본다.

대운의 작용에 따라 금전운의 변화가 크다.

■ 을사대운(乙巳大運) (6~15살)

사오미(巳午未) 남방 화운(火運)이다. 을사대운(乙巳大運)은 년을 사해충(巳亥沖)하여 다변하다고 본다. 대운(大運)이 수목운(水木運)이면 대길하나, 화운(火運)에서 금운(金運)으로 흘러가니 조금 아쉬움이 있다.

■ 병오대운(丙午大運) (16~25살)

일간과 임수(壬水)가 정임합목(丁壬合木)하여 화기격(化氣格)이 된 것을 대운(大運)의 병화(丙火)가 병임극(丙壬剋)하여 화기격(化氣格)을 파하니 다변하다. 목(木)을 극하는 금운(金運)이 아니므로 무난히 넘어간다.

■ 정미대운(丁未大運) (26~35살)

정미대운(丁未大運)의 미토(未土)가 년지 해수(亥水)와 일지 묘목(卯木)과 해묘미(亥卯未) 삼합(三合) 목국(局)을 하고, 천간 정화(丁火)가 정임합(丁壬合)을 하여 전형적인 화기격(化氣格)으로 대길하다.

인묘진방합(寅卯辰方合)과 해묘미삼합(亥卯未三合)이 겸하게 되어 하나의 직업에 종사하지 못하고 두 가지 이상의 업종에 종사하여 다변하다. 대운이 대길하여 결혼도 하고 안정된 생활을 하는 최대의 길운이다.

■ 무신대운(戊申大運) (36~45살)

무신대운(戊申大運)은 신유술(申酉戌) 서방 금운(金運)이다. 화기격(化氣格)에 아주 흉한 운이다.

여 담

필자는 결혼 시즌에 단체 손님을 유치하는 예식장 주변의 식당을 경영하며, 확장을 하기 위하여 서교동에 있는 신촌회관에 50%의 지분을 넣게 되면서 신촌회관과 인연을 맺게 되었다.

골재회사가 싸게 나온 것이 있어 형제들과 함께 인수하였는데, 그곳에서 사기꾼에 사기를 당하고 무리하게 인수한 관계로 결국은 식당을 처분하여 회사를 살리려 하다가 식당도 회사도 다 날렸다.

자기 몫은 자기 마음대로 다 날렸으니 자식들 공부는 시켜야겠다며 이혼을 요구하면서 비정하게 처자가 떠난 후, 홀홀 단신 무일푼으로 신촌회관에서 잔심부름을 하며 역학책을 보게 되었다.

92년, 식당주인의 부인 친구로 식당에 놀러 왔다가 필자가 역학책을 보고 있는 것을 보고 “저의 사주 한번 보아 주세요”하여 받은 사주가 지금 해설하고 있는 이 사주다.

사주를 받아 연구를 하여 보니 화기격(化氣格) 사주에 기유대운(己酉大運)이 아주 나쁘다. 그러나 쉽사리 말하기 곤란하여 후의 일은 후의 일이고, 일단은 현재 사주상의 문제들만 풀이하여 주었다. 93년 신촌회관이 팔리게 되어 거처를 옮기게 되었고, 약 6년의 세월이 흘러간 98년 8월 아주머니가 사무실로 찾아 왔다.

그 당시에 필자가 말한 것이 거의 맞아 필자를 찾으려고 수소문을 하다 보니 어떻게 소식을 알게 되었다며 반가워 어쩔 줄을 몰라 한다.

이전에 사주 감정한 것은 까마득히 잊어 버렸고, 반가워하는 아주머니를 환대하며 무심코 사주를 받아 적는 순간 머릿발이 솟구친다. 아주머니는 그 동안 드레스 가게를 두 군데나 운영하며 자신감에 차 있고, 건강하고 질병이란 없어 보인다. 그러나 이 아주머니의 명이 얼마 남지 않았는데 눈앞이 캄캄하다.

아주머니는 나의 고뇌를 알지 못한 채 지난날의 이야기로 정신이 없다. 차마 말을 하지 못하고 기적이 있기를 바라는 마음으로 개명을 하여 주었다.

몇일 전 나온 필자의 저서를 보고서 출판기념으로 책을 한 권 달라고 하여 책 뒤에 개명한 이름을 적어 주었는데, 한 달쯤 지나서 수사관이 찾아 왔다.

이춘례 씨가 피살되었다는 것이다.

수사관이 참고삼아 몇 마디 물어 본다고 하길래, 필자가 대충 짐작하고 있었다고 하니 필자를 의심하는 눈치다.

수사관에게 과거 이춘례 씨를 알게 된 사실과 역학의 기법에 의하여 양력 9월 11일과 28일 사망, 사망할 장소(ㅅ・ㅈ・ㅊ 발음이 나는 곳), 범인의 성씨(ㅅ・ㅈ・ㅊ 발음이 나는 사람), 범행 동기(돈을 갈취할 목적), 공모여부(2～3명으로 추정), 범인이 잡히는 날(양력 11월 19일경, 만약 11월에 범인이 잡히지 않으면 99년 3월경)이며 범인을 잡는 수사관은「ㄴ・ㄷ・ㄹ」발음이 나는 사람이 될 것이라고 예언하였다.

확인된 사실은 이춘례 씨는 양력 9월 27일 밤 子시경 피살되었으며, 피살된 장소는 「ㅈ·ㅊ」 발음이 나는 곳이었으며, 범인은 3명이었고, 돈을 갈취할 목적이었으며, 범인은 「ㅈ·ㅊ」 발음이 나는 사람이었다.

양력 11월 19일에 범인이 검거되었다는 사실을 이춘례 씨의 아들이 전화로 알려 주었으며, 다음날 사무실을 다녀갔다.

화기격(化氣格)의 사주는 금운(金運)이 흉운이다. 무신대운(戊申大運)에 고인을 만났다. 무신대운(戊申大運)은 인묘진(寅卯辰)의 왕지를 충(沖)하지 않으나 기유대운(己酉大運)은 왕지(旺支)인 묘목(卯木)을 묘유충(卯酉沖)한다.

필자가 위험하다고 느낀 년은 무인년(戊寅年) 신유(辛酉)월과 기묘년(己卯年) 정묘(丁卯)월이다.

무인년(戊寅年)의 경우, 대운천간(大運天干) 기토(己土)는 월간 갑목(甲木)과 갑기합토(甲己合土)하고, 지지 유금(酉金)은 일지 묘목(卯木)을 묘유충(卯酉沖)하며, 무인년(戊寅年)의 무토(戊土)는 정임합(丁壬合)하고 있는 임수(壬水)를 무임극(戊壬剋)하여 파격(破格)을 만들어 격(格)이 산산조각이 나고, 신유월(辛酉月)은 대운이 묘유충(卯酉沖)하고 있는 중 다시 월운이 천극지충(天剋地沖)하여 위험함을 느꼈다.

기묘년(己卯年)은 대운기토(大運己土)가 월간갑목을 갑기합(甲己合)한 상태에 년에서 다시 합(合)이 되며, 일지와 묘유충(卯酉沖)에 연운(年運) 지지 묘목(卯木)과 대운지지 유금(酉金)이 다시 묘유충(卯酉沖)하고, 정묘월(丁卯月)은 다시 묘유충(卯酉沖)이 되니 시계의 시분초가 한 자리에 모이는 현상이 된다.

무인년(戊寅年)의 신유월(辛酉月)을 넘기면 기묘년(己卯年) 정묘월(丁卯月)이라고 짐작하였으며 일도 같은 원리를 적용하였다.

고인이 죽은 장소가 「ㅅ・ㅈ・ㅊ」 발음이 나는 곳이라고 하였던 것은 화기격(化氣格)에 목(木)은 발음상 「ㄱ・ㅋ」 발음이 되며, 목(木)을 극하는 것은 금(金)이 되고, 금(金)의 발음은 「ㅅ・ㅈ・ㅊ」이 되어 하였던 것이다.

범인도 정씨・최씨가 되었으며, 범인이 두 명 내지 세 명이라고 하였던 것은 신유월(辛酉月)의 신금(辛金)과 유금(酉金)의 지지 장간(藏干) 경신금(庚辛金)이 되어 말하였는데, 범인은 세 명으로 한 명은 밖에서 망을 보고, 두 명은 안면이 있는 사람으로 고인이 소파에 앉아 있는 상태에 뒤에서 한 사람이 껴안고, 한 사람은 랩 종류인 것으로 얼굴을 뒤집어 씌워 질식사 시켜버렸다고 한다.

범인이 잡히는 날은 계해월(癸亥月)로, 계해(癸亥)는 년의 무인(戊寅)과 천덕지합(天德地合)으로 목(木)이 강하게 되어, 비록 죽은 고인이지만 억울함을 밝히게 되리라 보았다.

경오일(庚午日)은 지지가 화(火)가 되어 경금(庚金)이 오화(午火)의 밝은 불 위에 있게 되니 범인이 나타나게 되리라 보았다.

범인을 잡는 수사관의 성이 「ㄴ・ㄷ・ㄹ」 발음 나는 사람이 된다고 하였는데, 범인이 금(金)의 성씨를 가졌다면 금(金)은 화(火)가 극하게 되니 수사관의 성씨가 화(火)가 되는 사람이라고 하였는데 사실을 확인하지 못하였다.

아들 사주

김창수(남) / 음력 1975년 7월 6일(卯時生)

己 庚 甲 乙
卯 寅 申 卯

41 31 21 11 1
己 庚 辛 壬 癸
卯 辰 巳 午 未

년 乙卯 : 태극귀인 장성
월 甲申 : 교록 귀문관살 겁살
일 庚寅 : 관귀학관 망신
시 己卯 : 태극귀인 진신 장성

고인의 아들 사주를 보면 25살로 신사대운(辛巳大運)에 있다. 일간 경금(庚金)에서 월지는 어머니궁이며, 사주상에 인신충(寅申沖)이 있는 중 대운에서 사화(巳火)가 와서 인사신(寅巳申) 삼형살(三刑殺)이 형성된다.

무인년(戊寅年)은 다시 인사신(寅巳申)이 되며, 무인년(戊寅年)의 무토(戊土)는 편인(偏印)으로 어머니가 된다.

무토(戊土)가 인사신(寅巳申)이 되고, 월지 어머니궁과 무토(戊土)의 극은 어머니의 비명횡사가 되며, 아들의 사주에도 나타나고 있다.

딸 사주

김미숙(여) / 음력 1977년 5월 3일

庚 丁 丙 丁
戌 未 午 巳

46 36 26 16 6
辛 庚 己 戊 丁
亥 戌 酉 申 未

년 丁巳 : 협록 천의성 지살
월 丙午 : 월덕귀인 도화
일 丁未 : 암록 협록 음착살 홍염살 고초
시 庚戌 : 귀문관살 반안

정(丁火)에서 무인년(戊寅年)의 인목(寅木)은 어머니가 된다. 무인년(戊寅年)의 인목(寅木)이 무신대운(戊申大運)의 신금(申金)과 사주 년지 사화(巳火)와 인사신(寅巳申) 삼형살(三刑殺)이 형성되니 어머니가 비명횡사함이 나타나고 있다.

역술인의 작은 노력으로 한 인간의 운명을 바꾸지 못한다는 것이며, 필자의 작은 노력과 하늘에 빌어 보는 간절한 소망이 한때나마 용의자로 지목되어 관재구설로 이어질 뻔하였다.

범인이 영원히 잡히지 않았다면 필자는 언제까지나 용의자의 수사대상에 있을 뻔했다. 항상 수사관의 감시 속에 살게 된다고 생각해 보면 정말 소름끼치지 않을 수 없다.

필자는 역술인으로서 최선을 다했으며, 젊은 나이에 고인이 된 이

춘례 씨의 명복을 빌며, 후학들의 연구대상으로 기꺼이 동의하여 준 자녀들에게 감사한다.

7 재수생과 대학생의 궁합

남우성(남) / 음력 1979년 9월 2일(子時生)

庚 壬 甲 己
子 戌 戌 未

54 44 34 24 14 4
戊 己 庚 辛 壬 癸
辰 巳 午 未 申 酉

년 己未 : 화개
월 甲戌 : 천살
일 壬戌 : 괴강 백호 양차 천살
시 庚子 : 도화 홍염 공망

임수(壬水) 일간이 술월(戌月)에 태어나 월지 장간(藏干)에서 천간 투출(透出)이 없으므로 월지에서 격을 잡아 편관격이다. 편관격에 년간에 기토(己土)가 있어 관살혼잡(官殺混雜)이 되는데, 월간 갑목(甲木)과 갑기합(甲己合)으로 묶어서 파격(破格)에서 승격이 되었다.

타서에 보면, 술월(戌月)은 절기상 가을로 금(金)이 왕한 계절임으로 일간 임수(壬水)가 신왕(身旺)하다든가, 또는 토극수(土克水)함으로 신약(身弱)으로 보는 등 불분명하게 해설한 경우가 많이 있으나, 구체적으로 설명한다면 진술축미월(辰戌丑未月)은 토왕절(土旺節)이다.

일간인 임수(壬水)에게는 절기상 금(金)의 계절이지만, 토(土)의 극을 먼저 받게 되고, 토(土)는 점차적으로 금(金)을 생한다고 본다면, 일간은 먼저 고난이 있은 후에 좋아진다라고 본다.

절처 봉생격이라고 보는 것이 타당하다.

금(金)이 용신(用神)이며, 목(木)은 희신(喜神), 화(火)는 기신(忌神), 토(土)는 구신(仇神), 수(水)는 구신(救神)이다.

■ 성 격

속이 깊고 이해심과 포용력이 있으며, 착하고 남을 도와주고 마음도 너그럽다. 건강·활발한 성품에 활동적이고 꾀가 많다. 부모에게 받은 인자를 겸한다면 책임감이 강하고 결단력이 있으며, 권위의식이 있다. 명예를 소중히 하며, 강인하고 충직하다.

■ 조상운

할아버지는 경금(庚金)이다. 년은 조상궁 또는 할아버지궁으로 년간에 정관(正官)이 투출하여 할아버지는 관료로서 부귀하였다.

■ 부모운

아버지는 사주상에 나타나지 않았으나 월지(月支) 장간(藏干) 정화(丁火)로 본다. 월은 부모궁이며 월간식신(月干食神)과 월지편관

(月支偏官)으로서 아버지는 관료로서 부귀하였다. 년과 월간(月干)이 합이 되니 아버지는 효자였으며, 할아버지의 유업을 이어 받았다.

■ 형제운

형제는 시지(時支) 장간(藏干) 임계수(壬癸水)다. 월지(月支)는 형제궁으로 임수(壬水)에서 월지 관대궁(冠帶宮)이 되니 형제들은 관료로서 모두 부귀한다.

■ 부부운

부인은 일지(日支) 장간(藏干) 정화(丁火)다. 인수용신(印綬用神)에 재(財)가 지장간(地藏干)에 있어 용신(用神)을 극하지 않으며, 일지(日支)는 용신을 생하여 주는 희신에 해당하여 부인 덕이 있다.

임수(壬水) 일간(日干)은 연상의 여인과 인연이 많다. 또 남편을 휘어잡는 강한 부인과 인연이 되기에 임수 일간은 부드러운 여인을 동경한다. 도화살(桃花殺)과 묘술합(卯戌合)이 되어 바람이 날 확률이 많다.

■ 자식운

자식은 년간(年干) 기토(己土), 월지(月支) 술토(戌土), 일지(日支) 술토(戌土)다. 자식들은 월령을 득하여 모두 잘 된다. 시지는 자식궁이며, 도화살(桃花殺)이 되어 바람으로 인한 풍파가 많다.

■ 직업운

편관격의 사주로 군인・경찰・운동선수와 같은 강한 직업과 편인(偏印)이 용신(用神)이 되어 외국어 또는 묘유술해(卯酉戌亥) 등은 活人업, 술미형(戌未刑)이 있어 칼을 손에 든 외과의사 등에도 인연이 있다.

■ 건강운

사주상에 토(土)가 강하여 일간 임수(壬水)를 극하니 신장・방광 등이 약하다.

■ 재물운

일지의 지장간(地藏干)에 재(財)가 장축(藏蓄)되어 있어 알뜰한 저축형이며, 사주의 구성이 좋아 경제적인 어려움은 없다.

■ 계유대운(癸酉大運) (4～13살)

신유술(申酉戌) 서방 금운(金運)이다. 용신운이 되어 어려서부터 총명하여 공부도 잘 하고, 부모의 사랑을 받고 자랐다.

■ 임신대운(壬申大運) (14～23살)

임신대운(壬申大運) 역시 용신운이 되어 총명하여 공부도 잘 하며, 부모의 사랑을 받고 잘 지낸다.

■ **신미대운(辛未大運) (24~33살)**

사오미(巳午未) 남방 화운(火運)이며, 미토(未土)는 토(土)의 성질이 강하여 토(土)로 보아야 한다. 신미대운(辛未大運)은 토(土)로서 일간(日干)을 심하게 극을 하나 용신(用神)을 생하여 주므로 처음은 어려운 고통이 있으나 점차적으로 용신을 생하고 용신이 강해지면 자연히 좋아진다.

■ **경오대운(庚午大運) (34~43살)**

경오대운(庚午大運)은 임수(壬水) 일간의 용신을 심하게 극을 하게 되어 대흉하리라 보여지나, 화(火)가 천간(天干)으로 오지 않고 지지(地支)로 오게 되니 화(火)는 토(土)를 생하고, 토(土)는 금(金)을 생하며, 금(金)은 일간을 생하고, 오행이 주류(周流)하여 무방하며 오히려 처로 인하여 발전이 있다.

■ **기사대운(己巳大運) (44~53살)**

기사대운(己巳大運)도 역시 천간 기토(己土)는 용신 금(金)을 생하기 바쁘니 일간을 극하지 못하며, 지지 사화(巳火)도 화생토(火生土)하여 용신을 극하지 못하므로 지속적으로 발전을 한다. 신장·방광·간 등으로 인한 고생을 할 가능성이 있다.

애인 사주

홍진선(여) / 음력 1979년 9월 25일(申時生)

甲　乙　乙　己
申　酉　亥　未

68　58　48　38　28　18　8
壬　辛　庚　己　戊　丁　丙
午　巳　辰　卯　寅　丑　子

년 己未 : 화개
월 乙亥 : 천덕귀인 지살
일 乙酉 : 천덕 진신 백호 공망
시 甲申 : 천을 월덕 귀문 홍채 겁살 공망

을목(乙木) 일간이 해월(亥月)에 태어나 월지 장간(藏干)에서 천간 투출이 없으므로 월지에서 격을 잡아 정인격(正印格)이다. 해월(亥月)의 을목(乙木)은 조후(調候)가 시급하고, 등라격갑(藤蘿擊甲)으로 병화(丙火)를 보아야 하는 사주이나 사주상에 병정화(丙丁火)가 없어 음지의 꽃이 되며, 점점 추워지는 혹독한 북풍한설을 이겨 내는 끈기와 인내력이 필요하며, 겨울 밭의 보리가 되어 봄을 기다리는 봉춘격(逢春格)이다.

화(火)가 용신이며, 토(土)는 희신(喜神), 수(水)가 기신(忌神), 금(金)은 구신(仇神), 목(木)은 구신(救神)이 된다.

■ 성 격

성품이 온순하고 인자하며, 조용하고 청고함을 좋아한다. 깔끔하고 단정하며 유순하다. 소심하고 결단·실행력이 부족하다. 부모에게 받은 인자를 겸한다면 총명·인자하고 단정하지만 이기적이다. 문화·예술·학술·종교 등에 인연이 있다.

■ 조상운

할아버지는 편인(偏印)으로 사주상에 나타나지 않았으나 년(年)이 조상궁 또는 할아버지궁으로서 년에 편재(偏財)가 관대궁(冠帶宮)에 앉아 할아버지는 재력가로서 부귀하였다.

■ 부모운

아버지는 편재로서 년간에 투출하고, 관대궁(冠帶宮)에 앉아 아버지는 부귀하였다. 월은 부모궁으로 월지(月支) 정인격(正印格)이 되어 부모덕이 있다.

■ 형제운

형제는 월간(月干) 을목(乙木), 시간(時干)의 갑목(甲木)으로 형제는 모두 사지(死地)·절지(絶地) 등에 앉아 있어 형제들은 부모 곁에 있을 때는 모두 잘 지내다가 출가 후는 모두 어려움이 많겠다.

■ 부부운

을목일주(乙木日柱)가 일지(日支) 편관(偏官)에 심하게 극을 받고 있고, 지지(地支)에 관살혼잡(官殺混雜)에 암합(暗合)이 되어 부부관계가 원만하기 어렵고, 많이 다투면서 살아갈 가능성이 있으며 백년해로하기 어렵다.

■ 자식운

자식은 년지(年支) 장간(藏干) 정화(丁火)다. 용신이 되고 운이 목방(木方)으로 흘러가니 자식은 잘 된다. 자식 덕이 있다.

■ 건강운

해월(亥月)의 을목(乙木)이 따뜻하고 부드러운 옥토(沃土)가 아닌 자갈밭에 앉아 뿌리를 내리지 못하고 있고, 병화(丙火)가 없어서 음지의 을목(乙木)이라 볼 수 있다.

냉병・허리・수족에 대한 병 등으로 고생할 가능성이 있다.

■ 사업운

을목(乙木)인 여성 특유의 부드러움과 인수격(印綬格)에 술해(戌亥)는 천문성(天文星)이 되고, 일지(日支) 유금(酉金) 작은 칼, 신금(申金) 현침살(懸針殺)은 주사기 등이 되어 현재 의대에 다니고 있다.

■ 재물운

일간(日干)이 절지(絕地)에 앉아 좌불안석이 되니 가정에 안정이 되지 않고, 사주상에 화(火)가 용신이니 열심히 사회활동을 한다. 경제적으로 큰 어려움은 없다.

■ 병자대운(丙子大運) (8～17살)

해자축(亥子丑) 북방 수운(水運)이나 천간(天干)에 조후용신(調候用神)이 일찍 오게 되어 좋은 환경에서 공부도 잘 하였다.

■ 정축대운(丁丑大運) (18～27살)

해자축(亥子丑) 북방수운(北方水運)이나 토운(土運)이 되어 토(土)의 작용이 더 강하다. 천간으로 정화(丁火)가 있으며 재운(財運)이 되고, 일지 유금(酉金)과 유축합(酉丑合)이 되니 일찍 이성에 눈을 뜨게 되고, 축운(丑運)에는 결혼도 한다.

■ 무인대운(戊寅大運) (28～37살)

인묘진(寅卯辰) 동방목운(東方木運)이다. 해자축(亥子丑) 북방수운(北方水運)을 보리의 끈덕진 생명력으로 견디어 왔다면 따뜻한 봄을 맞아 생기 발랄하고 희망에 차리라 본다.

■ 기묘대운(己卯大運) (38～47살)

기묘대운(己卯大運)은 년지미토(年支未土) 월지해수(月支亥水)와 해묘미삼합(亥卯未三合) 목국(木局)이 되어 일간이 극신왕해지며, 대운(大運)과 일주(日柱)가 천극지충(天剋地沖)이 되니 남편과 이혼하고 시지(時支)에 있는 신금(申金)인 점잔하고 정다운 남자에게 정을 두어 재혼할 가능성이 있다.

■ 경진대운(庚辰大運) (48～57살)

기묘대운(己卯大運)은 일간이 신왕하고 해묘미삼합(亥卯未三合)

을 하여 편재(偏財) 끌어들이니, 주위 형제들과 함께 공동사업을 한다.

시지의 신금(申金)이 천간에 갑목(甲木)을 차고 있어 두 마음이 었다면 경진대운(庚辰大運)은 일주와 천덕지합(天德地合)이 되니, 재혼한 남편과 몸과 마음이 하나 되어 남편의 사랑을 받고 경제적 안정 속에 생활을 하게 된다.

감정 상황

두 학생이 함께 와 개인 사주와 궁합을 봐 달라고 한다.

남자의 경우

저 자 : "좋은 집안 출신에 머리도 영리하며, 유순한 성격에 참고 인내하는 힘이 강하고 성실하며, 공무원·검찰·경찰·군인·운동선수와 같은 강한 직업에 적성이 있으며, 외국어 교수 또는 외과의사 등에 인연이 있다고 볼 수 있으나 지금 운이 별로 좋지 못하여 본인이 생각하는 좋은 대학을 가지 못했겠는데…"

손 님 : "예, 저는 지금 의대를 갈려고 했는데 시험을 잘못 보아 아예 내년에 다시 보려고 재수를 하고 있습니다."

저 자 : "그래요? 내년에는 학교에 들어 갈 수 있겠네!"

손 님 : "그렇지 않아도 우리 부모님이 유명하다는 점집에 가서 물어보니 내년에는 운이 좋다고 해서 재수를 하고 있습니다."

다음은 아가씨

좋은 집안 출신에 초년부터 총명하다는 소리 듣고, 공부도 잘 하고 대학도 무난히 잘 들어가 별 어려움이 없겠고, 지금 두 사람은 고등학교 다닐 때, 즉 96년부터 알고 지내온 사이며, 이번에 여학생은 대학을 다니고, 남자는 두 번이나 떨어져 두 사람 사이에 이상한 냉기류가 흐르고 있는 것이 아니냐고 하니, 아가씨는 아니라고 펄쩍 뛴다. 남자는 수긍하고 있는 눈치다.

저 자 : "아가씨가 아니라고 하여도 나는 사주에 나오는 대로 말하는 것뿐이며, 3월부터 금이 가기 시작하여 9월에는 두 사람이 헤어지게 생겼소.

한쪽에서 궁합을 보러 오는 것이 통례인데, 오늘은 두 사람이 함께 와서 궁합을 보니, 결과가 좋게 나오면 나도 말하기 좋으나 이렇게 나쁘게 나오면 나도 말하기가 곤란하지… 바로 이야기하여 주지 않으면 차후에 내가 술사가 되어버리니 어쩔 수가 없잖아."

손 님 : "선생님, 내년에는 꼭 좋은 학교를 들어 갈 수 있겠습니까?"

저 자 : "내가 보기에는 의대는 조금 어렵고, 외국어를 전공하여 교편을 잡는 것이 좋을 것 같소."

비정하지만 냉정하게 잘라 말할 수밖에 없다. 두 사람은 한참 동안 말없이 앉아 있다. 두 사람 사이에 냉기가 돈다. 더 물어 볼 말이 없다는 듯이 감정료를 주고 일어난다. 3분 만에 두 사람의 사주감정과 궁합까지 보는 단시간 기록을 오늘도 하나 세웠다.

남자의 경우 96년은 병화(丙火)가 편재가 되며, 자수(子水)는 동기·동창 등이 되며, 편재(偏財)인 병화(丙火)가 인수(印綬)인 경금(庚金)을 극하니 공부에 관심이 적어지고 이성에 눈을 뜨게 되는 사춘기며, 정축년(丁丑年)은 정화(丁火)가 정재(正財)가 되는 해가 되어 사랑에 빠지게 된다.

여자의 경우 해월(亥月)의 을목(乙木)이 병화(丙火)를 보니 생기발랄 이성에 눈을 뜨게 되는 해라고 볼 수 있으며, 조후용신(調候用神)이 되는 해다. 정축년(丁丑年)은 일지 유금(酉金)과 유축합(酉丑合)이 되니 애인관계가 성립된다.

여자의 경우는 병정무기년(丙丁戊己年)이 좋은 운이 된다.

남자의 경우는 일간(日干)이 극 신약(身弱)하여 경금(庚金) 인수(印綬)를 용신(用神)으로 하는데, 병정화운(丙丁火運)은 대학준비를 하는 고3의 입장에서는 인수를 극하게 되니 아주 나쁜 운이 될 수밖에 없다.

무인기묘년(戊寅己卯年)은 일간(日干)이 극을 심하게 받게 되니 재수를 할 수밖에 없다.

기묘년(己卯年)은 남자의 일지술토(日支戌土)와 묘술합화(卯戌合火)하니 여자 친구를 좋아하고 있다고 볼 수 있으나, 신약(身弱)한 임수일간(壬水日干)에게는 정관운(正官運)이며, 상관운(傷官運)이 되니 명예훼손 구설이 되고, 묘목(卯木)이 설기하고 관을 극하니 아주 나쁜 운이다.

여자의 경우는 일주(日柱)가 기묘(己卯)와 천극지충(天剋地沖)하여 헤어지고 싶은 마음이 동하고 있다고 볼 수 있다.

기묘(己卯)는 여자의 일간(日干)에서 편재(偏財)가 되니, 앞으로 이 친구를 남편으로 삼을 경우 살아갈 수 있는 경제능력에 대하여 의심하게 되었다고 볼 수 있고, 묘목(卯木)은 비견(比肩)이 되니 홀로 서기를 하고자 하는 강한 의지가 담겨 있다.

경진년(庚辰年)은 남자는 공부하는 해가 되고, 여자는 일주(日柱)와 천덕지합(天德地合)이 되니 자기가 좋아할 수 있는 좋은 남자를 만난다고 보았기에 비정하지만 어쩔 수 없이 헤어진다고 말하였던 것이다.

여자가 의대를 다니니 여자의 수준에 맞추려는 마음에 의대를 욕심을 내지만, 지옥의 고3때 열심히 공부하지 않았기에 의대는 욕심일 뿐이며, 편인(偏印)이 용신이기에 외국어를 전공하여야 가능성이 있다. 또한 차후 대운(大運)이 좋게 흘러가지 않고 있어 말하였던 것이다.

3월에 두 사람의 사이가 나빠지며, 9월이면 두 사람이 완전히 헤어진다고 하였는데…

남자는 정묘월(丁卯月)은 정임합(丁壬合) 묘술합(卯戌合)이 되어 헤어지기 싫어하겠으나, 여자는 정묘월(丁卯月)부터 식신(食神)과 비겁(比劫)이 되니 새로운 준비를 하게 된다.

일지(日支)와 묘유충(卯酉沖)이 되며, 시지신금(時支申金)과 묘신(卯申) 귀문관살(鬼門關殺)이 성립되니 마음이 변하여 가며, 6월의 경오월(庚午月)은 대학생들의 미팅·서클 모임 등에서 새로운 좋은 이상형을 보게 된다고 볼 수 있다.

9월의 계유월(癸酉月)은 여자는 사주와 년과 월이 일지(日支)와 충(沖)이 되며, 시지신금(時支申金)과 신유합(申酉合)이 되니 편관(偏官)을 극하고 정관(正官)을 강하게 한다.

남자는 계수(癸水) 비겁(比劫)이 재(財)를 극하는 달이며, 유금

(酉金)은 인수(印綬)며 목욕살(木浴殺)이 되어 가슴 아프게 아가씨의 구둣발에 비참히 채이는 아픔이 있게 되고, 10월 달이 되면 갑술월(甲戌月)이 되니 새로운 시작이 되는 식신월(食神月)이 된다.

여자는 10월이 되면 신유술(申酉戌) 금국(金局)이 되니 술토(戌土) 재물과 함께 신왕해진 관(官)에 폭 빠져 행복해 하는 달이 시작된다.

남자들이여! 여자는 경제적 동물임을 꼭 명심하라.

사랑도 명예도 순정도, 돈과 능력 앞에서는 통하지 않는다는 것을 꼭꼭 명심하라.

8 중국 교민

김예원(여) / 음력 1974년 1월 20일(辰時生)

丙 癸 丙 甲
辰 未 寅 寅

62 52 42 32 22 12 2
己 庚 辛 壬 癸 甲 乙
未 申 酉 戌 亥 子 丑

년 甲寅 : 암록 지살
월 丙寅 : 암록 월덕귀인 지살
일 癸未 : 천희신 귀문관살 반안
시 丙辰 : 월덕귀인 고초

계수(癸水) 일간이 인월(寅月)에 태어나 월지 장간(藏干)에서 갑목(甲木)과 병화(丙火)가 동시에 투출(透出)하여 상관격(傷官格)과 정재격(正財格)도 겸하고 있는데, 정기가 목(木)이므로 상관생재격(傷官生財格)이다.

아무튼 월지 장간(藏干)에서 여러 개의 오행이 천간 투출하여 격

(格)을 형성하게 되면 한 가지 직업에 전력(全力)을 할 수가 없으므로 지장간(地藏干)에서 하나의 격(格)이 투출하는 것보다는 격(格)이 떨어진다.

계수(癸水) 일간이 극 신약(身弱)하여 종(從)을 하여야 할 사주인데, 시지의 장간(藏干)인 진중(辰中) 계수(癸水)의 뿌리가 있어 종(從)을 거부하니 세상을 힘들게 살아가게 되었다.

사주 구성상 십간(十干) 중에서 제일 약한 계수(癸水)이니, 역학의 이론이나 타서(他書)에 의하여 본다면 완전한 종(從)으로 보아야 하지만, 대운을 보고 신약(身弱)과 종(從)을 구분하여야 실수를 하지 않게 된다.

수(水)가 용신(用神), 금(金)이 희신(喜神), 토(土)가 기신(忌神), 화(火)가 구신(仇神), 목(木)은 구신(救神)이 된다.

■ 성 격

소심하고 잔꾀가 많으며, 소극적이고 얌전하며, 의타심이 있고 의심이 많으며, 나약하고 겁이 많다. 부모에게 받은 인자를 겸한다면 낙천적이며, 봉사정신이 강하고 금전관리와 영업능력이 뛰어나다.

■ 조상운

조상은 신금(辛金)으로 사주상에 나타나지 않았으며, 년을 조상궁으로 보아 년에 상관(傷官)이 건록(建祿)으로 투출(透出)하였으니 할아버지는 상업으로 부귀하였다고 보나 명예는 없다.

■ 부모운

아버지는 일지 장간(藏干) 묘고(墓庫)의 정화(丁火)다. 월간은 부모궁으로 정재(正財)가 월지 장생궁(長生宮)에 앉아 아버지는 사업가로 부귀하였다. 일간에서 월지 12운상 목욕지가 되어 부모덕은 약하다.

■ 형제운

형제는 시지 장간(藏干) 계수(癸水)로서, 사주상 일간이 극신약하여 종(從)을 하여야 할 사주에 약한 일간의 뿌리(根)가 되어 종(從)을 거부하게 하니 힘들게 살아가게 되었다. 비겁(比劫)이 용신(用神)이 되니 형제 덕은 있다.

■ 부부운

남편은 시지 진토(辰土)다. 일지 미토(未土)에 관살혼잡(官殺混雜)이 되고 일간이 극신약하며, 일지와 월지가 인미(寅未) 귀문관살(鬼門關殺)이 되어 남편으로 인한 정신적 질환이 있다. 일부종사하기 어렵다.

■ 자식운

자식은 월 년지에 통근한 년간(年干)의 갑목(甲木)과 시지 장간(藏干) 을목(乙木)이다. 일간이 극신약하고 자식인 식상(食傷)이 왕하여 모쇠자왕(母衰子旺)으로 자식 덕이 없다.

■ 직업운

월지 상관격(傷官格)으로 상관(傷官)은 문화·예술·학술이 되어 말로 하는 업무, 또는 식상(食傷)은 의상과 음식으로 분류되어 여성 특유의 직업이다.

■ 금전운

금전운은 대운과 연관이 있으며, 운이 좋을 경우는 안정된 생활을 할 수 있다. 사주상에 식상(食傷)과 재(財)가 왕하며, 일간이 신약하니 열심히 노력하여 많은 돈을 만지나 본인은 경제적 어려움이 많다.

■ 을축대운(乙丑大運) (2~11살)

해자축(亥子丑) 북방 수운(水運)으로 토(土)의 계절이 되어 수(水)와 토(土)의 작용이 함께 한다. 사주가 극신약하여 종(從)을 하여야 하나 대운이 해자축(亥子丑) 북방 수운(水運)이 되어 종(從)을 못하게 되었다. 만약 대운이 사오미(巳午未) 남방 화운(火運)이 되면 대운에 따라 종(從)을 할 수 있다.

■ 갑자대운(甲子大運) (12~21살)

갑자대운(甲子大運)은 시지 진토(辰土)와 자수(子水)가 자진합수(子辰合水)하여 신약한 일간의 뿌리(根)가 되어 주니 어려운 여건 속에 공부를 할 수 있다.

■ 계해대운(癸亥大運) (22~31살)

계해대운(癸亥大運)은 신약한 일간에 비겁(比劫)이 함께 오게 되어 대길할 것 같으나 계해대운(癸亥大運)의 해수(亥水)가 년월지 인목(寅木)과 인해합(寅亥合)하여 목(木)으로 변하게 되니 신약(身弱)한 일간에게는 최대로 흉한 운이다.

계해대운(癸亥大運)의 해수(亥水)가 년월지 지살(地殺)과 인해합(寅亥合)하고, 해수(亥水)는 큰물이 되니 바다를 건너게 되며, 지살(地殺)은 타향·타국 등이 되어 중국에서 한국으로 이주하게 되고, 인목(寅木)은 자식이 되고, 사주상에 관살혼잡(官殺混雜)하니 일찍 결혼을 하여 자식을 본다.

■ 임술대운(壬戌大運) (32~41살)

신유술(申酉戌) 서방 금운(金運)이며, 일간이 극신약하여 종(從)을 할 사주인데, 대운이 일간을 생하는 운이 되니 종(從)을 못하게 되어 본인의 힘으로 세상의 많은 어려움을 감당하고 풀어가야 하니 고난의 연속일 수밖에 없다.

해자축(亥子丑) 수방(水方)에서 사주상에 강한 목(木)이 설기시켜 어려움이 많았다면 금운(金運)은 강한 목(木)을 극하고, 관(官)을 설기시켜 일간을 생하여 주게 되니 일인 3역을 하게 되는 좋은 운이다.

■ 신유대운(辛酉大運) (42~51살)

신유대운(辛酉大運)의 천간 신금(辛金)은 월간 시간 병화(丙火)와 병신합수(丙辛合水)하여 일간의 힘이 되어 주고, 지지 유금(酉金)은 시지 진토(辰土)와 유진합금(酉辰合金)하니 일간이 극 신약(身弱)에서 신왕(身旺)으로 변하고, 사주상에 없던 금이 시에 뿌리(根)를 두게 되니 초년의 고생한 보람을 찾게 된다.

감정 상황

전화가 왔다. 말의 발음이 정확하지 않은 것을 보니 중국에서 온 교민이란 생각이 들었다.

손 님 : "철학관이죠?"

저 자 : "예"

손 님 : "여기 충청도인데 선생님을 찾아뵙고 상담을 드리고 싶은데 위치를 가르쳐 주십시오."

멀리까지 올 것 없이 전화로 상담을 해 드리겠다고 하니 굳이 찾아 오겠다하여 자세히 알려 주었더니 사무실로 어려운 걸음을 하였다.

사주를 받아 살펴보고서 "22살에 타국으로 이주할 운이 있어 현재 한국으로 오신 것 같으며, 한국에 오면서 남자를 만나고 현재까지 살아왔다고 보이며, 99년은 지금 처한 입장이 힘이 드니 남자와 헤어지려는데 주위의 많은 사람들이 발목을 잡고 있는 것 같습니다."라고 하였다.

중국에서 무역회사에 근무하다가 사업상 중국에 온 한국인을 알게 되어 결혼하고 한국으로 와서 4년을 살며 딸을 낳고 살아 왔으나 남편은 술로 정신질환을 앓고 있으며, 98년부터 술 중독으로 간경화를 앓고 있는 상태인데 남편 앞으로 되어 있는 집을 시가(媤家)집에서 가압류하여 나의 권리란 없다고 한다.

그리고 외국인으로서 위장취업하기 위하여, 또는 돈 때문에 시집을 와서 남편 죽고 나면 재산을 가져 가려고 한다는 등의 취급을 하여, 서러운 마음에 도저히 참을 수가 없다고 한다. 자식을 낳고 살아가는데도 며느리로 생각하지 않고, 남편도 정신질환을 앓고 있는 상태에 시부모 가족들은 혹시라도 돈이나 중국 친정으로 빼내는 것이 아닌가 하여 도둑년으로 취급하는데, 남편은 자기 부모 입장만 들어주니 정신적으로 도저히 맞지 않아 이혼을 하려 한다. 그러나 한국의 법이 남편 위주로 되어 있어 이혼에 문제가 많다고 한다.

이혼이 가능한지 궁금하고, 중국에서 공부를 잘한 관계로 한국에서 외국어 번역 또는 학원 강사로 근무하여 줄 것을 제의 받았다고 한다.

22살에 한국에 왔다고 하였던 것은…

갑자대운(甲子大運)에서 10년 계해대운(癸亥大運)으로 바뀌며, 년월지의 지살은 고향을 떠나 타향·타도에 가서 살아간다고 본다면 계해대운의 해수는 큰물이며, 지살과 해수가 인해합하여 중국에서 한국으로 왔다고 볼 수 있다.

병자년(丙子年)의 병화는 일간에서 정재가 되니 정당한 재물이 되고, 자수는 시지의 진토인 정관, 즉 남편과 합이 되어 수로 변하니 일간에게는 남편과 돈이 생기는 좋은 운이 되었던 것이다.

정축년(丁丑年)은 일간에 정계극이 되며, 일지도 축미충이 되니 돈·남편과의 불화가 생기며, 무인년(戊寅年)은 대운과 천덕지합(天德地合)이 되고, 일간도 무계합이 되니 중국의 친정에서 사위에게 돈을 달라고 압박을 한다고 볼 수 있다.

자식문제 또는 개인의 일 문제·돈 문제 등이 생긴다고 볼 수 있다. 일간이 극신약해지는 운이 되니 마음은 있어도 여건이 잘 되어주지 않으며, 남편의 건강문제·재산문제 등이 있다.

시가(媤家)는 며느리를 믿지 못하니 남편의 집에 가압류를 하게 되고, 사정은 점점 악화된다.

기묘년(己卯年)은 일간과 계기극이 되니 남편과 이혼하고 자신의 힘으로 돈을 벌어야 당당한 나의 돈이 되며, 이 집에서 자식을 키워봐야 자기 앞날은 명확하게 보장이 되지 않겠다는 생각이 들었다고 볼 수 있겠다.

기묘년의 묘목이 인묘진(寅卯辰) 방합(方合)이 되어 식상으로 변하니 온 가족이 합당하여 이혼을 말리고, 일간은 힘이 약해지니 마음대로 잘 되지 않는다고 볼 수 있다.

극신약의 사주는 종(從)을 하면 좋으나 대운이 인비운(印比運)으로 흘러서 종을 하지 못하고, 고향을 생각하게 되니 시가에서 남편의 재산에 압류를 하게 된 것이다.

대운이 재관으로 흘러 주었다면 고향을 버리고 시가집 식구와 동화되어 함께 살아갈 수 있겠으나, 대운이 따라 주지 않으니 혼자의 힘으로라도 돈을 벌어서 고향으로 돌아갈 생각을 하게 되므로 고생을 많이 할 수밖에 없는 입장이라 보여진다.

우리 인간의 생각도 하늘의 기에 따라 움직이는데, 대운은 그 사람의 생각과 육신을 모두 지배하는 기의 흐름을 보여 주는 것이다.

본인의 운이 인도하는 데로 움직이게 되니, 시가에서 이혼을 하여 주지 않아도 기어이 독립을 한다고 본다면 역술인의 입장에서 굳이 어떻게 하라고 권하여 줄 수 있는 입장이 아닌 것이다.

이왕 운이 금수운으로 흘러가니 일간을 도와주는 곳의 발음이「ㅅ·ㅊ」대문이 서쪽, 잠잘 때 머리를 서쪽에 두고 잠자며,「ㅅ·ㅊ」발음 나는 사람이 도와주니 항상 조심하며 살아갈 것을 당부하였더니, 중국에서 함께 와 충청도 청주에서 결혼하여「ㅊ」발음이 나는 식당을 경영하고 있는데, 현재 그 곳에서 일을 도와주며 지내고 있다고 한다.

신약한 계수가 되니 식당에서 현재 기거하는 것이라 본다. 신약한 계수가 되어 무인(戊寅) 기묘년(己卯年)은 힘들게 지낸다면 경진년(庚辰年)이 되면 인수운(印綬運)이 되니 좋아지리라 본다.

인수는 학문이 되며, 명예가 되고 인정서가 되므로 국가에서 실시하는 자격증을 소유하며, 본인이 원하는 중국어 번역사 등으로 살아가게 되리라 본다.

9 헤어지겠오

박지윤(여) / 음력 1969년 12월 1일(子時生)

壬 戊 丁 己
子 子 丑 酉

69 59 49 39 29 19 9
甲 癸 壬 辛 庚 己 戊
申 未 午 巳 辰 卯 寅

년 己酉 : 진신 장성
월 丁丑 : 천을귀인 태극귀인 화개
일 戊子 : 귀문관살 육해
시 壬子 : 천의성 귀문관살 육해

무자(戊子) 일간이 축월(丑月)에 태어나 월지 장간(藏干)에서 기토(己土)가 천간 투출(透出)을 하였으나 같은 오행은 격(格)을 잡지 않는다는 원칙에 의하여 시간에서 격(格)을 잡아 편재격(偏財格)이 되겠다. 축월(丑月)의 무토(戊土)가 되어 조후(調喉)가 시급하므로 월간 정화(丁火)가 조후용신(調候用神)이 되어 목(木)이 희신

(喜神), 수(水)가 기신(忌神), 금(金)은 구신(仇神), 토(土)는 구신(救神)이 된다.

■ 성 격

부지런하고 친절하며, 허영심이 강하고 다재다능하다. 부모에게 받은 인자를 겸한다면 성급한 성격에 뱃장이 두둑하며, 사회활동에 남의 일을 잘 보아 주며 인기가 있다.

■ 조상운

할아버지는 편인(偏印)이나 사주상에 없다. 월간의 정인(正印)은 할아버지의 형제가 되는데, 사주상에 육친이 나타나지 않았을 때는 정인(正印)을 할아버지로 본다. 년은 조상궁 또는 할아버지궁으로 년간(年干)에 겁재(劫財) 년지에 상관(傷官)이 있어 할아버지는 관료가 아닌 상업에 종사하였다.

■ 부모운

아버지는 시간의 임수(壬水)다. 양인(陽刃)을 차고 있어 군인·경찰·운동선수와 같이 강한 직업에 종사하였다고 볼 수 있다. 월은 부모궁으로 월간 정인(正印)이 투출(透出)하고 있어 아버지는 자수성가로 집안을 일으켰다. 사주상 인수(印綬)가 용신(用神)이 되어 부모덕이 있다.

■ 형제운

형제는 년간의 기토(己土) 월지 축중기토(丑中己土)다. 형제는 장생궁(長生宮)에 앉아 있으며, 월지에 통근(通根)하고 천을귀인

(天乙貴人)・태극귀인(太極貴人) 등의 길성이 있어 형제는 부귀한다. 사주상 비겁(比劫)이 희신(喜神)이 되어 형제 덕이 있다.

■ 남편운

남편은 갑을목(甲乙木)이다. 사주상에 나타나지 않으므로 대운에서 남편성이 올 때 결혼을 하고, 대운(大運)이 지나가면 남편운이 없다.

■ 자식운

자식은 년지 유(酉) 중 장간(藏干) 경신금(庚辛金) 월지 축(丑) 중 신금(辛金)이다. 자식은 년지에 녹왕(祿旺)이 되고, 월지는 양지(養支)가 되어 자식은 잘 된다. 사주상 자식성이 흉신(凶神)에 해당하여 자식 덕은 없다.

■ 건강운

축월(丑月)의 무토(戊土)에 지지가 금수(金水)로 한랭하나 월간 정화(丁火)의 조후(調候)가 있어 중화되고, 대운이 동남방으로 흐르니 대체적으로 건강하다.

■ 직업운

용신(用神)이 정화(丁火)며, 사주상에 목(木)이 희신(喜神)이 되고, 무기토(戊己土)와 종합하여 건축설계 또는 의상 디자인에 적성이 있다. 대학에서 실내 디자인을 전공하였다고 한다.

■ **금전운**

사주상에 재(財)가 일간보다 조금 강하나 대운(大運)이 동남방으로 지나가니 자신의 노력 여하에 따라 경제적인 큰 어려움은 없다.

■ **무인대운(戊寅大運) (9~18살)**

인묘진(寅卯辰) 동방 목운(木運)이다. 사주상에 목(木)이 없어 용신(用神)인 정화(丁火)가 허약한데, 용신을 생하여 주는 운이 되어 초년부터 총명하여 공부도 잘 하였다.

■ **기묘대운(己卯大運) (19~28살)**

기묘대운(己卯大運)은 정관(正官) 남편운이 된다. 사주상에 없던 남편성이 오는 좋은 운을 맞아 25살 갑술년(甲戌年)에 결혼을 하여 자식도 낳아 기르며 잘 지낼 수 있다.

■ **경진대운(庚辰大運) (29~38살)**

인묘진(寅卯辰) 동방 목방(木方)이나 진토(辰土)는 토(土)의 성질이 더 강하다. 천간 경금(庚金)은 사주상에 나타나지 않은 관(官)을 극하는 운이다. 진중 을목(乙木)이 씨앗으로 장축(藏蓄)되니 기묘대운(己卯大運)의 멋진 남편이 보자기에 싸인 작은 아기로 둔갑하니, 즉 남편복이 없어짐을 알 수 있다.

■ **신사대운(辛巳大運) (39~48살)**

사오미(巳午未) 남방 화운(火運)이다. 조후용신(調候用神)인 정화(丁火)의 계절이 되어 본인의 사업운은 좋다. 남편의 운이 모두

지나가니 남편복은 기대하기 어렵게 되었다.

감정 상황

이웃집 아주머니의 소개로 왔다 하여 사주를 받아 보니 남편과 이별수가 있다.

저 자 : "일주일 내로 남편과 별거할 운이며, 9월 달에 완전히 헤어지리라 보여집니다."

손 님 : "남편과 도저히 마음이 들지 않아 몇 일 내로 집을 나가 버리려고 마음을 먹고 있다. 우리 어머니는 우리의 궁합이 좋다고 하였는데 궁합을 어떻게 보았는지 알 수가 없다.
처음부터 우리 집의 재산을 보고 결혼을 하였던 것 같은데 아닙니까?"

저 자 : "남편 사주를 봅시다."

남편 사주

민명수(남) / 음력 1971년 7월 29일(亥時生)

己 丙 丁 辛
亥 午 酉 亥

63 53 43 33 23 13 3
庚 辛 壬 癸 甲 乙 丙
寅 卯 辰 巳 午 未 申

년 辛亥 : 천을귀인 지살
월 丁酉 : 천을귀인 백호
일 丙午 : 협록 홍염성 황은대사 육해
시 己亥 : 천을귀인 지살

병화(丙火) 일간이 유월(酉月)에 태어나 월지 장간(藏干)에서 신금(辛金)이 년간에 투출(透出)하여 정재격(正財格)이 되겠다. 일간이 실령하여 신약(身弱)하고, 사주상에 목(木)이 없어 오행이 주류(周流)하지 못한다.

목(木)이 용신(用神), 금(金)은 기신(忌神), 토(土)는 구신(仇神), 화(火)는 희신(喜神), 水는 구신(救神)이 된다.

■ 성 격

명랑 쾌활하고 적극적이며, 언변이 유능하고 화려하게 살며, 자기표현이 좋다. 나서기를 좋아하며 개방적이고 부지런히 활동하는 타입이다. 부모에게 받은 인자를 겸한다면 온후하고 명예를 중요시하고 지성적이며, 학문과 예능에 재능이 있다.

■ 조상운

조상은 년지(年支) 장간(藏干) 갑목(甲木)이다. 년간 정재(正財)와 년지 편관(偏官)이 동주(同住)하고 있어 할아버지는 관료로서 부귀하였다.

■ 부모운

아버지는 월지 장간(藏干) 경금(庚金)이다. 월지 정재(正財)에 월간 겁재(劫財)가 투출(透出)하여 재(財)를 극하고 있어 아버지는 할아버지의 유업을 지키지 못하고 가업이 많이 기울었다.

■ 형제운

형제는 월간 정화(丁火) 일지 장간(藏干) 병정화(丙丁火)가 된다. 월간 정화(丁火)는 장생궁(長生宮)에 앉아 부귀한다. 사주상 비겁(比劫)이 희신(喜神)에 해당하여 형제 덕은 있다.

■ 부부운

부인은 월지(月支)에 통근(通根)하고 년간(年干)에 투출(透出)한 신금(辛金)이다. 일간은 월간의 겁재(劫財)가 정재(正財)를 분탈하는 형상에 일지 양인(陽刃)을 깔고 있다. 일지는 처궁으로 나의 형제가 함께 동거하는 현상이므로 나의 부인은 정숙하기 어렵다. 재(財)가 기신(忌神)에 해당하여 부인 덕이 없다. 대체적으로 일지(日支) 양인(陽刃)이면 부인과 많이 다투며 살아가든가 떨어져 지낸다든가 이별하고 재혼하는 경우가 많다.

■ 자식운

자식은 년지 해(亥) 중 임수(壬水), 시지 장간(藏干) 임수(壬水)다. 시(時)는 자식궁으로 임수(壬水)는 시지 해수(亥水)에 건록(建祿)이 되니 자식은 잘 된다. 시간(時干)에 상관(傷官)이 투출하고 있어 자식 덕은 보기 어렵다. 자식 중 속을 썩이는 자식이 있다.

■ 건강운

일간(日干)이 양인(陽刃)으로 통근(通根)하고, 대운이 사오미운

(巳午未運)에서 인묘진운(寅卯辰運)으로 잘 흘러주고 있어 현재까지는 대체적으로 건강하다. 사주상에 목(木)이 없어 대운이 나쁘면 간 질환과 심장·눈 등에 이상이 있다.

■ 직업운

년시지 지살(地殺)과 시간 상관(傷官)은 말과 소리가 되며, 월지 정재(正財)는 돈이 되어 무역회사 또는 관광회사·금융회사며, 재격(財格)이 되니 돈 관리를 한다.

■ 재물운

일간(日干)이 약하고, 재관(財官)이 왕(旺)하여 재운(財運)이 약하다. 대운(大運)이 잘 흘러주니 큰 부자는 되지 못 하나 평범하게 살아가는 데는 무리가 없다.

■ 병신대운(丙辛大運) (3～12살)

신유술(申酉戌) 서방 금운(金運)이며, 일간이 신약(身弱)한 중 금운(金運)이 되니 좋은 운이 아니다. 그러나 초년은 부모님의 운이며, 재운(財運)은 아버지의 입장에서 보면 좋은 운이 되므로 아버지가 운이 좋으면 부모덕에 편히 잘 지낸다고 본다.

■ 을미대운(乙未大運) (13～22살)

사오미(巳午未) 남방 화운(火運)이나 미토(未土)는 토(土)의 작용을 많이 한다. 을미대운(乙未大運)은 천간 을목(乙木)이 투출(透出)하고 있어 토운(土運)이지만 목(木)의 기운이 많이 작용한다고 본다면 을미대운(乙未大運)은 일간 병화(丙火)의 좋은 운이 되니 어려서부터 총명하고 공부도 잘 하였다.

■ 갑오대운(甲午大運) (23～32살)

갑오대운(甲午大運)은 신약한 일간의 강한 뿌리(根)가 들어오며, 해(亥) 중 갑목(甲木)이 천간으로 오는 운이 되어 경제적으로 최길한 운이다. 병오일간(丙午日干)은 일지에 양인(陽刃)을 차고 있으므로 부부운은 조심하여야 한다.

■ 계사대운(癸巳大運) (33～42살)

계사대운(癸巳大運)은 다변한 운이다. 상리기법을 대입하면 병화(丙火)는 태양이며, 계수(癸水)는 안개구름이 되니 안개구름이 태양의 빛을 가리게 되는 현상이 된다. 사화(巳火)는 년시지의 해수(亥水)와 사해충(巳亥沖)하니 타향·타도로 다변하게 돌아다닌다. 월간 사유합(巳酉合)이 되니 타향·타도로 다니며, 여행 중에 만난 사람을 사귀게 되나 경제적 고통만 가중된다.

■ 임진대운(壬辰大運) (43～52살)

인묘진(寅卯辰) 동방 목운(木運)이며, 임진운(壬辰運)은 목운(木運)이나 토(土)의 작용이 더 강하여 토운(土運)이다. 임수(壬水)가 월간의 정화(丁火)와 정임합목(丁壬合木)하여 일간을 도와주나 지지 진토(辰土)가 월간 유금(酉金)과 유진합금(酉辰合金)하여 일간을 설기시키니 다변한 가운데 돈·여자와 결혼으로 어려움은 있다.

■ 신묘대운(辛卯大運) (53～62살)

신묘대운(辛卯大運)은 3번의 결혼과 이혼의 아픔이 있으나 신묘대운(辛卯大運)의 묘목(卯木)이 년시지의 해수(亥水)와 해묘합목(亥卯合木)하여 신약한 일간을 생하여 주게 되고, 천간의 신금(辛金)이 일간과 병신합(丙辛合)이 되니 사업운도 좋으며 결혼생활도 안정을 취하게 된다.

■ 경인대운(庚寅大運) (63~72살)

경인대운(庚寅大運)의 인목(寅木)이 년시지의 해수(亥水)와 인해합목(寅亥合木)하여 일간을 생하여 주니 일간이 신왕해져 재를 충분히 감당할 수가 있어 말년에 경제적 여유를 누리며 안정된 생활을 한다.

■ 기축대운(己丑大運) (73~82살)

해자축(亥子丑) 북방 수운(水運)이 된다. 기축대운(己丑大運)은 신약한 일간의 기를 설기하며, 해자축(亥子丑) 북방 수운(水運)은 일간을 극하게 되니 명을 다한다.

여자의 경우 사주상에 남편성이 없다. 기묘대운(己卯大運)에서 남편성이 오게 되며, 갑술년(甲戌年)은 대운과 연운(年運)에서 갑기합(甲己合), 묘술합(卯戌合)이 되어 남편성이 강하게 작용하게 되어 결혼운이 되었다. 사주상에 남편운이 약하다고 보면 결혼한 남편이 무능하든가, 나이가 적은 남편으로 남편 덕이 부족한 경우가 되니 2년 연하의 남자와 결혼을 하게 되었다.

갑술년(甲戌年)은 사주상의 기묘(己卯)와 천덕지합(天德地合)이 되며, 편관(偏官)인 합(合)이 되니 일찍 결혼을 하게 되었다.

남자의 경우 신약한 병오일주(丙午日柱)가 갑술년(甲戌年)은 갑오대운(甲午大運)이 일간을 도와주고, 일지 처궁에 오술합(午戌合)

월지 정재(正財)인 유금(酉金)과 유술합(酉戌合)이 되어 일찍 결혼을 하였다.

기묘년(己卯年)은 여자의 경우 정관(正官)이 되는 묘목(卯木)이 년지(年支) 유금(酉金) 상관(傷官)과 묘유충(卯酉沖)하게 되니 남편과 사이가 나빠지고, 년지를 충(沖)하니 타향·타도로 이사 등을 할 수 있게 된다.

남자의 경우, 월지 부인성인 유금(酉金)과 묘유충(卯酉沖)을 하게 되니 부부 사이가 나쁘게 되어 헤어질 운명에 놓였다고 보았다.

두 사람의 궁합을 조금 연구하여 보면 여자의 경우, 남자 일주인 병화(丙火)는 조후용신(調候用神)이 되어 좋은 입장이다. 사주상 금수(金水)가 많아 잠시는 좋아질 수 있으나, 여자의 사주상 기신(忌神)인 금수(金水)의 작용이 나쁘게 작용하게 되니 점차적으로 싫어지게 된다.

남자의 경우, 월지 정재(正財)가 연상에 투출하고 있어 조혼을 하게 되고 연상의 여인과 인연이 있다. 사주상에 재성(財星)이 강하니 처갓집이 부자로 볼 수 있으며, 처덕을 보아야 하나 일간(日干)이 극 신약(身弱)하여 처갓집의 덕을 보지 못하게 된다.

무토일간(戊土日干)인 부인이 일간의 힘만 설기시키니 부부 정이 없게 되고, 일지(日支)가 자오충(子午沖)으로 속궁합도 맞지 않아 결혼생활에 문제가 많아 보인다. 중요한 것은 여자의 사주에 남편성이 없어 대운(大運)이 지나가면 외롭게 되는 것이라고 보았다.

경진대운(庚辰大運)은 남편성인 목(木)을 극하는 운이 되고, 지장간(地藏干)에 작은 을목(乙木)이 숨어 있는 현상이 되니 두 사람의 관계가 아주 나쁘게 작용한다.

기묘년(己卯年) 묘월(卯月)이 기묘년(己卯年)의 작용이 매우 강하게 작용하는 달이기에 부부 이별수가 있다고 보았으며, 9월 달은 묘유충(卯酉沖)이 되니 완전히 헤어질 가능성이 있다고 보았던 것이다.

일주일 안에 헤어질 운이라고 하였던 것은 이 아주머니가 필자에게 온 날이 정묘월(丁卯月)의 절기(節氣)를 넘긴 기미일(己未日)에 왔기 때문인데, 시계의 바늘의 시・분・초가 한 자리에 모여지듯 이루어지는 기묘년(己卯年) 정묘월(丁卯月) 정묘일(丁卯日)로 보고 말하였던 것이다.

10 사교춤

배진아(여) / 음력 1952년 6월 13일(巳時生)

癸 辛 丁 壬
巳 巳 未 辰

59 49 39 29 19 9
辛 壬 癸 甲 乙 丙
丑 寅 卯 辰 巳 午

년 壬辰 : 암록 화개
월 丁未 : 천살 공망
일 辛巳 : 고신 겁살
시 癸巳 : 고신 겁살

일간 신금(辛金)이 미월(未月)에 태어나 월지 장간(藏干)에서 정화(丁火)가 월간에 투출(透出)하고, 일시지 사화(巳火)와 관살혼잡(官殺混雜)하여 파격(破格)이 되었으나 년간(年干)의 임수(壬水)가 합살(合殺)하여 사주는 맑아졌다.

화왕절에 태어나 조후(調喉)가 시급하므로 수(水)가 용신(用神),

금(金)이 희신(喜神), 토(土)가 기신(忌神), 화(火)가 구신(仇神), 목(木)은 구신(救神)이다.

■ 성 격

깐깐하고 깔끔하며, 단정하고 단순하다. 자존심이 강하고 고집이 세며, 끊고 맺음이 분명하고 실속파며, 멋을 잘 낸다. 부모에게 받은 인자를 겸한다면 인기가 있고 눈치가 빠르며, 끈기가 부족하다.

■ 조상운

할아버지는 월지장간(月支藏干) 기토(己土)다. 년은 조상궁 또는 할아버지궁으로 년지 인수(印綬)에 년간(年干)에 상관(傷官)이 투출(透出)하여 학자였다.

■ 부모운

아버지는 월지 장간(藏干) 을목(乙木)이다. 월간은 아버지의 궁으로 년지 정인(正印)에 월지 편인(偏印)이 있으며, 월간 아버지궁에 합(合)이 되니 어머님이 두 분이었다.

■ 형제운

형제는 일시지 장간(藏干) 경금(庚金)이다. 형제는 사화(巳火)의 장생지(長生支)에 앉아 있으며, 월지는 형제궁으로 경금의 관대궁(冠帶宮)이 되어 형제는 모두 부귀한다.

■ 부부운

사주상 관살(官殺)이 혼잡(混雜)하나 편관(偏官)이 합살(合殺)

되어 지지 정관(正官)만 남고, 일간 신금(辛金)과 암합(暗合)을 하여 격(格)이 맑아졌기에 부부의 정이 좋다. 그러나 합살된 편관(偏官)을 동하게 하는 운이 오게 되면 관살혼잡(官殺混雜)을 피할 수 없다. 월일시지 관살(官殺)이 혼잡되어 주색파가(酒色破家) 할 가능성이 있다.

■ 자식운

자식은 년간 임수(壬水) 시간 계수(癸水)다. 시지(時支)는 자식궁으로 시지는 절지(絕地) 태지(胎地)가 되고, 정임합(丁壬合)과 암합(暗合)으로 무계합(戊癸合)이 되니 자식도 부모의 유전자를 이어 받는다. 사주학상 수(水)가 희신(喜神)에 해당하여 자식 덕은 있다.

■ 건강운

일간 신금(辛金)이 화왕절(火旺節)에 태어나 사주상 화(火)가 강하고 수기(水氣)가 부족하니 신장·방광·기관지·장 등이 약하다.

■ 직업운

목(木)과 수(水)가 희신(喜神)에 해당하니 옷·음식점·찻집·주류와 밤에 할 수 있는 품목이면 유리하다.

■ 금전운

사주에는 재(財)가 지장간(地藏干)에 장축(藏蓄)되어 있으며, 대운이 목운(木運)에 있어 경제적 큰 어려움은 없다.

■ **병오대운(丙午大運) (9～18살)**

사오미(巳午未) 남방 화운(南方火運)이다. 일간 신금(辛金)은 대운에서 오화(午火)가 오게 되니 월지 일시지의 사화(巳火)와 사오미(巳午未) 방합화국(方合火局)이 되어 일간 신금(辛金)은 초년 건강이 좋지 못하였다. 병오대운(丙午大運)은 사주상 관살혼잡(官殺混雜)을 잡아 주고 있던 임수(壬水)와 병임극(丙壬剋)을 하여 합(合)을 풀어 버리게 되니 일찍부터 이성에 눈을 뜨게 되었다.

■ **을사대운(乙巳大運) (19～28살)**

을사대운(乙巳大運)은 정관운(正官運)이 되니 을사대운(乙巳大運) 중 일찍 결혼하였다.

■ **갑진대운(甲辰大運) (29～38살)**

갑진대운(甲辰大運)은 인묘진(寅卯辰) 동방 목운(東方木運)이다. 재운(財運)이 되어 경제적 안정을 취할 수 있는 아주 좋은 운이다.

■ **계묘대운(癸卯大運) (39～48살)**

계묘대운(癸卯大運)은 아주 나쁜 운이다. 사주상 관살혼잡(官殺混雜)됨을 년간(年干)의 상관(傷官)과 합살(合殺)되므로 격(格)이 맑아졌으나 대운의 계수(癸水)가 정계극(丁癸剋)하여 합(合)을 풀게 되니 관살혼잡(官殺混雜)에 일시지 사(巳) 중 병화(丙火)와 암합(暗合)이 동하게 된다.

타서(他書)에서 밝히기를 관살혼잡(官殺混雜)된 여성은 자식 낳고 3년 안에 정부 따라 야간도주 한다고 밝히고 있다.

계묘대운(癸卯大運) 여성들이 쉽게 남자 품에 안겨 놀 수 있는 곳이 사교장을 찾게 되니 저녁이면 카바레로 출근하여 출근부에 열심히 도장을 찍었다고 본다.

■ 임인대운(壬寅大運) (49~58살)

계묘대운(癸卯大運)에 정계극(丁癸剋)이 되어 정임합(丁壬合)이 풀려 관살혼잡(官殺混雜)에 수치를 모를 정도로 살았다면, 임인대운(壬寅大運)의 임수(壬水)가 다시 정임합(丁壬合)으로 편관(偏官)을 묶어 두게 되니 사주상의 병이 치유되며, 마음을 바로 잡고 가정으로 돌아와 충실히 살아가게 된다.

남편 사주

고승준(남) / 음력 1955년 10월 10일(辰時生)

戊 己 甲 癸
辰 酉 子 巳

66 56 46 36 26 16 6
丁 戊 己 庚 辛 壬 癸
巳 午 未 申 酉 戌 亥

년 癸巳 : 천덕귀인 지살
월 甲子 : 천을귀인 천사성 육해
일 己酉 : 천주 문창 학당 진신 천희 장성
시 戊辰 : 태극귀인 과숙 천살

기토(己土)는 논과 밭으로서 갑목(甲木)을 기르는 의무를 하늘로부터 받고 태어났으나, 자월(子月)의 기토(己土)는 북풍한설(北風寒雪)에 꽁꽁 얼어 만물을 길러낼 수가 없다. 화(火)가 시급하며 봄을 기다리는 봉춘격으로, 밭에 유금(酉金)이 많이 섞여 있으니 봄이 오면 쟁기질을 하여야 하는 자갈밭 형국이다.

화(火)가 용신(用神)이며, 목(木)은 희신(喜神), 수(水)는 기신(忌神), 금(金)은 구신(仇神), 토(土)는 구신(救神)이 된다.

■ 성 격

온화 착실하고 소심하며, 마음이 약하고 겸손 성실하며, 상냥 친절하고 대화를 즐기며, 치밀 세심하고 현실적이다. 부모에게 받은 인자를 겸한다면 따뜻하고 포용력이 있으며, 낙천적이고 낭만적이다. 담백하고 사교적이며, 설득력이 있는 실속파다.

■ 조상운

할아버지는 편인(偏印)으로 사주상에 나타나지 않았으나 년지(年支) 장간(藏干) 병화(丙火)다. 년간(年干)에 편재(偏財) 년지 인수(印綬)로 할아버지는 학자였으며 부유하였다.

■ 부모운

아버지는 편재(偏財)로 월지에 통근(通根)하고 년간에 투출하여 아버지는 부귀하며, 월간은 부모궁으로 월간 정관(正官)이 되어 아버지는 관료였다.

■ 형제운

형제는 시간의 무토(戊土)로서 관대궁(冠帶宮)에 앉아 있어 형제는 부귀한다.

년간 편재(偏財)와 시간 무토(戊土)가 무계합(戊癸合) 월지 자수(子水)와 시지 진토(辰土)가 자진합(子辰合)이 되어 차후 부모님의 재산을 놓고 형제가 다툴 수 있다.

처의 입장에서 보면 일지(日支)와는 자유파(子酉破)가 되고, 시의 무진(戊辰)과는 천덕지합(天德地合)이 되며, 일간은 편관(偏官)이 되고, 시 무토(戊土)는 정관(正官)이 되니 몸과 마음이 항상 따로 있다.

■ 부부운

월 편재격(偏財格)에 년간에 편재(偏財)가 투출하고 있어 결혼을 빨리 하였다. 월지 장간(藏干)에 정편재(正偏財)가 동주하고 있다.

년간 계수(癸水) 시지 장간(藏干) 계수(癸水)가 일지와 유진합(酉辰合)이 되며, 여기저기가 재(財)가 되니 부인 따로 남편 따로이니 무엇 때문에 결혼을 하였는지 알 수 없을 정도다.

■ 자녀운

자녀는 월간 갑목(甲木)이다. 자녀는 자수(子水) 위에 앉아 있어 목욕지(沐浴地)며, 갑기합(甲己合)이 되니 자녀도 부모의 유전자를 물려받아 주색파가(酒色破家) 할 가능성이 있다.

■ 직업운

편재격(偏財格)에 월간 정관(正官)이 있어 재(財)를 관리하는 은행・세무서 등에 인연이 있다.

■ 건강운

사주상에 금수(金水)가 강하고 일간이 신약하며, 조후(調候)가 맞지 않아 간・위장 등이 약하다.

■ 금전운

사주상에 재(財)는 강하고 일간이 약하여 남의 돈을 많이 관리하나, 실상 나에게는 재운(財運)이 약하니 능력에 부합되는 월급을 받는다.

■ 계해대운(癸亥大運) (6～15살)

해자축(亥子丑) 북방 수운(水運)이다. 12월 엄동설한의 기토(己土)가 되어 만물이 모두 성장을 멈추고 있는 상태이듯, 초년 건강이 좋지 못하며 좋은 환경이 아니다.

■ 임술대운(壬戌大運) (16～25살)

임술대운(壬戌大運)은 신유술(申酉戌) 서방 금운(金運)이며, 임술(壬戌)대운은 토운(土運)이 강하게 작용하니 토운(土運)으로 보아야 한다. 임술대운(壬戌大運)은 신약한 일간이 힘을 받는 운이 되니 공부도 잘 하고, 재격(財格)이 되어 경영학과를 다녔다.

■ 신유대운(申酉大運) (26～35살)

신유운(申酉運)은 좋은 운이 아니다. 해자축(亥子丑) 북방 수운(水運)에서 인묘진(寅卯辰) 동방 목운(木運)으로 흘러가야 만물을 키울 수 있는 봄을 맞이하련만, 운이 서방 금운(金運)으로 흘러가니 역운이 되어 어려움이 많이 따른다.

그러나 식신운(食神運)이 되니 사회생활을 열심히 하며, 이 운에 결혼도 한다.

■ 경신대운(庚申大運) (36～45살)

사주 좋은 것보다 운이 좋은 것이 보통사람들이 살아가기에 무난하다. 사주는 좋아도 운이 나쁘면 생각과 마음대로 잘 이루어지질 않아 어려움이 더 많다.

경신대운(庚申大運)은 년간의 갑목(甲木) 정관(正官)을 상관(傷官)인 경금(庚金)이 극을 하게 되니 직장에서 열심히 노력하나 구설이 많이 생긴다.

■ 기미대운(己未大運) (46～55살)

기다리고 기다리던 사오미(巳午未) 남방 화운(火運)이 왔다. 기미대운(己未大運)부터 일간이 힘을 받게 되니 중년 이후 가정에 경제적 안정이 찾아오리라 본다.

여담

저자 : “아주머니는 90년부터 친구들과 어울려 다니며 남자들 속에서 살아왔다고 보이는데 카바레 같은 곳에 출근 도장을 열심히 찍었겠네요.”

손님 : “와, 아저씨 그것을 어떻게 알아요? 그리고 90년부터라는 것까지를… 그런데 이제는 마음을 잡을까 생각하고 있어요.”

저자 : “마음을 바로 잡으신다고요? 사실은 이제 남자들에게 인기가 없는 것 같아서가 아니고요?”

손님 : “그렇긴 그래요. 이제는 나이가 많다고 애인하자고 하는 사람도 없으니…”

저자 : “그래요. 잘 생각하셨습니다. 멀지 않은 날 자녀들 장가도 보내고 시집도 보내야 하지 않습니까?”

손님 : “예, 맞아요! 많은 남자들 사귀어 보았는데 그래도 자기 가정, 자기 자식들 밖에 없어요.”

저자 : “그것을 이제 아신 거요?”

손님 : “그래요. 아무리 죽고 못 산다고 말해도 모두 자기 가정은 꼭 챙겨 두고 남의 여자 만나 잠시 즐기는 것을…”

저자 : “그럼 아줌마는 정 주고 마음 주고 돈 주고 모두 다 주고 상처를 크게 받았다는 말이네요.”

손님 : “나는 남편에게 정도 없고, 그 사람도 바람을 피우고 나에게 정을 주지 않으니 혹 좋은 남자 하나 있을까 했는데 내 팔자가 그렇게도 나쁜가요?”

저 자 : “아주머니, 이 세상사람 모두가 오십보 백보입니다. 특별히 아주머니 사주가 나빠서가 아닙니다. 보세요. 이 세상은 음양오행으로 만들어져 있으며, 음양오행은 이것이 좋은 것 같으면 저것이 나쁘고, 저것이 좋은 것 같으면 이것이 나쁘게 되어 있으니, 이 세상에 모든 복을 다 가지고 태어난다는 것은 인간의 욕심일 뿐입니다.

지금 아주머니의 욕심대로 하자면 좋은 가문에 태어나 미스코리아가 울고 갈 정도의 미모로 세상 사람들 모두의 부러움을 사고, 이 세상에서 제일 멋진 남자를 만나 사랑받고 영원토록 늙지 않고 죽지 않아야 하는 것 아닙니까?”

손 님 : “아니 이 세상사람 하나같이 그것이 싫다고 하는 사람이 있습니까? 그런 인생을 단 하루만이라도 살아 보고 죽으면 원이 없겠다. 그런데, 그런 명이 이 세상에 어디 있습니까?”

저 자 : “영원한 행복이 이 세상에는 없으며, 지금 아주머니를 부러워하는 사람들도 이 세상에는 수없이 많습니다.

지금 아주머니의 처지가 어때서요. 남편이 없어 과부소리를 듣고 있어요? 자식이 없소, 집이 없소, 아니면 먹고 살길이 없어서 시장에서 생선 비린내 속에 쪼그리고 앉아 고생을 하고 있소.”

손 님 : “맞아요! 선생님 말씀을 듣고 보니 내가 지금 부족한 것이 없는 사람이네요.”

저 자 : “그래요. 이제부터 자녀들 교육이나 잘 시키세요. 차후에 자녀 결혼식장에서 카바레에서 본 사람을 만나면 어떻게 하시겠어요. 과거에 카바레에서 춤춘 사람이 사돈이 된다면 어떻

게 하시겠어요. 자녀들 망신시키고 남편 망신시키고 집안 망신시키고…"

손 님 : "그래요. 이제부터 마음 고쳐먹고 열심히 살아야겠네요. 그런데 우리 아빠는 언제나 마음잡고 가정으로 돌아올까요?"

저 자 : "걱정을 마세요. 조금 전에 아주머니가 말씀하시지 않았습니까. 모두 자기 가정밖에 모른다고…"

손 님 : "그렇긴 그래요!"

저 자 : "남은 모두 잘 사는데 나만 못산다 생각하지 마세요. 이 세상에는 아주머니보다 못나고, 집 없고, 돈 없고, 남편 없고, 자식 없는 사람이 얼마나 많은데…"

손 님 : "선생님, 제가 90년부터 나 자신도 모르게 무엇에 홀려서 살아온 것 같네요. 잘 알았습니다."

(감정료를 주고 일어난다)

90년부터 친구들과 어울려 다니며 남자들 품에 안기어 춤추며, 카바레 출근표에 도장 찍고 다녔다고 하였는데…

신사(辛巳) 일간은 관살혼잡(官殺混雜)에 지장간(地藏干)에 남자와 병신합(丙辛合)을 쌍으로 하고 있다. 계묘대운(癸卯大運)은 대운과 월간의 편관(偏官)인 정화(丁火)와 정계극(丁癸剋)이 되니 사주상 정임합(丁壬合)으로 묶여 있던 편관(偏官)이 풀려나며 전형적 관살혼잡격(官殺混雜格)이 형성된다.

90년의 천간 경금(庚金)은 비겁(比劫)으로 친구들이 되며, 지지 오화(午火)는 사주상의 미토(未土) 사화(巳火)를 사오미(巳午未)

방합(方合)으로 묶어 남자 방국(方局)을 만든다.

신사(辛巳) 일간에서 보면 오화(午火)가 도화살(桃花殺)이 되니 아름답게 보이는 남자들이 많이 모여 있는 현상이 되며, 정임합(丁壬合) 정계극(丁癸剋)하니 작은 불빛이 켜졌다 꺼졌다 하는 샨데리야 조명불이 된다. 인신사해(寅申巳亥)는 지살 역마(驛馬)가 되며, 사화(巳火)는 도화살(桃花殺)을 찬 멋진 남자들이 도화운(桃花運)에 바람난 辛금, 즉 다이아몬드 보석과 같은 신사일주(辛巳日柱)를 감고 빙글빙글 돌고 있어 하였던 것이다.

편관(偏官) 정화(丁火)는 대운의 묘목(卯木)과 묘미합(卯未合) 묘진합(卯辰合)이 되니 나의 수중에 있던 돈을 남자들과 사귀고 지내는 유흥비로 많이 쓰게 되었다고 볼 수 있다.

39살 계묘대운(癸卯大運)에 년월간에 정임합(丁壬合)되어 있던 것을 대운(大運)에서 온 계수(癸水)가 계기극(癸己剋)하여 편관(偏官)을 동하게 하였다면, 49살 임인대운(壬寅大運)에는 정임합(丁壬合)으로 다시 묶어 버리게 되니 마음을 고쳐먹고 가정으로 돌아오게 되었다고 본다.

남편의 경우도 36살 경신대운(庚申大運)이 오면서 천간 경금(庚金)이 월간 갑목(甲木)을 갑경극(甲庚剋)하니 명예훼손과 함께 실직한다. 대운지지 신금(申金)은 월간자수(月干子水)와 시지진토(辰土)를 합하여 신자진삼합(申子辰三合) 재국(財局)이 되니 사업을 한다고 하였으나 일간이 신약하여 사업이 부진하고, 신자진(申子辰) 재국(財局)이 되니 여기저기 여자들의 유혹만 많아져 결국은 가정을 소홀히 하게 된다.

자수(子水) 부인은 신자진(申子辰) 삼합(三合)에 시지 진토(辰土)와 합이 되니 부인 따로 남편 따로 서로 돈 쓰기 경쟁을 하듯 하였다고 보여지며, 기미대운(己未大運)은 일간 기토(己土)가 인수대운(印綬大運)이 되어 힘을 받게 되며, 비겁(比劫)의 도움이 있게 되니 일간이 재(財)를 감당하게 된다. 부인도 마음을 잡게 되니 남자도 가정으로 돌아오게 되며 다시 가정에 행복이 찾아오리라 보여진다.

11 교수가 되고자

박주희(여) / 음력 1973년 2월 2일(申時生)

丙 辛 乙 癸
申 丑 卯 丑

61 51 41 31 21 11 1
壬 辛 庚 己 戊 丁 丙
戌 酉 申 未 午 巳 辰

년 癸丑 : 황은대사 화개
월 乙卯 : 태극귀인 백호 공망
일 辛丑 : 황은대사 화개
시 丙申 : 천덕귀인 망신 귀문관살

辛金일간이 卯월에 태어나 월지 장간에서 乙木이 월간에 투출하여 편재격이다. 일간이 실령(失令)하였으나 년지 丑土, 일지 丑土, 시지 申金에 통근하여 일간이 약하지 않으며, 특히 女命은 조금 신약한 듯한 것이 신왕한 것 보다는 좋아 시간의 정관(正官)을 用神하니 木이 喜神, 水는 忌神, 金은 仇神, 土는 救神이다.

■ 성 격

자존심이 강하며, 깐깐하고 고집이 세며 깔끔하다. 단정하며 품위 있는 것을 좋아하고 멋을 잘 낸다. 부모에게 받은 인자를 겸한다면 담백하고 사고력과 설득력이 있다. 봉사정신이 강하지만 타산적이며 이기적이다.

■ 조상운

할아버지는 편인(偏印)으로 년지의 장간 己土다. 年은 조상궁 또는 할아버지궁으로서 년간에 식신(食神)이 투출하고, 년에 화개가 되니 할아버지는 조상을 섬기고 고향을 지키고 살았으며 부귀하였다.

■ 부모운

아버지는 편재로 월간의 乙木이다. 월은 부모궁이며, 아버지는 지지에 건록으로 강하게 통근하였으니 사업가로서 부귀하였다.

■ 형제운

형제는 년지 장간 辛금, 일지 장간 辛금, 시지 장간 庚금이다. 월지는 형제궁으로 庚금에서 월지가 胎地가 되니 형제는 평범하게 산다.

■ 부부운

남편은 시간(時干)의 丙火다. 丙火는 病地에 앉아 柔弱하나 월간의 강한 을목으로부터 生을 받고 시간에 투출하여 있으므로 남편은 유능하다. 일간과 丙辛합하고 時支의 申금 위에 앉아 있어 남편과는 늦게 까지 무난히 백년해로 한다. 하지만 주색(酒色)으로 인한 가정의 풍파는 피할 수 없다.

■ 자식운

자식은 년간의 癸水, 년일지 장간 癸水, 시지 장간 壬水다. 時支는 자식궁으로 시지의 壬水는 長生궁이 되며, 년간의 癸水는 년지 冠帶궁에 앉아 자식은 모두 잘된다.

■ 건강운

사주상에 오행이 주류하여 대체적으로 건강하다고 할 수 있다. 時干의 丙火가 丙辛 合水하고, 金水가 강하게 逆剋을 하고 있어 심장이 약하다. 남편으로 인한 火病이 있다.

■ 직업운

일간이 일지에 偏印을 깔고 앉아 쇠지(衰地)가 된다. 丙辛합이 되어 의지력이 약하고 마음이 여리며, 대체적으로 활달한 편이 아닌 전형적으로 한국적인 여성으로서 장기(長期)적으로 사회활동을 할 수 있는 교육자의 길을 선택 하겠다는 것이 사주의 구성과 무관하지 않다.

■ 금전운

편재격에 일간이 약하지 않고, 오행이 주류하여 대체적으로 좋은 사주며 금전운은 좋은 편이다. 좋은 가문에 태어나 경제적 어려움이 없이 잘 살겠다. 남편이 申金 위에 앉아 있으므로 한 가지의 복이 빠져 아쉽다.

■ 병진대운(丙辰大運)(1~10살)

병진대운은 財官운이 되어 좋은 환경에서 부모의 사랑을 받고 총명하여 무난히 성장을 하였다.

■ 정사대운(丁巳大運)(11~20살)

정사대운은 巳午未 南方 火運이다. 사주와 관살혼잡되는 운이지만 정관격이 아니고 정재격이므로 어려서부터 남자친구들에게 인기가 많다.

■ 무오대운(戊午大運)(21~30살)

무오대운은 시간의 병화 뿌리가 오게 되어 아주 좋은 운이다. 이 운에 좋은 남자를 만나 결혼도 하게 된다.

■ 기미대운(己未大運)(31~40살)

기미대운은 巳午未 南方 火運이나 未土는 土의 작용이 강하여 土로 보아야 한다. 특히 천간 己土가 투출하여 土運이다. 기미대운은 년을 천극지충하며 일지를 충하니 타향·타도로 다변하게 돌아다닌다고 본다. 결혼 후 직장생활을 한다.

■ 경신대운(庚申大運)(41~50살)

경신대운은 申酉戌 西方 金運이다. 경신대운은 일간 辛금과 丙辛합을 하고 있는 것을 丙庚극하여 합을 풀어 버리니 丙火가 申金위에 앉아 있어 남편은 두 여자를 거닐고 있는 현상이다. 申金은 동기, 동서, 친구 등이 되어 경신대운은 남편의 外情으로 부부관계가 평탄하지 않다.

■ 신유대운(辛酉大運)(51~60살)

신유대운은 시간 병화와 병신합이 다시 되며, 일지 남편궁에 酉丑합이 되니 나이 들어 부부관계가 원만히 좋아진다.

감정 상황

손 님 : "선생님 저 사주 한번 봐주세요."

저 자 : (무엇이 궁금하여 오셨을까 사주가 좋아 좋은 환경에서 잘 지낼 것 같고, 머리도 좋아 공부도 잘 하였다고 보이며, 96년에 애인이 있겠는데 모습을 보니 아직 시집을 못간 아가씨로 시집을 언제 갈 것인가 그것이 궁금하여 오셨구나)

"사주상에 좋은 남편이 배정되어 있어 2001년에나 가게 생겼소. 올해는 하고 있는 일에 회의를 많이 가질 수 있는 운이며, 노력하지 않고 불로소득이나 챙기고 싶어 복권이나 사는 운이며, 부모님으로부터 용돈을 많이 얻어 사치하고 낭비하고 여행도 다니고 싶은데 모든 것이 뜻대로 잘 안 되어 스트레스를 많이 받고 있다고 보이는데요."

손 님 : "저는 대학원을 다니며 교육자가 되려고 열심히 공부를 하고 있는 중인데, 올해는 마음이 안정이 안 되고, 먼 곳으로 여행이라도 가서 마음 편히 쉬고 싶지만 여건이 안 되고, 애인도 지금 멀리 유학을 가서 헤어져 있는 상태여서 공연히 마음만 초조하고 불안하며 안정이 안 되니 어떻게 하여야 할지 잘

모르겠어요.”

저 자 : “그래요? 사주용어로 편인운이 오면 그런 마음이 들게 되어 있어요. 하루에도 마음이 열두 번 변하는데, 사주상에도 12년에 한 번씩 편인운이라는 것이 오며, 아가씨는 올해가 조금 슬럼프에 빠지는 그런 해가 되어 마음이 안정이 안됩니다.

다른 사람들도 이런 해가 오면 정신이 산만하고 안정을 못 찾아 사고도 많이 나며 심지어는 세상살이에 회의를 느껴 자살하고 싶은 충동도 많이 느낍니다.”

손 님 : “선생님 말씀대로 애인이 96년도에 생겼으며, 서울공대를 나와 지금 유학중에 있는데 멀리 떨어져 있어 혹시 마음이 변하는 것이 아닌가 하여 마음이 불안하거든요.”

저 자 : “왜 자주 연락을 하지 않습니까?”

손 님 : “자주 전화를 하지요. 하지만 여자들의 육감 같은 것 있잖아요. 제가 직접 눈으로 확인하지 못하니 그곳에서 다른 여자가 생긴 것은 아닌가 해서요.”

저 자 : “운이 이렇게 오면 공연히 마음이 그렇게 드는 법입니다. 2001년에는 결혼을 하시게 생겼는데 걱정을 마세요. 혹 그곳에서 다른 사람을 만나 교제한다며 전화를 자주 하겠소? 공연한 의심이니 열심히 공부나 하세요. 정 마음이 편치 않다면 그 사람 사주나 한번 봅시다.”

손님 : “아니에요. 괜히 저의 마음이 좋질 않아 사주 한번 봤어요. 선생님 같은 분이 계시니 참 좋네요. 선생님의 말씀을 듣고 보니 마음이 편해지며 안정이 됩니다. 올해는 공연히 우울증이

생겨 의욕을 잃고 있었는데 좋은 말씀 참 고마워요."

설 명

사주가 오행이 주류하고, 편재격에 일간이 조금 약한 듯하나 여성은 조금 신약한 것이 좋다. 흠이 된다면 官이 申金 위에 앉아 있어 남편의 뿌리가 약하고, 丙火가 丙辛합에 支地에 申金을 깔고 앉아 辛金일간은 항상 남자를 믿지 못할 수밖에 없다.

官星이 지장간에 있으면 아직 어린 남자 또는 무능하다고 보고, 지지에 있으면 남편으로서 능력이 있다고 볼 수 있고, 천간투출은 남편이 상당히 능력이 있다고 볼 수 있다. 그러나 丙火가 支地에 無根하여 가살(假殺)이 되어 겉은 화려한 남편이나 속은 별 볼일 없다고 볼 수 있다.

丙子년은 일간과 丙辛合하고, 일지는 남편궁으로 子丑합, 시지의 申金과도 申子合이 되어 애인이 생겼다고 본다.

교제기간도 상당히 길었고 또 멀리 떨어져 있으며, 庚辰년은 庚金과 시간 병화가 丙庚극이 되니 헤어질 가능성이 있는데 여성의 직감력에 의해 불안해한다고 볼 수 있다. 사주가 대체적으로 좋으나 남편복은 약하다고 말해 줄 수는 있겠으나 마음이 심란해하는 것 같아 좋은 이야기만 하여 보냈다.

12 극단적 이기주의

정인자(여) / 음력 1963년 11월 21일(午時生)

戊 癸 甲 癸
午 丑 子 卯

61 51 41 31 21 11 1
辛 庚 己 戊 丁 丙 乙
未 午 巳 辰 卯 寅 丑

년 癸卯 : 천을 태극 천주 문창 학당 장성 공망
월 甲子 : 천사성 도화
일 癸丑 : 암록 래록 백호 과숙 고초 원진 귀문관살
시 戊午 : 육해 탕화살

癸水일간이 子월에 태어나 월지 장간에서 年干에 癸水가 투출하였으나 같은 오행은 격을 잡지 않는다는 원칙에 의하여 천간에서 강한 것으로 격을 잡아 時上 正官格이다. 日干이 月令을 得하였으나 木火土가 강하여 신약이 되어 일지장간 辛金이 용신이 된다. 金이 用神, 土가 喜神, 火는 忌神, 木은 仇神, 水은 救神이다.

■ 성 격

소심하고 잔꾀가 많으며, 소극적이고 의타심이 있으며 의심이 많다. 계산이 빠르고 실속을 잘 차리며, 치밀하여 내부관리를 잘 한다. 외형은 얌전하나 개방적이며 활달하다. 부모에게 받은 인자(因子)를 겸한다면 적극적이며 깔끔하고 단정하며, 다재다능하고 화려한 것을 좋아한다.

■ 조상운

할아버지는 偏印으로 일지 장간 辛金이다. 년은 조상궁 또는 할아버지궁으로 년간에 비견과 년지의 식신이 동주하여 할아버지는 사업가로서 부귀하였다.

■ 부모운

아버지는 偏財로서 시지 장간 丁火다. 월은 부모궁이며, 월간에 상관이 투출하고 월지 비겁이 된다. 시지 午火는 일지에 대입하여 도화(桃花)살, 월지 子水는 년지에 대입하여 도화(桃花)살이 되어 아버지는 주색으로 할아버지의 유업을 탕진하고 가문을 더럽혔다.

■ 형제운

형제는 년간 癸水, 월지 장간 壬癸水, 일지 장간 癸수다. 월지는 형제궁이며, 월지 건록이 되어 형제는 자수성가하여 잘 산다고 보나 주색(酒色)을 즐긴다. 비겁이 희신이 되어 형제 덕은 있다.

■ **부부운**

관살혼잡에 月時支 도화살이 되면 결혼하여 자식 낳고 3년 안에 情夫와 눈이 맞아 야반도주 하며, 수치를 모른다고 타서에서 밝히고 있다.

■ **자식운**

자식은 년지 장간 甲乙木, 월간 甲木이다. 월간 甲木이 甲子 목욕지며 도화살이 된다. 시지는 자식궁으로 시지 도화살이며, 일지 丑午 원진 귀문관살이 되어 자식은 부모의 인자를 물려받아 주색파가 된다. 자식으로 인한 고통이 크다.

■ **건강운**

도화살이 子午沖하며, 丑午 원진 귀문관살이 되어 주색으로 인한 桃花病을 조심하여야 한다.

■ **직업운**

正官格이지만 월간에 傷官이 투출하여 공무원은 불가하다. 상관이 유도하는 교육자, 언론인, 의상, 문화예술, 학술 등이 인연이 있다.

■ **금전운**

상관 生財하므로 본인의 노력 여하에 따라 경제적으로 큰 어려움은 없다.

■ 을축대운(乙丑大運)(1~10살)

을축대운은 亥子丑 北方 水運이나, 丑土는 土의 작용이 강하므로 土로 보아야 한다. 丑중 장간에 용신이 장축하고 용신을 생하여 주는 운이 되어 초년 운은 무난하였다.

■ 병인대운(丙寅大運)(11~20살)

병인대운은 寅卯辰 東方 木運이다. 병인대운은 일간을 설기하여 어려운 여건에서 생활하며 학교를 다녔다.

■ 정묘대운(丁卯大運)(21~30살)

정묘대운은 년일간을 丁癸剋하여 이동 변화 등이 있게 되며, 경제적 어려움에 학업을 중단하고 사회활동을 하게 된다.

■ 무진대운(戊辰大運)(31~40살)

무진대운은 寅卯辰 東方 木運이나 辰土는 土의 작용이 강하여 土로 보아야 한다. 무진대운의 辰土가 월지 子水와 子辰 合水하여 일간을 도와주는 운이 되어 좋은 운이다.

감정 상황

나이는 조금 들어 보이나 차림새로 보아 노처녀란 느낌이 오는 깔끔한 여성이 사주를 보러 왔다.

저 자 : (사주를 받아 적으며) "아가씨는 깔끔하고 단정하며, 다재다능하고 화려한 것을 좋아하며, 외형은 얌전하나 활달하고 개

방적이며, 치밀하고 계산이 빠르며, 실리주의에 소심하고 잔꾀가 많으며, 소극적이고 의타심도 많으며 의심도 많은 편이오."

손 님 : "아저씨, 아저씨! 한번만 더 말씀해 보세요."

저 자 : "무얼 다시 말해요 내가 말할 때 열심히 들어야지."

손 님 : "그래서요?"

저 자 : "할아버지 때는 부자로 잘 살았으나 아버지 때에 와서 부모님이 주색파가 하여 할아버지의 유업을 모두 탕진하고, 아가씨는 자수성가의 명이며, 20살부터 직장생활을 하였다고 보이며, 88년도에 남자를 만나 혼인도 하지 않고 애인으로 지내고…"

손 님 : "그래서요?"

저 자 : "98년인 작년부터 주위에 많은 남자들이 있어 마음이 많이 동요하고 있다고 볼 수 있으며, 올해는 과거부터 알고 지내는 사람과 헤어지고, 다른 사람에게 마음이 있어 고민 중이며, 내년에 인수운이 되니 공부를 하여 볼까 하지 않소?"

손 님 : "그래서요?"

저 자 : "음… 그리고 이 달부터 내년을 위한 준비하는 달이라고 보이는데…"

손 님 : "아저씨 정말 잘 맞춘다. 지난달부터 지금 학원을 다니고 있으며, 올가을에 검정고시가 있는데 합격 될까요?"

저 자 : "올해는 운이 아주 좋은 편은 아니고, 내년이면 무조건 합격

을 하겠는데!"

손님 : "올 가을에 시험이 합격되어야 내년에 대학을 가서 내가 하고 싶은 공부를 할 수 있는데…"

저자 : "열심히 공부하세요. 내년 운이 좋으니 가능성이 있을 수 있으니…"

손님 : "그것은 그렇고, 제가 무슨 공부를 하려고 하는지 그것도 알 수 있어요?"

저자 : "의상 디자이너"

손님 : "그것은 틀렸다 미대를 가서 그림을 그려보고 싶은데요."

저자 : "미대도 과가 많이 있고, 요즘 여성들이 선호하는 직업이 미대로, 요즘은 그래픽 디자인 또 등등 도자기 뭐 그런 것도 미술과 연관이 있는 것 아니요."

손님 : "저는 그냥 그림을 그리고 싶어서요. 그리고 조금 전에 제가 잔머리 잘 굴린다고 하였는데 어째서 제가 잔머리 잘 굴린단 말입니까?"

저자 : "잔머리 잘 굴리지. 시집가서 남자 양발을 빨아주며 뒤치다꺼리는 하기 싫고 남자 덕에 편히 지내려고 하니 얌체지!"

손님 : "너무 한다. 독신주의자를 얌체라니요? 아저씨는 독신주의자와 얌체를 구별하지 못하시는데, 저는 독신주의자라니깐요."

저자 : "그 말이 그 말이지"

손님 : "아저씨 그것은 그렇다고 해두고, 작년부터 남자들이 많이 따르고, 올해는 제가 마음에 꼭 드는 남자가 한 사람이 있는데

잘 될 것 같아요, 안 될 것 같아요?"

저 자 : "지금 내가 신들린 무당이오? 남자 사주도 보질 않았는데… 본인이 원한다면 안 될 것도 없지 뭐 여우니까!"

손 님 : "왜 제가 여우예요?"

저 자 : "여우지. 사주가 요렇게 생기면 여우지, 백여우지. 남자 양말은 안 빨아주고 남자 덕에 살아가며 처녀행세 하고 다니는 것이 여우지. 지금까지 만나고 있는 남자보다 더 좋은 조건을 가진 사람을 구하지 못하여 이렇게 살고 있었는데, 올해 마음에 드는 남자가 생겨서 지금 그 남자와 잘 되면 노인내 나는 영감이 싫어 싱싱하고 젊은 남자랑 살고 싶다는 것 아니요."

손 님 : "이 세상사람 마음 다 똑같지 뭐 나만 그런가요? 아저씨 명함 한 장 가져가도 되죠?"

저 자 : "명함을 가져가서 뭐 하게 감정료도 안 주고 전화로만 나를 괴롭히려고?"

손 님 : "아저씨는 돈밖에 몰라 하루가 다르게 변해 가는 다변한 이 세상에 사람이 한 곳에만 산다는 보장이 있나요? 아니 그리고 명함은 손님이 가져가라고 있는 것 아니에요. 명함 한 장 가져가는데 인색하기는… 아저씨 또 올게요."

설 명

일간이 戊癸合에 일지 偏官을 깔고 앉아 있으며, 月支 도화, 時支 도화살이 되니 바람기는 타고난 여자이며, 戊土 正官이 戊午 旺

地에 앉아 능력이 있는 사람이다. 도화살 위에 앉아 있어 바람기가 있는 사람으로 年干의 癸水와 투합이 되었으며, 年干의 계수는 장생궁에 앉아 좋은 가문 출신인 부인이 년간에 멀리 있으므로 바람난 남의 남자를 무계합하여 자기 남자라고 주장하며 살고 있다.

무계합은 늙은 남자가 나이 어린 여자와 합이 된 상태다. 일지에 丑土 偏官을 깔고 앉아 성질은 있으나 戊癸합이 되고, 月時支에 예쁘게 보인다는 도화살을 쌍으로 차고 있어 여우에다가 다정다감하다. 월간 상관이 투출하여 자존심이 강하고, 월지 건록으로 자수성가에 부모덕이 약하다.

시지 午火의 돈은 戊癸합된 남자에게 타서 쓰며, 丑午 원진 귀문관살이 되니 남자와 결혼하여 양말을 빨아줄 스타일은 아니며, 전형적인 소실(小室)사주다.

정묘대운에 丁癸剋이 되니 고등학교 다니다 말고 직장생활을 하였다고 본다. 88년은 戊辰년이 되어 戊癸합이 되니 나이 많은 돈 있는 남자의 소실로 정착하여 현재까지 살아오고 있다고 볼 수 있다.

合에 도화살이 발동하니 늙은 사람이 싫어진다고 보며, 戊辰대운은 사주상의 戊土와 대운의 戊土가 투합이 되니 본인이 소실생활을 청산하고 싶어진다. 戊辰년에 大運과 年運이 함께 合이 되어 이런 마음이 더욱더 강하게 작용하여 젊은 남자와 연애하며 남과 같이 좋은 여건에서 살아보고 싶어 한다.

戊癸합이 되어 무능하게 많은 세월을 지내 와서 나이는 있고 험하게 살아오지 않았기에 힘든 일은 할 수가 없다. 고상한 직업을 가지고 홀로서기를 하려는데 大運의 辰土가 월지 子水와 子辰合水하여 일간에 힘을 실어 주게 되고, 庚辰年의 좋은 운과 일치하고, 庚辰년은 印綬운이 되니 공부를 하기에 꼭 좋은 여건이 된다.

41살 己巳대운은 시간의 戊土와 戊癸合되어 있는 癸水 자신을 癸己剋하고, 월간 甲木과 甲己合土한다. 戊토는 늙은 토, 己토는 젊은 토가 되니 자신이 의도한 대로 홀로 서기를 하여 살아갈 것이라 보이며, 巳午未는 財運이 되어 본인 스스로 경제능력이 생긴다고 보고 있는 것이다.

의상이라고 말하였던 것은 甲木이 식신상관에 경제활동이면 문화, 예술, 학술, 말, 건축, 토목, 의상, 책, 종이 등이다. 월시지에 도화살을 차고 있으며, 도화살의 예쁘게 보이는 살이 되니 여성으로 쉽게 할 수 있는 것이 의상 디자인이라고 보았기 때문이다.

기묘년은 월간 갑목과 갑기합이 되니 자식 또는 생식기 본능과 젊은 남자가 합이 된 것이다. 시간 무토와 합으로 묶여 무능하게 있던 것을 癸己剋하여 끊어 주고, 己土는 젊은 토가 되며, 젊은 남자가 되니 좋아하게 되고, 더욱더 강하게 홀로 서기를 원한다고 볼 수 있다.

13 기자

한명순(남) / 음력 1962년 4월 17일(午時生)

戊 戊 乙 壬
午 午 巳 寅

76 66 56 46 36 26 16 6
癸 壬 辛 庚 己 戊 丁 丙
丑 子 亥 戌 酉 申 未 午

년 壬寅 : 문곡학당 지살
월 乙巳 : 황은대사 고신 망신 공망
일 戊午 : 래록장성양차
시 戊午 : 래록장성 양차

戊土일간이 巳月에 태어나 월지 藏干에서 천간 透出이 없으므로 월지에서 格을 잡아 編印格이 되겠다. 戊土는 산으로, 甲乙木의 조림이 잘 되어 있어 숲이 무성하다. 그러나 산에 水氣가 약하여 울창한 산림이 고사 직전에 있다. 水가 用神, 金이 喜神, 土는 忌神, 火는 仇神, 木은 救神이다.

■ 성 격

성급하며 허영이 있고, 배짱이 두둑하며 자존심이 강하고 상대방을 강압적으로 꺾어 누르는 특성이 있다. 인기가 있고 덕망이 있으며, 남의 일을 잘 돌보아 준다. 부모에게 받은 인자를 겸한다면 총명하며 인자하고 단정하지만 이기적이다. 문화·예술·학술·종교에 관심이 많다.

■ 조상운

할아버지는 偏印으로 월지 장간 丙火다. 년은 조상궁 또는 할아버지궁으로 년간에 편재와 년지에 官이 동주하고 있으며, 문곡귀인 학당귀인 등이 있어 할아버지는 관료로서 부귀하였다.

■ 부모운

아버지는 偏財로서 년간의 壬水다. 월은 부모궁으로 월간에 정관이 투출하여 아버지는 관료였다. 사주상에 印綬가 왕하고 財가 약하므로 아버지는 무능하였거나, 寅巳刑으로 인하여 일찍 타계하였을 수 있으며, 酒色과 作妾으로 가정에 충실하지 않았다.

■ 형제운

형제는 時干의 戊土와 년월지 장간 戊土, 일시지 장간 己土 등이다. 사주상에 比劫이 忌神에 해당하여 형제 덕은 없다.

■ 부부운

부인은 正財인데 사주상에 없으므로 偏財인 년간의 壬水가 부인이다. 日時가 戊午로서, 년간의 壬水는 지지 寅木과 일시지 午火와 寅午합을 하고 있는데, 이는 형제가 한 여자를 좋아하는 형국이다. 일지는 부인궁으로 일지에 印綬와 양인 양차살 등이 있고, 년월지가 寅巳刑이 있어 부인은 교통사고 등으로 단명할 가능성이 있다. 또한 外情으로 백년해로하기 어렵다.

■ 자식운

자식은 년지 장간 甲木과 월간 乙木이다. 時는 자식궁이며, 時支가 甲午 死地다. 사주가 조열하고 水가 약하여 생을 받지 못한 상태에서 강한 화에 설기되니 자식은 잘 된다고 보기 힘들다.

■ 건강운

사주상에 水가 부족하고 火土가 강하여 신장, 방광, 기관지, 장 등이 약하다고 볼 수 있다. 水氣가 부족하여 술을 많이 마시게 되면 간, 신경, 눈 등이 약하게 된다.

■ 직업운

사주상 火土가 강하고 水木이 약하다. 일간의 강한 氣를 설기시켜 주는 金에 대한 직업으로 문화·예술·학술·언론 등이 된다. 대운이 金運이 되어 기자생활을 하였다.

■ 금전운

사주상에 火土는 강하고 財가 약하다. 財를 생하여 주는 金이 장간에 藏畜되어 미약하니 財運이 약하다. 년간의 壬水가 時의 戊午와 투합이 되어 남에게 보증을 서게 되면 문서로 인한 손재가 있다.

부모님의 遺業을 두고 형제가 다툴 가능성이 있고, 부인 역시 조심하여야 하는 사주다.

■ 병오대운(丙午大運)(6~15살)

병오대운은 巳午未 南方 火運이다. 병오대운의 丙火가 년간의 壬水를 丙壬剋하니 아버지가 일찍 돌아가시든가 아니면 妻妾으로 인하여 일찍 헤어지며 경제적으로 어려운 운이다.

■ 정미대운(丁未大運)(16~25살)

정미대운은 월지 巳화 일시지 午火와 巳午未 방합을 하여 火局이 되어 아주 나쁜 운이다. 월지 건록격인 자수성가의 命으로 寅木에 통근한 월간 正官이 중화를 이루어 어려운 속에서도 공부를 하였다.

■ 무신대운(戊申大運)(26~35살)

무신대운은 申酉戌 西方 金運이다. 무신대운은 年을 천극지충하여 타향·타도로 이주하였다. 무신대운은 食神운이 되어 강한 일간의 氣를 설기하며 월지 사화와 巳申合水하여 왕한 火를 다소 다스려 주게 되어 좋은 운이다. 食傷은 문화·예술·학술 등이 되어 언론 기관인 신문사의 기자로 근무하였다.

■ 기유대운(己酉大運)(36~45살)

기유대운은 월지 巳火와 巳酉合金하여 일간의 氣를 강하게 설기시켜 주는 운이 되어 대길하다.

감정 상황

저 자 : "선생은 자수성가의 命으로 초년 25살까지는 어려웠다고 보나 26살부터 관광회사·출판회사·식품회사나 외무담당 활동하며 잘 지내왔다고 보이며, 98년인 戊寅년과 己卯년인 올해에는 아주 나쁜 운이 되므로 IMF로 인한 퇴직자가 되었다고 보이며, 2000년인 庚辰년부터는 개인사업 등을 하여 잘 풀려 가리라 보며, 올 6월부터 새로운 사업 준비를 하는 운이 되고, 전화위복의 기회가 되리라 봅니다."

손 님 : "선생이 말씀하신 것이 많이 맞지만 직업은 틀렸소. 나는 신문사에 근무하였지 관광회사 출판회사 식품회사에는 근무하지 않았소."

수많은 손님을 감정을 하다 보면 그날의 컨디션이 좋을 때는 "귀신이다"라는 소리를 듣기도 하는데, 컨디션이 좋지 않은 날은 손님들이 시비를 걸어올 경우도 있다. 오늘은 일진이 좋지 않아서인지 손님이 시비를 걸어 온 것이며, 상당히 곤욕스럽다는 생각을 하며 이해와 설득을 시킨다.

저 자 : "사주(四柱)란 육십화갑자의 작용으로 보고, 특히 직업은 火水木金土인 다섯 가지로 보는데, 직업은 수없이 많으므로 틀리다고 생각이 드실 수가 있겠습니다만, 사실은 선생의 사주에는 金이 없는데 大運이 金運에 있어 金의 속성에 해당하는 직업을 가질 거라 본 것입니다. 金의 성질로 본다면 관광회사·출판사·식품회사 등이 해당되기에 말씀드린 것이며, 출판사와 신문사도 같은 부류에 있습니다."

손님 : "아니 그렇게 말한다면 나도 사주보겠다. 이것저것 있는 대로 모두 다 갖다 대면 그 중에 하나는 맞을 것이 아니요?"

저자 : "「예, 아니오」로 말하라면 선생의 말씀이 맞겠지만, 이 세상에 백이 있습니까? 저도 일진이 좋을 때는 곧잘 직업을 찾아내는데 오늘은 저의 컨디션이 좋지 않아서…"

손님 : "역학을 얼마나 공부하셨소?"

저자 : "예, 10년은 넘었는데요."

손님 : "선생이 잘 맞추시네요. 내가 지금 농담하였습니다. 저도 이름 있다는 사람들을 많이 알고 있는데 사실은 명성에 비하여 실력이 없는 사람들도 많습니다. 내가 신문사에 있을 때 인터뷰하여 유명인사 만들어 준 사람도 많은데, 그 아무개도 내가 신문에 소개하여 띄워준 사람인데 사실은 순 엉터리더라고요. 그것은 그렇고 선생 말대로 지금 내가 새로운 사업을 시작하려고 하는데 그것이 잘 될런지 궁금하네요."

저자 : "무엇을 하시려는 지는 잘 모르겠으나 내년부터 운이 좋으니 사업을 하셔도 좋을 것입니다. 그리고 6월부터 준비를 하시는 운이 되고, 가을부터는 점차적으로 좋아질 것입니다."

손님 : "사실은 저의 건물에 한약재 도매상을 하려고 한의사 한 분을 모시고 준비 중이며, 케이블 TV 진행을 담당하게 되어 가끔 소개도 하려고 하고, 가능성은 있다고 보는데…"

저자 : "그렇다면 아주 좋은 조건이 아닙니까? 한약재를 도매로 팔고 케이블 방송에 주기적으로 광고한다면 다른 사람들 보다 훨씬 유리하지 않겠습니까?"

손 님 : “조금 전에 기분을 상하게 하여 드려서 미안합니다. 사실은 IMF 실직자가 아니고 함께 근무하는 윗상사와 마음이 맞지 않아 내가 스스로 그만 두었는데 제가 무능하여 쫓겨난 것 같이 말씀하시는 것 같아서 기분이 상해서 시비초청을 하였는데 사실은 선생이 잘 봅니다. 명함 한 장 가져가도 되겠지요?”

설 명

戊午 양인을 차고 있어 성격이 매우 강하며, 극신왕하고 官이 있으나 火에 설기 당하여 官이 약하다 보니 성장과정에서부터 부모나 윗사람으로부터 엄하게 다스려 주어야 교양이 있는 사람이 되는데, 초년 운이 火運으로 어머니의 과잉보호 속에 성장했다고 볼 수 있다. 사주상에 金이 없고 大運에서 金運이 오니 강한 성격에 맞는 신문사에 취직하여 강한 사람들의 虛를 찾아내어 신문에 보도하게 되니 적성에 꼭 맞아 열심히 일을 하였다고 본다.

98년 戊寅년이 되고, 戊寅은 比肩과 上司가 되며, 上司와 어깨를 견주려다 상사의 미움을 받아 불편하게 되니 戊壬剋과 寅巳刑하여 퇴직을 하였다고 본다. 己卯년 역시 좋은 운이 아니나, 庚午월부터 金이 오는 달이 되니 새로운 사업을 하게 된다.

庚辰년은 金이 되니 강한 일간을 설기시켜 주니 좋아지리라 보며, 한약 도매를 한다고 하는 것은 木이 喜神이 된다. 寅木은 지지에 있어 뿌리가 되고, 乙木은 작은 풀과 같이 본다면 약초가 되며, 케이블 TV는 巳중 庚金인 작은 전기줄을 지하로 거미줄 같이 보낸다고 보고, 전기는 午중 丁화가 되어 가능하다. 자신이 신문사에 근무하며 신문기자라고 하면 모두 어려워하든가 신문에 한 번 보도하여 주기를 바라는 사람들이 많다 보니 기자 근성이 발동하여 거들먹을 피운 것이라 본다.

14 노익장

이진성 (남) / 음력 1924년 5월 21일(辰時生)

甲 壬 庚 甲
辰 申 午 子

95 85 75 65 55 45 35 25 15 5
庚 己 戊 丁 丙 乙 甲 癸 壬 辛
辰 卯 寅 丑 子 亥 戌 酉 申 未

년 甲子 : 래록 홍염 장성
월 庚午 : 백호
일 壬申 : 관귀학관 문곡 학당 지살
시 甲辰 : 백호살 괴강 화개

壬水일간이 午월에 태어나 월지 장간에서 천간 투출이 없으므로 월지에서 格을 잡아 正財격이다. 壬水가 월령을 失하여 신약이 될 것 같으나, 년지 子水와 일지 申金과 시지 辰土가 申子辰 三合 水局을 하여 身旺이 된다. 년지 子水와 월지 午火가 子午沖하며 대흉할 것 같지만 년시간의 甲木이 통관시켜 주고, 오행이 주류하여 그

림과 같이 좋은 사주가 되었다. 水가 用神, 金는 喜神, 土는 忌神, 火는 仇神, 木는 救神이다.

■ 성 격

차갑고 냉정하며 속이 깊고 이해심과 포용력이 있다. 활발한 성격에 활동적이나 꾀가 많고 타산적이며 융통성이 없다. 부모에게 받은 인자를 겸한다면 성실과 절약을 생활신조로 알고 약속을 잘 지키며 예의가 바르다.

■ 조상운

할아버지는 偏印으로 월간의 庚金이다. 년은 조상궁 할아버지궁으로 년간에 食神이 투출하여 지지에 생을 받아 할아버지는 부귀하였다.

■ 부모운

아버지는 偏財로서 월지장간 丙火다. 월은 부모궁으로 월지 正財격이 되어 아버지는 사업가로 부귀하였다. 일지의 申金에 通根한 庚金이 월간에 투출하여 아버지는 주색(酒色)을 좋아하며, 두 분의 어머니를 모셨다.

■ 형제운

형제는 년지 장간 壬癸, 일지 장간 壬水, 시지 장간 癸水다. 형제는 申子辰 水局으로 형제가 많으며, 배다른 형제가 있다고 볼 수 있다. 사주상에 比劫이 喜神에 해당하여 형제 덕이 있다.

■ 부부운

부인은 월지 장간 丁火다. 월 正財格이 되어 부인은 좋은 가문의 규수로 처덕이 있다. 일지 偏印인데, 偏印은 고독성이 되어 外的으로는 화려하나 內的으로는 허무주의로 본처에 정을 주지 못하고, 부모의 인자를 물려받아 外情이 있다.

■ 자식운

자식은 월지장간 己土, 일지 장간 戊土, 시지 장간 戊土다. 시지는 자식궁이며, 戊土에서 시지가 冠帶궁이 되어 자식은 말년에 모두 잘 된다. 사주상에 官이 기신이 되어 자식 덕이 약하다.

■ 건강운

사주상에 오행이 주류하여 대체적으로 건강하며 장수한다.

■ 직업운

正財가 用神이 되니 금융회사, 재정 공무원, 木이 오행을 주류시켜 주니 木은 문화, 예술, 학술이 되어 교육자 등에 인연이 있다.

■ 금전운

正財格에 일간이 失令하여 신약한 사주가 되었으나 申子辰 三合의 강한 水局이 되어 일간이 강하다. 년시간의 甲木이 있어 식신생재 하니 강한 水로 水生木 木生火 火生土 土生金하며, 오행이 주류하여 사주의 격이 크고 좋아서 運이 오게 되면 부자로 잘 살게 되며 장수하는 좋은 사주다.

■ 신미대운(辛未大運)(5～14살)

신미대운은 巳午未 南方 火運이며, 未土는 土의 작용이 강하여 土로 보아야 한다. 신미대운의 未土가 월지 午火와 午未 合火하여 財格이 커지고, 천간 辛金이 투출하여 초년 운은 무척 좋았다.

■ 임신대운(壬申大運)(15～24살)

임신대운은 申酉戌 西方 金運이다. 임신대운은 印綬운이 되어 공부를 잘 하였다. 임신대운은 일간에 좋은 운이다. 오행이 주류하여 아무리 어려운 운에 와도 막힘이 없는 아주 좋은 사주로서 학문을 할 운이다.

■ 계유대운(癸酉大運)(25～34살)

우리나라의 해방과 6.25사변 등으로 혼란스러웠던 그 시절에도 어려움을 겪어 보지 않고 편히 잘 지낼 수가 있었다고 하니, 역시 사주가 좋아 남들은 전쟁에 나가 피를 흘리며 죽어 가는 상황에서 교육자로서 학교에서 학생들을 가르치며 무난히 잘 지낼 수 있었다.

■ 갑술대운(甲戌大運)(35～44살)

갑술대운은 申酉戌 西方 金運이지만 戌土는 土의 작용이 강하여 土로 보아야 한다. 戌土는 官이 되어 행정관으로 자리를 옮기게 되며, 甲木은 식신 생재하고 戌土는 午戌合火하여 格이 커지게 되는데, 세무 공무원으로 있을 그 당시 부정이 얼마나 심하였던지 매달 들어오는 돈이 가마니로 하나씩 되었다고 하니 가히 상상을 불허한다.

■ **을해대운(乙亥大運)(45～54살)**

갑술대운을 거처 을해대운까지 20년을 세무공무원으로 있으며 재물을 축적하였으니 그 돈이 얼마나 되었겠는가. 사주가 좋아야 財福이 있게 되며, 사람은 5분 후에 일어나는 일을 알지 못하는 것인데 이 사람의 경우도 사주와 운에 따라 살아 온 것이다. 직책과 자신의 四柱와 運이 함께 하여 만들어 주는 돈을 받다 보니 돈을 가마니로 쌓을 정도가 되었다고 보며, 사주가 나쁘면 그런 곳에서 근무하기도 어려울 뿐만 아니라, 설사 근무한다고 하여 모두가 가마니로 돈을 챙기지 못한다고 본다. 부정한 돈을 벌어도 사주가 좋고 볼 일이다.

■ **병자대운(丙子大運)(55～64살)**

병자대운은 정년퇴임과 함께 세무사 사무실을 차려놓고 세무에 대한 행정업무를 봐주면서 20년 동안 벌은 돈으로 여기저기 고층건물을 세워 임대업을 한다. 丙火는 偏財가 되니 개인 오피스텔을 준비하여 두고 돈의 힘을 이용하여 수많은 젊은 아가씨들을 데리고 놀았다는 것이다.

■ **정축대운(丁丑大運)(65～74살)**

나라의 호경기 속에 부동산이 하늘 높은 줄도 모르고 치솟기만 하니 땅부자로서 여기저기의 고층건물로부터 들어오는 임대료 수입 또한 세무공무원 시절을 무색케 하며, 돈을 벌기보다 쓰기가 더 힘들게 되니 좋은 사주팔자의 진면목을 보는 것 같다.

감정 상황

건물 청소를 하며 살아가는 30대 중반인 젊은 부인이 4년 전에 필자에게 사주를 한 번 본적이 있다. 가까운 동네에 살고 있는지 자주 눈에 띄었는데, 98년 봄 어느 날 아침 약수터에 가는 길에 길거리에서 그 젊은 부인을 다시 보게 되었다. 아침 인사를 가볍게 하고 지나려다 그 부인을 보는 순간 애인이 생겼구나 하는 느낌이 들어 아주머니 이 달에 애인이 생겼구만… 하고 농담 삼아 가볍게 한 마디 던졌다.

며칠이 지나 그 아주머니가 사무실로 찾아 왔다.

손 님 : “선생님 제가 애인이 생겼다고 하셨는데 어떤 이유로 말씀하셨습니까?”

저 자 : “그럼 제가 잘못 본 것입니까? 제가 보기에는 분명코 애인이 생겼다고 보는데요.”

손 님 : “저는 궂은일을 하는 사람이라 매일 헌 옷을 입고 그 옷도 여기저기 부잣집 앞에 버려진 옷가지 속에서 깨끗한 것을 주워 입고 다니는 사람인데, 내가 바람이 난다는 것은 이 세상 사람은 아무도 믿지 않을 것인데요. 저와 같이 이런 헌 옷에 냄새나게 생긴 옷을 입고 다니는데 누가 저 같은 사람을 애인으로 하자고 하겠으며, 제가 어디가 바람난 사람으로 보입니까? 정말 알다가도 모르겠는데요?”

저 자 : “그럼 아닙니까? 하늘을 속이고 땅을 속이고 삼천만을 속여도 저는 못 속입니다.”

손 님 : “그래요. 선생님이 아시니 솔직히 말씀드리는데 지난달부터

애인이 생겼습니다. 그런데 어떻게 아셨는지 저는 그것이 궁금해 죽겠어요. 저의 남편도 눈곱만큼도 의심을 하지 않고, 자식들도 주위 사람들도 아무도 모르는데 선생님은 정말 귀신인가 봐요."

저 자 : "귀신이지 그럼, 진작 이렇게 이실직고를 하여야지 귀신을 속이려들다니 발칙하게 시리… 하하하. 그래 무엇 때문에 오셨소?"

손 님 : "무슨 문제가 있어서 온 것이 아니고, 선생님이 정확하게 지난달부터 애인이 생겼다고 하시니 저는 그것이 궁금해서 잠이 오질 않아서요."

저 자 : "아… 그것은 눈곱만큼도 걱정을 마세요. 저는 역술인입니다. 남의 사생활에 대하여 철저하게 비밀을 지켜 드립니다. 이 세상 사람들은 모두 자기의 타고난 사주팔자대로 살아갈 뿐, 惡도 필요악이며 대우주에서 보면 모두가 정해져 있는 질서 정연한 조화일 뿐입니다."

손 님 : "저도 선생님이 저의 비밀을 지켜 주신다는 것을 알고 있지요. 다만 어떻게 아셨는지 그것이 궁금하거든요."

저 자 : "그래요 그것을 알고 싶다니 가르쳐 드리지요. 아주머니도 다른 사람을 보면 저 사람이 지금 돈이 많은지 똑똑한 사람인지 아니면 멍청하게 생겼는지, 저 사람은 지금 나와 이야기를 하고 있어도 다른 생각을 하고 있다거나, 저 사람이 나에게 해를 가할 사람은 아닌가를 대충 알 수 있지요. 그래서 역술인이 따로 있는 것이 아니며, 이 세상사람 모두가 역술인이지요. 다만 저희 같은 역술인은 남보다 이 방면에 대하여 좀 더

연구하는 사람이기 때문에 그러한 능력이 발달되어 있지요.

또한 역학의 기본이 氣와 道에 있기에 사람이 지금 웃고 있으나 속이 상하여 있다면 그 내면의 모습이 눈에 나타나게 됩니다. 이와 같이 아주머니도 근엄하게 아닌 척 하지만, 저 가슴 깊은 곳의 작은 微動을 감추지 못하였다는 것입니다. 아주머니가 아무리 남루한 옷을 입고 험한 직업에 종사하여도 아주머니가 좋아서 애인으로 삼은 사람이 있지 않습니까?

지금 그 애인도 저와 같이 아주머니의 虛한 곳을 알 수 있었기에 아주머니에게 접근을 할 수가 있었으며, 아주머니는 그 사람을 애인으로 삼았던 것이 아닙니까? 동물의 세계에서는 암컷의 발정은 천리를 가니 수컷이 암컷의 발정한 냄새를 맡고 천리를 찾아가지 않습니까?"

손 님 : "그럼 제가 암내를 피웠단 말입니까?"

저 자 : "당연하지. 아니면 그 사람이 어떻게 접근하였겠습니까? 다른 사람에게는 냉정하였을지 모르지만 그 사람에게는 허를 보였다고 보아야 하지 않습니까? 사람은 자기의 인연이 정해져 있어서 인연이 아니면 잘 알 수 없지만 역술인은 무형의 氣를 연구하지 않습니까?"

손 님 : "와 귀신이다. 무섭다."

이 여인이 1년이 지나 99년 3월에 다시 왔다.

손 님 : "선생님 이 사주를 한 번 봐주십시오."

사주를 받고 보니 지금 해설을 하고 있는 이 사주다.

저 자 : "아주머니 98년으로 이 사람 운이 다 끝나버렸네요."

손 님 : "무슨 말씀입니까? 지금 이 사람 어마어마한 부자인데요."

저 자 : "그래도 작년부터 운이 다했습니다. 지금부터는 바람에 돈 날아가는 소리가 대단하겠는데요."

그랬다. 작년부터 자식들 앞으로 재산을 모두 나누어 주고 건물만 관리하고 있는데, 건물 안의 많은 사무실들이 빠져나가는 바람에 임대 보증금을 은행에서 대출하게 되었는데, 사무실이 비어 임대료가 나오지 않으니 은행이자까지 겹쳐 이중삼중으로 돈의 압박을 받게 되었다.

건물을 팔려고 하여도 팔리지 않고, 헐값에라도 건물의 일부를 팔아 안정을 취하려 하니 자식들은 자기 명의로 된 건물은 팔지 못하게 하면서 다른 형제들에게 넘겨준 건물을 팔아 자신에게 명도된 은행 빚이나 해결하여 달라고 아우성치고 있는 실정이니 과거에 남으로부터 빼앗아 축적한 재물을 자식에게 다시 빼앗기는 악순환을 하고 있으며, 작년부터 부인이 앓아누워 많은 재산을 바람과 같이 날리고 있다고 한다. 정재격에 부인이 가면 재산이 가는 것과 동일하다.

현재는 살고 있던 대궐 같은 집까지 팔아서 변두리 아파트에 전세로 옮겨 치료비로 사용하고 있으며, 돈으로 생명을 이어가고 있다고 한다. 애정 행각을 하기 위해 마련한 오피스텔만 하나 남아 있는 상태인데, 마지막으로 이 아주머니를 돈으로 유혹하였다고 보여진다. 노인이 정력이 좋은가라고 농담삼아 물어보니 얼마나 좋은 약을 먹고 곱게 살았는지 젊은 사람보다 더 정력이 강하다고 한다."

사주를 풀어주니,

손 님 : “돈이 바람에 날리는 것 같은 느낌은 벌써부터 있었지만 지독한 노랭이에다가 많은 대형 건물을 가진 대단한 알부자였기에 영원히 망하지 않을 줄 알았는데 요즘 영감의 이야기 속에 조금씩 흘러나오는 말들을 종합하여 보면 작년부터 자식들에게 모두 넘겨주었으니 IMF에 사정이 극도로 나빠져 일부를 싸게 팔아 나머지를 건져야 할 입장인데, 자식들이 자기 욕심만 차리며 조금도 양보를 하지 않고 다른 형제 명의로 된 건물을 팔아 자기 명의의 건물을 살려 주라며 서로 싸우니 이중삼중으로 어려움을 당하고 있는 것 같아요.

선생님의 사주감정대로 한다면 영감님의 뜻대로 하지 못하니 결국은 영감의 재산이나 재산행사를 할 수 없으며, 부정하게 모은 돈 자식들에 빼앗기는 악순환을 하는 것이군요. 운이 다 하면 그 많은 재산도 함께 없어지고 만다는 이야기가 되겠네요. 상속세 때문에 빨리 넘겨준 것이 지금 내 재산이면서도 마음대로 하지 못하게 되고, 차일피일하다 보면 결국 하나도 못 건지고 말게 생겼네요.”

사주란 정말 무섭다고 감탄사를 연발한다.

설 명

무인대운은 寅卯辰 東方 木運으로 일간의 氣를 강하게 설기하는 운이며, 특히 일간 壬申과 천극지충이 되어 뿌리가 통째로 흔들리는데, 년운 또한 戊寅으로 대운과 합세하여 뿌리째로 뽑으니 자식들에게 넘겨주게 되었다.

사주상의 甲庚剋에 大運의 戊甲剋, 지지는 寅午合하여 申子辰

삼합과 寅午戌 삼합이 세력과 세력으로 싸우니 國運과 싸우고 자식들과 싸우는 이중고 속에 일간은 무인대운에 극과 설기를 당하여 점점 기력이 쇠진하여 간다. 甲庚剋, 戊甲剋, 申子辰과 寅午戌이 싸우며, 戊寅과 壬申이 뿌리를 흔드니 항우장사도 견디기 어렵게 되었다.

이 사주의 당사자는 좋은 사주를 타고나 호의호식하며 잘 살았다. 인간의 능력으로 세상을 만들어 가는 것이 아니며, 그 모든 것은 사주팔자 안에 있는 것이다. 運이라는 것이 이를 善하게도 하고, 惡하게도 만들며, 주기도 하고 거두기도 하게 하는 대우주의 조화며 질서인데, 이 질서의 흐름에 따라 움직이고 있는 한 개인의 사주감정이다.

15 노처녀들

차인숙(여) / 음력 1960년 6월 18일(酉時生)

乙 庚 癸 庚
酉 子 未 子

61 51 41 31 21 11 1
丙 丁 戊 己 庚 辛 壬
子 丑 寅 卯 辰 巳 午

년 庚子 : 장성
월 癸未 : 천을귀인 래록 천살 원진
일 庚子 : 장성 원진
시 乙酉 : 래록 도화 귀문관살

경금일간(庚金日干)이 미월(未月)에 태어나 월지장간(月支藏干)에서 을목(乙木)이 시간투출(時干透出)하여 정재격(正財格)이 된다. 경금일간(庚金日干)은 冷한데 사주(四柱) 전체가 또 冷하다. 6월의 미토(未土)가 열기를 토해내니 사주(四柱)가 중화를 이루게 되어 좋다. 월지미토(月支未土)가 일간(日干)을 生하고, 시지유금

(時支酉金)에 뿌리(根)하여 일간(日干)이 약하지 않으므로 관용신(官用神)한다. 화(火)가 용신(用神), 목(木)은 희신(喜神), 수(水)는 기신(忌神), 금(金)은 구신(仇神), 토(土)는 구신(救神)이다.

■ 성 격

책임감이 강하고 결단력이 있으며, 호탕하고 생활력이 강하다. 고집이 세어 상대방을 꺾어 누르려는 강한 면이 있다. 부모에게 받은 인자를 겸한다면 총명하며 인자하고, 명랑하며 이기적이다.

■ 조상운

할아버지는 편인(偏印)인데 사주상(四柱上)에 나타나지 않았으니 월지미토(月支未土)로 본다. 년(年)은 조상궁 또는 할아버지 궁으로, 년간(年干)에 비겁(比劫)과 년지자수(年支子水)인 상관(傷官)이 동주(同住)하니 할아버지는 처첩이 많았으며 주색파가 하였다.

■ 부모운

아버지는 편재(偏財)로서 사주상에 나타나지 않았으니 시간의 乙木으로 본다. 월(月)은 부모궁이며, 월에 印綬와 傷官이 동주(同住)하니 아버지는 학자였으나 시간 乙木이 시지의 도화살(桃花殺) 위에 앉아서 을경합(乙庚合)과 시지의 酉金과 암합(暗合)이 되어 아버지는 주색(酒色)으로 가문의 명예를 많이 손상시켰다.

■ 형제운

형제는 년간 庚金, 시지 장간(時支藏干) 庚辛金이다. 월지(月支)는 형제궁이며 월지 冠帶宮이 되고, 형제는 합다(合多)하여 건전하지 못한 직업에 종사하여 치부한다.

■ 부부운

남편은 월지장간(月支藏干) 정화(丁火)다. 남편은 장간(藏間)에 장축(藏蓄)되어 남편 운이 미약하다. 일지(日支)는 남편궁으로 일지(日支)에 남편을 극(剋)하는 상관(傷官)이 동주(同住)하고, 월지(月支)와 자미해살(子未害殺) 일시지(日時支) 귀문관살(鬼門關殺)이 되어 남편 복이 없다.

■ 자식운

자식은 월간 癸水, 년일지 장간의 壬癸水다. 시지(時支)는 자식궁으로 도화살(桃花殺)이 동주하여 자식은 주색파가하며, 子酉 귀문관살(鬼門關殺)이 되어 자식 덕이 없다. 자식으로 인한 정신적 고통이 크다.

■ 건강운

火와 木이 강한 金水로부터 극을 받아 肝과 신경이 약하며, 남편으로 인한 정신적 질환 등이 있다.

■ 직업운

庚子 日柱에 관(官)이 월지장간(月支藏干)에 장축(藏蓄)되어 미약하여 남편 운이 약하고, 결혼을 하여도 백년해로하기 어려우며, 대체적으로 사주(四柱)에 관(官)이 약한 경자일간(庚子日干)은 후처의 경우가 많은데, 火를 원하며 水가 강하여 주점 등을 경영하는 예가 많다.

■ 금전운

시간 乙木 정재(正財)는 절지(絶地)에 앉아 있으며, 년간 庚金과 을경합(乙庚合)이 되어 나의 재물을 많은 형제 친구들과 나누어 가지는 현상이 되어 금전적으로 안정이 되지 않는다.

■ 임오대운(壬午大運)(1~10살)

사오미(巳午未) 南方 火運이다. 임오대운(壬午大運)은 년일지(年日支)를 자오충(子午沖)하여 다변한 가운데 월지미토(月支未土)와 오미합(午未合)이 되어 좋은 여건에서 성장하였다.

■ 신사대운(辛巳大運)(11~20살)

신사대운(辛巳大運)은 시간 乙木을 을신극(乙辛剋)하며, 사유합(巳酉合)하여 일찍 아버지가 돌아가시는 운(運)으로 좋은 중에 흉이 있다.

■ 경진대운(庚辰大運)(21~30살)

인묘진(寅卯辰) 東方 木運이나 辰土는 土의 작용이 강하여 土運이며, 경진대운(庚辰大運)은 乙庚合金, 申子合, 酉辰合金하여 사주상 金水가 왕하여 좋은 운이라 보기 어렵다.

■ 기묘대운(己卯大運)(31~40살)

기묘대운(己卯大運)은 월지 未土와 卯未 合未하여 부모 형제 등의 도움이 있어 좋은 운이라 본다. 時를 천극지충(天剋地沖)하여 다변한 가운데 경제적 손실도 많이 따른다.

■ **무인대운(戊寅大運)(41~50살)**

무인대운(戊寅大運)은 월간 癸水와 戊癸合火하며, 편재운(偏財運)이 되어 사업운도 좋다. 癸水가 戊癸合火하여 관(官)으로 변하니 늦게 남자를 만나 자식을 낳게 된다.

감정 상황

저 자 : "아줌마는 90년도에 남자를 만나 결혼하여 93년에 이혼하고 지금 혼자 계실 가능성이 있으며, 96년 97년에 잠시 만나는 남자도 있었겠는데요."

손 님 : "아니에요. 지금 저는 시집을 가지 않아 처녀인데요."

저 자 : "아니 90년에 결혼을 하지 않았습니까?"

손 님 : "결혼하려다 말았지요. 96년 97년도에도 맞선은 많이 보았으나 결혼을 하지 못했는데요."

저 자 : "아… 그랬군요. 미스를 미세스로 불러 속이 상하겠는데요."

손 님 : "아니에요. 지금 이 나이에 처녀로 본다면 그 사람이 이상이 있겠지요."

저 자 : "그래요. 저는 사주상에 나오는 결혼운이 있어 말하였고, 사실은 남편 복이 약하다고 봅니다."

손 님 : "그럼 저는 시집은 영원히 못 가는 가요?"

저 자 : "못 가기는 왜 못 가요. 내가 벌어 먹여 살리는 남자는 있는데요."

손 님 : “내가 남자 벌어 먹여 살리면 무엇 때문에 시집을 가요. 안 가고 말지…”

저 자 : “누가 뭐 가라고 하나요? 본인이 시집을 가고 싶으면 가는 것이지…”

손 님 : “지금 제가 장사를 하나 해보려고 하는데 무슨 장사를 하면 되겠어요.”

저 자 : “사주상에 물이 많으니 물장사를 하면 되겠네요.”

손 님 : “그래요. 그렇지 않아도 친구와 함께 자그마한 호프집을 하나 할까 하는데 친구 사주나 한번 봐주세요.”

16 친구사주

이미선 (여) / 음력 1963년 7월 27일(辰時生)

庚 庚 辛 癸
辰 申 酉 卯

68 58 48 38 28 18 8
戊 丁 丙 乙 甲 癸 壬
辰 卯 寅 丑 子 亥 戌

년 癸卯 : 태극귀인 장성
월 辛酉 : 래록 백호
일 庚申 : 천의성 월덕 귀문관살 겁살
시 庚辰 : 월덕 괴강 반안 공망

경금 일간(庚金日干)이 유월(酉月)에 태어나 월지장간(月支藏干)에서 신금(辛金)이 월간투출(月干透出)하였으나 같은 오행(五行)은 격(格)을 잡지 않는다는 원칙에 따라 년간계수(年干癸水)로 격(格)을 잡아 상관격(傷官格)이다. 목(木)이 용신(用神), 수(水)가 희신(喜神), 금(金)은 기신(忌神), 토(土)는 구신(仇神), 화(火)

는 구신(救神)이다.

■ 성 격

배짱이 좋고 판단력이 빠르며, 장담을 잘 하고 허풍과 과장성이 있다. 조상에게 받은 인자를 겸한다면 정의감이 투철하고 의협심이 있으며, 독립심과 자존심이 강하다.

■ 조상운

할아버지는 편인(偏印)으로 시지장간(時支藏干) 무토(戊土)다. 년(年)은 조상궁 또는 할아버지궁으로 년지에 正財, 년간에 傷官이 투출(透出)하여 할아버지는 상업에 종사하였으며 부귀하였다.

■ 부모운

아버지는 편재(偏財)로서 년지장간(年支藏干) 갑목(甲木)이다. 월(月)은 부모궁으로 월(月)에 비겁(比劫)이 동주(同住)하며, 년지 卯木을 월지가 卯酉沖하여 아버지는 일찍 돌아가셨으며 가업이 기울었다.

■ 형제운

형제는 월시간의 庚辛金, 월일지장간 庚辛金이다. 사주상(四柱上)에 金土 일색이 되어 전왕격(專旺格)이 아닌가 하고 의심하실 분이 혹시 있을 수 있으나, 년지 卯木과 시지 辰土가 卯辰合木하여 목(木)이 강하지는 못하나 전왕격(專旺格)은 되지 않는다.

년지 묘목(年支卯木)이 없을 경우는 전왕격(專旺格)인 귀격사주(貴格四柱)로 볼 수 있다. 가상관생재격(假傷官生財格)이 되어 형제는 기신(忌神)이 되고 형제 덕이 없다. 혹 신왕한 금(金)이 년간 계수(年干癸水)로 설기(洩氣)하니 형제가 합심하여 많은 돈을 벌 수 있어 좋을 것으로 생각할 수 있겠지만, 조금의 돈이 생기면 서로 먼저 가지겠다고 싸우게 되어 결론적으로 나쁘다고 이해하면 좋다.

■ 부부운

이 사주는 일간(日干)은 극신왕(極身旺)하고, 조후용신(調候用神)을 겸한 관(官)이 없는 무관사주(無官四柱)가 되었다. 음(陰)의 사주(四柱)가 되어 밤에 활동하는 팔자를 타고 났으며, 사주상(四柱上)에 남자가 없으니 결혼하기 어렵고, 일간(日干)이 극신왕(極身旺)하며 상관용신(傷官用神)이 되니 어느 남자가 목숨 걸고 장가와서 살아주겠는가?

■ 자식운

상관(傷官)이 용신(用神)이 되어 자식 복이 있다. 혹 짧은 인연에 자식을 보아 남편 없는 자식을 키운다.

■ 건강운

강한 금(金)에 목(木)이 극(剋)을 많이 받고 있어 肝이나 눈이 좋지 않으며, 신경성 질환 등이 있다.

■ 직업운

사주(四柱)에 火가 없고, 金水가 왕한 陰의 사주로 밤에 활동하며 주점 등에 인연이 있다.

■ 금전운

일간이 왕하고 식상생재하므로 본인이 열심히 노력하면 경제적 큰 어려움은 없다.

■ 임술대운(壬戌大運)(8～17살)

임술대운은 西方 金運이다. 또한 임술대운은 월 酉金과 일지 申金과 함께 申酉戌 方合 金局이 되어 일간이 강한 중 더욱 강하여 좋은 운이 되지 못한다.

■ 계해대운(癸亥大運)(18～27살)

계해대운은 亥子丑 北方 水運이다. 계해대운은 강한 일간의 氣를 설기시켜 주며, 食傷운이 되니 사회활동을 하게 되는 운이다. 해수가 해묘합목하여 재가 왕하니 본인의 노력에 따라 경제적으로 어려움은 없다.

■ 갑자대운(甲子大運)(28～37살)

갑자대운은 일지 申金, 시지 辰土를 합하여 申子辰 三合 水局을 이루니 일간의 강한 氣를 강하게 설기시켜 주며, 또한 천간 甲木이 되어 경제적으로도 안정이 된다.

감정 상황

저 자 : "여기도 시집을 못간 것이 아니고 안 갔구먼. 아니 여자가 없어서 중국산을 수입하고 있는 이 마당에 어찌하여 품질 좋은 국산품을 나두고 질 나쁜 중국산을 수입하느라 고생을 한

담…"

손 님 : "하하하 호호호… 아저씨 농담도 잘 하신다."

저 자 : "아니 아가씨들은 비구니도 아니고 수녀도 아닌데 시집을 안 가니 부모님 속께나 썩겠다. 대충 골라 시집가지 너무 고르다 후회하지요."

손 님 : "이제 포기했어요."

저 자 : "포기하면 안 되지. 빨리 호적 정리해야지, 차후 조카들 시집갈 때 고모가 시집을 못 가고 있으면 조카들 시집가는데도 문제 생기지요."

손 님 : "이젠 포기했어요. 돈이나 많이 벌어야겠는데 무엇을 하면 될까요?"

저 자 : "두말 할 것도 없이 밤에 하는 물장사를 하여야겠는데요."

손 님 : "우리도 요즘 할 만한 것도 없고 하여 둘이서 생맥주 집이나 하자고 상의하고 있던 중이였는데 하면 되겠어요?"

저 자 : "하세요. 생맥주 집을 아가씨 두 사람이 하는데 손님이 없을 수가 있겠소."

설 명

한 사람은 無官사주며, 또한 사람은 官이 지장간에 장축되어 있으니 아직 싹도 나지 않은 씨앗에 불과하고, 극신왕에 傷官이 못 잡아먹어 설치고 있는데 누가 장가들겠는가?

결국 두 사람은 노처녀 심정이 통하니 친구가 되어 끼리끼리 어울리게 되고, 사주가 냉하고 차니 밤에 활동하는 올빼미 같아 저녁에 하는 술장사가 적성에 맞는다고 하였는데, 이 세상 만물은 본능적으로 자기가 살아갈 길은 대충은 알고 있으며, 나이 40살이 되니 좋은 사람을 만나게 되면 小室살이라도 할 수 있는 여건을 만들기 위한 궁여지책이 아닐까 보여진다.

17 노총각

이정덕(남) / 음력 1961년 2월 23일(辰時生)

壬 辛 壬 辛
辰 未 辰 丑

61 51 41 31 21 11 1
乙 丙 丁 戊 己 庚 辛
酉 戌 亥 子 丑 寅 卯

년 辛丑 : 화개
월 壬辰 : 암록 천덕 월덕 천살 괴강 공망
일 辛未 : 고초
시 壬辰 : 암록 천덕 월덕 천살 괴강 공망

신금 일간이 辰月에 태어나 월지 장간에서 천간 투출이 없으므로 월지에서 格을 잡아 正印格이다. 년일지의 偏印이 格을 탁하게 하고 있다. 木을 용신하여 格의 혼잡 됨을 제거하여야 한다. 木이 用神, 水가 喜神, 金이 忌神, 土가 仇神, 火가 救神이다.

■ 성 격

까다롭고 자존심이 강하며, 단순하면서도 이기적이다. 기계적이고 분석적인 사고방식을 가졌다. 부모에게 받은 인자를 겸한다면 온후하고 명예를 중요시하며 지성적이며 문화·예술·학술에 재능이 있다.

■ 조상운

할아버지는 偏印으로 년지 장간 己土다. 년는 조상궁 또는 할아버지궁으로 년간에 比肩과 년지의 偏印이 동주하고, 년에 華蓋가 있어 할아버지는 고향을 지키며 살았다.

■ 부모운

아버지는 偏財로서 월지 장간 乙木이다. 월은 부모궁으로 월간에 傷官과 월지 印綬가 있어 아버지는 교육자였다. 사주상에 正偏印이 많아 어머님이 두 분이였다.

■ 형제운

형제는 년간의 辛金과 축중 장간 辛金이다. 월지는 형제궁으로 월지 印綬가 되니 형제는 學者라고 보며, 辛金에서 월지가 墓庫가 되어 형제는 부유하게 산다고 보기 어렵다.

■ 부부운

부인은 일지 장간 乙木이다. 일지에 偏印이 동주하는데 偏印은 衣食住와 관계되는 食傷을 극하는 凶작용이 있으므로 경제적으로 불안정하게 된다. 財를 生하여 줄 食傷을 剋하여 처의 건강이 약하다. 자식인 官을 강하게 설기시켜 자식이 건강하지 못하다. 흉작용이 강할 때는 자식이 없을 수도 있다. 일간 자신은 偏印의 흉작용 때문에 고독과 허무주의를 유도한다.

偏愛하는 작용으로 일간 자신의 사회 적응력이 약하다. 偏印은 문서로 인하여 損財하기 쉽다. 偏印은 盜心이 되어 사기, 과잉투자 등으로 손재할 가능성을 항상 가지고 있다. 부인을 어머니와 같이 의지하며 살아가는 경우가 있다.

■ 자식운

자식은 일지 장간 丁火다. 시지는 자식궁으로 시간에 자식인 官을 극하는 壬水가 투출하고 있다. 지지 辰土에 衰地가 되며, 강한 土가 火를 설기하여 자식은 두기 어렵다. 혹 있다고 하여도 시지 空亡이 되어 자식 덕이 약하다.

■ 건강운

사주상에 木火가 약하고, 토가 강하여 강한 토에 逆剋과 심하게 설기되어 심장, 간 등이 약하다. 토생금 금생수하며, 오행이 주류하여 대체적으로 건강하다.

■ 직업운

印綬格에 상관이 왕하여 일간을 적절히 설기하여 문화・예술・학술・교육자・언론인 등에 인연이 있다고 하니 현재 도예가이며, 대학 강사라고 한다.

■ **금전운**

상관생재하여 열심히 노력하면 교육자로 경제적 안정은 되리라 본다.

■ **신묘대운(辛卯大運)(1~10살)**

신묘대운은 寅卯辰 東方 木運이다. 용신운이 되며, 大運의 卯木이 월시지 辰土와 卯辰합목하고, 일지 未土와 卯未합목한다. 지장간에 장축되어 미약한 木이 合을 하므로 강해져 초년 운은 상당히 좋았다.

■ **경인대운(庚寅大運)(11~20)**

경인대운은 木運이 되어 일찍 이성에 눈을 뜨게 되는 계기가 되나 대운 천간에 庚金이 함께 오게 되니 짝사랑이 될 공산이 크다.

■ **기축대운(己丑大運)(21~30살)**

기축대운은 亥子丑 北方 水運이지만 기축대운은 土로서 토의 작용이 강하므로 土로 보아야 한다. 특히 천간에 己土가 함께 투출하여 土運이며, 기토운은 사주상에 토가 많아 병이 되어 있는 중 다시 강한 토가 오게 되어 흉한 운이다.

■ **무자대운(戊子大運)(31~40살)**

무자대운의 지지 子水는 년지 축토와 方合의 子丑합수, 월시지의 辰土와 子辰합수 등으로 水가 旺하여 일간의 氣를 강하게 설기시켜 주므로 大吉할 것 같으나, 천간의 戊土가 월시간의 壬水를 戊壬극하여 사회활동을 억제하고 있는 형상이다. 陰으로는 강하게 활동을 하여도 대외적으로 나타나는 모습이 없어 어려움이 많다.

■ 정해대운(丁亥大運)(41~50살)

정해대운의 丁火가 월시간의 壬水와 丁壬합목하여 상관생재한다. 사주상에 없던 강한 木이 생겨나 土多의 병을 木으로 제거하며, 傷官으로 일간을 설기하여 財로 변하니 이 運에 결혼도 하고 경제적으로 안정을 취하게 된다.

감정 상황

작업복에 텁수룩한 모습으로 사주를 보러 왔다. 이 분은 IMF 실업자로서 집에서 뒹굴다 무료함을 달래려 거리로 나왔다가 다가올 자신의 운명을 알아보고 싶어 왔구나 하고 혼자서 생각하며 사주를 받아 적었다. 사주를 보니 나의 예상이 빗나갔다는 느낌이 든다. 사주에 財가 약하기는 하지만 월시간의 壬水가 강한 일간의 氣를 충분히 설기시키고 있으며, 천간으로 戊己土가 투출하지 않아 사주가 아름답다는 느낌까지 준다.

다만 문제가 된다면 대운의 천간 戊土가 戊壬剋하고 있고, 戊寅, 己卯년의 己土가 천간에서 壬水를 극하고 있다는 것과, 사주상에 土가 많아 고독한 사람이며, 여자 운을 보니 월일시지 장간에 작은 乙木이 숨어 있고, 정편인이 왕하여 결혼생활에 문제가 조금 있어 보인다. 결혼을 87년 丁卯년에 하지 않았다면 94년 95년 甲戌 乙亥년에 가능성이 있었겠는데 왠지 대운과 년운과 사주의 구성상 잘 맞아주지 않는 것 같다.

저 자 : “선생님은 문화, 예술, 학술, 언론, 교육자 등에 인연이 있으며, 결혼운은 87년도에 하지 않았다면 94, 95년에 가능성이 있다고 보나 결혼생활이 무난하기 어려웠다고 보이며, 혹 결혼을 지금까지 하지 못하였다면 41살이 되어야 될 것 같으며, 98년 99년은 본인이 하고자 하는 일에 회의감을 많이 느끼고 있다고 볼 수 있으며, 내년부터 일이 잘 풀려 가고, 앞으로 사업도 잘 되며 재물도 많이 벌겠습니다.”

손 님 : “아직 저는 결혼을 하지 못했습니다. 언제쯤 결혼을 할 수 있는가 한번 봐 주세요.”

저 자 : “그럼 87년 94년, 95년에 결혼을 하지 못했습니까?”

손 님 : “87년에는 애인이 있었는데 얼마 가지 않아 제가 흙을 만지니 희망이 보이지 않는다고 떠나가고, 94년, 95년도에는 선은 많이 보았으나 잘 되지가 않더군요.”

저 자 : “흙을 만지다니요…(이 양반이 농사꾼인데 내가 지금 사주를 잘못 보고 있나)”

손 님 : “아… 예, 도예공이며 지금 대학에서 시간 강사도 하고 있지요.”

저 자 : “그랬군요! 41살부터는 잘 나가시겠는데요. 그리고 올해는 여자운이 있겠는데, 이모님이나 윗사람의 소개로 가능성이 있으니 잘 한번 찾아보도록 하시오.”

손 님 : “작년과 올해 중매쟁이가 소개 많이 시켜 주는데도 잘 안 되네요.”

저 자 : “선생님이 장가를 가시려면 좀 멋지게 하고 계셔야지 선생님

스타일이 꼭 건설회사에 잡부나 하고 계시는 분같이 보이지 않습니까?"

손 님 : "흙을 만지는 사람이라 어떻게 하면 멋지게 되는지를 잘 모르겠네요."

저 자 : "아니 예술을 하시는 분이 멋이 무엇인지도 모른다고 하면 어떻게 좋은 작품이 나옵니까? 좋은 작품을 만들려면 여성들의 마음부터 잘 헤아려야지요. 군에 가면 교관이 하는 말이 있지 않습니까. 사격할 때 총의 방아쇠를 여자의 부드러운 젖가슴을 만지듯 하라는 말이 있지요. 총을 다루는데도 부드럽게 다루라고 하는데 부드러운 흙을 다루는 분이 예술 감각이 없어 가지고는… 아무튼 지금 선생님의 대운이 좋지 않아 그런 것 같으니 만약 올해에 안 되면 41살에 좋은 여자를 만나 결혼을 하시게 되니 너무 걱정을 하지 마시고, 조금 늦은 김에 조금 더 기다리세요."

손 님 : "이 달에 화랑을 옮겨 볼까 하는데 싼 점포가 하나 나왔는데 옮겨도 좋겠습니까?"

저 자 : "점포의 입구가 동쪽으로 나왔으면 옮겨도 좋다고 봅니다."

한참 생각을 하여 보더니 입구가 동쪽이 된다고 한다. 지금부터 운이 조금씩 풀려가다 41살부터는 아주 좋겠다고 하니 잘 되면 다시 한번 찾아오겠다고 한다.

18 번역 2급 기사

오진숙(여) / 음력 1971년 5월 29일(巳時生)

乙 丁 甲 辛
巳 丑 午 亥

60 50 40 30 20 10
庚 己 戊 丁 丙 乙
子 亥 戌 酉 申 未

년 辛亥 : 천을귀인 천덕귀인 지살
월 甲午 : 천두귀인 진신 천사성 육해
일 丁丑 : 백호살 음차 원진 귀문관살 고초
시 乙巳 : 래록 천의성 고만살 역마

정화일간(丁火日干)이 오월(午月)에 태어나 월지장간(月支藏干)에서 천간투출(天干透出)이 없으므로 타처(他處)에서 격(格)을 잡아야 한다. 천간투출(天干透出)한 신금(辛金)과 갑을목(甲乙木)이 약하여 마땅하지 못하므로 부득이 월지(月支)에서 격(格)을 잡아 건록격(建祿格)이 된다. 계수(癸水)가 용신(用神), 금(金)이 희신(喜

神), 토(土)는 기신(忌神), 화(火)는 구신(仇神), 목(木)은 구신(救神)이나 일간(日干)이 신왕하여 금수운(金水運)은 길하고, 목화토(木火土)는 흉하다.

■ 성 격

온화, 조용, 친절하고 깨끗한 것을 좋아한다. 부지런하나 경솔한 면이 있고 겁이 많으며, 소심하고 복잡한 것을 싫어한다. 내심 강렬한 기상과 정신력이 있으며 생활력이 강하다. 부모에게 받은 인자를 겸한다면 낙천적이며 낭만적이다. 포용력이 있으며 담백하고, 실속파로서 사교적이며 설득력이 있다.

■ 조상운

조상은 시간을목(時干乙木)이다. 년은 조상궁 또는 할아버지궁으로서 년(年)에 재관(財官)이 동주(同住)하고 있어 할아버지는 관료로서 부귀하였다.

■ 부모운

아버지는 년간신금(年干辛金)이다. 월간(月干)에 정인(正印)이 투출(透出)하고 있어 아버지는 학자였으며, 월지(月支) 비겁(比劫)인 오화(午火)가 동주(同住)하고 있어 家業은 많이 기울었다.

■ 형제운

형제는 월지장간(月支藏干) 병정화(丙丁火), 시지장간(時支藏干) 병화(丙火) 등이다. 형제는 월령(月令)을 득하고 있어 자수성가로 부귀한다. 사주상(四柱上)에 형제성이 흉신(凶神)에 해당하여 형제 덕은 없다.

■ 부부운

남편은 년지(年支) 해(亥)중 장간(藏間) 임수(壬水)다. 남편은 해(亥) 지살(地殺)이 되어 물 건너인 타향 타국에서 만날 가능성이 있으며, 천간(天干)에 재(財)가 동주(同住)하고 있어 남편은 경제적 기반이 탄탄하리라 보며, 년에 남편성이 있어 일찍 결혼을 할 가능성이 있다. 일지(日支)는 남편궁으로 백호살(白虎殺), 음착살(陰錯殺), 원진살(怨嗔殺), 귀문관살(鬼門關殺), 고초살(孤草殺) 등 동주(同住)하여 결혼운이 좋지 못하든가 소실이 될 가능성이 있다.

■ 자식운

자식은 년지장간(年支藏干)으로부터 시지장간(時支藏干)의 무기토(戊己土)다. 사주상에 자식이 기신(忌神)에 해당하고, 일지축토(日支丑土) 자식성에 백호살(白虎殺), 음착살(陰錯殺), 원진(元嗔), 귀문관살(鬼門關殺), 고초살(孤草殺) 등이 동주(同住)하여 자식을 낳으면 속 썩이는 자식이 되든가 건강하지 못한 자식이 된다.

■ 건강운

사주상(四柱上)에 오행(五行)이 주류(周流)하여 대체적으로 건강하다.

■ 직업운

월시간(月時干)의 정편인(正偏印)이 천간투출(天干透出)하고, 년편재(年偏財)와 해수(亥水) 지살(地殺) 관(官)은 해외의 재물이 되며, 일지식신(日支食神)이 동주(同住)하고 있어 교육자 또는 외국어에 능통하여 외국어 강사 등에 인연이 있다.

■ 재물운

일지장간(日支藏干)에 재고(財庫)를 깔고 있어 상당히 알뜰하다. 년간(年干)에 편재(偏財)가 투출(透出)하고 있어 투기성 재물, 불로소득 등의 재물이 있다. 대운(大運)이 잘 흘러 안정적 생활을 한다.

■ 을미대운(乙未大運)(10~19살)

사오미(巳午未) 남방화운(南方火運)이나 미토(未土)는 토(土)의 작용이 강하여 토(土)로 보아야 한다. 을미대운(乙未大運)은 일간(日干)이 신왕한중 대운(大運)의 미토(未土)가 월지오화(月支午火) 시지사화(時支巳火)와 사오미방합(巳午未方合) 합국(合局)을 하여 일간(日干)이 극신왕(極身旺)해진다. 년간신금(年干辛金)을 대운(大運)의 을목(乙木)이 을신극(乙辛剋)하고, 미토(未土)는 일지축토(日支丑土)를 축미충(丑未沖)하여 재(財)의 뿌리(根)를 극(剋)하여 아버지가 일찍 돌아가시며, 경제적으로 어려운 여건이다.

■ 병신대운(丙辛大運)(20~29살)

신유술(申酉戌) 서방(西方) 금운(金運)이다. 병신대운(丙辛大運)의 천간병화(天干丙火)가 년간편재(年干偏財)와 병신합수(丙辛合水)하며, 지지신금(支支申金)은 재생관(財生官)하니 이 운에 일찍 결혼을 하는 운이나 겁재(劫財)와 편재(偏財)가 합(合)이 되어 수(水)로 작용하니 속고 속이는 인연이라 본다.

■ 정유대운(丁酉大運)(30~39살)

정유대운(丁酉大運)은 일지축토(日支丑土)와 시지사화(時支巳火)와 사유축삼합(巳酉丑三合) 재국(財局)이 되며, 일지(日支)로 기(氣)가 몰려오게 되니 불로소득이 있다. 편재국(偏財局)은 시지사화(時支巳火)를 합(合)하고, 사화(巳火)는 동서·동기·형제가 되니 임자 있는 남자를 내 남편으로 삼고, 일지장간(日支藏干) 속에 편관(偏官)을 감추어 두고 있어 후처로 재복이 터진다.

■ 무술대운(戊戌大運)(40~49살)

신유술(申酉戌) 서방금운(西方金運)이나 술토(戌土)는 토(土)의 작용이 강하여 토(土)로 보아야 한다. 특히 천간무토(天干戊土)가 투출(透出)하여 토운(土運)이다. 무술대운(戊戌大運)은 상관운(傷官運)으로 관(官)을 극(剋)하며, 술토(戌土)는 일지축토(日支丑土)를 축술형(丑戌刑)하니 일지장간(日支藏間) 계수(癸水)와 신금(辛金)이 모두 빠져 나오게 된다. 10년의 부귀영화는 어디로 가고 상관(傷官)의 불효자식만 남아 힘들게 한다. 이제는 본인의 노력으로 살아가게 된다.

■ 기해대운(己亥大運)(50~59살)

해자축(亥子丑) 북방수운(北方水運)이다. 기해대운(己亥大運)은 시(時)를 천극지충(天剋地沖)하며, 월간갑목(月干甲木)과 갑기합(甲己合)이 되고, 지살(地殺) 역마(驛馬)가 동하니 20여 년간 타국 땅에서 삶을 정리하고 본인이 태어난 고향으로 돌아가는 운(運)이라 본다.

감정 상황

발음 속에 중국 교민이라는 느낌을 조금 풍기는 아가씨가 사주를 보러 왔다.

저 자 : "아가씨는 92년에 남자를 만나 결혼하여 지금은 헤어지고 96년에 한국에 온 중국 교민이 아닙니까?"

손 님 : "선생님 말씀대로 92년도에 속아 결혼했다가 1년 만에 헤어지고, 그 동안 교육자로 일해 오다가 96년에 한국으로 와서 외국어 학원에 있습니다. 올해 번역 2급기사 자격증을 따려고 하는데 가능하겠는지 궁금해서 왔습니다."

저 자 : "올해는 운이 좋은 편은 아니고 내년에는 아주 좋은 운이 되어 내년에 보면 가능하리라 보는데요."

손 님 : "올해는 영 좋지 않은가요. 가을에 시험이 있는데…"

저 자 : "아무튼 공부를 하고 계시니 한번 시험을 보기나 하세요. 가을이면 金運이 되니 기대할 수도 있겠네요. 내년 운이 좋으니 미리 준비가 된다고 보면 가능성도 있다고 볼 수 있겠네요. 만약 올해가 안 되어도 내년은 운이 아주 좋으니 시험 삼아 보세요."

손 님 : "아저씨 저 앞으로 부자로 잘 살겠어요?"

저 자 : "예, 앞으로 돈 많은 남자 만나 부자로 잘 사실 겁니다."

손 님 : "제 힘으로 돈을 많이 벌 수 있는 것이 아니고 돈 많은 남자를 만나 잘 살게 된다고요? 나는 이제 남자가 싫어서 혼자 살고 싶은데요."

저 자 : "혼자 사세요. 누가 혼자 살지 말라고 합니까? 사주에 나오는 대로 말씀드린 것뿐입니다."

설 명

92년도에 결혼을 하였다고 하였는데…

92년은 임신년(壬申年)이 되어 정관(正官)과 정재(正財)가 동주(同住)하여 아주 좋은 조건의 남자와 결혼을 하였다. 대운(大運)이 좋지 못하여 돈에 속아 결혼을 하였다고 볼 수 있다.

갑술년(甲戌年)은 인수(印綬)와 상관운(傷官運)이며, 일지(日支)를 축술형(丑戌刑)하니 남편과 헤어지고 학원선생 등으로 지내왔다고 보여지며, 96년 丙子年은 년간 辛金 편재(偏財)와 丙火 劫財가 合을 하며 지지자수(地支子水)는 년지 亥水와 일지 丑土를 亥子丑 方合水局을 하여 큰 바다 건너 편재(偏財)를 겁재겁탈(劫財劫奪)하려고 왔다. 무인(戊寅) 기묘년(己卯年)은 일간(日干)이 신왕(身旺)하며, 식상(食傷)과 관운(官運)이 되어 관(官)을 극(剋)하니 관(官)에서 실시하는 국가고시는 어렵다고 보며, 경진년(庚辰年)은 재생관(財生官)하니 가능하다고 본다.

돈 많은 남자를 만나 부귀한다고 하였던 것은…

대운(大運)이 사유축(巳酉丑) 금국(金局)이 되어 재국(財局)이 된다. 일지(日支), 백호(白虎), 음착(陰錯), 귀문(鬼門), 고초(枯草) 등에 장간편관(藏干偏官)이 숨어 있으며, 편관(偏官)은 정부·애인 등이 되고, 사유축(巳酉丑)의 사화(巳火)는 동서·동기·형제 등이 되며 財局이 되니 돈 많은 유부남이 된다고 보았기 때문이다.

19 부적

이정미(여자) / 음력 1973년 4월 8일(申時生)

丙 丙 丁 癸
申 午 巳 丑

59 49 39 29 19 9
癸 壬 辛 庚 己 戊
亥 戌 酉 申 未 午

년 癸丑 : 백호 화개
월 丁巳 : 천두귀인 황은대사 지살
일 丙午 : 래록 양차 도화 귀문관살 원진
시 丙申 : 관귀학관 문창귀인 암록 망신

병화 일간이 巳월에 태어나 월지 장간에서 시간에 丙火가 천간 투출하여 월지에서 格을 잡아 建祿격이다. 일간이 신왕하여 官이 용신이 된다. 수(水)가 용신(用神), 금(金)은 희신(喜神), 토(土)는 기신(忌神), 화(火)는 구신(仇神), 목(木)은 구신(救神)이 된다.

■ 성 격

밝고 화려함을 좋아하며 성질이 급하다. 남 앞에 나서기를 좋아하며 부풀리기를 좋아한다. 호언장담을 잘 하고 뒤끝은 없으며, 남에게 베풀기를 좋아한다. 부모에게 받은 인자를 겸한다면 낙천적이며 낭만적이다. 포용력이 있으며 담백하고, 실속파로 사교적이며 설득력이 있다.

■ 조상운

할아버지는 사주에 나타나진 않았지만 년을 조상궁으로 본다. 년에 用神인 正官이 천간에 透出하고 있으며, 년에 白虎, 화개살 등이 있어 할아버지는 관료로서 고향을 지키고 부유하게 잘 살았다고 본다.

■ 부모운

아버지는 시지 장간 庚金이다. 아버지는 강한 火에 극을 받고 월지 巳火와 巳申刑을 받아 일찍 타계하였든가, 무능하여 부유하지 못하였다. 대체적으로 건록격은 자수성가의 명이다.

■ 형제운

형제는 丁巳 왕지(旺支)에 앉아 있어 자수성가로 잘 산다. 사주상에 比劫이 凶神에 해당하여 형제 덕은 없다.

■ 부부운

丙火 日干의 남편은 年干의 癸水로서 희신이지만 남편복은 없다.

日干의 남편궁인 일지가 양인살에 해당하고, 년간 癸水의 지지와 丑午 元辰殺과 鬼門關殺이 있으며, 일지는 桃花殺에 해당한다. 남편에서 보면 처첩이 많아 주색에 빠져 가정에 충실하지 않게 되며, 백년해로하기 어렵다.

■ 자식운

丙火日干의 자식은 食傷으로서 년지 藏干에서 시지 장간까지 4명의 자식이 있다. 자식 중에 는 丑午 元嗔殺에 巳申刑이 있어 속썩이는 자식이 있다. 시지 자식궁에 喜神이 있어 자식 덕이 있다.

■ 건강운

丙火 日干은 사주상에 火旺하여 초년에는 기관지·폐·장 등이 약하여 고생하나 29세부터는 점차적으로 건강해진다. 병인대운에 寅巳申, 三刑, 丑寅午, 湯火殺 등으로 인한 고혈압이나 路上에서 교통사고 등을 조심하여야 한다.

■ 직업운

사주상에 金水가 用神과 喜神에 해당하여 음식점·주류업·목욕탕 또는 보험회사 등에 인연이 있다.

■ 재물운

초년 대운이 좋지 않아 고생을 한다. 29살부터는 대운이 金水運이 됨으로 점차적으로 발전하여 안정된 생활을 한다.

■ 무오대운(戊午大運)(9~18살)

사주가 신왕하여 癸水로 用神하는데, 무오대운의 천간 戊土가 용신인 癸水를 戊癸合하여 용신을 묶어 버리고 지지 午火는 일간을 더욱 신왕하게 하여 나쁜 운이 되고, 공부를 잘 하지 못한다.

■ 기미대운(己未大運)(19~28살)

기미대운은 일간이 身旺한 중 대운의 지지 未土가 월일지의 巳火와 午火를 巳午未 方合을 하여 火局을 만들고, 기미대운은 년을 天克支沖하여 아주 나쁜 운이다. 시지에 있는 偏財 하나를 두고 많은 형제들이 나누어 먹듯 경제적인 어려움도 있다. 傷官運이 되어 열심히 사회활동을 하는 운이 되어 무난히 넘어 간다.

감정 상황

저 자 : "아가씨는 스스로 예쁘다는 자만심 때문에 코가 높아 자연히 눈높이가 높을 수밖에 없고, 이 세상에서 아가씨 마음에 쏙 들 남자를 구할 수 있겠소?"

손 님 : "아니에요, 남들은 시집도 잘도 가는데 그 많은 남자들은 눈에 이상이 있는지 저에게는 관심도 가져주질 않는데요."

저 자 : "아가씨는 96년부터 무역회사 같은 곳에 취직하여 다니면서 그곳에서 멋진 남자들 속에서 인기 있었으며, 97년에는 집안에 우환만 많이 있었겠으며, 98년 올해는 마음에 드는 남자가 아가씨 주변에 있겠으나, 내가 좋아하는 멋진 백마 탄 기사는 나타나지 않고 유부남들만 아가씨를 좋아하니 속만 태

우겠네요."

손 님 : "내가 좋아하는 사람은 통 내 마음을 알아주질 않아요. 저는 그 사람이 좋은데 그 사람 마음이 나에게로 움직일 수 있도록 하는 좋은 방법은 없을까요. 선생님 부적 같은 것은 안 될까요?"

저 자 : "부적이요? 아가씨 부적이 아가씨의 소원을 들어준다면 하나님께 빌고 부처님께 빌어 머리 나쁜 사람들 모두 명문대 명문과에 모두 들어 갈 수 있겠네요. 현재 명문대에 있는 수재들은 모두 어디로 가고요."

손 님 : "그럼, 저는 어떻게 해요?"

저 자 : "어떻게 하기는 어떻게 해요. 때가 되면 좋은 사람 만나 시집가게 되지."

손 님 : "그럼, 저도 시집 갈 수는 있는 가요?"

저 자 : "29살이 되면 좋은 남자를 만나 시집을 갑니다."

사주의 이론과 대운에 대한 설명을 조금 해주고 희망을 주어 보냈다.

설 명

96년부터 무역회사에 취직을 하였다고 하였는데…

96년은 丙子년이며, 正官이 用神이 되어 공무원, 또는 관청에서 근무를 하여야 되나 대운이 傷官운에 있어 관청에서 근무를 하지 못한다. 水가 用神이고 丙子年의 子水는 년의 癸水의 지지와 子丑合

하고, 시지 申金과 申子合水하여 용신을 찾아 취직을 하였다. 년지 丑土는 의식주와 경제활동이 되고, 시지 申金 편재와 申子合하는데, 편재는 돈이 되어 96년에 무역회사에 취직을 하였다.

97년에는 집안에 우환이 많았다고 하였는데…

년은 祖上宮이며, 년지 丑土는 華蓋가 되어 산소의 일이 있게 되며, 상관은 할머니가 된다. 대운에서 년을 천극지충하고 있는 중에 다시 丁丑 백호살이 白虎殺과 충을 하게 되니 할머니가 돌아가시게 되며, 집안일들로 어수선하게 된다.

98년에는 내가 좋아하는 남자가 있을 수 있다고 하였는데…

무인년의 戊土가 년간의 癸水와 戊癸合이 되며, 癸水는 正官이 되고 나의 남편이 되며, 戊土는 자식이 되어 나의 남편과 자식이 합이 되니 여성에게는 결혼할 수 있는 해가 된다. 병화일간은 일지 男便宮에 이미 나와 같은 同壻가 차지하고, 나의 남편이 들어오기를 기다리고 있는 현상이다.

사주상에 比劫이 많아 나의 남편에서 볼 때 부인이 많은 것이 되며, 남편궁은 桃花殺이 되어 남편은 美男에 여자를 많이 좋아하고 또 여자들이 많이 따른다. 년간의 계수는 월간의 정화와 巳丑합을 원하고 있는 반면 일간 병화는 丑午 元嗔殺이 된다.

내가 좋아하는 남자는 다른 여자에 관심을 가지고 있으며…

병화일간의 속 타는 마음을 몰라주고 있다. 대운마저 무정하게 년의 정관을 天克支沖하고 있으니 무인년의 합된 남자는 癸己克하여 깨어진 남자, 즉 한번 결혼한 유부남만이 합이 된다. 丑寅午 탕화살, 元嗔殺만 성립된다.

29살이 되면 좋은 남자를 만나 시집을 잘 수 있다고 한 것은…

기미 대운이 지나가기 때문에 말한 것이다. 지금 시집도 가보지도 않은 아가씨에게 너무 나쁜 말을 하기 어려워 희망적인 말만 해주어 보냈다.

20 설계사무사

홍성민(남) / 음력 1970년 2월 23일(未時生)

辛 己 己 庚
未 酉 卯 戌

62 52 42 32 22 12 2
丙 乙 甲 癸 壬 辛 庚
戌 酉 申 未 午 巳 辰

년 庚戌 : 태극 화개
월 己卯 : 문곡 도화 공망
일 己酉 : 천두 문창 학당 육해
시 辛未 : 태극 암록 래록 과숙 반안

기토일간(己土日干)이 묘월(卯月)에 태어나 편관격(偏官格)이 되겠다. 일간(日干)이 월령(月令)을 실기(失氣)하고, 사주상에 식상(食傷)이 많아 일간이 극 신약하므로 인수(印綬)로 용신(用神)하여 편관(偏官)을 설기(洩氣)하고, 일간(日干)을 생하며, 식상(食傷)을 억제하는 3중의 역할을 부여하나, 화(火)가 년지 술토장간(戌土藏

干)에 작은 씨앗으로 장축(藏蓄)되어 있어 약하다. 월지묘목(月支卯木)과 년지술토(年支戌土)가 묘술합화(卯戌合火)하니 조상의 음덕이 있다. 화(火)가 용신(用神), 목(木)이 희신(喜神), 수(水)가 기신(忌神), 금(金)은 구신(仇神), 토(土)는 구신(救神)이다.

■ 성 격

상냥하며 친절하고 성실하며 희생적이다. 온화한 성품에 치밀하며, 소극적이고 공상이 많다. 부모에게 받은 인자를 겸한다면 겉으로는 책임감이 강한 듯하나 감당을 못하며 자포자기를 잘 한다.

■ 조상운

할아버지는 년지장간(年支藏干) 정화(丁火)다. 년은 조상궁 또는 할아버지궁으로서 년에 경술괴강(庚戌魁)이 있어 할아버지는 군인이나 운동선수와 같은 강한 직업에 종사하였다. 월지도화(月支桃花)가 년지술토(年支戌土)와 묘술합화(卯戌合火)하며, 년시간식상(年時干食傷)이 투출(透出)하여 할머니가 두 분이다.

■ 부모운

아버지는 편재(偏財)로서 사주상에 나타나지 않았으며, 월은 부모궁이다. 월간(月干)에 비견(比肩)이 투출(透出)하고, 월지(月支)를 실령(失令)하며, 월도화(月桃花)가 년시지(年時支)와 합(合)하며, 장간정화(藏干丁火)는 편인(偏印)이 되어 아버지도 할아버지의 유전자를 받아 처첩이 있다. 월지(月支)가 년지술토(年支戌土)와 합화(合和)하여 일간을 생하니 부모의 덕이 있다.

■ 형제운

형제는 년지술토(年支戌土) 월간기토(月干己土) 시지미토(時支未土)다. 월은 형제궁이며, 월지도화(月支桃花)가 묘술합(卯戌合) 갑기암합(甲己暗合) 묘미합(卯未合)이 되니 형제는 부모의 인자를 받아 작첩(作妾)을 한다. 월지가 묘술합화(卯戌合火)하여 일간의 뿌리(根)가 되어 주니 형제 덕은 있다.

■ 부부운

부인은 정재(正財)로 사주상에 나타나지 않았다. 일지(日支)는 부인궁이며, 일지에 식신(食神)이 동주(同住)하고 있어 부인은 미인이다. 일지(日支)가 월지(月支)와 묘유충(卯酉沖)하고 있어 백년해로하기 어렵다. 사주상에 재(財)가 기신(忌神)에 해당하여 부인 덕이 없다.

■ 자식운

자식은 월지묘목(月支卯木)이다. 시지(時支)는 자식궁으로 자식에서 양지(養支) 묘지(墓地)가 되니 자식은 평범하다. 일지(日支)에서 시지(時支)가 관대궁(冠帶宮)이 되어 말년 자식 복은 있다.

■ 직업운

월지묘목(月支卯木)은 편관(偏官)으로 길거리 건축, 기토(己土)는 평야 도로 등으로 보며, 금(金)은 철근 등이 되어 건설회사·설계사 등에 인연이 있다.

■ 금전운

일간(日干)이 신약(身弱)하여 대운(大運)에 따라 금전운의 변화가 있으므로 단정하여 말할 입장이 아니다.

■ 건강운

일간(日干)이 신약(身弱)하고, 식상(食傷)이 왕하여 강하게 설기(洩氣)당하니 위장병, 간 등이 약하다.

■ 경진대운(庚辰大運)(2~11살)

인묘진(寅卯辰) 동방(東方) 목운(木運)이나 진토(辰土)는 토(土)의 작용이 강하여 토(土)로 보아야 한다. 경진대운(庚辰大運)은 약한 일간(日干)을 설기하며, 년지를 진술충(辰戌沖)하고 월지묘목(月支卯木)과 묘진합(卯辰合), 일지유금(日支酉金)과 유진합(酉辰合) 등의 다변한 속에 어려움이 많아 건강하지 못하였다.

■ 신사대운(辛巳大運)(12~21살)

사오미(巳午未) 남방(南方) 화운(火運)이다. 신약(身弱)한 일간(日干)을 생하여 주는 인수운(印綬運)이 되어 건강하며, 공부도 잘하였다.

■ 임오대운(壬午大運)(22~31살)

임오대운(壬午大運)은 사주상에 없는 재(財)가 천간(天干)으로 오며, 지지오화(地支午火)는 년지술토(年支戌土)와 오술합화(午戌合火), 시지미토(時支未土)와 오미합화(午未合火) 등을 하여 일간

(日干)이 신왕해지므로 좋은 직장도 구하고, 결혼도 하며 좋은 운이다.

■ 계미대운(癸未大運)(32～41살)

사오미(巳午未) 남방(南方) 화운(火運)이나 미토(未土)는 토(土)의 작용이 강하여 토(土)로 보아야 한다. 계미대운(癸未大運)은 편재운(偏財運)이 되며, 월지도화살(月支桃花殺)과 묘미합(卯未合)이 되는 운(運)이 되어 여성편력이 있다.

■ 갑신대운(甲申大運)(42～51살)

신유술(申酉戌) 서방(西方) 금운(金運)이다. 갑신대운(甲申大運)은 월간기토(月干己土)와 일간기토(日干己土)가 갑기투합(甲己妬合)이 되니 형제, 친구, 동업자 등과 함께 공동사업을 하는 대변화의 운(運)이다. 사오미(巳午未) 남방화운(南方火運)에서 착실히 쌓아온 재산을 사업을 하며, 모두 탕진하는 나쁜 운이다. 특히 갑신대운(甲申大運)은 대운천간(大運天干) 갑목(甲木)과 년간경금(年干庚金)이 갑경극(甲庚剋)하며, 지지로는 년지술토(年支戌土) 일지유금(日支酉金)이 신유술방합(申酉戌方合) 금국(金局)이 되어 일간(日干)을 강하게 설기하니 이 운이 아주 흉하다.

■ 을유대운(乙酉大運)(52～61살)

을유대운의 천간 乙木은 년간 庚金과 乙庚合, 월일간 己土와 乙己剋, 시간 辛金과 乙辛剋, 지지 酉金은 월지 卯木과 일지 酉金이 卯酉沖을 하고 있는데 재차 충(沖)을 하며, 월(月)과는 천극지충(天剋地沖)이 된다. 사업실패로 부모형제와 함께 대풍파가 있고, 집안

몰락과 함께 명을 다하는 아주 흉한 운이다.

감정 상황

깔끔하게 차려 입은 젊은 사람이 왔다.

저 자 : (사주를 받아 적으며)"선생은 친절하고 성실하며, 희생적이고 온화한 성품에 치밀하며, 책임감이 강한 듯하나 박력이 조금 약하며, 다소 소극적이고 운이 좋아서 좋은 학교를 나왔겠으며, 직업은 건설회사 등에서 근무할 가능성이 있소."

손 님 : "아닙니다. 건설과는 인연이 있기는 하지만 건설은 아니며, 건설 설계사로 일하고 있습니다."

저 자 : "그 말이 그 말이지 따지시기는… 99년은 직장 내에서 동료나 친구, 상사 문제로 사소한 다툼이 많이 있을 수 있으며, 직장을 옮겨 보고 싶은 생각이 있으며, 애인과의 관계도 좋지 못하고, 부모 형제들과도 사소한 이해관계로 불편함을 겪을 수 있을 수 있습니다."

손 님 : "올해는 왜 이리 재수가 없는지, 윗사람과도 불편하여 도저히 직장을 다니고 싶지가 않은데 내가 직장을 옮길 운이 있습니까? 한번 봐 주세요. 선생님 말마따나 형제 · 친구 · 동료 모두가 사이가 나쁘게 작용하는데 이거 신의 작용이 아닙니까? 부적 같은 것은 안 해줍니까?"

저 자 : "저는 부적 따위는 취급하지 않습니다. 올해 운이 그렇게 작용하고 있습니다. 그러나 내년에는 좋아지며, 올해는 IMF로

건설업이 좋지 않으니 설계사무실에도 일거리가 적을 것이 당연하고, 모두 다 신경이 예민하니 짜증을 잘 내게 되어 불편한 관계가 되며, 상호간에 스트레스도 많이 받게 되지 않겠습니까? 또한 올해 선생의 사주상의 운이 나쁘니 직장을 그만 두고 나오면 취직이 잘 되지 않고 어려움을 겪게 되니 힘이 들더라도 올해는 꾹 참고 내년에 옮기도록 하세요."

(참고 견딜 것을 권하며 돌려보냈다)

설 명

건설회사 다닌다고 하였던 것은…

기토(己土)는 토건(土建), 묘목(卯木)은 편관으로 길거리 노점상·노무자·깡패·군인·건조물 기둥 등이며, 금(金)은 철근, 기토(己土)는 콘크리트 담벽 등으로 보아 말하였던 것이나, 일간(日干)이 신약(身弱)하니 노상(路上)에서 하지 못하고 기토(己土) 종이 위에다 건물을 지었다 부수었다 하고, 조금 더 연구하여야겠다고 생각했다.

99년 기묘년(己卯年)은…

월이 기묘년(己卯年)과 복음(複蔭)이 되며, 사주상에 있는 묘유충(卯酉沖)이 동하게 되니 자신의 일신상 좋지 못하며, 이동 변화 등을 하게 된다. 월은 부모 형제궁이니 부모형제들의 문제로 다변하며 불편한 관계가 있을 수 있다.

월은 윗사람의 자리며, 편관(偏官)은 상사 관청 기토(己土)는 친구 등이 되며, 복음살(複蔭殺)에 충(沖)이 되니 일신상에 문제가 많이 발생하며, 남과 많이 다투게 된다. 기묘년(己卯年)은 나라의 건설이 부진하니 설계사들이라고 잘 될 리 없고, 기묘년(己卯年)의 운(運)까지 따라 주지 않아 힘들어도 참도록 권유하였다. 경진년(庚辰年)은 상관운(傷官運)이 되니 일의 변화 등으로 보아 내년에 옮기라고 하였던 것이다.

21 신춘문에 입선될까요?

남성수(남) / 음력 1970년 12월 15일(午時生)

甲 丙 己 庚
午 申 丑 戌

68 58 48 38 28 18 8
丙 乙 甲 癸 壬 辛 庚
申 未 午 巳 辰 卯 寅

년 庚戌 : 월덕귀인 천덕귀인 화개 괴강
월 己丑 : 천살
일 丙申 : 관귀학관 문창귀인 암록 천희신 역마 십악대패살
시 甲午 : 래록 장성

丙火 일간이 丑月에 태어나 월지 장간에서 己土가 월간에 투출하여 傷官格이다. 일간이 신약하여 印綬로 용신을 하여야 하나, 시간의 甲木이 지지에 무근하여 용신으로 적합하지 못하여 시지의 午중 丁火가 용신이다. 火가 用神, 木이 喜神, 水가 忌神, 金은 仇神, 土는 救神이다.

■ 성 격

명랑 쾌활하며 낙천적이고, 허영이 있으며 자기표현이 좋다. 적극적인 성격에 개방적이나 검약하고 노력하는 편이다. 부모에게 받은 인자를 겸한다면 반역 정신이 농후하여 下剋上하는 기질이 있으며, 手下들에게는 자상하게 베풀어준다.

■ 조상운

할아버지는 偏印으로 시간의 甲木이다. 년은 조상궁 또는 할아버지궁으로 년간에 偏財, 지지에 食神이 있고, 庚戌 괴강이 되어 할아버지는 관료로서 부귀하였다.

■ 부모운

아버지는 偏財로 년간의 庚金이다. 월은 부모궁으로 월간에 傷官이 투출하여 아버지는 할아버지의 유업을 탕진하며, 가업이 많이 기울고 명예를 손상시켰다.

■ 형제운

형제는 년지 장간 丁火, 시지 장간 丙丁火다. 월지는 형제궁으로 월지는 火에서 보면 養, 墓地가 되어 형제들은 잘 살지 못 한다. 비겁이 희신이 되어 형제 덕은 있다.

■ 부부운

부인은 년지 장간 辛金이다. 일지는 처궁으로 일지에 偏財가 동주하고, 월의 傷官은 장모로서 상관이 일지 편재를 생하여 주니 妻家

는 부자다. 처덕은 있다고 보나 일간이 신약하고 財가 强하여 처와 다툼이 많다.

■ 자식운

자식은 월지 장간 癸水 일지 장간 壬水다. 時는 자식궁이며, 자식은 시지에 대입하면 胎絕이 되어 자식은 잘 되기 어려우나 시지에 용신이 있으므로 자식 덕은 있다.

■ 건강운

丑月의 丙火가 失令하고, 金土가 강하여 木火를 극설하므로 간·심장·눈 등이 약하다.

■ 직업운

傷官이 강하고 印綬가 약하니 평생 책을 가까이 하며 살아야 할 입장이다. 傷官은 문화, 예술, 학술이 되어 교육자·시인·작가·출판업·언론인 등에 인연이 있다.

■ 금전운

日干이 약하고 傷官과 偏財가 강하여 財를 감당하기 어려우니 큰 재복은 기대하기 어렵다. 대운이 잘 흘러 주므로 안정된 생활은 한다. 아무리 어려운 입장이 되어도 돈에 대하여 대단히 궁색하지는 않는다.

■ 경인대운(庚寅大運)(8~17살)

경인대운은 寅卯辰 東方 木運이다. 寅木은 년지 戌土, 시지 午

火와 合하여 寅午戌 三合 火局이 된다. 대운천간 庚金이 개두하였으나 印綬운에 火가 강하여 일간이 신왕하게 됨으로 초년에 좋은 환경에서 공부도 잘 하였다.

■ 신묘대운(辛卯大運)(18～27살)

경인대운은 寅午戌 三合 火局이 되어 대길하나, 신묘대운은 三合局이 되지 못한다. 년지 戌土와 卯戌合火하고, 甲木의 뿌리가 되지만 일간이 천간의 辛金과 丙辛합이 되어 돈 여자 등에 관심이 많다.

■ 임진대운(壬辰大運)(28～37살)

임진대운은 寅卯辰 東方 木運이나 辰土는 土의 작용이 강하여 土로 보아야 한다. 임진대운은 寅卯대운에 비하여 고난이 많다. 癸巳대운부터는 용신운이 되어 많은 발전이 예상된다.

감정 상황

대학생으로 보이는 두 사람이 함께 와서 "우리 이번에 신춘문예에 각자 출품하였는데 입선할 것인가 한번 봐주세요" 한다.

친구 사주

남일우(남) / 음력 1974**년** 3**월** 9**일**(子時生)

庚 壬 丁 甲
子 申 卯 寅

61 51 41 31 21 11 1
甲 癸 壬 辛 庚 己 戊
戌 酉 申 未 午 巳 辰

년 甲寅 : 천주귀인 문창귀인 월덕귀인 암록 천의성 지살
월 丁卯 : 천을귀인 태극귀인 도화
일 壬申 : 관귀학관 문곡 학당 천덕귀인 역마 십악대패살
시 庚子 : 래록 홍염성 백호 공망

壬水 일간이 卯月에 태어나 월지 장간에서 甲木이 년간에 투출하여 食神格이다. 子午卯酉 四旺지는 천간 투출과 관계없이 월지에서 격을 잡을 수가 있어 상관격도 되니 食傷격이라고 하는 것이 더 정확하다. 일간이 실령하여 일지에 통근한 시간의 경금을 용신하니 食傷用印格이다. 金이 用神, 土가 喜神, 火는 忌神, 木은 仇神, 水는 救神이다.

■ 성 격

차갑고 냉정하며, 속이 깊고 이해심과 포용력이 있으며, 조급한 면이 있으나 착하고, 남을 잘 도와주며 낭비벽이 있다. 부모에게 받은 인자를 겸한다면 자선심이 강하고, 남의 구속을 싫어하며, 사람을 잘 다루고 금전 관리에 능하다.

■ 조상운

할아버지는 偏印으로 시간의 庚金이다. 년은 조상궁 또는 할아버지궁으로 년간의 食神이 간지동으로 천간 투출하고 천주귀인・문창

귀인·월덕귀인 등이 있어 할아버지는 학자로서 부귀하였다.

■ 부모운

아버지는 偏財로 년간의 丙火다. 월은 부모궁으로 월간에 正財가 투출하여 아버지는 사업가로 부귀하였다. 월지 도화살에 일지 偏印이 동주하여 아버지는 外情이 있다. 일간은 계모의 양육이 있었다.

■ 형제운

형제는 일시지 장간 壬癸水다. 월은 형제궁으로 월에 壬水는 死地, 癸水는 長生궁이 되어 잘 사는 형제도 있으나 어렵게 살아가는 형제도 있다.

■ 부부운

부인은 正財로서 월간이 丁火다. 일지는 처궁으로 일지에 偏印이 동주하며, 신약한 일간을 생하여 주므로 처덕이 있다. 일지에 卯申 귀문관살이 되어 항상 정신적으로 허무주의에 빠져 있다.

■ 자식운

자식은 년일지장간 戊土다. 시지는 자식궁이며, 戊土에서 時支를 대입하면 胎地가 되어 자식은 평범하다. 시지에 용신이 있어 말년에 자식 덕은 있다.

■ 건강운

일지에 偏印이 동주하여 食傷과 相戰하고, 사주상에 토가 약하여 위장병 피부병이 있다. 월지 傷官에 子卯형이 있어 외상 등과 도화

병이 있을 수 있다.

■ 직업운

식상 편인격이 되어 교육자・문화・예술・학술・언론 등에 근무할 것이다.

■ 금전운

월 정재가 월지 상관에 생을 받고 천간 투출하고 있어 처갓집이 부자다. 正財와 丁壬합이 되어 부모의 유업도 있으며, 처의 도움도 있다. 일간이 많이 약하지 않아 충분히 재를 감당하며, 경제적 큰 어려움은 없다.

■ 무진대운(戊辰大運)(1~10살)

무진대운은 寅卯辰 東方 木運이나 辰土는 土의 작용이 강하여 土로 보아야 한다. 무진대운의 辰土가 일지 申金과 시지 子水와 申子辰 三合하여 강력한 水局이 된다. 일간이 왕하며, 초년 운이 상당히 좋아 공부도 잘 하였다.

■ 기사대운(己巳大運)(11~20살)

기사대운은 巳午未 南方 火運이다. 기사대운은 년지 寅木과 일지 申金과 寅巳申 三刑되어 가정에 풍파가 많고 다변한 운이다.

■ 경오대운(庚午大運)(21~30살)

경오대운은 正財운으로 일찍 이성 교제가 있어 결혼을 한다. 용신이 絶地가 되어 학문에는 어려움이 많다. 신미대운이 오면 학문으로 대성하며 재운도 강하여 부귀한다.

감정 상황

앞의 庚戌생 丙申일주는 신춘문예에 입선을 할 것이나, 壬申 일주는 낙선할 것이라고 간단하게 답을 주었는데, 그 후 기묘년에 두 사람은 3명의 친구들과 함께 왔다. 선생님 작년에 저는 입상하고, 이 친구는 입상하지 못 한다고 하였는데 어제 저는 입상하고, 이 친구는 입상하지 못 하여 아저씨께서 정말 잘 보시기에 이렇게 저희 과 학생들이 무더기로 몰려 왔습니다.

설 명

庚戌생은 일간이 극신약하지만 戊寅년의 寅木이 년지 戌土와 시지 午火와 寅午戌 三合이 되어 일간이 강하게 되므로 가능하다고 하였던 것이다. 甲寅생은 극신약은 아니나 戊寅년은 신약한 일간에 戊寅이 일주와 천극지충하며, 일간을 극하고 설기시켜 불가능하다고 하였던 것이다.

제2부

사주감정 극비전(極秘傳)

-3차원적 사주감정법 공개-

제 1 장 사주감정의 기본순서

1. 사주의 구성

먼저 사주간지(四柱干支)를 만세력(萬歲曆)에서 찾아서 정한 다음 신살통변(神殺通變)을 붙이고 오행의 배열을 보고 간합(干合)·지합(支合)·삼합(三合)·방합(方合)·형(刑)·충(沖)·파(破)·해(害) 등을 표시하고 어떤 격(格)에 해당하는가를 정한다.

예

음력 1963년 10월 15일생(오전 7시40분)

시	일	월	년
甲	丁	癸	癸
辰	丑	亥	卯

1) 십이운성(十二運星)의 대입

(1) 년간 癸水는 년지 卯에 長生지에 앉았다고 한다.

(2) 월간 癸水는 월지 亥에 旺지에 앉았다고 한다.
(3) 일간 丁火는 일지 丑에 墓지에 앉았다고 한다.
(4) 시간 甲木은 시지 辰에 衰지에 앉았다고 한다.

■ **천간 오행을 月令에 대입하여 본다면**

(1) 년간 癸水는 월지 亥水에 12운 왕(旺)지에 해당한다.
(2) 월간 癸水도 역시 월지 왕(旺)지에 해당한다.
(3) 일간 丁火는 월지 亥에 태(胎)지가 된다.
(4) 시간 甲木은 월지 亥에 장생(長生)에 해당한다.

2) 신살(神殺)을 부여

(1) 일간 丁火에서 월지 해는 천을귀인(天乙貴人)에 해당한다.
(2) 일간 丁火에서 년지 卯는 태극귀인(太極貴人), 문곡귀인에 해당한다.
(3) 일간 丁火에서 월지 亥水는 교록에 해당한다.
(4) 월주 亥에서 보아 시간 甲木은 월덕귀인에 해당한다.
(5) 월주 亥에서 시지 辰土는 홍란성에 해당한다.
(6) 년지 卯에서 일지 丑土는 과숙살에 해당한다.
(7) 일간 丁火에서 일지 丑土는 백호살에 해당한다.
(8) 일간 丁火에서 일지 丑土는 음착살에 해당한다.

3) 십이신살(十二神殺) 적용

(1) 卯에 將星(장성)
(2) 亥에 地殺(지살)
(3) 丑에 枯草(고초-월살)

(4) 辰에 攀鞍(반안)

4) 공망(空亡)

년에서 辰巳가 공망으로 시지 辰이 공망.

일에서 申酉가 공망이나 팔자상에 없음.

5) 통변성(通變星)의 생극을 살핀다

(1) 일간 정화(丁火)에서 년월간 계수(癸水)는 편관(偏官)으로 일간에 무정(無情)의 극을 한다.

(2) 시간 갑목(甲木)은 일간에 정인(正印)으로 유정(有情)의 생(生)을 한다.

(3) 년지 묘목(卯木)은 일간 丁火에 편인(偏印)으로 무정의 생을 한다.

(4) 월지 해수(亥水)는 일간 丁火에 정관(正官)으로 유정의 극을 한다.

(5) 일지 축토(丑土)는 일간 丁火에 식신(食神)으로 아(我)가 無情의 생을 하여 준다.

(6) 시지 진토(辰土)는 일간 丁火에 상관(傷官)으로 아(我)가 유정의 생을 하여 준다.

6) 각 오행의 배열과 합충 관계를 살핀다

(1) 년지(年支) 卯와 월지 亥水는 亥卯未 삼합(三合)의 半合(반합)으로, 육합(六合) 정도의 합(合) 작용력을 가진다. 운에서 未土가 오면 亥卯未 삼합(三合)이 이루어진다.

(2) 년지 卯는 시지 辰土와 寅卯辰의 반합이 되며, 운에서 寅이

오면 寅卯辰 東方 木合이 된다. 卯와 辰은 害殺(해살)이 된다.

(3) 월지와 일지 丑土는 亥子丑으로 이어지는 중간 子水가 빠져 折脚이라 한다. 또는 亥水와 丑土는 子水를 공협하였다고 한다.

(4) 월지 亥와 시지 辰은 怨嗔(원진)이 된다.

(5) 일지 丑土는 시지 辰土와 破(파)가 된다.

7) 승하격(格의 성립 여부)은 차후 자세히 설명하기로 하고 생략

2. 청탁(淸濁)의 구별

사주가 청(淸)한가 탁(濁)한가를 구별하고, 일간이 각 지지로부터 받는 힘의 정도를 측정한다.

예 1

시	일	월	년
甲	丁	癸	癸
辰	丑	亥	卯

예 2

시	일	월	년
乙	癸	庚	戊
卯	亥	申	戌

예 2의 경우

년간 正官이 干支同(간지동)으로 健旺(건왕)하고 월간 正印이 干支同하여 健旺하며, 일간이 干支同으로 我旺(아왕)하며, 시간 식신 乙木도 干支同으로 旺하며, 년 戊土 正官이 월 印綬를 生하고, 월 인수(庚金)는 日을 생하며, 正偏(정편)이 混雜(혼잡)되지 않고 有情의 生, 官印食을 다 갖추어 淸한 四柱라 하겠다. 그에 反(반)하여

예 1의 경우

월지는 正官, 년월간은 偏官으로 官殺混雜(관살혼잡)이 되어 氣가 濁하며, 일간 丁火는 년지 藏干 卯 중(甲・乙), 월(月)지 亥 중 장간(戊・甲・壬), 일(日)지 丑 중(癸・辛・己), 시(時)지 辰 중(乙・癸・戊)으로 通根(통근)하지 못하고 通氣(통기)한 정도로서 濁하다.

또한 일간 丁火는 正偏官의 극심한 剋을 받으며, 일지 丑土와 시지 辰土에 설기(泄氣)당하며, 시간 甲木에 의지하는 입장으로 일간이 약(弱)하여 탁(濁)하다고 한다. 청탁희기(淸濁喜忌)에 관하여 더 명확한 해설은 후에 자세히 하기로 한다.

3. 신왕(身旺)・신약(身弱)과 통변성의 희기

신왕(身旺)・신약(身弱)을 보고 통변성(通變星)의 희기(喜忌)를 정한다.

예 1

시 일 월 년
甲 丁 癸 癸
辰 丑 亥 卯

일간 丁火가 월지 亥水에 실령(失令)하고, 월지 장간(藏干)에서 癸水가 년월간에 투출(透出)하며, 일시지 辰丑으로 일간을 설(泄)하니 년지(年支) 卯 중 장간인 甲, 乙과 월지 亥 중 장간인 甲木 그리고 시지 辰 중 장간(藏干)인 乙木에 通根(통근)한 시간 甲木을 용신(用神)한다.

4. 오행의 태과불급(太過不及)과 경중

사주오행(四柱五行)의 태과불급(太過不及)과 중화(中和)를 보고 그 경중(輕重)을 본다.

예 1

시 일 월 년
甲 丁 癸 癸
辰 丑 亥 卯

(1) 水가 세 개
(2) 木이 두 개

(3) 火가 하나

(4) 土가 둘

(5) 金이 없음

월령(月令)은 팔자 전체를 주도하는 입장으로 절대적일 수는 없으나, 월령이 팔자 전체에 미치는 영향력을 본다면 대략적으로 약 30% 정도의 작용을 하고, 일지가 약 20%, 년시지가 각 10% 정도 차지한다고 보면 된다. 그리고 천간의 영향력은 약 10% 정도로 감안하는데 이는 대략적 이론에 불과하며, 역(易)이란 고정된 것이 아닌 변화하는 것으로 이해를 하여야 한다.

또한 년월일시지를 음(陰)으로 보고, 년월일시간을 양(陽)으로 보아 천간(天干)과 지지(地支)의 영향력은 50/50으로, 연주(年柱) 월주(月柱)를 합하여 양(陽)으로 하고, 일주(日柱) 시주(時柱)를 합하여 음(陰)으로 하며, 이 또한 50/50으로 절대적이지 않다는 것을 이해하여 주기 바란다.

또한 형충(刑沖) 삼합(三合) 반합(半合)을 이루는 과정에서 다변하게 변화하는 것이므로 단지 오행의 숫자만을 가지고서 몇 개와 몇 개이니 왕(旺)하고 약(弱)하다고 할 수는 없다.

앞에서 밝혔듯이 水가 월령을 포함하여 세 개가 주도하니 水 왕하고, 다음은 木이 둘이지만 각 지장간 묘(卯) 중 갑을(甲乙), 해(亥) 중 갑목(甲木), 진(辰) 중 을목(乙木)이 생하고 있기에 목(木)이 두 번째로 강하다라고 보아야 하며, 일시지 진토(辰土) 축토(丑土)가 그 다음으로 강하며, 제일 약한 것이 일간 정화(丁火)가 된다(더 구체적이고 섬세한 해설은 후에 자세히 한다).

팔자상에 水 왕하고 일간이 약하기에 팔자의 중용중화(中庸中和)

의 입장에서 본다면 시간 甲木이 강한 水를 설(洩)하면서 약한 일간인 火의 기를 설하는 土를 제하여 주며, 아울러 일간을 생하는 중화(中和)의 입장에 선다. 이를 팔자상에 용신(用神)이라 한다.

5. 대운간지와 사주의 관계

대운간지(大運干支)를 정하고, 대운에 신살(神殺) 통변(通辯)과 십이운성(十二運星) 등을 붙이고 사주의 용신과 일주와 대운과의 희기와 극화(剋化)를 보고 재관(財官)의 향배를 정한다.

예

시	일	월	년 (男)
甲	丁	癸	癸
辰	丑	亥	卯

시	일	월	년 (女)
甲	丁	癸	癸
辰	丑	亥	卯

67	57	47	37	27	17	7
丙	丁	戊	己	庚	辛	壬
辰	巳	午	未	申	酉	戌

63	53	43	33	23	13	3
庚	己	戊	丁	丙	乙	甲
午	巳	辰	卯	寅	丑	子

다음과 같이 대운을 제정하여 보았다. 앞에서 자세히 설명을 하였듯이 남명은 년간이 음간(陰干)이기에 월지 癸亥로부터 역행(逆行)하여 대운수 7로 壬戌 辛酉 庚申 己未 戊午 丁巳 丙辰으로, 여명은 년간이 음간(陰干)이기에 순행하여 대운수 3으로 계해(癸亥)로부터 갑자(甲子), 을축(乙丑), 병인(丙寅), 정묘(丁卯), 무진(戊

辰), 기사(己巳), 경오(庚午)로 되었다.

남 명

壬戌대운에 (12운養) 천살, 천희신, 낙정관살

辛酉대운에 (12운長生) 천을귀인, 태극귀인, 문창귀인, 학당귀인, 수옥

庚申대운에 (12운沐浴) 겁살, 관귀학관, 금여록, 귀문관살

己未대운에 (12운冠帶) 화개, 암록, 협록, 음착, 양인, 홍염

戊午대운에 (12운健祿) 육해, 십간록, 천주

丁巳대운에 (12운旺) 역마, 협록, 고신, 고란살

丙辰대운에 (12운衰) 반안, 홍란성, 황은대사

여 명

남명(男命)과 같은 방법으로 신살(神殺)을 찾아보면 가능하다.

남자의 경우 용신이 木으로서 초년 申酉戌 금운으로 흐름에 따라 庚辛金이 용신 木을 극하여 좋은 운이 아니지만 팔자상에 없는 재(財)가 일찍 와서 경영학을 전공하여 은행·보험회사·증권회사 등에 근무하게 되리라 보며, 안정적인 대운은 己未대운부터라 볼 수 있다.

이에 반하여 여명(女命)은 초년 亥子운은 좋다고 할 수가 없으나 천간 甲乙木이 지지의 水를 설하여 용신인 木이 왕하게 되기에 초년부터 공부를 잘 하여 교육을 바탕으로 한 식상(食傷)을 살려서 대학교수로 살아갈 수 있는 팔자며, 丙寅대운부터 대길(大吉)하다.

6. 월지(月支) 원명(元命)과 성격

월지(月支) 원명과 태생(胎生) 원명의 통변(通辯)에 의하여 각자가 가지고 있는 성격을 본다.

예

시	일	월	년
甲	丁	癸	癸
辰	丑	亥	卯

67	57	47	37	27	17	7
丙	丁	戊	己	庚	辛	壬
辰	巳	午	未	申	酉	戌

丁丑 일간의 성격은 음화(陰火)로서 소심・온화・착실하며, 겸손하고 야무지며 빈틈이 없고 끈질기며, 외유내강(外柔內剛) 근면 성실하다. 깐깐하고 공명정대하지만 소심하고 소극적이며, 의타심이 많다. 자만심이 강하고, 반항심이 강하며, 구속받는 것을 싫어한다. 섬세・꼼꼼・정밀・까다롭고・손재주・잘 삐침・근성 등등…

월지 부모에게 받은 인자(因子)로는 정관(正官)의 성분인 공명정대・정의감・공익성・책임감・도덕성・준법정신・원리원칙주의・체면・예의・자존심・신용 등등이나 성질이 나면 순간적인 폭발, 흉폭, 호전적, 강압성 같은 편관(偏官)의 기질이 나타날 수 있다.

7. 생년을 살핀다

생년으로 조선(祖先)과 유년(幼年)시의 선악(善惡)을 살펴본다.

예

시 일 월 년
甲 丁 癸 癸
辰 丑 亥 卯

앞으로 구체적이며 섬세하게 사주팔자를 풀어 가는 법에 관한 해설이 이루어지겠지만, 지금의 예는 어디까지나 단편적으로 보는 방법일 뿐이다. 처음부터 너무 난해한 해설은 오히려 혼란만 가중할 우려가 있기에 기초적인 지식을 가지고서 하나하나 익혀 가는 과정으로 이해해 주길 바라며, 또한 이 법이 절대적이지 않고 단편적인 형식이라는 것만 알아주길 바란다.

일간 丁火가 나 자신이 되며, 년간(年干)은 할아버지, 년지(年支)는 할머니, 월간(月干)은 아버지, 월지(月支)는 어머니 또는 형제를 보며, 일지(日支)는 부인, 시간(時干)은 아들, 시지(時支)는 딸 등으로 본다. 또한 팔자를 보는 법 중에 천간(天干)은 양(陽)으로, 지지(地支)는 음(陰)으로, 또는 년월(年月)은 양(陽)으로, 일시(日時)는 음(陰)으로 보기도 하며, 년(年)은 초년, 월(月)은 장년, 일(日)은 중년, 시(時)는 말년으로 보기도 한다.

일간 丁火에서 보면 년간은 癸水 편관(偏官)은 卯木 편인(偏人)과 동주(同柱)하고 있다. 할아버지궁에 편관(扁官)이 있기에 할아버지는 관료였다고 보며, 년지 편인(偏印)은 조상이며, 할아버지로서 조상과 할아버지는 양반으로 부귀하였다고 본다.

단, 일간 丁火에 년 편관(偏官)과 편인(偏印)이 있는 경우, 편관(偏官)의 특성과 편인의 특성을 다음과 같이 살펴 볼 수 있다.

편관이 일간에 대입하여 길한 작용일 경우 일찍 관직 명예에 인연이 있으며, 관(官)은 인(印)을 생하여 공부를 잘 하며, 명예를 소중히 하며, 가문의 명예를 생각하여 부모에게 효도하고, 사회와 국가에 충성심이 강하며, 과단성과 모험심이 있어 타에 모범이 된다.

만약 관(官)이 忌神에 해당하면 매사 자신감을 잃고 소심하며, 병약하여 남에게 의지하고자 하는 의타심이 강하게 된다.

또한 초년 질병・사고・신병・재앙・관재・구설 등이 따르게 된다. 년지(年支) 편인(偏印)이 喜神이 될 경우는 조상의 음덕이 있으며, 조상의 유업이 있고 총명하여 학문에 탁월한 재능을 나타낸다.

그러나 년(年)에 편인이 있을 경우에는 비록 조상의 음덕과 유업이 있을지라도 편인은 의식주에 관계되는 식상(食傷)을 극하고, 재(財)의 뿌리(根)가 되는 식상(食傷)을 극하는 성분이므로 사회활동에 장애를 주어 경제적 어려움을 준다.

또한 년(年)은 고향 산천인데, 의식주인 논과 밭의 작물을 극하여 고향 산천을 황폐화시키는 형상이므로 초년 어린 시절 배고픔의 고통을 맛보아야 하며, 황폐화된 고향을 등지고 타향・타도로 이주하여 재활의 기반을 잡아야 한다.

편인은 편모(偏母)의 성(星)이기에 일찍 계모(繼母), 이모(姨母), 서모(庶母)에 의해 자라는 형상이므로 즉, 어린 시절 어머니의 사랑이 부족하게 되고, 어머니의 젖 부족이 있을 수 있다. 또한 편인은 고독성(孤獨星)이므로 많은 사람들과 친숙하지 못하거나 스스로 고독한 환경 속에 생활하며, 또한 편(偏)에 치우친 생각은 다른 사람들로 인한 자아의식, 피해의식 등등을 유발할 수 있다.

편관(偏官)과 편인(偏印)의 이러한 살성(殺性)으로 인하여 이 팔자의 당사자는 초년에 어려운 환경이지만, 인수(印綬)는 正偏印을 가리지 않고 학문·문서·도장·인증서 등이 되므로 어려운 환경 속에서 공부하였다라고 본다.

8. 생월을 살핀다

생월(生月)로 형제의 유무와 장래 운명의 근원을 알 수 있다.

예

시 일 월 년
甲 丁 癸 癸
辰 丑 亥 卯

일간(日干)은 자신이며, 자신의 입장에서 월간(月干)은 아버지궁이며, 월지(月支)는 어머니궁 또는 형제를 함께 본다. 월지는 어머니로서 팔자 중 오직 그 기(氣)의 강함을 대략 30% 정도로 정하는데, 그 이유는 다음과 같다.

이 세상 만물에서 보면 어머니가 자식을 잉태하여 오랜 시간 뱃속에서 성장시켜 태어나더라도 사회에 적응할 수 있을 때까지 어머니가 보호하고 양육을 하며, 사람의 경우도 성인이 되기까지 어머니의 보살핌을 받고 어머니의 가정교육을 받게 되고, 어머니와 같이 생활하며, 어머니의 영향력 속에 살아가는 세월이 많으므로 월지 어머니 궁은 자연현상에서 보더라도 30%의 영향력은 충분히 된다고 보아야 한다는 것이다.

형제의 경우도 마찬가지로 일간 자신이 절대적인 어머니의 보호 속에 성장한다면 형제도 역시 절대적인 어머니의 영향력 속에 있으며, 어머니와 함께 하는 기간이 많다. 그러기에 월지를 형제궁으로 보는 이유다.

월지 해(亥)수는 정관(正官)이 주도하는데, 월지 정관은 어머니 즉 부모님의 성품으로 볼 수 있겠는데, 부모님의 내면의 성품은 정직·성실·온후·독실·근면 등등으로 보나 외형상 나타난 모습은 편관과 같은 모습으로 엄하고 강압적이며, 호전적이고, 극단적이며, 폭력적이고, 일방적·독선적이라 할 수 있다.

앞에서도 일률적이지 않다고 하였듯이 인수, 즉 어머니 성이 다른 곳에 있으면 그 인수가 자신에 미치는 喜忌를 살펴 부모덕을 살핀다.

이 팔자의 경우 형제성이 나타나 있지 않고 월 간지가 癸亥로 정편관이 동주(同住)하며, 정편관은 아(我)를 극하고, 아(我)와 동일한 오행인 형제를 역시 극하기에 형제는 적다고 볼 수 있다. 또한 형제가 있다 하여도 많지 않고 무력하여 형제의 덕을 보기 어렵다고 본다.

그리고 아버지는 오행상 辛金에 해당하는데, 팔자상에 아버지의 성(星)이 일지 장간 丑(癸辛己) 중 辛金으로 미약하며, 강한 水가 약한 辛金을 강하게 설하니 아버지는 부유하지 않았다고 보며, 월지는 장년이라 하였듯이 자신은 장년에 경제적·육체적 고통과 어려움이 많았다고 본다.

(이것은 단편적 내용이기에 절대가 아님을 다시 한번 인지하여 주

길 바란다)

9. 생일을 살핀다

생일 장간(藏干)으로 처(妻)의 희기와 선악을 살핀다.

예

시 일 월 년
甲 丁 癸 癸
辰 丑 亥 卯

일간 丁火의 부인은 庚金으로 팔자상에 나타나 있지 않고, 일지 丑(癸辛己) 중 장간의 辛金이 있으므로 이를 부인으로 본다. 辛金은 일간 丁火의 편재가 되고, 편재는 육친(六親)으로 아버지에 해당하고, 庚金은 부인으로 보나 팔자상에 庚金이 없고, 辛金이 있을 시는 辛金 편재로 부인을 본다.

가령 예를 든다면 정 편재(偏財)가 아버지 또는 부인이 되겠는데, 편재가 아버지라면 정재(正財)는 아버지의 형제가 되고, 정재는 부인이 되겠으나 편재는 부인의 형제간이 되기에 원칙상 정재가 부인이지만 정재가 팔자상에 없고, 辛金이 있을 시는 정재의 형제인 편재를 부인으로 보기도 한다.

앞으로 좀더 구체적이고 상세한 해설을 하겠지만, 현재로서는 복잡하지 않은 단순 기법만으로 해설하고자 하니 부득이 팔자 전체 구도와 짜임에 의한 부인의 통변(通辯)을 하고자 한다.

일간 丁火가 火를 극하는 계절에 태어나 팔자상에 水가 셋이나 되고, 일간이 생하여 주어야 하는 식상(食傷), 즉 丑土 辰土가 많고 일간이 생을 받는 인수(印綬)는 년지 卯木과 시간 甲木 뿐이므로 일간이 신약(身弱)이라 한다.

일간이 신약(身弱)한 경우 팔자 전체 구도에서 일간을 극하고 설하는 오행을 다스려야 하는데, 셋이나 있는 관(官)인 水의 기(氣)를 木이 설하여 무력화시킴으로써 水가 일간 火를 심하게 극하지 못하게 하는 효과를 발휘한다. 또한 약한 일간(日干)의 기(氣)를 도기(盜氣), 즉 설기시키는 土를 인수인 木이 극하여 일간을 지켜주며 또한 일간을 생하여 주게 된다.

이렇게 일간이 약할 때, 그 일간을 극하고 설하는 오행을 막아 주는 오행을 용신이라 하는데 여기서는 인수인 甲木을 용신으로 본다.

그런데 용신인 木(인수)를 극하는 것이 金, 즉 재(財)로서 용신을 해(害)하는 성분이므로 결국 팔자상에 재(財)가 기신(忌神)이 되게 되므로 이 팔자에는 처복이 없다고 볼 수 있는데, 다행한 것은 辛金이 丑 중 장간에 장축(藏蓄)되어 있다는 점이다.

이를 살펴보면, 음양의 법칙에 의하여 천간은 지지(地支)를 일방적으로 극하지 못하며, 지지는 지장간(地藏干)에 장축되어 있는 기물을 극하지 못한다.

또한 이와 반대로 지장간(地藏干)에 있는 辛金이 년지에 있는 卯木을 극하지 못하며, 시간에 있는 甲木을 극하지 못하기에 이 사람의 부인(辛金)은 오행상 忌神에 해당하나 지장간에 웅크리고 있기 때문에 실제로는 팔자상의 용신인 木을 극하지 않는다.

따라서 부인 덕이 있으며, 또한 일지는 부인궁으로 년간 월간 월지 극왕한 水를 土가 극하며 막아 주는 입장에 있으므로 부인의 공(功)

은 크다고 할 수 있겠다.

아울러 일지에 식신(食神)이 자리하고 있으므로 식신(食神)은 의식주와 관계되며, 다소의 고집 · 온후 · 독실한 성격과 문화 · 예술 · 학술에 타고난 재능이 있는 교육자 · 예술인에 인연이 있다고 하겠으며, 진취적이고 발전 · 끈기 · 노력 · 사회활동 하는 부인이라 볼 수 있다.

10. 생시를 살핀다

생시(生時)로 자식의 유무(有無)와 노년기의 상황을 유추하고 사주 전체의 보조를 본다.

예

시	일	월	년
甲	丁	癸	癸
辰	丑	亥	卯

시(時)는 자식궁이고 여명(女命)의 팔자라면 당연히 식상(食傷)을 자식으로 보는데, 년월간 癸水와 월지 亥水가 극왕하여 일간이 약하게 되었는데, 일지와 시지에 있는 식상이 왕한 水를 막아 주어 길하고, 신약한 입장에 있는 일간을 시간 甲木이 생을 하여 주니 당연히 말년에 자식 복이 있다고 하여야 하겠다.

그런데 지금까지 이 사주를 남명(男命)의 팔자로 일관하여 왔으므로 남명의 입장에서 살펴보기로 한다.

남명의 팔자에는 관이 자식이 되겠는데, 년월간 癸水가 雙이며 월지 亥水 중 壬水까지 있으므로 水가 극왕한 상태라 볼 수 있다. 이렇듯 水 왕하여 자신이 水로 인하여 약하게 된 입장이라면 당연히 자식 복이 없게 된다. 그러나 時는 자식궁이므로 자식궁에 왕한 水를 막고 水를 설하는 木이 있어 말년 자식 복이 있다고 할 수 있다.

그렇게 본다면, 이 사람의 경우는 결혼하여 자식을 많이 두게 되고, 자식으로 인하여 고생하며 살아가다가 말년에 甲木과 辰土가 있어 자식에게 효도를 받으며 편안한 말년을 보낸다고 할 수 있겠다.

(이 또한 단편적 판단법으로서 절대적이라고 말 할 수는 없다)

11. 연년세세(年年歲歲)의 화복을 예측

연년세세(年年歲歲)의 간지(干支)를 기재하고 장래의 화복(禍福)을 예측한다.

예

시	일	월	년		년	년	년	년
甲	丁	癸	癸		辛	壬	癸	甲
辰	丑	亥	卯		巳	午	未	申

(1) 辛巳년의 천간 辛金은 일간 丁火에서 볼 때 편재가 되고, 지지는 지장간(戊庚丙)이 암(暗)으로 활동하나 외형상 나타난 모습은 丙火가 주도하여 巳火는 겁재(劫財)로 본다.

(2) 壬午年의 천간 壬水는 일간 丁火에서 볼 때 정관(正官)이

되고, 지지(地支)는 지장간(丙己丁)이 암(暗)으로 활동하나 주도 세력은 丁火로서 비견(比肩)으로 본다.

(3) 癸未년은 천간 癸水가 일간 丁火에서 볼 때 편관(偏官)이 되고, 지지는 지장간(地藏干)의 (丁乙己)이 암(暗)으로 활동하나 주도 세력은 己土로서 식신(食神)으로 본다.

(4) 甲申년의 천간 甲木은 일간 丁火에서 볼 때 정인(正印)이 되고, 지지(地支)는 지장간(戊壬庚)이 암(暗)으로 활동하나 주도 세력은 庚金으로서 정재(正財)로 본다.

12. 대운 · 세운 · 사주 3자의 대조

대운과 세운과 사주 삼자(三者)를 대조하여 형(刑) · 충(沖) · 파(破) · 해(害) · 공망(空亡) · 오행(五行)의 호악(好惡) · 통변(通辯)성 · 기타 신살(神殺)을 붙인다.

예

시	일	월	년 (男)
甲	丁	癸	癸
辰	丑	亥	卯

67	57	47	37	27	17	7
丙	丁	戊	己	庚	辛	壬
辰	巳	午	未	申	酉	戌

壬戌대운에 (12운養) 천살, 천희신, 낙정관살
辛酉대운에 (12운長生) 백호, 천을귀인, 태극귀인, 문창귀인, 학당귀인, 수옥
庚申대운에 (12운沐浴) 겁살, 관귀학관, 금여록, 귀문관살
己未대운에 (12운冠帶) 화개, 암록, 협록, 음착, 양인, 홍염
戊午대운에 (12운健祿) 육해, 십간록, 천주
丁巳대운에 (12운旺) 역마, 협록, 고신, 고란살
丙辰대운에 (12운衰) 반안, 홍란성, 황은대사

예

년	년	년	년	년	년
辛	壬	癸	甲	乙	丙
巳	午	未	申	酉	戌

(1) 辛巳년 (12운旺) 역마, 협록, 고신, 고란살
(2) 壬午년 (12운健祿) 육해, 십간록, 천주
(3) 癸未년 (12운冠帶) 화개, 암록, 협록, 음착, 양인, 홍염
(4) 甲申년 (12운沐浴) 겁살, 관귀학관, 금여록, 귀문관살
(5) 乙酉년 (12운長生) 백호, 천을귀인, 태극귀인, 문창귀인, 학당귀인, 수옥
(6) 병戌년 (12운養) 천살, 천희신, 낙정관살

일단 예문으로 살펴보면 1963년 癸卯생으로 현 나이 41살이고,

대운(大運)은 현재 37살 己未대운에 있으므로 사주팔자와 己未대운에 의한 년을 보아 형충파해(刑沖破害)를 살펴보기로 한다.

현재 己未대운

(1) 사주팔자에 의한 각종 신살(神殺)과 형충파해합(刑沖破害合) 등은 이 팔자의 당사자가 태어나면서 부모에게서 물려받은 인자(因子)가 되는데, 이 인자는 어디까지나 인자일 뿐이며, 사람이 성장하여 가면서 매년 돌아오는 운이 가지고 있는 인자와 상호 작용을 하여 즉, 사주의 인자와 대세운이 지닌 인자가 상호 복합적인 작용을 일으켜 희로애락이 발생하게 된다.

(2) 앞에서 밝혔듯이 이미 팔자상에는 위와 같은 각종 신살 등을 가지고 있으므로 이제 이 팔자와 대운의 관계를 대입하여 그 신살과 형충파해 합 등의 작용을 알아보고, 그 다음 다시 사주팔자의 인자와 대운의 인자가 상호 작용한 후에 다시 연년세세 돌아오는 연운(年運)과는 또 어떻게 작용하게 되는가를 알아본다.

※ 팔자 해설에는 다양한 방법과 관찰해야 할 수많은 부분들이 있으며, 앞으로 구체적이며 세밀하게 풀이되겠지만 일단 아주 쉬운 부분부터 하나하나 찾아가 보기로 한다.

팔자의 해법에는 두 가지가 있게 되겠는데, 하나는 중화법(中和法), 즉 수평법(水平法)이며, 두 번째로는 수직(垂直), 즉 격국법(格局法)이라 하겠다. 음양학에도 수평이 있으면 수직도 있어야 음양이 맞다. 이와 같이 수평과 수직을 맞추어 가는 난해한 법칙을 연구해야 하는데, 이 중에서 지금은 수평에 관한 이야기를 하고자 한다.

(3) 己未대운이 가지고 있는 인자로는 12운의 관대(冠帶)·화개(華蓋)·암록(暗綠)·협록·음착·양인(羊刃)·홍염 등이 있다.

여기서 먼저 己未대운의 천간 己土부터 살펴보기로 하자.

己未대운의 천간 己土는 팔자상의 년월간의 癸水 둘을 癸己克하고 있다. 이는 己土와 癸水 둘이 싸운다는 의미를 가지고 있다. 그리고 己土는 시간 甲木과 甲己合을 하고 있고, 己土는 일간 丁火에서 보아 식신(食神)이 된다.

이렇게 대운에서 온 己未는 많은 함축성을 내포하고 있게 되는데, 이에 앞서 이 대운 己未를 보기 전에 팔자의 구성을 다시 한번 검토하여 보아야 한다. 이유는 일간 丁火를 월령(月令)에 대입하여 팔자 전체를 살펴보았을 때 사주가 중화법(中和法)에 의하여 적절한 중화를 이루었는가 이루지 못하였는가를 가려야 하는데, 이에 따라서 대운 己未의 작용력과 해설법이 달라지기 때문이다.

앞에서도 밝혔듯이 많은 水가 근(根)이 없는 약한 火를 水克火하고, 일지 丑土 辰土가 약한 일간을 설기(泄氣)함으로써 일간이 중화(中和)를 잃어 버렸다고 하였다. 여기에 己未대운 己土가 년월간의 癸水와 천극(天克)하여 싸우는 것은 나쁜 입장이 아니다. 강한 己土가 팔자상에 나쁘게 작용하고 있는 癸水를 천극(天剋)하여 막아 주니 그 동안 일간 丁火는 癸水에게 시달려 오다가 운에서 온 己土를 만나 癸水로부터 해방되는 것이다.

두 번째로 대운의 己土는 시간의 甲木과 甲己合을 하게 되는데,

이 부분을 또 한번 짚어 봐야 할 것이다. 앞에서 자세히 설명을 하였듯이 己土와 甲木이 甲己合을 하면 甲木 입장에서는 己土에 합하여 묶여서 자신의 역할을 하지 못한다는 설이 있다. 그러나 甲木과 己土가 합을 하면 甲己合土로 化한다.

이 부분에서 필자는 현재 제기되고 있는 여러 학설에 대하여 명확히 하고자 한다. 가령 甲木이 己土와 합하여 묶이든 甲己合土를 하든 이 둘이 합한 관계가 일간에 도움이 되면 「묶였다」라고 하지 않고, 합한 관계가 일간에 도움이 되지 않을 때는 기반(羈絆)되었다라고 하며 「묶였다」라고 한다.

이 사주의 경우 丁火 일간이 월령을 잃은 상태에서 설기가 심하고 극 신약하여 시간 甲木 인수에 의지하고 있다. 일간 丁火가 약하게 된 이유 중 제일 큰 부분이 월령(月令)을 잃고 년월간 癸水가 둘이나 투출(透出)하여 강하게 일간 丁火를 극하여 신약(新弱)이 된 것이다. 이때 지금까지 인수(印綬)인 甲木은 강한 水의 기(氣)를 설(泄)하여 약한 일간 丁火를 생(生)하여 왔는데, 己土가 와서 甲己合함으로 인하여 묶이는 바람에 강한 水의 기를 설하여 일간 丁火를 생하여 주는 甲木으로서의 역할을 할 수가 없게 되었다.

그러나 엄밀히 따져 보면 강한 水를 그대로 둔 채로 水生木 木生火 하는 것보다도 癸수를 己토로 土剋水해 버리는 것이 더 좋은 방법일 수가 있다.

가령 년 癸亥, 월 甲寅, 일 丁巳, 시 己未, 이런 식으로 팔자가 구성되었다면 년간 癸水는 월간 甲木을 생하여 그 甲木은 다시 일간 丁火를 생하고, 그 丁火는 다시 己土를 생하여 年에서 時까지 서로 相生하여 아름다운 입장이라고 볼 수 있겠지만, 이 팔자는 년월간 癸水가 둘 있어 먼저 일간 丁火와 丁癸克을 하고 난 다음, 甲

木이 시간에 멀리 있으므로 시간이 조금 지난 후 서서히 水는 木을 생하고 그 木은 다시 일간 丁火를 생하게 된다.

그렇다면 일간 丁火는 먼저 癸水 둘에게 당하고 난 후 甲木을 통하여 癸水로부터 간접적으로 생을 받는 꼴이 된다.

거기에 비하면 년월간에 癸水 둘이 일간 丁火를 직접 극하고 있는데, 대운에서 온 己土가 癸己克하여 준다면 水生木 木生火의 간접 생보다도 먼저 강한 자로부터의 직접적인 시달림을 받지 않는 편이 더 좋은 법이다.

그렇게 본다면 시간 甲木과 대운에서 온 己土는 서로 합하여 일간을 위하여 부단히 노력하는 입장이 되고, 강한 癸水를 己土가 다스리고, 다시 그 나머지 남는 부분은 甲木이 설(泄)하여 일간을 생하여 주는 형식이 되니 이는 즉 甲己合土하여 묶였다(기반(羈絆)되었다)라고 하지 않는다는 것이다.

이번에는 대운지지(大運地支)를 알아보자.

천간(天干)은 단순하나 지지(地支)는 사실상 매우 복잡하다. 일단 지지의 未土는 년지 卯木과 월지 亥水가 亥卯未 삼합(三合)을 한다.

亥卯未 삼합(三合)을 하게 되면 년(年)과 월(月)을 함께 묶어 주는 역할을 하고, 또한 亥卯未 삼합은 강력한 목국(木局)이 형성되는데, 亥卯未 삼합은 팔자상에 병으로 작용하던 월지 亥水가 亥卯未 삼합 木局이 되면서 水가 木으로 변하게 되므로 인하여 지금까지 월지 正官격의 입장이었다면 이제는 강력한 印綬국으로 변하여 일간을 생하여 주는 입장으로 돌아서게 된다.

뒤에 더 자세히 설명을 하겠으나 격(格)이 혼잡됨을 아름답게 보질 않는다. 혼잡을 논하자면 시간 甲木은 양(陽)이며, 년지 卯木은 음(陰)이 되어 음양(陰陽)이 혼잡이 되는데, 卯木이 亥卯未 삼합 목국이 됨으로써 卯木이 강력한 甲木으로 변화하게 된다.

혼잡을 제거하는 방법으로서는 충(沖)하여 제하는 방법과 합하여 변하게 하는 것이 있다. 그러기에 卯木은 亥卯未 三合 木局으로 化하며 강력한 시간 甲木의 뿌리가 된다. 이렇게 되어 팔자상에 아름답지 못한 혼잡을 제거하는 효과도 함께 본 것이다.

己未대운의 未土는 일지 丑土와 丑未沖을 하게 되는데, 丑未 충에도 또 다른 많은 이론들이 함축하게 된다. 丑土가 일지에 나쁜 영향을 주었던 입장이라면 충(沖)하여 길한 작용이 되고, 팔자상에 좋은 입장에 있었다면 충(沖) 자체가 흉이 될 수밖에 없다.

그러기에 丑土가 엄밀히 따져서 팔자상에 있는 강한 水를 막아 주는 역할을 하고 있었다고 본다면 충(沖)한 자체가 좋다고 볼 수 없다.

그리고 더욱 중요한 것은 일지는 부인궁이고, 丑 중 장간에 유일한 辛金 재(財)가 들어 있는데(이는 즉 아버지 또는 부인이라 했다) 丑未沖을 하므로 인하여 그 지장간에 들어 있든 丑(癸辛己) 중에서 손상을 입게 되고, 또는 충하면 지장간(地藏干)의 기물이 다 빠져나온다고 한다.

그렇다면 지금까지 함께 생활하여 온 아버지가 이 운에 돌아가시게 되고, 또한 부인이 집을 나가 버리는 입장이 되기에 부인과 헤어지는 운이라고 본다.

丑未沖은 또한 亥卯未 三合의 합을 방해하는 작용을 하게 된다. 合沖에 관하여 후에 더 자세히 설명을 하겠지만 아무튼 이런 작용도 한다. 그리고 팔자상에 있는 모든 신살들이 이 未土 하나에 의하여 모두 발동하게 된다.

13. 생일 천간(天干)과 월지 장간 대조

생일 천간(天干)을 주로 하고, 원명 장간을 다음으로 하고, 기타에 의하여 고유의 질병을 본다.

예

시 일 월 년 (男)
甲 丁 癸 癸
辰 丑 亥 卯

67 57 47 37 27 17 7
丙 丁 戊 己 庚 辛 壬
辰 巳 午 未 申 酉 戌

일간 丁火를 자신으로, 더 나아가 丁丑 자체로 자신을 보며, 丁丑은 천간의 丁火가 丑 중 辛金을 이끌어 내어 火生土 土生金으로 식신(食神) 생재(生財)되어 식록(食祿)과 재운(財運)이 좋아 평생 의식(衣食)에 대하여 곤란을 받지 않는 명이다.

丁火는 정신·마음·눈·시력에 해당하고, 丑土는 넓적다리·배·양손·양발·겨드랑·횡격막·맹장 등에 해당한다.

丁丑 일간에 인수(印綬)를 사랑하고 학문을 좋아하며 식신(食神)을 자신으로 하여 사람을 가르치는 교사가 합당하며, 대체적으로 주

위로부터 극과 설(泄)을 많이 받아 신약(身弱)한 입장이므로 몸이 건강하지 못하여 육체적인 노동을 잘 하지 못하고, 시력과 심장이 나빠지기 쉽다.

구체적인 건강을 논한다면 심장 · 중풍 · 담증 · 각기병 · 눈병 · 흉부질환 · 간염 · 신경통 · 위장병 · 척추 등의 질환을 주의해야 한다. 또한 丁火의 불꽃처럼 급한 성미에 세심하고 꼼꼼한 성격 탓으로 인하여 자기의 약점이나 곤란한 처지를 외부에 노출하지 못하는 속앓이나 내성적 경향, 항상 고독에 젖어 인간에 대한 피해의식 등등…

심장병 · 정신적 질환 · 신경계통 등에 질환이 따를 수도 있다.

14. 용신(用神)의 희기 파악

용신(用神)의 희기(喜忌)에 의하여 운명 전반의 길흉을 파악한다(용신에 대한 해설은 별도로 한다).

예

시 일 월 년 (男)

甲 丁 癸 癸 ← 비교 → 乙 癸 庚 戊

辰 丑 亥 卯 ← 비교 → 卯 亥 申 戌

67 57 47 37 27 17 7

丙 丁 戊 己 庚 辛 壬

辰 巳 午 未 申 酉 戌

丁火 일간이 亥월에 태어나 월지 장간으로부터 천간 투출(透出)은 없으나, 癸亥는 干支同으로 월지 장간(戊甲壬) 중 壬水가 주도하여 정관(正官)격, 천간에 癸水가 주도하여 편관(扁官)격이다. 또한 월지 장간(戊甲壬)에서 甲木이 시간에 투출 하여 인수(印綬)격이다. 앞으로 격국 부분에 관하여 더 명확히 섬세하게 설명하기로 한다.

아무튼 癸亥가 주도 세력으로서 년간 癸水가 역시 월지 亥水에 통근하고, 시지 辰 중 癸水, 丑 중 癸水가 투출하여 정편관 혼잡이며, 일간 丁火는 卯木(甲・乙) 亥水(戊・甲・壬), 丑土(癸・辛・己), 辰土(乙・癸・戊) 등의 지장간(地藏干)에 丙丁火의 같은 오행이 없어 통근이 되지 못한다. 다만 卯木 장간(甲乙)의 생을 받고, 亥 중 甲木에 생을 받으며, 辰 중 乙木에 생을 받는 입장이다. 즉 일간 丁火는 지지에 통근하지 못하고 通地(즉 지지의 세를 얻음)하여 비록 약하지만 시간 甲木의 생을 받고는 있는 입장이다.

예를 들어 필자가 옆에 모델로 세운 팔자와 비교를 하여 본다면, 일단 일간은 癸亥일로 간지동으로 자신이 강하게 일지에 뿌리를 내린다.

이에 반하여 년간 정관도 戊戌로 강하게 자신의 근(根)을 가졌다. 월간 庚金도 庚申으로 간지동하여 자기의 튼튼한 뿌리로 자리하고 시간 乙木도 간지동으로 자기의 근을 내리고 있다.

이와 같이 천간에 투출한 모든 오행들이 각자 자기의 뿌리를 강하게 내리면 좋다. 그러나 丁丑 일간은 천간에 자신의 동지인 丙丁火가 하나도 없으며, 지지에도 역시 없고 더욱이 지장간에도 없다. 즉 이는 자신의 힘으로 스스로 해결하기에는 너무나 어려운 입장이라 할 수 있으며, 타(他)의 도움을 받아 일을 도모하여 나가야 한다.

이와 같이 어려운 처지에 놓여 있는 丁火 일간에 도움을 주는 오행은 년지 卯木과 시간 甲木 밖에 없다. 이럴 때 팔자의 중화를 위하여 필요한 오행이 있게 되는데 이를 용신(用神)이라 한다.

※ 용신법에는 격국(格局) 용신법, 억부(抑扶) 용신법, 조후(調候) 용신법, 병약(病藥) 용신법, 통관(通關) 용신법, 즉 다섯 개의 용신법이 있으며, 일단 팔자의 중화를 위하여 그 중화를 잡아주는 오행을 용신이라 하며, 癸卯생의 팔자에는 용신이 시간 甲木으로 용(用)이 된다. 아무튼 필자가 모델로 세운 팔자에 비하여 일간이 통근을 하지 못한 상태로 너무 약하여 길명이라 보기는 어려운 입장이다(이 해설법은 대운 감정이 아니기에 절대는 아니다).

15. 건강과 생명 장단(長短)을 정한다

자신의 건강·불건강과 생명의 장단(長短)을 정한다.

예

시 일 월 년 (男)
甲 丁 癸 癸 ← 비교 → 乙 癸 庚 戌
辰 丑 亥 卯 ← 비교 → 卯 亥 申 戌

67 57 47 37 27 17 7
丙 丁 戊 己 庚 辛 壬
辰 巳 午 未 申 酉 戌

필자가 예문으로 세운 팔자는 년 戊戌, 월 庚申, 일 癸亥, 시 乙卯로 자신의 뿌리로 강하게 자리하여 각자 모두 건왕하다. 그러나 癸卯생의 경우, 년 癸水가 년지 卯木에 착근(着根)하여 癸水의 기(氣)를 년지에 빼주어야 하니 년간 癸水는 약하다.

월간 癸水는 월지 亥水에 착근하여 건왕하다.

일지 丁火는 丑土에 착근하여 丁火의 기를 일지에 생하여 주어야 하기에 일간 丁火는 약하다.

시간 甲木은 시지 辰土에 착근하여 木克土 즉, 甲木의 기를 설하여야 하기에 약하다.

결론적으로 안정된 것은 월간 癸水다. 자리로 본다면 년 조상(祖上)은 미약하였다 볼 수 있으며 부모는 건왕(健旺)하다고 본다. 일간은 미약하며 병약하다고 본다. 시(時)는 자식으로 자식 역시 미약하다고 본다(전체 판단법이 아닌 단순 판단법으로서 절대가 아니다).

16. 쇠운(衰運)과 개운기(開運期) 파악

대운과 사주의 희기에 의하여 먼저 쇠운(衰運)과 개운기(開運期)를 안다. 또 財官 기타의 왕쇠(衰旺)를 본다. 동서남북 운을 보고 접목에 유의한다.

예

시 일 월 년 (男)
甲 丁 癸 癸
辰 丑 亥 卯

67 57 47 37 27 17 7

丙 丁 戊 己 庚 辛 壬

辰 巳 午 未 申 酉 戌

1) 水, 木, 火, 土, 金 각 육친과 오행간에서 壬戌대운을 을 보기로 한다

壬戌대운은 천간은 壬水이며, 지지는 戌土로서 봄·여름·가을·겨울의 사계절로 보면 申酉戌 이 3자는 가을에 해당한다. 즉 壬戌대운이란 가을 물이다. 이렇게 해석을 하면 좋을 것 같다. 아무튼 천간 壬水는 水인데 년월간 癸水는 같은 水인 壬水를 만나 왕(旺)한 가운데 더 왕하다. 그러나 지지인 金의 계절이 金生水하여 주는 운이므로 왕한 水에 더 왕할 것 같지만 戌土는 水를 극한다.

즉, 왕한 물이 넘실거리나 뚝을 막아 물을 가둘 수가 있다. 이러한 연유로 申酉戌 3자는 金의 계절로서 水를 생하는 운이지만, 戌土는 土의 작용이 있어서 水를 막는 역할을 하기에 水의 입장에서는 좋지 않다.

그러나 이미 팔자상에 水가 왕하므로 왕한 水를 막아 주는 입장으로 본다면 壬戌대운은 좋은 운이다.

2) 년지(年支) 卯木과 시간 甲木에서 壬戌대운을 살펴보자

木은 寅卯辰 동방 木운인 봄을 좋아하는데, 봄에 싹틔워 여름의 왕성한 성장의 계절을 지나 가을은 성장이 끝나 결실을 맺는 운이 되니(이는 일년을 생애로 하는 많은 동식물에 모두 해당하며, 자신의 명을 다하고 다음 대를 위한 종족 번식의 법칙에 의하여 씨앗을 뿌리는 계절로 볼 수 있다), 다시 말하면 자신에 있어서는 命을 다하는 그런 계절이다.

따라서 이와 같은 계절은 木으로서는 최고로 좋지 못한 계절로서 壬水가 水生木 한다고 하지만, 이미 壬水는 가을 水이므로 차고 냉한 기가 흐르며, 이미 성장이 끝난 나무에게 냉(冷)한 가을 물은 별 도움이 되지 못한다(반대로 봄의 물은 나무에 절실히 필요한 존재이다).

戌土는 단단하게 굳어 가는 가을 땅이므로 성장을 바라는 나무의 입장에서는 壬戌대운이 좋은 운은 아니다.

3) 일간 丁火에 대한 壬戌대운을 살펴보면,

원래 水가 왕하여 일간이 약한데 다시 壬水가 와서 좋지 못하다. 또한 申酉戌 金운이라 했다. 일간이 신약한 입장에 金운은 일간의 기를 빼앗고 金은 水를 생한다.

戌土는 金의 계절인 金운이지만 土는 土로서의 독자적 작용을 한다고 하니 그렇다면 戌土는 과연 일간 丁火에 좋은가?

신약한 일간에 戌土는 일간의 기를 설기시키니 좋다고 볼 수가 없다. 따라서 壬戌대운은 일간 丁火에 좋지 못하다는 결론이 나왔다.

(그러나 팔자는 상생상극에 의하여 다변하게 작용하므로 일률적이고 단편적인 간법으로 좋다 나쁘다 할 수 없는 부분이 숨어 있다. 壬水는 癸水와 같은 水로서 일간 丁火를 극하긴 하나, 팔자상에 중용중화를 이루는 오행을 용신이라 했고, 그 용신인 甲木을 생하여 주니 처음에는 일간 丁火를 극하지만 水生木 木生火 하여 일간에 도움을 주고자 하는 부분도 있다. 戌土도 팔자상에 왕한 水를 억제하며, 년지 卯木과 卯戌合火 하여 일간 丁火의 뿌리가 되어 주고자 하는 부분이 있다. 앞으로 더 명확하게 설명한다)

결론적으로 壬戌대운은 아주 좋은 운은 아니다.

4) 丑土 辰土는 팔자상에 水가 왕한 것을 막고 있는 입장에서

壬戌대운의 壬水는 왕한 水를 더 왕하게 하여 주니 좋지 못하나, 사실 대운의 壬水는 戌土 위에 있는 水로 이미 壬水가 戌土에 극을 받고 있는 입장으로 壬水의 역할이 그다지 크지 않다.

戌土는 丑土 辰土에 동기간이 되어 水를 막아 내는 입장에서는 좋은 입장이다. 그러나 팔자상에 刑, 沖이 없어 편안히 잘 지내온 입장이라면 운에서 온 戌土가 일지 丑土를 축술형하고 시지 辰土를 辰戌 충하여 복잡하고 다단한 작용을 일으킨다고 보아야 한다.

앞으로 더 자세히 설명을 하겠지만, 일단 丑戌刑하게 되면 丑 중 장간(癸・辛・己)의 기물에 손상을 주게 되고, 辰土의 경우는 辰戌沖 함으로 辰 중 장간(乙・癸・戊)가 지장간에서 빠져 나오는 작용이 있게 된다. 그에 대한 길흉관계는 후에 자세히 설명하기로 한다.

5) 사실상 팔자상에는 강하게 나타난 오행이 없으나,

일지 丑 중 장간(癸・辛・己)인 辛金의 입장에서는 申酉戌 서방金운을 만난 것은 아주 좋은 운이다.

그러나 壬戌대운은 비록 계절적으로는 金의 계절이지만 壬水가 金을 설기시키므로 결코 좋은 입장으로만 볼 수는 없다. 戌土는 金을 생하여 주는 土이기에 金에게는 아주 좋은 입장이며, 특히 戌 중 장간(辛・丁・戊)에 辛金을 품고 있기에 미약하나마 같은 金이 있으므로 좋다고 본다.

단, 앞에서 설명하였듯이 축술형이 되면 丑 중 장간(癸・辛・己)

가 손상을 받고 대운에서 온 戌土 장간(辛·丁·戊) 역시 손상을 입는다. 이 부분의 해설은 후에 자세히 하기로 한다.

(1) 남명의 경우 일간 丁火에서 각 오행을 본다면, 水는 정편관으로 아들·딸이 되며, 壬戌대운은 일간인 丁火에게는 나쁘게 작용하나 아들·딸에게는 왕한 운이 된다. 왕약에 관한 길흉은 차후 상세히 설명한다. 여명의 경우 정편관이 되며, 남편과 남편 형제에 해당한다.

(2) 남명의 경우 일간 丁火에서 본 木은 정편인으로 어머니와 어머니 형제에 해당하며, 여명의 경우에도 역시 木은 정편인으로 어머니와 어머니 형제가 된다.

(3) 남명의 경우 일간 丁火에서 본 火는 형제·친구·동기 등등이며, 여명의 경우도 역시 형제·친구·동기 등등이 된다.

(4) 남명의 경우 일간 丁火에서 土는 식상으로 장모나 장모의 형제·부하직원·수하사람·제자·사회활동 등등이 되며, 여명의 경우 역시 식상이 아들·딸이 되며, 의식주 또는 사회활동·경제활동 등등이 된다.

(5) 남명의 경우 일간 丁火에서 본 金은 정편재로서 아버지, 아버지의 형제 또는 아내, 아내의 동기 또는 경제활동에 의한 수입 즉, 돈이 된다. 여명에서 본 金은 정편재로서 아버지, 아버지의 형제, 남편의 부모 즉 시어머니, 시어머니 형제가 되고, 역시 사회활동에 의한 돈 재물이 된다.
(여명의 경우는 남명과는 반대로 운이 가기에 초년 甲子 대운이지만, 지금 이 해설은 여명으로서 壬戌 대운이라 전제하고

해설한 것임으로 착오 없어야 한다)

17. 장간의 통변을 살핀다

장간통변(藏干通變)은 출생한 절후(節候)에 해당한다. 이외의 통변성도 다소 보충은 되나, 즉 藏한 통변은 경미하지만 희기(喜忌)를 본다.

예

시 일 월 년 (男)
甲 丁 癸 癸
辰 丑 亥 卯

67 57 47 37 27 17 7
丙 丁 戊 己 庚 辛 壬
辰 巳 午 未 申 酉 戌

앞에서 설명이 되었듯이 년지 卯木 장간(甲・乙)이 있으며, 여기로 甲木이 10을 관장(管掌)하고, 정기로 卯木이 20일을 관장한다.

월지 亥水 장간(戊・甲・壬)으로 여기로 戊土가 7일 관장하고, 중기로 甲木이 7일 관장하며, 정기로 壬水가 16일을 관장한다.

일지 丑土 장간(癸・辛・己)으로 여기로 癸水가 9일 관장하고, 중기로 辛金이 3일을 관장하며, 정기로 己土가 18일 관장한다.

시지 辰土 장간(乙・癸・戊) 등이 장축(臟蓄)되어 있으며, 여기로 乙木이 9일 관장하고, 중기로 癸水가 3일을 관장하며, 정기로 戊土가 18일 관장한다.

癸卯생의 출생 년월일시가 음력 1963년 10월 15일생 오전 7시40분으로, 년월일시지 장간의 많은 기물들이 있으나, 그들은 각자의 관장 기간에 의하여 정확한 작용을 하며, 특히 월지 장간은 이 사주팔자의 중추 핵으로서 월령(月令)이라 하는데, 월령은 계절을 24절기로 나눈 각 절후에 해당한다. 즉 이는 입동(立冬)을 지나 22일에 태어난 것이 되며, 월지 장간(戊甲壬)에서 시간 갑목이 투출하여 인수격이라 했다.

그러나 이 명이 태어난 계절과 월지 장간(戊甲壬)에서 각 오행이 사령(司令)하는 기간을 살펴보면, 이 명은 亥월, 즉 음력으로 10월 15일이지만 절기 심천(深淺)에서 본다면 입동(立冬)이 지난 지 22일이 되고, 사실상 월지 장간(戊土) 7일 사령, 甲木 7일, 즉 戊土와 甲木의 사령 기간일인 14일이 넘은 壬水가 사령하는 운에 들어와 있다.

그러기에 월령에서 壬水의 작용력이 막강하다. 월령 사령하는 부분과 격국에 관한 설명은 후에 자세히 설명한다. 지장간 사령관계는 절대적으로 월령에 있지만, 연일시지 장간의 기물들의 작용력을 알아본다면 각자가 주관하고 관장하는 기간의 영향력만큼의 작용력을 가진다고 이해하여 주면 된다. 또한 대운의 지장간의 기물에 관하여서도 지장간의 기물들이 가지고 있는 사령 기간에 준한다.

18. 매월 운세와 매일 운세 감정

예

시 일 월 년 (男)

甲 丁 癸 癸 ←대운, 년, 월, 일 대입 감정법→ 戊 壬 壬 己

辰 丑 亥 卯 寅 子 午 未

67 57 47 37 27 17 7

丙 丁 戊 己 庚 辛 壬

辰 巳 午 未 申 酉 戌

매월 운세와 매일 운세를 감정하는 데 있어서 간단히 볼 수 있도록 정리해 보면, 이 사주의 당사자는 癸卯생으로 현 41세에 해당하고 대운은 己未 대운에 있으며, 년은 癸未년의 절기 심천(深淺)인 입춘(立春)을 넘어 오지 않은 양력 1월 5일 戊寅일이다.

엄밀히 이야기한다면, 이 사람은 자신의 생일이 지나야 정확히 41살이지만 이미 대운을 세울 때 입동이 지난 지 22일이 되었기에 이를 3으로 나누어 7로 나누면 남는 숫자가 2가 되면 반올림하고, 2가 되지 못하면 떨어버린다. 이러한 공식에 의하여 이 사람은 1일이 남아 1은 버리고 대운 수 7이 되었으며, 또한 사람의 나이는 양력으로 1월 1일이 되면 한 살 더 먹는 것으로 되어 있다.

즉, 이는 그 사람의 생일이 되지 않는다 하여도 양력으로 1월 1일로 정하는 것이지 사람마다 각기 다른 생일이 지나야 한 살 더 먹는 것은 아니다. 사주팔자에서는 음력도 아닌, 양력도 아닌, 절기 심천으로 대운 년월일을 적용시키므로 양력으로는 壬午년을 지나 癸未년 1월 5일이지만, 癸丑월 절기 심천으로 소한이 6일 03시 29분이므로 아직 하루가 남아 있기에 월건이 壬子월이 된다.

이렇게 하여 이를 보기 쉽게 팔자로 정리를 하여 본다면 대운 己未, 년 壬午, 월 壬子, 일 戊寅이 된다.

앞에서 대략의 설명을 하였듯이 일간 丁火가 월령을 잃고 신약이 되어 시간 甲木에 의지한다고 하였다.

1) 己未대운

대운 천간 己土가 년월간의 癸水를 癸己克하고 未土는 년지 卯木과 월지 亥水를 亥卯未 삼합으로 묶어 印綬局이 된다고 하였다.

일간 丁火가 지지에 통근도 하지 못하고 극신약한 상태에서 시간 甲木에 의지하고 있는 중 대운 己未가 와서 강한 水를 제하여 주고 삼합하여 水가 木으로 변하게 하여 주니 申酉戌 金운에 고생하였다면 己未대운은 대길한 입장에 있다.

2) 다음 壬午년

壬水 정관과 午(丙·己·丁) 중 형제, 친구, 동료, 동창이 함께 왔다고 본다. 壬水와 일간 丁火가 丁壬合하면 년지(年支) 午火 지장간의 모든 인연들과 가까이 지내게 된다고 보면 좋다. 그리고 壬水는 정관으로 신약한 일간에 흉신이라 했다.

그러나 대운이 己未대운으로 넘어와 이미 癸水를 극하고 亥水를 합한 입장으로 년에서 온 壬水는 흉의 작용이 아닌 좋은 작용을 하게 된다.

년월 癸水와 월지 亥水가 극 당하고 합하지 않은 입장이라면 당연히 壬水는 癸水와 亥水에 동조하여 나쁜 작용을 할 것이나, 이미 癸水와 亥水가 극 당하고 합한 입장이기에 壬水 정관은 오히려 亥卯未 삼합 木국으로 인하여 왕해진 일간을 적절히 제하고 조절하여 좋은 해라 할 수 있다.

지지의 午火의 역할을 살펴본다면, 이 사주에서 비록 신약한 丁火 일간을 甲木으로 생하여 주고 亥卯未 삼합으로 생하여 준다고 할지라도 丁火의 근인 巳火나 午火가 더 중요하다고 할 것이다.

신약하고 근이 없어 통근도 하지 못한 극신약한 丁火 일간에 인수국이 형성되어 강력한 인수국이 일간을 생하여 준다고 본다면, 申酉戌 金운에 고생하고 지내온 상황이었다면 당연히 亥卯未 삼합 木국하여 일간이 왕하여 좋아야 한다.

그러나 亥卯未 삼합이 巳火 午火보다 못하다 한다면 이해가 되질 않을 것이다. 격국에 관한 수평과 수직관계에서 귀격과 천격을 논할 때 정신기(精神氣) 삼자의 청탁(淸濁)을 가려야 하고, 그 청탁을 가리는 입장에서 보아 필자가 앞에서 재관인 간지동으로 년월일시로 이어지는 예문을 올렸다. 이와 같이 각자는 각자의 뿌리를 가지는 것이 좋다.

신약한 일간을 생하여 준다고 하여 亥卯未 삼합 강력한 木국으로 생하여 주는 것은 결코 좋은 입장이 될 수 없다.

예를 들면 낳은 지 얼마 되지 않은 아기에게는 엄마의 젖을 주어야 하는데, 어른이 먹을 수 있는 밥에 김치찌개, 불고기, 삼겹살을 먹인다면 안 된다. 어린애가 성장하여 스스로 밥을 먹을 수 있을 때 밥을 먹여야 하는데, 이와 같이 일간 丁火가 지지에 巳, 午의 근이 하나도 없는 상태는 어린애와 같은 입장이다.

이와 같이 어린애이기에 대운이 이미 亥卯未 삼합 木국이 들어와 있는 입장에서 午火는 아주 귀중한 존재가 아닐 수 없다.

이러한 이유에서 壬午년은 대길한 운이다.

3) 다음 壬子월!

壬子월은 壬午년 12달 안에 한 달을 주관하는 달로서 년천간 壬水와 월간 壬水가 같은 정관으로, 연운(年運) 천간 壬水가 나쁘지 않았다고 한다면 월간 壬水도 역시 나쁘다 할 수가 없다.

다만 壬子월의 지지 子水가 년지(年支) 午火와 子午충을 한다. 또한 子水는 팔자상에 있는 亥水와 일지 丑土와 방합을 하여 강력한 水국을 형성하여 년지 午火와 子午沖 함으로 인하여 壬子월 한 달은 다소 어려움이 있다고 본다.

또는 정화 일간에 壬午년은 관운으로 승진 등이 있는 해가 되는데, 월지가 년지를 子午沖하여 이 달은 변화·이사·이동 등의 일들이 있다고 본다. *(용신법에는 앞에서 밝혔듯이 격국용신·억부용신·조후용신·병약용신·통관용신 등이 있는데, 이 중에 일부 억부 이론자들이나 용신·희신·기신·구신·한신 등이 한 번 정해지면 불변이라 생각하고 계시는 독자들에게는 필자의 현 이론이 의아하게 느껴질 수도 있으리라 생각한다)

4) 다음은 戊寅일

戊土는 상관, 寅木은 인수가 되므로 인수, 학문, 주위의 도와주는 분 등이 되어 식상 새로운 일의 시작, 후학에 학문을 알려 주는 일 등이 된다. *(이것은 한 예를 들어 본 것으로 각종 신살은 너무나 광범위하므로 여기서는 생략한다)

제2장 사주감정의 정석

먼저 사주 조직을 한 다음 선천적 운명의 기근(基根)을 정하고, 그 경중(輕重)의 분량을 측정한 다음 순란(純亂)·청탁(淸濁)·입격(入格)·파격(破格)을 본다.

예

甲 壬 己 庚 ← 비교 → 乙 癸 庚 戊
辰 戌 卯 寅 ← 비교 → 卯 亥 申 戌

63 53 43 33 23 13 3
丙 乙 甲 癸 壬 辛 庚
戌 酉 申 未 午 巳 辰

1. 사주의 조직

생년월일에 의한 팔자를 뽑아 양남(陽男)·음여(陰女)로 년을 기준하여 월지에서 시작하여 순역(順逆)에 의하여 대운을 세우고, 대운 수를 정한 과정까지를 말한다.

예

甲 壬 己 庚 ← 비교 → 乙 癸 庚 戊
辰 戌 卯 寅 ← 비교 → 卯 亥 申 戌

63 53 43 33 23 13 3
丙 乙 甲 癸 壬 辛 庚
戌 酉 申 未 午 巳 辰

2. 선천적 운명의 기근을 정한다

예

甲 壬 己 庚 ← 비교 → 乙 癸 庚 戊
辰 戌 卯 寅 ← 비교 → 卯 亥 申 戌

63 53 43 33 23 13 3
丙 乙 甲 癸 壬 辛 庚
戌 酉 申 未 午 巳 辰

예를 들면 戊戌생의 팔자는 년 戊戌, 월 庚申, 일 癸亥, 시 乙卯로 구성되어 각 오행 자체가 자기 뿌리(根)를 가지고 있다.

여기에 비하여 庚寅생의 경우, 년 庚金은 寅木 위에 착근하여 절지(絕地)에 앉았다 한다.

월간 己土 역시 월지 卯木에 착근하여 절지(絕地)에 앉았다 한다.

일간 壬水 역시 戌土에 앉아 십이운성(十二運星)의 관대(冠帶)궁이나, 이 역시 土克水 당하여 절지에 앉았다. 시 甲木 역시 辰土에 착근하여 이 역시 절각(截脚)으로 뿌리를 잘린 입장으로 이 역시 절지와 마찬가지다.

이와 같은 예로서 戊戌생의 선천적 운명의 기근(基根)을 본다면 조상・부모・처자・자식까지 명문임을 알 수 있다.

3. 순란(純亂)이란?

순수하게 오행이 주류하는지 아니면 어지럽게 합 형충파해되어 있는지를 뜻한다.

예

甲 壬 己 庚 ← 비교 → 乙 癸 庚 戊
辰 戌 卯 寅 ← 비교 → 卯 亥 申 戌

63 53 43 33 23 13 3
丙 乙 甲 癸 壬 辛 庚
戌 酉 申 未 午 巳 辰

戊戌생의 일간이 癸水며, 庚寅생의 일간은 壬水다. 두 사주의 일간에서 사주를 본다.

1) 戊戌생의 경우

일간 癸水에서 년 戊戌는 정관(正官)으로 정관이 간지동이 된다. 그리고 월 庚申은 정인(正印)이 되며 이 역시 간지동이 된다. 일간 역시 간지동이며, 시 乙卯는 식상(食傷)이고, 여명(女命)에서는 자식이 되며, 이 역시 간지동이다. 그리고 년 정관 戊土는 월지 인수(印綬)를 생하여 주고, 인수(印綬)는 다시 일간인 癸水를 생하여 주며, 일간 癸水는 시간 乙卯 식신(食神) 자식을 생하여 준다. 이것을 純이라 하며, 오행 주류(主流)한다고 한다. 이에 반하여

2) 庚寅생의 경우

년 庚金은 일간 水를 생하는데, 월간 己土가 막혀 생할 수가 없다. 지지로는 년 寅木, 월 卯木이 일지·시지 辰戌 土를 木克土하고 있다. 일지·시지 辰土는 같은 土끼리 또 辰戌沖하고 있다. 庚寅생의 팔자는 난(亂)이라 한다.

4. 청탁(淸濁)이란?

정신기(精神氣) 삼자(三者)가 손상 받지 않고 모두 건왕한 것을 말한다(정신기란 격국·용신·일간을 말한다).

예

甲 壬 己 庚 ← 비교 → 乙 癸 庚 戊
辰 戌 卯 寅 ← 비교 → 卯 亥 申 戌

63 53 43 33 23 13 3

丙 乙 甲 癸 壬 辛 庚

戌 酉 申 未 午 巳 辰

1) 戊戌생의 경우

월지 인수격으로 간지동하여 일간 癸水를 생하여 주고, 일간 癸水 역시 癸亥로 간지동으로 왕하므로 이에 강한 것은 제(制)하고 설(泄)하여야 하는데, 년 정관(正官)이 적당히 제하여 주고 있다. 일간 왕하고 월지 인수 왕하며 용신인 년 정관이 왕하다. 아울러 인수격에 인수를 극하는 재(財)가 없어 인수격이 맑고 깨끗하여 승격(昇格)하였다.

용신인 정관 역시 팔자상에 상관이 없어 극을 받지 않아 깨끗하고 아름답다. 일간 癸亥로 왕하다. 또한 혼잡됨이 없다. 그리고 형충이 없어 맑은 팔자다. 이에 반하여

2) 庚寅생의 경우

일간이 절각(折脚)되어 약하며, 년지 寅木, 월지 卯木, 일지 戌土, 시지 辰土, 시간 甲木, 월간 己土가 설하고 극하여 극히 약하다. 월지 상관격에 월간 정관이 개두(蓋頭)하여 격국 논리로 보자면 혼탁하고 파격이다.

또한 년지 寅木 식신과 월지 상관격에 혼잡되며, 시간 甲木까지 혼탁하다. 용신 庚金은 寅木 위에 착근하여 용신이 무력한데, 일지·시지 辰戌에 통근하였다고는 하나 월지 卯木 상관에 극을 받고 있는 辰戌이 약하며, 특히 용신인 庚金을 生하는 정편관(正偏官)이 멀리 있다. 월간 己土가 가까이 있어 생을 받고자 하나 己土는 상관

위에 앉아 이미 손상을 받은 官이라 용신인 년간 庚金을 생하지 못한다. 정신기(精神氣) 삼자가 모두 탁하다고 한다.

청탁이란 이와 같은 것을 말한다.

5. 입격 승격(昇格)이란?(격국에 대하여)

사주를 감정함에 있어 격국(格局)의 중요성은 아주 크다.

사주학에 있어서는 격국이 생명이라 할 수 있으며, 격국을 모르고서는 올바른 운명을 판단할 수 없다.

격국이란 그 사주의 윤곽(輪廓)을 이루는 틀이자 골격(骨格)이기 때문이다. 따라서 이 격국에 대한 이론이나 취용법을 본격적으로 설명하고자 하면 그 내용이 상당히 복잡하고 방대해진다.

격국(格局)에 관한 자세한 설명은 한 권의 책으로 서술하여도 모자란 것으로서 깊이 있는 설명은 다음 기회로 미루고자 한다. 그러므로 여기에서는 격국에 있어서의 가장 중요한 부분만 간단히 언급하고자 한다.

■ 격국을 정하는 원칙

격국을 정함에 있어서 다음 네 가지 원칙을 적용한다.

(1) 월지의 정기가 천간에 나타나 있을 경우 그 육신으로 격을 정한다.

(2) 월지의 정기가 투출되어 있지 않을 경우는 월지의 여기나 중기가 투간되어 있으면 그 투간된 육신으로 격을 정한다.

(3) 월지의 지장간이 투출되어도 파극되어 버린 경우와 투출이 전혀 되지 않은 경우는 월지 정기를 격으로 정한다.

(4) 비견과 겁재는 격으로 정할 수 없다.

격국은 사람의 그릇을 의미하고, 용신은 정신에 비유되기도 하는데 격의 분류는 오행의 많고, 모자람 등을 따지지 아니하고 월지를 중심으로 그 기세가 왕성한 것을 중심으로 분류한 것이다.

■ 격국(格局)의 종류

격국은 일반적으로 내격(內格)과 외격(外格)으로 나누어지고, 내격은 대략 80%의 사주가 되며, 10개의 육신(六神) 중 식신(食神)·상관(傷官)·편관(偏官)·정관(正官)·편재(偏財)·정재(正財)·편인(偏人)·인수(印綬)의 8가지와 건록(建祿)과 양인(羊刃)을 합쳐 10개의 격이 되는데 이것을 내격이라고 한다. 이를 십정격(十正格)이라고 한다.

외격(外格)은 변격(變格)이라 하며, 특이한 원리에 따라 운영된다. 전왕(專旺)격·종(從)격·종화(從化)격으로 분류하여 각각 4~5개씩의 격으로 나누어지며, 이 외에도 40여 개의 제격(諸格)이 있다.

■ 격국용신(格局用神) 선정(選定)의 기본원칙

격국에서 용신을 정하는데 있어서도 순용과 역용의 원칙을 적용해야 한다.

일반적으로 정관격·식신격·정인격·재격은 길한 격으로서, 격에 해당하는 오행을 생조(生助)하거나 설기하는 형태로 상생하게 해

주는 관계로 이어지면 좋은데 이를 순용이라 한다. 이에 대하여 칠살격·상관격·편인격·양인격 등은 살기(殺氣)를 띠므로 일차적으로 그 살성(殺性)을 다스려야 하는데, 극하던지 설기하여 주는 형태로 이루어지는데 이를 역용의 원칙이라 한다.

그러나 많은 형태의 사주를 보다 보면 사주팔자 상황에 따라 원칙을 적용하기 힘든 경우도 있다. 길신이 더 이상 길신이 아닌 경우도 있고, 흉신이 흉신이 아닌 경우도 있다.

승격이 되어도 사주상의 다른 오행의 배치에 따라 파격이 되는 경우도 있고, 파격이 되어도 다시 재 승격화시켜 주는 상황도 있으니 순용·역용의 간단한 원칙만으로 가늠할 수도 없는 것이 이 격국의 실제 상황이다.

그러므로 이에 대한 내용들은 다음 기회에 보다 본격적이고 세밀한 설명과 사례를 통하여 다루기로 하고, 본문에서는 우선 격국의 종류를 소개하고, 일단 승격된 사주를 중심으로 한 사주감정의 예문을 통하여 격국의 취용(取用)에 대한 내용들을 언급하고자 한다.

※ 주의 : 예문으로 제시된 명조는 격에 대한 설명을 쉽게 이해할 수 있도록 하기 위하여 가상적으로 만든 명조이므로 이해하여 주길 바란다.

1) 정관격(正官格)의 승격된 사주 예문

예

乙 癸 庚 戊
卯 亥 申 戌

일간 癸水에서 월지 장간의 庚金이 월간에 투출하여 정인격이다. 편격(偏格)이 자연산이라면 정격(正格)은 이미 가공을 하여 기물을 만들어 놓은 상태라 보면 된다. 이와 같이 아름다운 물건을 만들어 놓은 정격은 순(順)으로 생하여 가면 되고, 편격은 자연산으로서 일차 가공을 하여 물건으로 만들어 사용하여야 한다.

이와 같이 정인격은 정(正)이란 이름이 붙어 있듯 이미 가공된 기물이기에 생(生)하여 순(順)으로 가면 승격이 된다. 년간에 정관이 간지동으로 강하게 자리하여 월간 庚金 정인을 편재로부터 보호하여 주니 승격된 팔자다.

2) 편관격(偏官格)의 승격된 사주 예문

예

壬 壬 戊 甲
子 子 戌 寅

일간 壬水에서 월지 戌 중 장간의 戊土가 월간에 투출하여 편관격이다. 편격은 아직 가공을 하지 않은 상태이라 했다. 편관(偏官)을 제(制)하여 가는 甲木 식신(食神)이 년간에 간지동 강하게 자리하여 월간 戊土 편관을 戊甲克하여 주니 일단 가공을 한 입장이 된다.

그러나 일간에서 볼 때 戊戌 편관이 일간을 극하는 입장이며, 년 甲寅도 일간의 기를 설하는 입장에 있다. 그러나 일간 壬水는 壬子로 간지동하고, 시 壬子가 힘을 보태어 주어 충분히 편관을 다스려 갈 수가 있어 승격이 되었다라고 한다.

3) 정인격(正印格)의 승격된 사주 예문

예

乙 癸 庚 戊
卯 亥 申 戌

일간 癸水에서 월지 申金은 인수가 되고, 월지 장간의 庚金이 월간에 투출하여 정인격이다. 정격은 순(順)으로 가야 한다고 하여 官을 보니 년간 戊土가 戌土에 강하게 통근하여 인수를 생하니 승격. 인수격(印綬格)은 손상을 받아서는 안 되는데, 만약 운에서 편재가와 인수인 庚金을 극하고자 하더라도 일간 癸水가 적당히 억제하고 財는 官을 生하고, 官은 印을 생하므로 결국 재(財)는 인수에 병으로 작용을 하지 못한다. 고로 정인격(正印格) 승격이다.

4) 편인격(偏印格)의 승격된 사주 예문

예

己 壬 庚 丙
未 子 申 午

일간 壬水에서 월지 申金은 편인(偏印)이다. 월지 장간에서 庚金이 월간에 투출하여 편인격이다. 편격은 제련을 하여 사용한다고 하였듯이 편인을 제(制)할 재(財)를 찾으니 년간 丙火 편재가 간지동강하게 자리하여 편인 庚金을 丙庚克하여 제련하므로 승격된 사주다. 편인격은 생하여 주는 것이 아름답지 못하다.

시간 정관 己土가 未土에 강하게 간지동하여 편인을 생하고자 하나 일간이 중간에 가로막고 있다. 사실 편인격의 강한 기로 일간 壬水를 생하므로 일간이 극왕해진다. 이때 강한 일간을 억제하여 주는 역할을 정관(正官)이 한다. 고로 편인(偏印)은 편재(偏財)가 제(制)하고, 편인의 생을 받아 강해진 일간을 관(官)이 제(制)하여 승격된 사주다.

5) 건록격(建祿格)의 승격된 사주 예문

예

丁 壬 癸 戊
巳 子 亥 辰

일간 壬水에서 월지 亥水는 비견(比肩)에 해당하여 건록격(建祿格)이다. 癸亥는 엄밀히 보면 혼잡이지만 간지동으로서 비견(比肩)이 겁재(劫財)로 변화한 상태로 보아야 한다. 비견과 겁재는 나의 재물인 돈과 부인 아버지를 극하는 흉신(凶神)이므로 제(制)하여 가야 한다. 년간에 戊土가 辰土에 강하게 자리하고 월간 癸水와 戊癸合하여 순화시키기에 승격된 사주다.

6) 양인격(陽刃格)의 승격된 사주 예문

예

丁 壬 壬 戊
巳 子 子 戌

일간 壬水에서 월지는 양인에 해당하여 양인격이다. 壬子는 간지동으로 엄밀히 이야기하면 비겁 혼잡이다. 그러나 壬子 간지동은 하나의 요소로 보고 월지 양인은 외형으로 나타나면서 비견으로 나타난다고 보면 된다. 양인격에 戊土가 년간에 戊戌로 강하게 자리하여 강한 壬水를 戊壬克하여 다스려 주므로 승격된 사주다.

7) 식신격(食神格)의 승격된 사주 예문

예

辛 壬 甲 丁
酉 子 寅 巳

壬水 일간이 寅月에 태어나 월지 장간에서 甲木이 월간에 투출하여 식신격(食神格), 정격(正格)은 순(順)으로 가야 하므로 년 정재(正財)가 간지동으로 왕(旺)하여 아름다운 사주다. 식신격은 일간이

약하므로 일간이 왕해야 하는데 일간이 간지동(干支同)되어 왕하며, 시 辛酉 인수가 생하여 승격된 아름다운 사주다.

8) 상관격(傷官格)의 승격된 사주 예문

예

丁 壬 乙 庚
巳 子 卯 申

壬水 일간이 卯月에 태어나 월지 장간에서 乙木이 월간에 투출하여 상관격이다. 상관격은 흉신(凶神)으로 制하여 가야 한다. 년 편인 庚申이 왕하고 상관 乙木을 乙庚合하여 살성(殺性)을 제(制)하여 승격되었다. 흉신과 흉신이 합살(合殺)되면 한 번에 두 마리 토끼를 잡는 효과다.

9) 정재격(正財格)의 승격된 사주 예문

예

辛 壬 戊 甲
酉 子 午 寅

壬水 일간이 午月에 태어나 월지 정재격, 월지 장간에서 戊土가 월간에 투출하여 편관격이다. 월지는 부모에게 받은 인자(因子)로서 월지 정재격이지만 월간 戊土가 투출하여 편관격으로 변화하는데,

년간 甲木이 편관 戊土를 제하고, 월지 정재격은 순으로 가기에 식상으로 생하여 주므로 아름답고, 재(財)가 관(官)을 생하니 이 또한 아름답다. 정재격은 일간이 약해지기에 일간이 왕해야 하는데 壬子일로 일간이 왕하고, 시(時)의 인수가 생하여 중화를 이룬 아름다운 팔자다.

10) 편재격(偏財格)의 승격된 사주 예문

예

辛 壬 丁 己
酉 子 巳 未

壬水 일간이 巳月에 태어나 월지 편재격, 丁巳는 간지동으로서 지지(支地)는 편재(偏財)이나 천간 투출한 모습은 정재(正財)인 관계로 정편재(正偏財) 혼잡되며, 월지 편재격으로 편(偏)은 제(制)하여 가야 길하다.

월간 丁火를 壬水가 丁壬合하여 혼잡됨을 막고, 월지 편재는 일지 子水가 적당히 제하고 있으므로 혼잡이 해소되고 편재가 순화되었다고 할 수 있다. 다시 편재는 년간 정관(正官)을 생하면서 그 기운을 설(泄)하여 가는데 일간(日干)이 약해질 우려가 있다. 그러나 일간 壬水는 간지동하고, 시(時)의 인수(印綬)가 생하여 주므로 승격된 사주다.

11) 강왕격(强旺格)의 승격된 사주 예문

예

甲 壬 壬 壬
寅 子 子 子

壬水 일간이 년월일로 壬子, 壬子로 극왕(極旺)한 가왕격(假旺格)으로서 극왕한 수세(水勢)를 시(時)의 甲寅으로 설(泄)하여 승격된 사주다.

12) 종왕격(從旺格)의 승격된 사주 예문

예

甲 壬 庚 庚
寅 辰 申 子

壬水 일간이 申月에 태어나 편인격이나 지지가 申子辰 삼합 수국(水局)하여 일간이 극왕하게 되어 있는데, 그 강한 水 기운을 시간 甲木으로 설(泄)하여 주니 승격된 사주다.

13) 종격(從格)의 승격된 사주 예문

(1) 종관격(從官格)의 승격된 사주 예문

예

辛 乙 辛 辛
酉 酉 酉 酉

일간 乙木이 팔자상에 일점(一點)의 木氣가 없고, 木을 생하는 水 역시 없으며, 종관(從官)을 극하는 식상(食傷)이 없어 승격된 사주다.

(2) 종재격(從財格)의 승격된 사주 예문

예

丙 壬 丙 丙
午 午 午 午

壬水 일간이 일점(一點)의 水氣도 없으며, 일간을 생하는 金 역시 없어 종재격(從財格)이다.

(3) 종아격(從兒格)의 승격된 사주 예문

예

甲 壬 甲 甲
寅 寅 寅 寅

壬水 일간이 일점(一點)의 水氣가 없고, 일간 水를 생하는 金 역

시 없어 승격된 종아격(從兒格)이다.

6. 기 타

1) 화기격(化氣格)의 승격된 사주 예문

(1) 丁壬 化木格

丁 壬 甲 甲

卯 寅 寅 辰

壬水 일간이 寅月에 태어나 지지 寅卯辰 동방(東方) 木合을 하고, 시간 丁火와 壬水가 합하여 木으로 화(化)하여 화기격(化氣格)이다. 화(化)한 木을 극하는 金이 일점(一點)도 없어 승격되었다.

(2) 戊癸 化火格

癸 戊 丙 丁

巳 午 午 未

戊土가 시간 癸水와 戊癸合하여 火로 化하고, 지지 巳午未 방합을 하여 화기격(化氣格)이 되었다. 火를 극하는 水氣가 팔자상에 일점(一點)도 없으므로 승격되었다.

(3) 甲己 化土格

己 甲 戊 己

未 戌 辰 丑

일간 甲木이 시간 己土와 甲己合 化土하고, 지지에 辰戌丑未를 전부 놓아 甲己化土格이 된다. 化土한 土를 극하는 木이 없어 승격하였다.

(4) 乙庚 化金格

乙 庚 辛 庚
酉 申 酉 戌

庚金 일간이 시간 乙木과 乙庚合 金하고, 지지 申酉戌 방합(方合)을 하여 乙庚 化格이 된다. 金을 극하는 火가 팔자상에 없어 승격되었다.

(5) 丙辛 化水格

辛 丙 壬 壬
亥 申 子 辰

丙火가 시간 辛金과 丙辛합 수하고, 지지 申子辰 水국 놓아 丙辛 化水格이다. 化한 水를 극하는 戊己土가 없어 승격되었다.

2) 양신 성상격(兩神 成象格)의 성격(成格)된 예문

(1) 水木 상생격(相生格)

壬 壬 壬 壬
寅 寅 寅 寅

水木 淸奇(맑고 기이하다)라 하며, 土金을 기(忌)한다.

(2) 木火 상생격(相生格)

甲 甲 甲 甲

午 午 午 午

木火 交輝(주고받으며 빛난다)라 하며, 金水를 기(忌)한다.

(3) 化土 상생격(相生格)

丙 丙 丙 丙

戌 戌 戌 戌

化土 來雜(불러다 섞다)라 하며, 水木을 기(忌)한다.

(4) 土金 상생격(相生格)

戊 戊 戊 戊

申 申 申 申

土金 相生(보다 나은 자식을 낳다)라 하며, 木火를 기(忌)한다.

(5) 金水 상생격(相生格)

庚 庚 庚 庚

子 子 子 子

金水 白淸(밝고 청하다)라 하며, 火土를 기(忌)한다.

(6) 土木 상성격(相成格)

甲 甲 甲 甲

辰 辰 辰 辰

木土 培養(북돋우고 기르다)이라 하며, 통관용신 火운에 발복(發福)한다.

(7) 土水 상성격(相成格)

戊 戊 戊 戊

子 子 子 子

土局 潤下(아래로 적시다)라 하며, 통관용신 金운에 발복(發福)한다.

(8) 水火 상성격(相成格)

壬 壬 壬 壬

午 午 午 午

水火 旣濟 또는 未濟라고 하며, 木운에 발복한다.

(9) 火金 상성격(相成格)

丙 丙 丙 丙

申 申 申 申

火金 鑄印이라고 한다.

(10) 金木 상성격(相成格)

庚 庚 庚 庚
寅 寅 寅 寅

金木 成器라고 하며, 水운에 발복한다.

3) 일행 득기격(一行 得氣格)

(1) 곡직 인수격(曲直 仁壽格)

乙 乙 乙 乙
亥 卯 卯 未

水木火운에 발전한다.

(2) 염상격(炎上格)

丙 丙 丙 丙
戌 寅 午 寅

木火土운에 발전한다.

(3) 가색격(稼穡格)

戊 己 己 戊
辰 丑 未 戌

火土金운에 발전한다.

(4) 종혁격(從革格)

辛 辛 辛 庚
巳 丑 酉 申

(5) 윤하격(潤下格)

壬 壬 壬 壬
辰 申 子 申

(6) 사위순전격(四位純全格)

지지가 辰戌丑未로 되어 있으면 사고격(四庫格)이고, 寅申巳亥로 되어 있으면 사생격(四生格) 또는 사맹(四孟)이며, 子午卯酉로 되어 있으면 사정격(四正格) 또는 사패격이라고 한다. 사생격이나 사고격의 남명(男命)은 대부(大富)·대귀(大貴)이고, 사정격의 남명은 귀하기는 하지만 유랑과 음란함이 있다. 여명(女命)이 사생격이면 주거가 불안정하고, 사고격이면 매우 꺼리며, 사정격은 도화(桃花) 때문에 고독하다.

(7) 사정격(四正格)

戊 丙 乙 癸
子 午 卯 酉

주색으로 방황하기 쉽고 문학으로 명(名)을 올린다.

(8) 사생격(四生格)

癸 庚 丁 甲
亥 申 巳 寅

정치가, 군인으로 출세한다.

(9) 사고격(四庫格)

壬 庚 己 丁
辰 戌 丑 未

고위직 또는 고관에 오를 수 있는 자격을 가졌다고 한다.

4) 기타 제격(諸格) 및 잡격(雜格)

(1) 잡기재관인격(雜氣財官印格)

辰戌丑未월에 출생한 자에 한하여 사주 중에 재관인성이 암장(暗藏)되어 있기 때문에 붙여진 것인데, 대개 이 격은 충(沖)하는 운에 작용한다고 하지만 그리 많지 않아서 잘 살펴야 할 것이다.

(2) 귀록격(歸祿格)

이는 귀록 지지, 즉 시(時)에 일간의 녹(祿)이 붙어 있어서 이름 붙여진 것인데 오로지 신왕(身旺)되어 짐을 요한다.

신약하여 시지의 녹(祿)을 쓸 때 관살(官殺)·재성(財星) 등이 시지의 녹(祿)을 충(沖)하는 일이 없어야 하고, 천원(天元)과 같은 것이 없어야 한다. 이처럼 사주가 순(純)하게 구성되면 설(泄)하는 식상운에 발달하여 귀격(貴格)이 된다. 또 다른 지지에 녹이 있어 녹이 3자가 되면 취록격이 되어 신왕하여 지므로 식상운에 영달하며, 관살 운에도 귀함이 있다. 사지지(四地支)가 녹이 되면 취록은 물론 지원일기격도 된다.

(3) 전록격(專祿格)

甲寅·乙卯·庚申·辛酉 등 4개의 일주에만 해당하는데, 재관·식상의 제화에 따라 길흉을 논하여야 한다. 좌하에 녹을 충하는 것을 크게 꺼린다.

(4) 재관쌍미격(財官雙美格)

壬午일과 癸巳일에 한하며, 가을과 겨울에 생하면 火기가 약하니 木火운이 길하고, 화왕절에 생하면 또 水기가 약하니 金水운을 기뻐한다. 일주가 태약하면 종격도 될 수 있으니 격국을 보는 데에 있어서 한열과 제화를 잘 살피는 것이 무엇보다 중요하다.

(5) 비천록마격(飛天祿馬格)

庚子일, 壬子일, 辛亥일, 癸亥일에만 한하며, 子일의 子자가 순일하거나 亥일에 亥자가 많으면 子는 午火를 충해 오고, 亥는 巳火를 충하여 재관을 취용한다. 이때에 원국에 일점 火土가 있어도 충하지 못하고, 또 亥子水를 왕하게 하는 운이라야 충함도 강하여 이로운 것이 된다. 혹 합하여 子자나 亥자를 묶어 놓으면 충함을 불가능하게 하니 크게 흉이 있다. 또 충신인 巳午운이 와도 흉한 것은 같은 이치다.

(6) 도충격(倒沖格)

비천록마격의 경우와 같은 원리로 丙午일이 午자가 전반이거나 丁과 巳가 순일하게 巳자가 많으면 그 반대의 水기를 도충해오니 그 해석이 비천록마격과 동일하다.

(7) 전식합록격(專食合祿格)

戊申・戊子・戊辰・戊戌 등의 일주가 申, 亥시가 되면 전식합록격이라 하는데, 巳를 刑合하거나 沖來하기 때문이다. 秋冬월에 생하면 길하고 金水운이 길하다. 甲丙寅卯는 庚申이나 癸亥를 충극하여 합거(合去)하므로 흉하다.

(8) 전인합록격(專印合祿格)

癸亥・癸卯・癸酉・癸丑 일주가 庚申시에 생하면 이를 전인합록격이라 한다. 金水운은 길하나 戊己丙巳寅은 흉하다.

(9) 형합격(刑合格)

癸일주가 甲寅시에 생하고 寅이 巳를 형합하여 巳 중의 戊丙 재관을 쓰면 형합격이 되는데 진가(眞假)를 살펴봐야 한다. 亥子월에 생하면 상관이 되고, 관성을 크게 꺼리며, 戊己庚, 申午戌亥는 甲寅을 충(沖) 또는 합거(合去)하므로 흉하다. 주중에 酉丑을 보면 寅이 巳와 3합하여 귀명이 된다.

(10) 공록격(拱祿格)

이는 일지와 시지 사이에 녹(祿)을 공협(共夾)하였음을 말하는 것이니, 가령 癸亥일이 癸丑시가 되면 亥와 丑 사이에 癸水의 녹인

子가 있어 공록격이라 한다. 또 戊辰일이 戊午시를 얻으면 그러하며 다른 일주도 마찬가지다.

丁巳일이 丁未시
己未일이 己巳시
癸丑일이 癸亥시
癸亥일이 癸丑시
戊辰일이 戊午시를 볼 때

(11) 공귀격(拱貴格)

공귀격도 일과 시 사이에 천을귀인을 공협(共夾)한 것이니 공협된 것이 실현되면 흉하고 세운에 나타나도 불길하다. 또 이 귀인을 공협하고 있는 일지나 시지를 형충해도 흉하고 귀인을 충해도 흉하다. 관살이 일주를 충극해도 불길하니 세운도 마찬가지다. 공협이 되는 일지와 시지를 보면 다음과 같다.

甲寅일이 甲子시
乙未일이 乙酉시
壬辰일이 壬寅시
戊申일이 戊午시
辛丑일이 辛卯시를 볼 때 그러하다.

(12) 정란차격(井欄叉格)

庚子일이나 庚申일 또는 庚辰일에만 해당되는데, 재관인으로 용을 쓰지 못하고 지에 申子辰 수국이 전비되면 정란차격이 된다. 寅午戌을 암충하여 관귀(官貴) 얻었으므로 동방(東方)을 가장 기뻐하고 丙丁巳午未戌을 꺼리며, 원국에 火土가 있으면 정란차격으로 보지 않는다.

(13) 육음조양격(六陰朝陽格)

辛丑·辛亥·辛未·辛酉일이 子시를 얻으면 戊子시가 되어 음양(陰陽)이 교합(交合)되고, 戊 중에 丙火를 장재하여 관성을 취하는 것을 말하는데 관성을 꺼리고 일지를 충 합하는 것도 흉하다. 서북 운이 길하고 동방 운도 길하다.

(14) 임기용배격(壬騎龍背格)

壬辰일이 재관인을 쓰지 못하고 辰자가 많으면 귀하고, 寅이 많으면 부한다. 남방 재관운과 乙丁戊己를 꺼린다.

(15) 자요사격(子遙巳格)

甲子일이 子자가 많으면 子 중의 癸水가 巳 중의 戊土를 遙合해와서 이루어진 것이 자요사격이다. 寅卯亥와 壬癸는 길하고, 庚辛申酉丑午는 흉하다.

(16) 축요사격(丑遙巳格)

癸丑·辛丑일이 丑字가 많으면 巳를 합래(合來)하여 관살 운이나 巳子를 꺼리고, 酉와 申을 좋아한다.

(17) 육을서귀격(六乙鼠貴格)

乙일이 子시에 생하고 子가 많으면 子가 巳를 합래하고, 다시 巳가 申을 형 합하여 관 귀를 취한다. 木과 水는 길하고, 庚申辛酉丑

午는 흉하다.

(18) 일귀격(日貴格)

丁酉·丁亥·癸卯·癸巳일로 일지에 귀인이 있는 것을 말하는데 식신·귀인 재왕운은 길하고, 귀인이 충극되면 매우 흉하다.

(19) 육임추간격(六壬趨艮格)

壬寅·壬辰일이 壬寅시를 얻으면 간방(寅)으로 흘렀다고 하여 육임추간격이라고 한다. 간방은 寅을 지칭하므로 물이 춘절(春節)로 흘러간다는 뜻임으로 신왕한 운이 길하고 관살이나 庚申午亥戌은 木의 기가 끝났으므로 더 이상 흐를 곳이 없으니 흉하다.

(20) 육갑추건격(六甲趨乾格)

이는 甲日이 건방(亥)을 만난 것을 말하는데 甲子일·甲辰·甲午·甲戌일이 乙亥시가 되는 것을 육갑추건격이라고 한다. 인성운이 길하고, 乾(亥)을 충합하는 巳寅卯未 운을 흉하게 본다.

(21) 괴강격(魁罡格)

庚辰·壬辰·戊戌·庚戌일이 辰戌로 구성되면 괴강격이라고 한다. 오로지 身旺한 운을 기뻐하며 財官운은 흉하다.

(22) 금신격(金神格)

甲己일이 癸酉·己巳·乙丑 등의 三時를 얻으면 금신격이라고 하니, 이는 巳酉丑이 금신이기 때문이다. 금신이 왕해지면 한습(寒濕)해지므로 火가 따뜻하게 비치기를 원한다.

(23) 현무당권격(玄武當權格)

壬癸일이 寅午戌 火국이 되고 辰戌丑未 중 1자만 있으면 길하며, 신왕한 운이 길하고, 식상이나 충하는 운은 흉하다.

(24) 구진득위격(句陣得位格)

戊己일 지지에 木국이 되거나 水국이 되면 진격이다. 신왕한 운은 길하고 관살은 흉하다.

(25) 일덕격(日德格)

甲寅・丙辰・庚辰・壬戌일이 중첩하여 나타나고, 신왕하면 길하고, 형충되거나 관살을 보면 불길하다.

(26) 천간순식격(天干順食格)

년, 월, 일, 시의 천간 자가 甲丙戊庚과 같이 순서대로 나와 식신(食神)이 되고, 일주가 신왕하면 길하다.

(27) 협공격(夾共格)

사주의 각 주 사이에 1자가 협공하여 子寅辰・午申戌 같이 순서대로 되면 타격이 되어도 일주가 왕하면 길하다.

(28) 양간부잡격(兩干不雜格)

천간 자가 두 개의 오행, 즉 己년 甲월 己일 甲시와 같이 되는 것을 말한다.

(29) **양지부잡격**(兩支不雜格)

양간부잡격과 같은 이치로 지지 자가 두 개의 오행, 즉 丑년 卯월 丑일 卯시와 같은 형태로 이루어진 것을 말한다.

(30) **일기생성격**(一氣生成格)

사주가 순일하게 四甲戌·四乙酉·四丙申·四丁未·四戊午·四己巳·四庚辰·四辛卯·四壬寅·四癸亥 등 년월일시가 동일하게 이루어진 것을 말한다. 四辛卯·四甲戌은 빈(貧)하며, 다른 일기격은 대격으로 길한데, 일주가 왕하면 또한 길하다.

(31) **천원일기격**(天元一氣格)

사주의 천간 자가 모두 같은 것을 말하는데, 왕하면 재운이나 식상운이 길하고, 일주가 신약하면 흉하다.

(32) **지원일기격**(地元一氣格)

사주의 지지자가 모두 동일한 것을 말하는데, 지지가 통근하고 유정하여야 좋다고 한다.

(33) **양상격**(兩象格)

금수 양상이 균등하면 금수 상생격이고, 金木 양상이 균등하면 금목 상생격이다.

(34) **삼상격**(三象格)

사주가 세 가지 오행만으로 구성된 것인데 土金水, 水木火, 火土金 등과 같은 형태이며, 상생운은 길하고, 상극운은 불길하다.

(35) **속상격**(屬象格)

삼방으로 전왕격이 되는 것을 말한다.

(36) **유상격**(類象格)

삼합으로 성국이 되어 전왕격이 된 것을 말한다.

(37) **반상격**(返象格)

乙庚이 합화 金하였는데, 월이 寅이면 絕이 되니 용신이 시에 절이 되는 것을 말한다.

(38) **조상격**(照象格)

가령 염상격에서 시에 木이 있어 火를 생조함이 있으면 이를 목화상조라 하고, 윤하격에서 시에 金이 있으면 금수상조라 한다.

(39) **화상격**(化象格)

종화격을 말한다.

(40) **귀상격**(鬼象格)

관귀(官鬼)가 사주에 가득한 것을 말하는 것이니 기명종살격(棄命從殺格)과 같다.

(41) **복상격**(伏象格)

壬水가 뿌리가 없는데 寅午戌 火국이 있고, 丁火가 나와서 丁壬合이 되면 火에 伏한 것과 같으니 복상격이라고 한다.

(42) 종상격(從象格)

일주가 태약하여 종격이 된 것을 말한다.

7. 용신(用神)이란?

1) 용신의 종류

사주의 추명을 잘 하느냐 못 하느냐 하는 일차적 과정은 어떻게 용신을 가려내어 어떤 방법으로 활용하느냐에 달려 있다. 고로 용신을 정하는 데에도 몇 가지 원칙이 있음을 알아야 한다. 이를 자세히 연구하여 올바른 용신을 세우고 또 용신과 관련된 희, 기신과 운을 심도 있게 관찰하여 길흉화복을 판단한다.

용신을 정하는 법에는 사주의 신왕(身旺)·신약(身弱)에 따른 억부(抑扶)용신법이 있고, 편인·편관·상관·양인 등 제화되지 않은 흉신이나 태과한 오행의 병이 심할 때에 채택하는 병약(病藥) 용신법이 있으며, 명조의 한열(寒熱)·조습(操濕)에 따라 조절하는 조후(調候)용신법이 있다. 또한 사주의 오행이 양대 세력을 형성하고 서로 싸우고 있을 때 이를 해소하고 말리는 역할을 하는 통관(通關) 용신법이 있으며, 사주가 어느 한 가지 오행의 세력으로 이루어지거나 한쪽의 세력으로 치우칠 때 이 세력에 의하여 정하는 전왕(專旺) 용신법 등이 있다.

(1) 억부용신법(抑扶用神法)

억부용신법은 우선 사주의 신약·신강을 파악하는 것이 필수이며, 사주의 강약은 일간을 중심으로 하고 득령(得令)인가 실령(失令)인가를 기준으로 결정되는데 전체 상황, 즉 득지·실지·득세·실세에 따라서 변화가 있다.

명조가 신왕할 때, 즉 비견 겁재가 왕할 때와 정인 편인이 과다할 때 신강 사주가 되는데, 이 때는 관성이나 재성 또는 식상을 용신으로 하여 강한 것을 눌러 주거나 그 강한 힘을 순리대로 빼내야 된다. 비겁(比劫)이 많아 신왕할 시는 보통 관살을 쓴다. 극법(剋法) 중에서 비견이 많을 때는 편관(偏官), 겁재가 많을 때는 정관(正官)을 용신으로 한다.

印多하여 신왕할 때는 재성(財星)을 쓴다. 정인(正印)이 많을 때는 정재(正財), 편인(偏印)이 많을 때는 편재(偏財)를 쓴다. 비겁이 많아 태왕하고, 재관(財官)이 무력할 때는 식신(食神)이나 상관(傷官)을 용신한다.

■ 부법용신(扶法用神)

명조가 신약할 때 일주를 도우는 용신법이다. 신약한 사주는 대체로 크게 세 가지로 나누는데, 첫째는 식신 상관이 많을 때, 둘째는 정재·편재가 많을 때, 셋째는 정관·편관이 많아 신약한 경우이다. 이때는 인성(印星)을 써서 생하거나 비겁(比劫)을 써서 도와주는 것을 원칙으로 하고, 예외로 식상을 용신으로 하는 경우도 있다.

식신(食神)이 많을 때는 편인(偏印)을, 상관(傷官)이 많을 때는 정인(正印)을 쓰며, 비겁으로 일주를 도와주는 것도 약하나마 용신으로 한다. 재성이 많아 신약한 명은 재다신약(財多身弱)으로 비겁을 용신한다. 정재(正財)가 많을 때는 겁재(劫財)를, 편재(偏財)가 많을 때는 비견(比肩)을 쓴다. 관성이 많은 신약사주는 인성(印星)을 사용하여 관인상생 또는 살인상생으로 통관시킨다.

간혹 편관으로 인하여 신약할 경우에는 양인 또는 겁재로 합살하여 살인상정 또는 양인합살격이라 한다. 칠살이 많고 인성이 없이 신약할 때는 식신이나 상관으로 식신제살(食神制殺) 또는 상관제살(傷官制殺)한다.

(2) 병약용신법(病藥用神法)

사주에 일주나 용신을 해치는 흉신(凶神)에 해당하는 병이 없으면 평인(平人)의 명이고, 오히려 사주에 병이 있으면 귀한 명이 될 수 있는데, 병이 중하고 약을 얻지 못하면 단명하거나 빈천(貧賤)하게 되고, 병이 중할지라도 약을 얻으면 대부대귀(大富大貴)하고 장수할 수 있다. 특히 명 중에 병이 있는데 운이 다시 병운으로 들어가면 죽을 것이며, 약운으로 들어가면 병이 깨끗하게 낫는 것은 물론 복록(福祿)이 따르고 대발(大發)한다. 사주에 병이 있고 약운이 올 때는 용신 운보다도 더욱 발전하는 경우도 있다.

사주의 병은 크게 두 가지로 나눌 수 있다. 첫째는 주중 多子(3자 이상)로서 오행의 중화를 해치는 일주(日主)의 병이 있고, 둘째는 상관・칠살・편인・양인・겁재 등 흉신(凶神)이 격국을 이루고 있는데, 이를 제화(制化)할 수 있는 육신이 없거나, 또는 격국용신을 극해하는 육신이 있어 병이 되는 격국에 대한 병이 있다고 하겠다.

사주의 약은 세 가지로 나눌 수 있다.

일주의 병을 고치는 일주지약(日主之藥)과 용신(격국)의 병을 고치는 용신지약(用神之藥), 그리고 행운에서 오는 행운지약(行運之藥)이 있다. 병의 유무를 먼저 알아낸 후에 병이 가벼운가 심한가를 파악하고 약이 있는가 없는가를 살펴보아 언제 약운이 들어오는가를 살핀다면 명주(命主)의 성패를 알 수 있는 것이다.

(3) 조후용신법(調候用神法)

조후용신이란 말 그대로 사주의 기후(寒熱燥濕)를 조절하는 용신이다. 우주 만물은 상대적인 인과(因果) 속에서 상호 의존하며 생멸(生滅)한다. 음양의 조화가 잘 이루어지고 온도가 알맞아야 만물이 성장할 수 있듯이 인간만사 또한 마찬가지다. 사주에서는 천간과 지지의 한열·조습을 알아야만 운명을 제대로 파악할 수 있다. 조후용신을 알기 위해서는 천간의 한난(열)과 지지의 조습을 먼저 알아야 한다.

천간은 서북 金水 즉, 庚辛壬癸己는 寒하고, 東南木火 즉, 甲乙丙丁戊는 暖하다. 지지 역시 寅卯巳午未戌은 操하고, 申酉亥子丑辰은 濕하다. 사주에 한습이 태과한 명은 매사가 더디게 이루어지거나 생산이 어렵고, 조열이 태과한 명은 예측키 어려운 화(禍)를 입기가 쉽다.

사주에 조후가 되어 있지 않고 편중되어 있는 명은 중화나 화기되는 운, 즉 조후가 이루어지는 운에 발전한다. 조후용신이란 명조가 메말라 있으면 촉촉하게 적셔 주고, 열 받아 있거나 뜨거우면 식혀 주고, 젖어 있으면 말려 주고, 얼어 있거나 추우면 덥혀 주고 녹여 주는 것이다.

(4) 통관용신법(通關用神法)

통관이라 함은 이쪽과 저쪽이 막힌 것을 통하게 하는 것으로서, 예를 들어 사주에 金木의 양대 세력이 상전한다든지 水火가 상극관계로 그 사이가 막혀 소통되지 않을 때 그 중간에 水나 木이 있어서 金生水->水生木, 水生木->木生火하는 상생의 원리로 서로 화해시키는 것이다. 통관이 되면 전쟁상태에서 평화상태로 변하는 것이다. 통관용신을 오행과 육친관계로 살펴보면 다음과 같다.

오행 金木 상극에는 水가 통관, 木土 상극에는 火가 통관, 土水 상극에는 金이 통관, 水火 상극에는 木이 통관, 火金 상극에는 土가 통관, 육신으로 비겁이 재성을 극할 때는 식상이 통관, 식상이 관성을 극할 때는 재성이 통관, 재성이 인성을 극할 때는 관성이 통관, 관성이 비겁을 극할 때는 인성이 통관, 인성이 식상을 극할 때는 비겁이 통관시킨다.

이와 같이 통관신(通關神)은 제극(制剋)당하여 약해진 것을 반생(反生)시켜 주는 역할을 하므로 해(害)가 변하여 복(福)이 된다. 통관용신을 파악할 때 주의할 점은 첫째로 통관용신이 타신(他神)과 합이 되면 통관 불능으로 통관을 못한다. 합신(合神)을 충할 때 발복하거나 대길하며, 반대로 원명의 통관용신이 행운(行運)에서 합이 되면 매사가 묶이고 매우 심한 화를 당하기도 한다.

통관용신을 타신(他神)이 충파하면 역시 통관불능이 되나 충파신을 합화시켜 주는 행운에서 대길해지며, 통관용신의 위치가 너무 멀어서 통관의 작용이 너무 약하거나 불능일 때는 역시 운에서 통관용신을 만날 때 대발한다.

(5) 전왕용신법(專旺用神法)

전왕용신이란 오행의 一氣가 명국(命局)의 전권(全權)을 장악하여 그 극왕한 대세를 건드릴 수 없을 때 그 왕세를 따라 순응하여 그 왕신(旺神)을 용신으로 삼는 것을 말한다.

원칙은 旺한 者는 抑하고, 弱한 者는 扶함이 정법(正法)의 中和道이지만, 극왕극약한 사주를 억부용신으로 사용하여 극왕한 세력을 따르지 아니하면 극왕한 오행이나 육신이 激動大亂하여 오히려 禍

가 극심하게 된다. 따라서 旺喜順勢하는 것이 專旺用神이며 逆變動靜이며, 不逆衆邊이 이루어지는 명리의 妙用이다.

명리학이란 天地人의 道로서 인간사에 모두 부합되며, 일주가 극태약하여 자립하거나 치업할 수 없는 명일 때는 旺者에게 의지하여 관리 받음이 편하다고 보는 것이다.

전왕용신에는 일간이 비견(比肩)으로 극태왕한 專旺格과 印星이 왕한 從强格이 있고, 일간이 극태약하고 無氣하여 다른 세력을 좇아가는 從兒격과 從財격, 從殺격이 있다. 專旺격에는 비견과 겁재가 용신, 從强격에는 정인과 편인이 용신, 從兒격에는 식신과 상관이 용신, 從財격에는 정재과 편재가 용신. 從殺격에는 정관과 편관이 용신이다.

또한 전왕이나 종하는 사주는 왕한 세력을 따르는 것을 원칙으로 하지만, 從勢의 식신 상관을 만나 설기하는 것도 대단히 좋다.

2) 용신과 제신론(制神論)

(1) 희신(喜神)

용신을 돕는 것으로서 용신의 보좌관, 즉 용신의 용신이다. 그러나 용신을 生해 주는 것이라 하여 무조건 희신(喜神)이 될 수는 없다.

(2) 기신(忌神)

사주에서 가장 병이 되는 것이거나 용신을 破剋하는 신으로 역적신(逆賊神) 또는 반역신(反逆神), 장애관(障碍官)이라 할 수 있다.

(3) 한신(閑神)

사주 중에서 희신이나 또는 기신으로도 작용하지 않은 것으로, 길흉간에 無害無德한 것을 말하며, 행운의 변화에 따라 합·충·형 등을 만나게 되면 희기의 길흉작용을 나타낸다.

(4) 병신(病神)

용신이나 일주를 극해하거나 돕는 자로서 忌神과 같은 뜻으로 통한다.

(5) 구신(仇神)

忌神을 生助하여 반역에 동조하는 것으로서 역모관(逆謀官)이라 할 수 있다.

(6) 약신(藥神)

病神을 剋制하는 신으로 희신과도 일맥 상통하는데, 즉 희신을 도와서 충성하는 자로 求神이라고도 하며, 참모관(參謀官)과 같다.

3) 격국과 용신에 준한 사주감정 실습

(1) 지금까지 격국에 관한 많은 예를 알아봤고 용신이란 것을 알아보았다. 이제부터 지금까지 알아본 격국과 용신에 준하여 사주해석을 해 보기로 한다.

예

甲 壬 己 庚
辰 戌 卯 寅

상기 명은 壬水 일간이 卯月에 태어나 월지 상관격, 월지 장간에서 시간에 甲木이 투출하여 식신격, 도합 식상 혼잡격이다. 또한 년지 寅木, 월지 卯木, 시지 辰土와 寅卯辰 방합을 하여 상관국이 된다.

단, 寅卯辰 방합이 년월일로 나란히 있어 준다면 寅卯辰 방합에 아무런 이상이 없겠으나, 일지 戌土가 중간에 끼여 寅卯辰 방합에 참가한 辰土를 방합의 중간에 끼여 방합을 하지 못하게 辰戌沖을 하고 있다.

그러나 辰戌沖으로 인하여 寅卯辰 방합이 이루어지지 않은 입장이지만, 월지 卯木이 卯戌合하여 辰戌沖을 못하게 잡고 있기에, 다시 말하면 방합이 이루어지질 않다가 寅卯辰 방합이 이루어진 형태이다.

이와 같이 일차적으로 격국이란 부분을 우선 찾아보아 무슨 격에 해당하며 승격이 가능한가 불가한가를 알아 봐야 한다.

우선적으로 월지에서 격을 잡게 되겠는데, 이 사주의 경우 월지가 상관이 된다. 그리고 월지 장간에서 시간 甲木이 투출하여 식신격이 되기도 한다. 그렇다면 월지 상관격을 취용할 것인지 시간 甲木을 보아 식신격으로 잡을 것인지 결정을 지어야 한다.

그러나 고서에 준하면 「월지 子午卯酉는 사왕지로 천간·투출 관계없이 격을 잡는다」라고 하고 있다. 이와 같이 월지 상관격과 월지 장간에서 시간에 甲木이 투출하였을 때 문제가 된다.

월지 子午卯酉 사왕지는 월지에서 천간·투출 관계없이 격을 잡으므로 상관격으로 할 것인지 아니면 월지 장간에서 투출한 시간 甲木으로 격을 잡아 식신격을 할 것인지 난해한 입장이 된다.

이런 경우 학자들마다 각각 다른 견해를 가지며, 수많은 이론들이 있을 수 있다.

이럴 때 필자는 두 가지 격국을 다 포함하여 있는 그대로 인정을 하고자 한다. 예를 들어 월지 상관격은 상관격으로 취용하고, 시간 甲木 식신이 투출하여 식신격이 될 경우, 즉 월지는 부모에게 받은 인자로 인자 자체는 상관성향을 강하게 나타내나, 외형상 나타난 모습은 식신격으로… 그래서 도합 식상혼잡격이라 이름을 붙인다. 이럴 때 상관은 편격에 해당하고, 식신은 정격에 해당하는데, 그렇다면 이 또한 어떻게 풀어 갈 것인가 하는 문제가 대두된다.

그러나 별 걱정을 하지 않아도 된다. 왜? 일단 혼잡은 좋은 입장이 아니다. 그러니 둘 중 하나를 제하여 가면 된다. 강한 木을 제할 金을 찾으니 년간 庚金이 있어 승격. 아주 간단하다. 그러나 이것으로 간단히 승격할 수가 없다. 왜? 월지 상관격에 월간 정관이 자리하여 傷官見官이 되었다.

격국을 볼 때 식상 혼잡격에 혼잡을 제하여 가는 것이 우선이 아닌 더 중요한 부분이 있다. 인수격에 월간 정재가, 정관격에 상관이, 정재격에 비겁이, 식신격에 편인이, 이와 같은 월간과 월지로 십신이 이루어져 있다면 혼잡격 이전에 월령 격국의 破格이 우선이 된다.

이 부분을 놓쳐 버리고 혼잡을 보아 승격·파격을 논하여서는 아니 된다. 월 간지는 부모궁이며, 격국의 발원지로서 발원지 그 자체의 격국이 무너지고서는 다른 것을 볼 필요가 없게 된다.

己卯 상관 견관으로 파격! 일단 이 부분에 관한 문제부터 해결하여 보도록 하자. 상관격에 견관은 일단 파격인데, 상관견관에 통관용신인 財, 즉 木은 火를, 火는 土를 이렇게 오행이 돌아가면 일단 파격 후 승격될 수 있다.

그러니 정편재인 火를 찾아야 하는데, 팔자상에 丙丁火가 보이질 않는다. 월지 장간 인중 丙火와 일지 장간 丁火가 있으나 천간은 지지를 바로 극하지 못하며, 지지는 지장간에 있는 기물을 극하지 못하듯이 월지 장간 丙丁火는 천간 지지간에 발생한 승격·파격에 효력을 나타내지 못한다. 아쉬움이 남는다.

그렇다면 또 다른 방법을 찾아보아야 하는데, 또 다른 방법이란 월지 상관을 억제하는 방법으로 卯木을 억제할 金을 찾으니 년간 庚金이 있다. 그렇다면 일단 월지 상관견관으로 인하여 파격된 부분을 해결한다.

이렇게 정리를 하고 나니 식상혼잡에 혼잡을 제하는데 庚金, 상관견관 파격에 丙丁火의 재는 없으나 庚金이 있어 파격 후 승격! 그렇다면 이제 격국 문제는 완전히 해결이 된 것인가? 일단 한 문제를 해결한 입장이 용신이 되겠는데, 식상혼잡에 庚金이, 월 상관견관에 역시 庚金이... 바로 이 庚金이 용신이 된다. 이렇게 하면 이제 사주 해석이 다 되었는가?

아니다. 이제 이 용신이 얼마나 강한가를 봐야 한다.

용신이라는 庚金이 寅木 위에 앉아 있어 용신으로서는 너무나 무력하다. 그러니 그 용신의 근을 찾아 나서야 한다.

庚金의 근이 될 것은 천간에서는 金의 비겁으로 庚辛金이 되지만 찾아보니 없다. 그렇다면 지지에서 다시 찾아본다. 역시 申酉라는 金 자체가 보이질 않는다. 그렇다면 지장간 속을 찾아본다. 일지 장간 戌 중 辛金이 하나 있다. 이를 통근(通根)이라 한다.

일단 용신인 庚金이 寅木 절지 위에 앉아 극히 미약하나 일지 장간 戌중 辛金에 통근을 하여 根은 있다고 한다. 그렇다면 庚金이 용신이므로 용신이 건왕함을 원하기에 金을 생하는 土를 팔자상에서 찾아본다. 월간 己土, 일지 戌土, 시지 辰土가 있다. 많은 土가 용신인 庚金을 생하여 주니 아름다워 보인다.

그러나 조금 섬세하게 훑어본다면 그렇지 못하다. 왜? 己土는 월지 卯木 상관 위에 앉아 심하게 극을 받고 있기에 이 己土는 용신인 庚金을 생하여 줄 수 있는 입장이 아니다. 오히려 용신인 庚金에게 상관인 卯木을 제하여 주길 원하고, 팔자상에 없는 丙丁火로 木生火 火生土로 통관시켜 주길 원한다.

그리고 己土 역시 己土의 비겁인 戊己土가 천간에 있는가 본다. 없다. 그렇다면 庚金과 마찬가지로 지지에서 찾는다. 일지 戌土, 시지 辰土가 있다.

그렇다면 이 己土는 庚金 용신을 생하여 줄만큼 강한가?

시지 辰土는 앞에서 밝혔듯이 년지(年支) 寅木과 월지 卯木과 寅卯辰 방합을 하여 土로서 작용이 약화되고 木의 작용을 하게 된다. 특히 시간 甲木이 개두하여 辰土는 사실상 木의 뿌리 역할을 하고 있다.

이제 일지 戌土가 남아 있으니 戌土가 월간 己土를 생하여 주면 된다. 그러나 戌土 역시 월지 卯木이 卯戌合으로 잡아 버렸다. 또한 강력한 년지 寅木, 월지 卯木, 시지 辰土로 이어지는 강력한 木의 방합에 심하게 극을 받는 입장이다.

그러니 팔자상에 있는 오행의 개수로 본다면 木이 셋, 土가 셋, 金이 하나 水가 하나로 木과 土의 비중이 비슷하게 보인다. 그러나 셋이나 되는 土는 강력한 木에 극을 받아 무력화되고 말았다. 이렇게 되니 土에 의지하고자 한 庚金 용신 역시 무력하기 짝이 없다.

(2) 이제 팔자 해석을 다한 것인가? 아니다. 격국을 볼 때 상관격에 인묘진 방합을 하여 시간 갑목이 투출하여 식상국이며, 또

한 시지 진토, 일지 술토, 월간 기토가 강력한 식상국과 상전을 하고 있는 입장이다.

일간 입장에서 식상국과 관살이 상전(相戰)하기에 식상과 관살이 상전하는 것을 해결하는 용신법을 생각하여 보아야 한다. 따라서 식상과 관살이 相戰하는데, 통관시켜 주는 용신은 재(財)가 통관시켜 주므로 재를 용하여야 하겠으나 팔자상에 재가 년지 인중 장간 丙火 일지 장간 丁火 뿐이므로 食傷과 官殺이 상전하는 것을 해결할 수가 없다.

어떠한 경우라도 이 둘의 중화(中和)를 찾아야 한다. 결국 木과 土의 相戰을 해결할 財가 팔자상에 없으니 강한 것을 제하여 갈 수 밖에 없다.

격국 입장의 용신은 金이라 했다. 그러나 이번엔 강한 두 세력이 싸움을 하여 말리려고 하니 통관용신 丙丁火가 필요하게 된다.

이제 난해한 입장이 될 수밖에 없다. 용신이란 팔자상에 제일 중요한 입장으로 팔자 전체의 중화를 잡아간다고 보면 된다. 그런데 격국 입장의 용신은 통관용신으로서 火가 필요하나 팔자상에 없어 강한 木을 제하여 가는 金으로 용신으로 잡았다.

그러나 강한 두 세력이 싸우므로 이를 말리고자 하는 용신은 火가 된다. 이럴 경우 이율배반적 입장이 되는데, 용신은 하나여야 한다. 이제 사주팔자 해석을 다 하였는가?

아니다. 이제 제일 중요한 나 일간의 입장에서 보는 해석법이 있어야 한다. 일간 壬水에서 다시 팔자를 한번 훑어보자.

년간 庚金, 월간 己土, 시간 甲木, 년지 寅木, 월지 卯木, 일지 戌土, 시지 辰土, 일간 임수가 나 자신이라 하였기에 일간 자신이 중화를 잘 이루어야 할 것 같다.

그렇게 되려면 일간이 간지동쯤은 되어야 하고, 그리고 월 辛酉 정도로 인수격이 되어야 하고, 인수 학문을 배우고 익혔으면 사회 진출을 하여야 하니, 사회 진출을 하고자 한다면 당연히 관이 필요하다.

이르기를 「관(官) 역시 너무 멀어도 좋지 못하고 너무 가까워도 좋지 않다」라고 하니, 년에 정관이 왕하면 좋다.

이렇게 학문을 배워 사회에 나가 관직(官職)에 명예(名譽)를 얻고 나면 당연히 재물과 아름다운 부인이 있어야 하지 않겠는가? 그러니 시(時)에 正財가 간지동(干支同)으로 강하면 금상첨화가 될 것 같다. 그러나 이 팔자의 경우는 일간 壬水가 戌土 위에 앉아 土克水 당하여 壬水와 戌土와의 통관으로 찾아보니 년간 庚金이 있다.

庚金이 土生金 金生水로 돌아 我를 생하여 주니 좋다. 그러나 일간과 土 사이를 통관시켜 주는 金이 寅木 위에 앉아 너무 약하다. 약한 庚金 어머니가 壬水 일간을 생하고자 하는데 월간 己土가 가로막고 있다.

일간 壬水 자체가 스스로 해결하여 나갈 수 있을 만큼 강하지 못하기에 남의 도움을 받아야 하는데, 庚金은 일간을 생하여 줄 입장이 되지 못하기에 土를 제하여 갈 수밖에 없다.

土를 제하여 줄 木을 생각할 수가 있고, 木이라 하면 년지 寅木과 월지 卯木과 시간 甲木이 있다. 세상사 스스로 해결하지 못하면 남의 도움을 받아서라도 해결하면 좋다. 이제 사주팔자 다 본 것인가? 아니다.

관살혼잡과 식상혼잡에 寅卯辰 방합을 하여 일간이 극신약하므로

從을 연구하여 보아야 할 입장이다. 從의 조건으로는 일간이 지지에 통근하지 못하고 일간을 생하여 주는 오행이 없을 경우가 된다.

그런데 이 팔자의 경우 일간 壬水가 일지 장간 辛金에 생을 받고 시지 장간 癸水에 통근하고 년간 庚金이 있기에 문제가 된다. 이제 사주팔자 다 풀어진 것인가? 다 풀어졌다.

(3) 이쯤에서 필자가 역에 관한 기초적 상식으로부터 좀더 심도 있는 학술에 관한 이야기를 하고자 한다.

역(易)은 삼라만상을 함축하고 있으며, 역(易)이란 이 단어는 유무형(有無形)의 氣를 기호·부호로 형상화시켜 놓은 것이라고 보아야 한다. 유무형의 기와 기호·부호가 무슨 관계가 있으며, 말도 되지 않는 소릴 한다고 할 수도 있겠지만 이해를 도와 드리기 위하여 예를 한번 들어 드리겠다.

10년 전 오늘의 온도·습도·풍속이 얼마였는지 알아보려고 한다면 기상대에 문의를 하여 10년 전 기록을 보면 된다. 그런데 사실 온도·습도·풍속은 무형의 기로서 우리의 눈에 보이질 않는다. 그러나 우리 인류는 온도계·습도계·풍속계를 이용하여 눈에 보이지 않는 무형의 기를 측정하여 우리 인류가 발명한 최고의 과학 산물로서 문자인 기호·부호로 기록하여 두었기에 우리는 10년 전의 무형의 기를 기록에 의하여 알아 볼 수가 있는 것이다.

혹자는 「이를 가지고 무형의 기를 형상화시켰다라고 한다는 것은 어불성설이다」라고 할 것이다. 그러나 아무튼 우리는 이 기호·부호로서 그 무형의 기를 정확히 알 수가 있다. 예, 아니오로 따진다면 아닐 수도 있을 것이다. 그러나 분명한 것은 기호·부호로서 우리 눈에 보이지 않는 무형의 기를 알 수가 있다는 것이다.

그러기에 道! 도를 연구하는 우리 역인의 입장에서는 그렇게 말할 수가 있다. 그리고 우리 역술가는 점쟁이인가? 점쟁이, 우리 역에는 점을 보는 방법도 있으니 그렇게 부를 수도 있겠다.

그러나 사주 명리학으로서의 역술가는 엄밀히 말하면 점쟁이는 아니다. 우리는 사주팔자의 당사자가 태어나는 그 해의 그 달, 그 날에 보이지 않는 무형의 기를 온도, 습도, 풍속을 재듯이 甲子, 乙丑이라는 기호·부호로 기록하여 두었다가 우리가 10년 전 오늘의 온도, 습도, 풍속을 알아보듯이 그 무형의 기를 형상화시켜서 이해한다고 보아야 할 것이다.

아무튼 보이지 않는 무형의 기를 형상화시켜 보는 사람들이기에 우리 역인들은 일반인들이 볼 수 없는 능력을 가졌으므로 자부심을 가져도 될 만하다.

또한 「역술은 통계학이다. 미신이다」라고들 하는데, 이에 대한 필자의 생각을 밝혀 보겠다.

그에 앞서 역(易)이 함축하고 있는 삼라만상(森羅萬象)이 무엇인가를 먼저 알아보는 것이 순서일 것 같다. 역(易)은 삼라만상이며, 삼라만상에는 다음과 같은 법칙이 있다.

우주의 법칙

이 세상은 윤회(輪回)·무한대·절대 절명·유전자·적자생존(適者生存) 등으로 똑같은 것이 없으며, 또한 100%의 완벽도 없다.

유무형의 음양오행이 삼각법에 의한 열쇠고리로 연결이 된 법칙 속에서 생로병사를 하며, 인간도 대 우주의 일원으로서 우주의 기를 받고 태어나 정해진 법칙 속에 살아가고 있는 것이다.

윤 회

윤회의 법칙 속에서 대우주도 윤회하며, 태양과 지구와 달이 윤회하고, 만물도 윤회한다. 국가도 흥망성쇠가 있고, 인간도 흥망성쇠가 있으니 영원한 행복도 영원한 불행도 없다. 인간은 물론 우주에 존재하는 만물은 윤회의 법칙과 생사의 법칙을 벗어날 수가 없다.

똑같은 것이 둘이 없다.

같은 날, 같은 시간에 태어났다 하더라도 같은 물체, 같은 사람, 같은 얼굴과 같은 손금은 없다. 한 공장에서 같은 기계에 의해 제품이 생산되었다고 해도 만들어진 시간과 조건이 다르고, 분자배열과 재료의 함유량이 다르다. 그 시간, 그 장소, 그 사건은 절대 절명이며, 이미 그 속에는 삼각법에 준한 그물의 각 매듭과 같이 모두 연결된 각자의 역할 분담이 정해져 있다.

유무형의 기(氣)와 체(體)

우주에는 체와 기가 50 : 50으로 공존하며, 氣는 陰이고, 體는 陽으로서 기와 체가 하나로 되어 우주에는 무한한 기가 존재하는데, 태양과 지구와 달이 상호간의 기로 당기고 있기에 지구와 달이 우주의 미아(迷兒)가 되지 않고 현 위치를 유지하고 있다.

달의 기(氣)에 의하여 바닷가에 밀물과 썰물이 생겨나는데, 그 무형의 기(氣)에 의하여 그 많은 물이 들어왔다 나가는 것을 보고서 우리는 가공할 만한 기의 위력을 실감할 수가 있는 것이다.

이 지구상의 만물(萬物)은 기(氣)에 의하여 발을 땅에 붙이고 살아갈 수가 있는 것이며, 만물은 태양과 달, 지구의 기(氣), 더 나아가

저 멀리 있는 별들의 기(氣)를 직접적으로 받고 살아가고 있다.

기(氣)는 음양(陰陽) 오행이란 물질로 이루어져 만물을 형성하기에 만물(萬物)은 기(氣)에 의하여 숨쉬며 살고, 또 죽어가고 있는 것이다.

인간의 무지(無智)

대다수 사람들이 자신의 의지와 능력에 의하여 살아가고 있기에 그 어떤 다른 존재도 자신의 운명을 콘트롤 할 수가 없다고 단정하고서 운명을 주관하는 사주를 인정을 하지 않으려 한다.

만약 우리 인간이 자신의 능력과 의지에 의하여 살아간다면 인간의 욕망대로 이 세상사람 모두가 부귀영화를 누려야 한다. 그러나 이 세상 사람들은 자신의 의지와는 무관하게 좌절과 시련을 겪게 된다.

자신의 능력에 의하여 살아가고 있다고 여기는 사람은 그 자신이 태산을 뽑는다는 항우장사, 또는 관우, 장비와 같은 남성 중의 남성으로서 양귀비가 울고 갈 정도로 매력적이며 예쁜 여성을 부인으로 맞이하여 진시황이 누리는 권력을 누리며 영원히 죽지 않고 살아야 할 것이다.

이 세상에 스스로 불행하고자 노력하는 사람은 단 한 사람도 없다. 사람은 모두 최선을 다하다가 지치고 좌절하며, 고뇌와 번뇌 속에 포기하며, 고통에서 헤어나고자 몸부림친다. 그러한 모습들이 여러 가지 형태로 나타나고 있는 것이기에 현재의 자신의 모습이 답인 것이다.

인간이 자신의 능력에 의하여 이 세상을 살아간다면 인간의 목적은 부귀영화에 있으므로 모두가 부귀영화를 누려야만 된다. 그러나 이 세상 사람들 모두 다가 부귀영화를 누리지는 못한다.

이 세상의 만물에는 적자생존의 질서가 있어 아주 작은 미생물로부터 먹이사슬이 형성되어 있는데, 그 중 우리 인간이 제일 강자의 위치를 점하고 있다.

또한 우리 인간의 세계에서도 이러한 질서가 있어, 위로는 대통령으로부터 행정기관의 마지막인 동직원까지 질서정연하게 이루어지며, 회사에도 사장이 있고 직책별로 사원까지 질서정연하게 이루어져 있으며, 학교에서도 똑같이 공부를 하여도 성적순이 정해진다.

기호·부호

우리는 기상대에서 그 날의 기(氣)를 온도·습도·풍속 등으로 나누어 그 기(氣) 작용이 우리 인체에 미치는 영향에 따라 불쾌지수가 얼마라고 표현한다. 그리고 그 기(氣)를 기호·부호로 기록하여 두며, 수십 년 수백 년의 기록된 자료를 관리하며 기(氣)의 흐름과 주기를 연구하고 있다. 기상대에서 10년 전 무형의 기(氣)인 온도·습도·풍속이 얼마였는지를 기호·부호로 기록하여 두었기에 오늘날 우리는 그때의 무형의 기(氣)를 알 수가 있다.

이와 마찬가지로 사주도 우리 인간이 이 세상을 태어날 때 그 해에 어떠한 기(氣)가 어떻게 작용하였으며, 우리 인간이 어떠한 기(氣)를 받고 태어났는가 하는 것을 기호·부호로 기록하여 놓은 것이기에 사주학이란 그 사람이 이 세상에 태어날 때의 기(氣)가 어떻게 형성되었는가를 알아보는 학문이다.

콘트롤

인간은 모두 눈·코·입·귀를 가진 얼굴로 만들어졌으나 세상에 똑같은 얼굴이 없으며, 사람의 얼굴이 모두 다르듯이 모두 운명이 다르다. 같은 것이 나오지 않는다 함은 세상의 만물은 태어남과 죽음이 이미 정해져 있고, 살아가고 있는 한순간에도 신(神)의 지속적인 콘트롤을 받고 있기에 만물은 세상에 태어나기 이전부터 모두가 정해져 있다. 그러나 신(神)이 창조한 우주이지만 신(神)의 능력이 세상에 통하는 것은 아니다.

무슨 말이냐 하면, 신(神)이 마음대로 무엇을 어떻게 한다 함은 세상만물의 자율적인 법칙을 깨는 것이다. 혹 가련한 한 사람을 불쌍히 여겨 신(神)이 어떻게 하여 준다면 이 세상사람 모두가 소원을 들어달라고 아우성을 칠 것이며, 신(神)은 자신의 과오가 있기에 세상사람 모두의 소원을 들어 주어야 하게 되고, 궁극적으로는 인간들은 모두 부귀(富貴)하게 되고, 아침마다 나오는 쓰레기는 결국 신(神)이 치워야 할 것이다.

적자생존

윤회(輪回)의 법칙에 의하여 억겁의 세월은 앞으로 다가올 억겁의 세월과 무한대로 연결되어 윤회하며, 영원한 강자도 없으며 영원한 약자도 없다. 강자 위에 강자 있고, 약자 밑에 약자 있기 마련이며, 누구나 약자이며, 10분 후에 일어나는 일을 알 수 없기에 모두가 초조하고 불안해한다.

하나 얻으면 하나 잃는 음양의 이치 속에서 공허해 하며, 숨막히는 절박함 속에 쫓고 쫓기며 살겠다고 몸부림을 치나 결국은 빈손 쥐고 저 세상에 간다.

이 세상의 작은 돌 하나도 필요에 의하여 생겨났다. 우리 인간에게는 죄와 벌이 있으나 그것은 인간의 입장에서 일 뿐, 대우주에서 보면 모두가 필요악일 뿐 처벌의 대상이 될 수는 없는 것이다.

과학과 미신

수사기관에서는 최첨단 과학을 동원함과 아울러 우리 인간의 지문으로 그 사람을 가려내고 있으며, 범인의 인상착의를 이용한 포스트 등으로 범인의 신고를 받는다.

그 사람의 주민번호를 기록 관리함으로써 수사관은 필요할 때 한 개인의 고향, 출신 학교, 동사무소를 통하여 추적 탐문하여 그 사람의 살아온 과거를 밝혀낼 수가 있다. 이는 우리 역학의 관상, 수상, 생년월일인 사주를 감정하는 것과 일맥상통(一脈相通)하다.

역(易)이란 음양오행으로 이루어진 삼라만상을 있는 그대로「있다」라고 한 것이지만, 역을 이해하지 못하는 사람은 미신(迷信)으로 매도할 뿐이다.

주기와 사이클

우주에는 윤회의 법칙에 의하여 음양오행이 주기적인 사이클을 형성하고 있고, 만물은 자연의 법칙에 순응하여 적응하며 살아가듯 사람도 개개인의 사이클이 형성되어 리듬을 타고 있다.

이와 같은 대우주의 법칙을 알아 봤다.「역술은 통계학이다. 미신이다」라고 하는데 이 세상 법칙에는 윤회, 절대 절명, 무한대, 약육강식, 또는 적자생존, 유전자, 백(100)이 없다, 같은 것이 둘 없다. 이 모두는 우리 인간의 영역이 아닌 제4차원인 신의 영역이다.

여기서 4차원인 인간의 힘이 미치지 않는 이 곳을 종교에서는 하느님의 영역이라 하며, 우리 역인과 일반인의 입장에서는 역의 세계 또는 자연발생적 미지의 세계라 한다.

이 세상은 백(100)이 없는 99며, 1은 미지의 세계, 즉 하느님의 세계다. 우리 역인의 입장에서 본다면 「역은 제4차원의 세계로서 자연발생적 대우주의 법칙이다」라고 한다.

아무튼 자연발생적이든, 종교인의 말을 인용하든, 이 세상이 신에 의하여 만들었든 자연발생이 되었든 간에 이 세상의 법칙은 「윤회, 절대 절명, 무한대, 약육강식, 유전자, 백(100)이 없다. 같은 것이 없다」로 되어 있다.

이는 우리 인간의 영역 밖이기에 역 + 하느님 = 제4차원의 신의 영역으로(지금부터 하느님이라 칭한다), 이 세상을 하느님이 창조하셨는데 하느님은 앞에 서술한 모든 법칙을 만들었다. 그러기에 종교인은 하느님에게 행복하게 하여 달라고 기도드린다. 일반 우리의 할머니나 어머니도 삼신할머니에게 빈다. 사실 하느님은 대단한 능력을 가지고 이 세상을 만들고 그 법칙을 세웠다. 그러기에 이 세상은 존재한다.

그러나 이 세상이 비록 하느님이 만든 것이라고 할지라도 하느님이 세운 법칙에 의하여 이제 이 세상에는 하느님의 능력이 통하지 않는다. 이는 이미 앞에서 대우주의 법칙에 밝힌 바 있다.

왜? 이 세상에 백이 없기에 하느님도 백이 될 수가 없는 것이며, 똑같은 것이 둘이 없다는 것은 이 세상을 자연적으로 돌아가게 하기 위하여 하느님이 만든 법칙이며, 하느님도 백이 아니며, 하느님의 능력이 통하지 않는 세상이며, 역(易) 또한 백이 될 수 없는 것이다.

이는 모두 다 하느님이 만드신 법칙 속에 다 들어 있는 것이다. 즉 다시 말하여 모두가 미지수며 또한 모두가 자연법칙 속에 들어 있다. 예를 들면 음양오행 등이 윤회로 돌고 돌아 다시 제자리 온다는 뜻이 되기에 같은 것이 있기 마련이란 뜻이 되면서 동시에 이 세상에 똑같은 것이 둘이 없는 것이다.

팔자는 윤회의 법칙에 의하여 같은 팔자가 있을 수 있음을 이야기 하지만, 윤회와 무한대, 절대 절명, 백이 없으며, 같은 것이 없으며, 또한 유전자에 의하여 이 세상은 영원히 같은 날이 없고, 같은 인생이 없는 것이다.

유전자가 들어가 그 변화가 천태만상이 되기에 부모의 유전자에 의한 변화로 인하여 같은 팔자라 하더라도 다른 운명을 살고 있다.

이와 같이 윤회가 돌아 제자리에 온다는 뜻과 같이 역(易)도 돌아서 같은 팔자가 나올 수밖에 없지만 유전자에 의하여 똑같은 命은 없게 된다. 그러기에 학문에 백이 없고, 우리네 인생도 미지수며, 학문은 영원하며, 우리네 인생도 영원한 것으로, 그러기에 흥미롭고 더 연구할 가치가 있는 것이다.

또한 미신과 통계학은 미신이며, 통계학이면서 또한 초정밀 과학이며, 대우주 자연의 법칙 속에 있다.

(4) 사주에 따라 희기를 알아야 한다. 희(喜)는 사주에 필요하고 좋은 것이고, 기(忌)는 사주에 필요치 않고 해로운 것을 말한다. 먼저 성격(成格)이 되면 격에 따라 희기를 정하고 다른 통변성의 희기를 알아야 한다.

예를 들면 정재격에 겁패재(劫敗財), 양인(陽刃) 등이 있으면 기(忌)가 되고, 또 인수는 정재를 원치 않는다. 그러나 관성이 있으면 재관인의 삼기가 구비되어 귀명이 된다. 정관격이 되면 상관을 기하고 재성을 희한다. 희기에 관하여서는 다시 해설하기로 한다.

예

甲 壬 己 庚
辰 戌 卯 寅

73 63 53 43 33 23 13 3
丁 丙 乙 甲 癸 壬 辛 庚
亥 戌 酉 申 未 午 巳 辰

앞에서 이미 팔자를 보는 법에 대하여 대략 살펴보았다. 이제 팔자에 대한 정리를 할 입장이다.

먼저 격국이란 것에 대하여 알아보았다.

상관 용인격, 종아격, 식신 제살격, 그 외 다수 많은 격에 해당하는 부분들이 있다. 庚辰 庚戌 壬辰 壬戌 또는 戊戌 괴강격, 시묘격, 일덕격 등에도 해당이 된다. 하나의 팔자에 많은 격이 있기에 격국의 난립과 혼란이 예상된다.

여기서 필자의 이야기를 조금 곁들여야 할 것 같다. 역은 도학이며 깨달음의 학문이고, 역은 삼라만상을 함축한 기호다.

선학(先學)의 저서는 고작 몇백 페이지 정도밖에 되지 않는다. 그러니 선학이 깨달은 모든 것을 몇백 페이지 안에 다 담아 놓았기에 초(超)농축되어 있어 삼라만상을 다 표현하기에는 너무나 어려운 일이 아닐 수 없다.

선학께서 초농축시킨 기호·부호로 표현한 것이라고는 전부 각개론일 수밖에 없고, 또한 그 내용을 정확하게 알 수 있는 사람은 저서를 남기신 선학이 아니고는 불가능하다. 그러니 후학은 道! 스스로의 깨달음으로 시대를 넘어 선학의 사상과 생각을 읽어 내어야 한다.

이와 같이 난해하고 어려운 학문을 필자 나름대로 깨닫고 배우고 익힌 대로 해설하고자 한다. 선학(先學)의 지론은 분명하나, 이 세상은 100이 없고 똑같은 사람이 없듯이 각자 생각이 달라 수천, 수만의 이론이 난무하고 있고, 이에 필자의 이론도 이 많고 많은 이론들 중에 또 하나를 더하여 더욱더 혼란스럽게 하는 것일 수도 있다.

필자 스스로 깨닫고 정리한 이론을 나름대로 정립하고자 하나 이 세상에 100이 없고, 제 4차원인 역(易)도 100이 될 수 없으며, 하느님도 100이 아닌 입장이기에 필자의 이론도 100이 아님을 전제로 하면서…

격국이란 하나의 사주에 대다수 몇 개씩 들어 있게 된다. 일단 필자는 여기서 하나의 이론을 정리하고자 한다.

팔자 속에 여러 개의 격국이 들어 있을 때는 제일 비중이 큰 격국이 우선시 되며, 그 격국이 형충파해 합 등에 의하여 격으로 쓸 수 없는 입장일 때는 타 격국을 찾아 우선 적용한다.

이렇게 정리하는 이유는 道! 즉, 세상 이치에서 비추어 보면 쉽게 알 수가 있기 때문이다. 이러한 연유에서 위 사주를 살펴보면 몇 가지 격국이 있으나 그 중에서 일차적으로 상관 용인격이다.

두 번째로, 극신약 사주로서 시간에 甲木이 투출하고 월지로 子午卯酉 사왕지인 卯木에 의한 년지 寅木, 시지 辰土로 寅卯辰 방합이 되며, 이 방합의 성립 여부는 일지 戌土에 있으며, 이 일지 戌土가 월지 卯木과 卯戌合이 되기에 辰戌沖을 막아 寅卯辰 방합이 성립된다.

특히 시간 甲木이 개두(蓋頭)하고 있는 입장이기에 월지 卯木의 氣가 지지 방합을 하며, 시지로 흘러 강력한 木(방합)국이 된다. 그러기에 단순히 상관 용인격이라 할 수 없는 부분이 있는데, 사주팔자와 대운을 함께 대입하여 봄으로써 명확한 답을 얻을 수가 있다.

대운을 보니 초년 庚辰대운 寅卯辰 동방 木 끝으로 시작하여 巳午未 운에서 申酉戌 방향으로 흘러가니 庚辰대운은 寅卯辰 동방 木운이라 하지만 辰土는 土의 영향이 크고, 대운 천간 庚金이 있으니 이로 인하여 상관 용인격의 입장이라 할 수 있다.

辛巳대운부터는 寅卯辰 동방 木을 극하는 金의 絕地로 돌아와 가종(假從)을 하게 되는 입장이 된다. 그리고 壬午대운은 이미 팔자상에 있던 寅卯辰 木방합과 년지 寅木과 대운 午火와 일지 戌土가 寅午戌 삼합으로 가담하면서 지지가 완전 寅卯辰 방합에 寅午戌 삼합으로 이루어지게 됨에 따라 년간 庚金은 火에 극을 받는 입장이 된다.

다시 말하자면 년간 庚금은 일지 戌土에 통근하고 생을 받으며 시지 辰土에 생을 받는 구도이지만, 시지 辰土는 寅卯辰에 동참하고 일지 戌土는 寅午戌 삼합에 동참하게 됨으로써 결과적으로 년간 庚金은 근을 잃고 무력화되고 만다. 그에 따라 일간 壬水는 의지처를 잃으니 자연히 寅卯辰 강력한 木에 종하고 財에 종하여 가(假) 종격이 된다.

甲申대운은 巳午未 火운이 지나가므로 金의 절(絕)지가 끝나고 庚金의 뿌리인 申金이 들어와서 寅卯辰 방합에 동참하고 있던 寅木을 인신충하므로서 사실상 寅午戌 삼합은 대운이 지나며 자연히 소멸되게 되고, 寅卯辰 동방 합도 깨어지게 된다. 이때부터는 다시 상관 용인격으로 돌아온다.

이제 용신과 희기에 대하여 알아 볼 차례가 되었다. 팔자는 인자(因子)일 뿐이며, 이 인자가 태어나서 명을 다하는 그 순간까지 팔자는 팔자일 뿐이며, 팔자 그 자체는 변화하지 않는다.

그러나 인자인 이 사주팔자는 대운이란 것을 타고 가면서 그 대운에 의하여 변화하여 가는 것이므로 사주팔자의 많은 격국 중에서 상관 용인격과 가종격에 해당된다. 따라서 대운에 따라 종아나 종재를 할 경우에는 火가 용신이며, 木이 희신이며, 水가 기신이며, 金은 구신이 된다. 토(土)는 약(藥)신이 되는데 그 이유는 종을 하는 입장에서 水는 용신 火를 극하므로 水가 병이 되는데, 土는 그 병인 水를 제하여 주기 때문이다.

다음 상관 용인격일 경우 金이 용신이며, 土가 희신이며, 火가 기신이며, 木은 구신이 되고, 水는 약신이 된다. 이것은 일반적 이야기며 더 섬세한 해설은 후에 다시 한다.

(5) 월지원명으로서 그 사람의 진정한 성격을 알게 된다. 원명통변의 희기에 따라 경중이 있으나, 대체적으로 살펴보면 원명이 정재이면 정직하고 소심하며, 물질상에 머리를 쓰게 되는 성격이다. 이와 같이 그 통변성에 의하여 각각 특유의 성격을 정한다.

예

甲 壬 己 庚
辰 戌 卯 寅

卯월은 상관으로 두뇌가 좋고 상상력이 풍부하며, 기술·예술 분야에 탁월한 소질이 있다.

(6) 일지장간을 인원이라고도 하고 태생원명이라고도 한다. 월지

원명을 겸하여 성격을 알 수 있다. 예를 들면 월지에 정재가 있고 일지에 겁재가 있으면 원래 정직하나, 겁재로 인하여 파하게 되므로 진정한 정직이 못되고 때로는 부정직하다.

혹은 외관은 유순하나 내심은 악독하다고 본다. 월지원명에 고장이 있어도 그 통변에 따라 반드시 성격을 가지게 된다. 일지는 처의 위치이므로 배우자의 성격을 추측할 수 있다.

예

甲 壬 己 庚
辰 戌 卯 寅

壬戌 일간의 성격으로 壬戌은 가을비 내리는 들녘의 영리한 흑구(黑狗)의 형국임으로 기질은 호방하고 솔직담백한 편이며, 인정이 많고 기민하게 상황을 판단하여 그때그때 순발력이 있게 대처하는 두뇌의 소유자이지만, 성질이 괴팍하고 독선적인 면도 있다.

항상 지혜가 넘치므로 학자나 연구가로서 성공할 수 있다. 건강은 뇌일혈·당뇨·방광·간질·요도·신장·대장염·골절·디스크 등의 질환에 유의하여야 한다.

부인은 정재로서 일지 장간의 丁火인데, 부인인 丁火의 입장에서 본다면 인묘진 방합에 강력한 甲木이 壬水를 설하여 壬水가 무력하므로 무능한 남편이 되며, 남편의 입장에서는 편관으로 심하게 극을 받으므로 부인의 잔소리와 극성이 심하여 부부 불목(不睦)한다. 단 이 또한 대운에 의하여 종격일 경우와 상관 용인격일 때는 다른 입장으로 되므로 일률적으로 단정지어서는 안 된다.

(7) 생일천간의 오행에 따라 대체적인 성질을 안다. 金일생은 의리·인정이 많고 水白하면 지혜가 깊다. 일간의 왕상극해에 의하여 변화한다. 예를 들면 金일생이 盛火를 만나면 金의 義가 극하게 되어 의리·인정이 있어도 실행을 못한다. 水일생이 盛土를 만나면 水의 智를 극하게 되므로 지혜를 상하고 우둔하게 되기 쉽다. 모두 다 이와 같이 판정하면 된다.

(8) 생년 간지통변에 의하여 祖先과 출생 당시와 유년시대의 선악(善惡)을 판정한다.

예를 들면 年에 정관(正官)이 있으면 장남으로 출생하고, 早達成功하며 手上의 도움을 받게 된다. 만약 盜食(편인)이 있으면 祖先, 혹은 手上의 도움이 없고, 祖業을 失하고 不承하며 혹은 타향에서 살게 된다.

상관이 있으면 중년까지 반드시 편친과 생사별을 면치 못한다.

예

甲 壬 己 庚
辰 戌 卯 寅

년은 조상, 월은 부모, 일은 자신과 부부, 시는 자식이며, 또는 년은 초년 15세, 월은 장년 15~30세, 일은 30~45세, 시는 45세부터 60세 또는 말년의 명을 본다. 이 명은 년에 편인(偏印)이 있고, 년지에 의식주를 주관하는 식신(食神)이 동주하여 조상이 부귀하지 못하였다고 본다.

인수(印綬)는 고향이며, 어머니의 모태(母胎)다. 그 고향 산천인 식신을 편인이 극하여 산천이 황폐화되므로 인하여 먹을 것을 찾아서 타향·타도로 이주하여 새로운 터전을 마련하여야 하기에 타향·타도 생활을 하게 된다.

일간에서 년지 12운 병지가 되어 어린시절 병약하였다고 본다. 이것은 어디까지나 단편적인 판단법이므로 절대적이라고는 할 수 없다.

(9) 생월에 의하여 형제 자매의 유무와 장래의 운명 근원을 알게 된다. 또 조국과 고향을 추측한다.

예

甲 壬 己 庚
辰 戌 卯 寅

월간은 아버지, 월지는 어머니궁으로 본다. 아버지는 년지 장간 병화로서 지장간에 있어 미약하고, 월지 상관이 월간을 극하므로 월간 정관을 아버지의 입장으로 본다면 아버지는 명예가 없는 분이라고 본다.

월지는 어머니궁으로 어머니는 일지 장간 신금(辛金)으로 지장간에 있어 미약하고, 일간에서 월지는 12운 사(死)지에 해당하여 어머니 덕이 없다고 본다.

월지는 형제궁으로 형제 덕이 없으며, 월지 상관은 壬癸의 기를 강하게 설하므로 형제도 잘 산다고 보기 어렵다. 이것은 어디까지나 단편적인 판단법으로 절대적이라 할 수 없다.

(10) 생일통변으로 남자는 처의 선악을 보고, 여자는 남편의 선악을 본다.

예를 들면 비견이나 겁재가 있으면 반드시 부부간의 구설, 이별 등을 면치 못한다. 정재가 있으면 처덕이 있고 내조의 功이 있다. 정관이 있으면 能家의 처에 녹이 있고, 편관이 있으면 거북한 남편에 녹이 있다.

모두 다 그 통변에 의하여 이것을 측정한다. 또 년월시와 일지와의 형충파해·생극제화·육합·삼합 등을 보고, 형충파해는 불화(不和)로, 합은 화합(和合)으로 본다.

예

甲 壬 己 庚
辰 戌 卯 寅

이미 앞에서 부부궁에 관한 설명이 있었다. 이 명조인은 일시가 충하므로 부부 백년해로는 어렵다. 그러나 이것은 어디까지나 단편적인 판단법이므로 대운에 의하여 종아·종재를 할 경우에는 처덕이 있다고 판단하고, 상관용인일 경우는 식상 재관이 기신에 해당하므로 처와 자식의 인연이 없다고 판단한다.

그의 판단법은 대운에 따라 다양하게 나타날 수 있기에 조심하지 않으면 안 된다.

(11) 생시는 歸結의 地라고 하여 매우 중요하다. 선천적인 사주 조직에 있어서 그 선악의 보좌역을 한다. 모두 생시에 引從

하여 그 결과를 안다. 년월일의 통변과 오행과 시와의 왕쇠를 보고 각기 결과를 측정한다.

시(時)로서 자녀의 유무를 아는데, 사주 중에 子星이 없으면 時의 십이운 왕쇠로 자녀의 유무와 성쇠를 추정한다. 또 시는 본인의 晩年運命, 즉 根基 盛衰를 안다. 예를 들면 생시에 있는 길성・길신의 왕상으로 만년 행복을 알 수 있으니, 만년대운에 길운이 오지 않고 흉운이 온다 하여도 생시에 의하여 만년 길행을 득할 명이면 극빈에는 이르지는 않는다.

만약 생시에 흉성・흉신이 있고, 衰敗하고 행운이 또한 흉하면 만년에 결말이 불미하다. 또 생시는 수하・부하 등을 본다. 충형파해 기타에 의하여 무력・유력을 알게 된다. 고유의 질병과 생명의 장단과 행운에 의한 생사의 감정을 한다. 여기에 대한 감정법은 별도로 해설한다.

예

甲 壬 己 庚
辰 戌 卯 寅

팔자 전체 구성을 볼 때 격국과 용신의 희기와 대운에 의하여 판단하는데, 단식 판단법으로 본다면 이 명은 초년에는 편인이 주도하여 의식주의 고난을 겪을 명으로 월 부모의 덕을 보기 어려운 입장에 일지가 토극수 당하여 장년까지 고난을 겪으며, 처자와 이별하는 아픔을 겪게 되나, 식신은 아랫사람 수하 등이 되므로 일간 임수가 고난의 세월을 겪으며, 신약 명에 庚金 편인을 의지하며 열심히 배우고 익힌 학문과 사회 경험을 후학에게 전하게 된다.

또한 말년인 시간의 식신은 의식주를 관장하고 사회활동을 의미하므로 노후에 늦게까지 사회활동을 하며, 평생 허약 체질로 힘들게 살아 왔다면 노후에 건강을 찾으며 활발한 삶을 살게 되므로 말년(末年)이 제일 좋은 명이 된다고 보겠다.

제 3 장 사주감정의 요점

1. 감정시 중요사항

운명을 감정하는 데 여러 가지 법칙이 있으나 그 중에서 중요한 사항을 열거한다.

1) 생월 간지를 주사(主事)라 하고, 일간을 천원(天元)이라 하여 제일 중요시한다. 감정에 있어서는 이것을 중심하여서 본다.

2) 생월을 월령(月令)이라 하고, 원명(元命) 또는 운원(運元)이라고도 한다. 간명의 근본은 월지를 보고 월지 중 장간(藏干)에 의하여 각각 통변을 붙인다. 이것이 가장 중요하다.

3) 생년을 근본(根本)이라 하고, 인생의 초기(初期)를 본다.

4) 사주 중에 있는 통변성을 각각 월지에 인종(引從)하여 모든 사상(事象)을 본다. 또 시지에 인종하여 결과를 본다.

예

甲 壬 己 庚
辰 戌 卯 寅

① 년간 庚金은 월지 묘목에 12운의 태(胎)지가 되며, 경금은 金木金하여야 하는 입장이 되어 월령을 얻지 못하였다고 한다. 그러나 경금이 시지에 인종하여 12운의 양(養)지가 되고, 辰土에 土生金 받아 庚金은 세(勢)를 얻는다고 한다.

② 월간 己土는 월지 卯木에 병지가 되며, 木克土를 받아 월을 얻지 못하였다고 한다. 그러나 시는 12운 쇠(衰)지가 되지만 같은 오행이므로 시(時)에 인종하여 세(勢)를 얻었다라고 한다.

③ 일간은 월지 12운 사(死)지가 되며, 水生木으로 일간의 기를 설하여 월을 얻지 못했다고 한다. 시지 인종하여 12운 묘(墓)고(庫)가 되어 시지 역시 얻지 못했다고 한다. 그러나 시지 辰土는 수(水)고(庫)가 되어 일간 壬水가 통근은 하였다라고 한다.

④ 시간 甲木은 월지 卯木에 12운 왕지가 되어 월을 얻었다 한다. 그러나 시지는 12운 쇠(衰)지가 되어 시(時)를 잃었다고 한다. 그러나 辰중 장간에 통근은 하였다라고 한다.

5) 사주 중 장소에 따라 다음과 같이 取用한다.

年은 干을 취한다.

月은 支를 취한다.
日은 干을 취한다.
時는 干과 支를 취한다.
大運은 支를 用한다.
世運은 天干을 用한다.
이것을 所用이라고 한다.

어머니의 보호아래 성장하는 과정이 평생을 통하여 약 30% 정도의 기간에 해당하듯이 사주팔자에서도 월지의 비중이 약 30% 정도 차지한다고 보면 되겠다. 그러기에 사주에서 월지에 비중을 많이 두게 된다.

음양(陰陽)의 이치로 보아서 지지는 내면의 생각과 가정적 활동이라면, 천간은 밖으로 나타나는 행위가 되어 사회활동이라 볼 수 있다. 따라서 타 주(柱)의 간지는 대외적 활동을 나타내는 천간에 비중을 둔다.

대운은 월에서 발하고, 월과 마찬가지로 계절에 해당한다. 만물은 계절에 따라 성장노쇠를 하므로 대운도 계절의 의미를 나타내는 지지에 비중을 둔다.

세세로 돌아오는 년은 사주팔자의 타 간지와 마찬가지로 천간에 비중을 둔다.

대운과 연운(年運)은 음양(陰陽)의 관계로 보아 대운을 지지에 비중을 많이 둔다면 세세(歲歲)로 들어오는 연운은 천간에 비중을 두는 것이 음양의 이치에 맞지 않겠는가.

6) 통변성의 길신 · 길성을 용신이라 한다.

예

丁 戊 丁 乙
巳 寅 亥 卯

무(戊)토가 해(亥)월에 태어나 월지 편재격으로 재(財)가 년지(年支) 묘목과 해묘 합목하고 일지 인목과 인해 합목하여 재생관하고 있으며, 조후가 필요한데 시(時)지 사(巳)화에 통근한 월(月)과 시(時)간의 정(丁)화 인수가 길신이 되며, 팔자상의 중화를 잡아 주는 입장에 있기에 인수인 정화를 용신이라 한다.

7) 통변성의 흉성(凶星)을 패신(敗神)이라 한다.

예

丁 戊 丁 乙
巳 寅 亥 卯

일간이 신약하고 조후가 필요하여 인수인 월시간의 정화가 용신인데, 이 용신을 극하는 오행을 흉성 또는 패신이라 하는데, 즉 기신이 된다.

8) 사주 중 오행의 태과불급을 보고 행운에서 이것을 보충한다. 혹은 대세운과 사주를 종합하여 태과불급을 본다.

예

丁 戊 丁 乙
巳 寅 亥 卯

57 47 37 27 17 7
辛 壬 癸 甲 乙 丙
巳 午 未 申 酉 戌

화(火)가 용신으로 土火運은 길하고 金水木運은 좋지 못하다. 초년은 申酉戌대운으로 길하지 못하나 천간 甲乙木이 火를 생하므로 어려운 입장이지만 무난히 지나가며, 37살 癸未대운부터 아주 좋은 운이라 본다.

세운에서 오는 癸未년은 癸水가 용신 丁火를 극하여 좋지 못하지만, 未土가 년지 卯木과 亥水와 亥卯未 삼합으로 강력한 木局이 되어 시지 巳火를 생하여 주므로 어려운 입장이나 음(陰)으로 도와주는 사람이 있어 大凶하지는 않는다고 본다.

9) 上下相剋 상생(相生)에 二種이 있다. 간과 지의 上下와 년을 上으로 하고 순차로 월일시를 下로 하는 상하가 있다. 모두 다 상하상극 相生 比和를 본다.

예

丁 戊 丁 乙
巳 寅 亥 卯

57 47 37 27 17 7

辛 壬 癸 甲 乙 丙

巳 午 未 申 酉 戌

① 년은 乙卯로 비화가 된다.
② 월은 亥水가 丁火를 극하여 상극한다.
③ 일도 寅木이 일간 戊土를 극하여 상극한다.
④ 시는 丁巳로 비화가 된다.

10) 월기(月氣) 심천(深淺)을 계산하여 분야 장간(藏干)을 찾아서 중용한다.

예

丁 戊 丁 乙

巳 寅 亥 卯

57 47 37 27 17 7

辛 壬 癸 甲 乙 丙

巳 午 未 申 酉 戌

월기 심천분야 장간 亥 중 戊土 7일, 甲木 7일, 水가 16일인데 이 명조는 1975년 10월 26일 오전 10시 생으로, 월기 심천 분야 戊土 7일과 甲木 7일을 합한 14일을 지난 21일째 태어난 명이므로 월지 장간 壬水가 주도하는 격을 잡아 편재격이다.

11) 용신의 강약과 희기 또는 통변성의 강약과 희기를 본다.

예

丁 戊 丁 乙
巳 寅 亥 卯

57 47 37 27 17 7
辛 壬 癸 甲 乙 丙
巳 午 未 申 酉 戌

이 명조는 1975년 10월 26일 생으로, 입동(立冬)이 지나 대설(大雪)을 11일 남겨 둔 엄동설한(嚴冬雪寒)의 추위가 극심한 때에 태어난 戊土이다. 戊土의 임무는 甲木을 키우는 것인데, 땅이 꽁꽁 얼어 있어 냉기(冷氣)를 풀어내야 하므로 丙火의 강렬한 태양 빛이 필요한 입장이지만 丁火의 약한 열기로 한기를 풀어내야 하기에 어려움이 많다.

용신을 월간과 시간의 丁火로 보고 丁火를 亥월에 대입하여 보면 12운의 태(胎)지에 해당하니 용신이 사실상 약한 명이라 볼 수 있다. 한편으로는 오행상으로 亥水가 木을 생하여 그 木이 용신인 火를 생하여 중화를 이룬 입장이라고도 볼 수 있으나, 亥월 戊土 일간이 강한 丙火가 투출하지 못하였으므로 전체적인 중화법에서 볼 때 아쉬움이 남는다 하겠다.

2. 명리의 3요소

1) 사주를 조직하고 성격(成格) 파격을 제일 먼저 정한다. 이 격으로 天稟의 운명을 안다. 성격이 안 될 때는 他法으로 본다.

예

乙 壬 丙 乙
巳 子 戌 巳

庚 辛 壬 癸 甲 乙
辰 巳 午 未 申 酉

壬水 일간이 戌月에 태어나 월지 장간에서 천간 투출이 없으니 월지에서 격을 잡아 정관격, 정격(正格)은 순(順)으로 가며, 정관격에 년간과 시간에 상관이 있어 정관격을 파격하고자 하므로 상관을 제할 인수를 찾게 되는데, 인수가 巳 중 장간 庚金, 월지 戌土, 장간 辛金으로 미약하고 관을 생하는 丙火가 년지와 시지에 통근하고 월간에 투출하여 상관의 기를 설하여 정관을 생하니 정관격으로 승격된 팔자다.

그러나 정관격으로 승격된 팔자이지만 일간이 약하기에 인수를 원하게 되며, 초년 申酉 金運에 공부하고 癸未대운부터 운로가 좋은 입장이 아니므로 개인사업 하기에는 불가하며, 팔자상에 상관과 재가 왕하여 은행에서 근무하며 직장 생활로 순조롭게 발전하고 있는 사주다.

2) 사주의 위치를 본다. 年을 근본으로 하여 유년(幼年) 운명을, 生月은 中年 운명을, 生時는 晩年 운명으로 하여 先天根基 운명을 본다.

예

乙 戊 乙 丙
卯 辰 未 午

이 법은 연두법(年頭法)으로 과거의 당사주식 방법이라 할 수 있다. 자평학이 나오기 전에는 연(年)을 아(我)로 하여 월일시로 보았는데, 연두법의 학문적 풀이한다면 년은 1세에서 15세로, 월은 15세에서 30세 장년으로, 일은 30세에서 45세까지, 시는 45세에서 60세로 보는 방법이다.

역(易)을 공부하다 보면 어느 한 가지 이론에 치우치게 되기 쉽다. 십신으로만 분류하여 어떤 오행은 희신이기에 좋고, 어떤 오행은 기신이기에 나쁘다는 식의 통변에 익숙하게 되면 오류를 많이 범하게 된다. 팔자란 일률적 단편적이질 않으며, 역(易)의 원리는 이것이 있으면 저것도 있는 것이다. 역(易)의 원리는 사통오달이다.

모든 적용 가능한 이론과 방법들을 항상 염두에 두어야 한다.

음봉양생 양봉음생(陰逢陽生 陽逢陰生)

역(易)의 원리는 상대적이면서도 서로 필요로 하여 공존 발전하는 것이다. 음은 양을 만나야 살게 되고, 양은 음을 만나야 살며, 낮은 밤이 있으므로 존재하고, 밤은 낮이 있기에 존재한다.

역(易)이란 상대성 원리로서 반대나 파괴의 개념이 아닌 상생과 배려, 보충과 협력의 관계를 내포하고 있다.

따라서 음양의 관계가 투쟁·폭력·전쟁 상극의 갈등을 의미하는 것은 아니다. 남자는 여자를, 여자는 남자를 만나야 살 수 있고, 가난한 사람은 부자를, 부자는 가난한 사람을 만나야 상호 공생한다.

부모는 자식을, 자식은 부모를 만나 살게 되며, 상호 필요에 따른 불가분에 의한 공존 관계다.

음생양사 양생음사(陰生陽死 陽生陰死)

陰은 陽에서 죽게 되고, 陽은 陰에서 죽게 되니 낮이 살아나면 밤이 죽고, 밤이 살아나면 낮이 죽는다. 陰이 살아나는 곳에는 陽이 죽기 마련이며, 陽이 살아나는 곳에 陰은 죽는다.

새벽이 되면 밝음은 서서히 살아나고 어두움은 사라지게 되며, 저녁에는 어두움은 짙게 되고 낮의 밝음은 사라진다. 여름이 생하면 겨울은 죽게 되고, 겨울이 생하면 여름은 죽게 되는 자연의 법칙 속에 음기가 강하면 양기가 쇠하게 되고, 여자가 강하면 남자의 기가 죽게 되고, 남자가 강하면 여자의 기가 죽게 된다.

또한 강자는 약자에 의하여 죽게 되고, 약자는 강자에 의하여 죽게 되며, 내가 살면 남이 죽게 되고, 남이 살면 내가 죽게 되며, 내가 성공하면 상대는 실패하게 되고, 상대가 성공하면 내가 실패하여진다.

음생양 양생음(陰生陽 陽生陰)

陰은 陽을 만들고, 陽은 陰을 만들기에 밤은 낮을 만들고, 낮은 밤을 만들며, 有는 無를 낳고, 無는 有를 낳는다.

극음(極陰)이 있는 곳에는 陽이 잉태하고 있으며, 극양(極陽)이 있는 곳에는 陰이 잉태된다.

상호 불가분의 순환 관계로서 여자가 있기에 남자가 있고, 남자가 있기에 여자가 있으며, 하(下)가 있기에 상(上)이 있다. 상(上)이 있기에 하(下)가 있으며, 나라가 있기에 국민이 있고, 국민이 있기에 나라가 있다.

백성이 있기에 왕이 존재하고, 왕이 있기에 백성이 있다. 슬픔이 있는 곳에는 기쁨의 씨가 잉태하고, 기쁨이 있는 곳에는 슬픔의 씨가 잉태한다. 삶이 있는 곳에는 죽음의 씨를 잉태하고, 죽음이 있는 곳에는 삶의 씨가 잉태하고 있다. 언제 어느 곳이든 희비는 있기 마련이고, 위기는 기회를 낳고, 기회는 위기를 낳는 것이다.

음중양 양중음(陰中陽 陽中陰)

자석의 반을 잘라 보면 잘린 반쪽에서도 다시 한쪽은 음극, 한쪽은 양극이 생긴다. 이 세상 존재하는 모든 것은 음양 양면성의 통일체로 존재하며, 일년의 시간인 봄・여름・가을・겨울도 음양으로 구분하면 봄・여름은 양의 시간에 속하고, 가을・겨울은 음의 시간에 속한다.

극양에 속하는 여름은 양의 기운이 가장 많이 작용하는데 반하여 음의 기운인 습기가 가장 많이 생기고, 겨울은 가장 추운 음기에 속하는데 반하여 양기(陽氣)인 건조함이 지배하여 불이 자주 발생한다.

만남의 시간 속에는 헤어짐의 시간이 기다리고 있고, 헤어짐이라는 시간 속에는 만남의 약속이 있다. 사랑 속에 미움이 함께 존재하고, 미움 속에 사랑이 함께 존재한다. 진실 속에 거짓이 있고, 거짓

속에 진실이 있으며, 사랑의 베품 속에 내가 받게 되는 갚음이 있다.

음변양 양변음(陰變陽 陽變陰)

유(有)가 변(變)하여 무(無)가 되고, 무(無)가 변하여 유(有)가 되며, 악(惡)이 변하여 선(善)이 되고, 선(善)이 변하여 악(惡)이 되며, 합(合)이 변하여 충(沖)이 되고, 충(沖)이 변하여 합(合)이 되며, 음지(陰地)가 변하여 양지(陽地)가 되고, 양지(陽地)가 변하여 음지(陰地)가 된다.

밤이 변하여 낮이 되고, 낮이 변하여 밤이 되며, 겨울이 변하여 여름이 되고, 여름이 변하여 겨울이 된다.

이 세상 삼라만상은 영원한 것이 없으며, 변화의 법칙에 의해 이 순간에도 변화하고 있다.

부자가 변하여 가난한 사람이 되고, 가난한 자가 부자가 되며, 강한 사람이 변하여 약한 사람이 되며, 권력자가 죄수가 되어 갇힌 신세가 되기도 하고, 약한 사람이 변하여 권좌에 앉아 권력가가 되기도 한다.

외음내양 외양내음(外陰內陽 外陽內陰)

겉이 음이면 속은 양이 되고, 겉이 양이면 속은 음이 되어 여름은 무더운 계절이나 동굴 안은 서늘하고, 지하수는 얼음같이 차다. 겨울은 추운 계절인데도 동굴 안은 따뜻하고 지하수가 따뜻하듯 인체에 있어서도 겉이 따뜻한 사람은 속이 차가우며, 겉이 차가운 사람은 속이 오히려 따뜻하다.

사람의 경우에도 겉으로 강한 자가 오히려 속은 유약한 사람이 많고, 유약한 사람일수록 자신의 약점을 감추기 위하여 밖으로는 강한 척 한다. 외모가 화려한 사람은 실속이 별로 없고, 지나친 친절함 속에는 남을 이용하고자 함이 있다.

자연의 법칙은 음과 양의 두 얼굴을 하면서도 서로 숨기지 아니하고, 조화로서 음과 양의 장점을 보완하여 완전함을 추구하는 거짓이 없고 진실뿐인 영원한 절대 진리이다.

인간은 음과 양의 존재이면서도 그것을 감추고 숨기려 함으로 인하여 대립·투쟁·갈등·모순을 만들게 되니, 항상 불안정에 의한 미완성이 되풀이되고 있다.

이와 같이 역의 원리에 대하여 알아보았다.

예

乙 戊 乙 丙
卯 辰 未 午

다시 살펴보면, 년 병오는 1세에서 15세까지의 초년으로 보듯이 병오란 간지가 태어나 월을 지나게 되면 을목이 미토에 자리하듯 힘든 시간을 지나게 되고, 일로 가면 다시 간지동으로 건왕하게 성장하고 말년 을묘로 좋은 결실을 보는 것으로 볼 수 있다.

년 병화에서 월 인수 을미 목의 생을 받아 성장하고, 일 무진 식신 왕성한 활동을 하여 말년 노후 안정을 취하는 좋은 명조라 할 수 있다.

3) 육친(六親) 구족(九族)의 선악을 자기와 대조하여 측정한다.

예

乙 戊 乙 丙
卯 辰 未 午

(1) 戊土 일간에서 어머니는 월지 장간 丁火와 년지 장간 午 중 丁火로 정편인이 혼잡하여 어머니 외 계모가 있다고 본다.

(2) 아버지는 壬水인데 팔자상에 나타나 있지 않고, 아버지의 형제인 癸水가 일지 장간에 있으므로 일지 장간 癸水를 아버지로 본다. 癸水에서 보아서 월지 장간 丁火와 년간 丙火, 년지 午 중 丙丁인 재성이 많으므로 아버지는 어머니와 헤어지고 재가하였다고 본다.

(3) 할아버지는 편인으로서 년간 丙火며, 월지 장간 丁火, 년지 장간 丙丁으로 할아버지 형제분이 많았다고 본다.

(4) 할머니는 상관으로 팔자상에 없고, 할아버지 성인 火가 강하여 할머니는 장수하지 못하였든가 할머니의 영향력이 약하였다고 본다.

(5) 부인은 癸水로 일지 장간에 있으며, 팔자상에 火土가 강하여 부인은 건강하지 못하다고 볼 수 있다.

(6) 장모는 庚金으로 팔자상에 없기에 장모의 영향력이 크지 않으며, 장모의 형제들이 적었거나 혹은 장수하지 못하였다고 본다.

(7) 장인은 丁火로 팔자상에 丙丁火가 많아 장인 형제분은 많다고 볼 수 있다.

(8) 자식은 甲乙木으로서 월간 乙木, 월지 乙木, 일지 乙木, 시간 乙木, 시지 장간 甲乙로 팔자상에 자식성이 많으므로 자식이 많다고 본다.

(9) 아들은 편관으로 시지 장간 甲木으로 보는데, 甲木에서 戊己土가 많아 자식은 부귀한다고 본다. 또한 며느리는 戊己土로 본다.

(10) 딸자식은 乙木으로, 乙木의 관인 庚金이 팔자상에 없어 딸은 극왕하고, 사위는 팔자상에 없으므로 사위는 공처가이거나 무능력 또는 백년해로하기 어렵다고 본다.

(11) 손자는 金으로 손자성인 金이 팔자상에 없으므로 손자는 무능 또는 많지 않다고 본다.

(12) 증조할아버지는 庚辛金으로 팔자상에 나타나지 않아 증조할아버지는 부귀하지 못하였으며 장수하지 못하였다고 본다.

(13) 증조할머니는 甲乙木으로 증조할머니는 장수하였다고 본다.

(14) 고조할아버지는 木으로 팔자상에 왕하여 고조할아버지는 부귀하였다고 본다.

※ 이것은 단편적 판단법이며, 더 정확한 판단법은 대운을 보고 판단하는 것이다. 대운의 길흉화복에 따라 천차만별로 나타나는데, 이 육친관계는 단식 판단의 예문이다.

3. 본상(本像)과 화상(化像)

일간오행을 본상(本像)과 화상(化像)으로 구별하여 보아야 한다. 本像이라 함은 甲을 木, 乙을 木이라고 하는 것이다. 甲일생이 他에 己가 있으면 甲己가 간합하여 土로 化한다. 이것은 土의 化像이 된다. 乙은 木이나 사주 중에 庚이 있으면 乙庚이 간합하여 金이 되어 金의 化像이 된다. 일간오행을 여기에 準하여 본다.

예

己 甲 乙 辛
巳 寅 未 亥

본 명조는 甲木 일간으로 시간에 己土가 있어 甲己合이 된다. 특히 월지가 未월로서 월지 장간에서 己土가 시간에 투출하여 甲己합을 하고 있다.

그러나 월간 乙木이 월지 장간에서 함께 투출하여 甲己合을 하고자 하는 己土를 乙己克하고자 한다. 그러므로 甲己 合이 불합(不合)으로 된다.

년간 辛金이 乙木을 乙辛克하므로 乙木이 辛金에 극을 당하여 시간 己土를 乙己克 할 수 없어 다시 甲己合이 된다.

甲木이 지지에 戌土나 申金을 깔고 앉으면 化像이 될 수 있으나 일지에 寅木을 깔고 있는 강한 甲寅은 자존심을 버리지 않기 때문에 甲己合을 하더라도 土로 화하려고는 하질 않는다.

그러나 대운에 午火가 오게 되면 일지 寅木과 午火가 寅午戌의 반합인 寅午合火하며, 시지 巳火와 월지 未土를 午火가 巳午未 방합의 반합 火局을 하므로 化하여 甲己 合土 하고자 한다.

그러나 년지 亥 중 장간 壬水에 통근하고, 甲木에 통근하여 완전한 100% 化를 하지 못하니 假를 붙인다. 즉 가화(假化)를 한다는 뜻이 된다. 그러나 이는 대운 중에 가화가 된다고 보는데, 년에서 甲己合을 깨는 戊土 乙木이 오거나, 월상 乙木을 제하고 있는 辛金을 丙辛合하거나 丁辛克을 하게 되면 乙木이 辛金으로부터 풀려남으로 인하여 그 해에는 化를 하지 않는다.

4. 용신의 위치

용신(用神)이라 함은 길신(吉神)을 말하고, 패신(敗神)이라 함은 흉신(凶神)을 말한다. 용신과 패신의 위치에 따라 길흉을 구분할 수 있다.

년에 용신이 있으면 祖先 또는 手上의 덕을 입게 된다.
월에 용신이 있으면 부모 手上 형제의 힘을 얻게 된다.
일에 용신이 있으면 賢良한 배우자가 있고 또 힘을 얻는다.
시에 용신이 있으면 자손의 덕을 입고 또 手下의 힘을 얻게 된다.
이에 반하여 패신(敗神)이 있으면 힘을 얻지 못한다.

예를 들면 년에 재성(財星) 식신(食神) 정관(正官) 인수 등이 있고, 형충공망이 없으면 반드시 祖先 또는 父母 手上의 후원을 받게 된다. 이에 반하여 년에 盜食이 있으면 祖先 手上의 힘을 얻지 못하고 타향에 살게 되며, 조업(祖業)을 不承하고 상관(傷官)이 있으면 家名을 계승하지 못한다. 겁재가 있으면 祖先의 재(財)를 失하거나 받지 못한다. 이에 준하여 그 위치에 따라서 본다.

예

甲 壬 己 庚
辰 戌 卯 寅

용신인 희신이 년에 있으면 조상의 복이 있으며, 월에 있으면 부모에 덕이 있고, 일지에 있으면 부인 덕이 있고, 시에 용신이 있으면 자식 덕이 있다.

그러나 년에 편인이나 상관 겁재가 있으면 조상의 음덕을 받지 못한다.

이 명조는 년에 편인이 있어 초년에 조상의 덕이 없으며, 년에 편인으로 초년에 부모의 조업이 없어 일찍 타향·타도에 나가 생활하나, 편인이 용신이 되어 노후에 용신 편인의 근이 되는 운을 맞아 편인의 작용으로 역학인으로서 명을 올린다.

재관인과 같이 정으로 용신하면 좋으나 편으로 되었는데, 편이 용신일 경우에는 편도 길작용을 하므로 일률적 단편적인 판단을 하면 안 된다.

5. 입격 결정

감정의 주요점은 월지 원명을 제일 먼저 본다. 즉 월지의 성격 파격을 확인한다. 월 중에 격이 없으면 타에서 격을 찾고, 월과 他處에 한둘의 격이 성립되면 月中격을 취하고 타격은 보지 않는다. 月中격을 우선적으로 본다.

예

癸 癸 辛 丙
丑 卯 丑 申

丁 丙 乙 甲 癸 壬
未 午 巳 辰 卯 寅

癸水 일간이 丑月에 태어나 월지 편관격, 월지 장간에서 辛金이 월간에 투출하여 편인격, 월간 편인은 년간 丙火와 丙辛合하므로 월지 편관격이다. 월지 편관격에 일지 卯木이 편관을 제하여 승격되었다.

癸水의 의무는 木을 키우는 것인데 조후가 우선하며, 丙火가 조후를 담당하게 되는데 월간 辛金이 조후용신인 丙火를 丙辛合水 잡아 버려 중화가 많이 깨어졌다.

초년 寅卯辰 동방 木에서 巳午未 남방 火운으로 운이 흘러 길하다 하겠으나 팔자상에 있는 조후용신이 묶여 대길한 명이 되질 못한다.

이 명조는 巳午未 남방 火運에 丙辛合이 乙辛克하여 丙火가 풀리는 乙木운이 病藥에 의한 약신이 되고, 丙午대운의 경우 丙午 강력한 火가 와서 대길하다고 판단하기 쉬우나 사실 丙火가 辛金에 丙辛合되어 흉운이 되며, 丁未대운은 丁辛克하는 丁火가 藥이 되어 발복한다.

조후(調候)에 의한 자연현상으로 본 체성(體性)

1) 甲木(甲木 日干 또는 甲木이 旺할 때)

養生之象 : 甲木에 丙(丁), 壬(癸), 戊(己)와 상대
棟樑之象 : 甲木에 庚金으로 상대
活人之象 : 甲木에 丁火로 상대
曲直之象 : 甲木 一氣로 구성된 格

2) 乙木(乙木 日干이거나 旺할 때)

養生之象 : 乙木에 癸(壬), 丙(丁), 己로 상대
秋收之象 : 乙木에 辛金으로 상대
曲直之象 : 乙木 一氣로 구성된 格

3) 丙火(丙火 日干이거나 旺할 때)

養生之象 : 丙火와 甲(乙), 壬(癸), 戊(己)와 조화
水火旣濟 : 丙火와 壬水와의 조화
光彩之象 : 丙火와 辛金의 조화
炎上之象 : 火 一氣로 된 格

4) 丁火(丁火 日干이거나 旺할 때)

成器之象 : 丁火와 庚, 甲과의 조화
取金之象 : 丁火와 戊(己), 辛과 조화
活人之象 : 丁火와 甲木의 조화
炎上之象 : 火 一氣로 된 格

5) 戊(戊土 日干이거나 旺할 때)

養生之象 : 戊土와 甲(乙), 丙(丁), 壬(癸)과 조화
取金之象 : 戊土와 庚金의 조화
取水之象 : 戊土와 壬水와의 조화
稼穡之象 : 土 一氣로 된 格

6) 己(己土 日干이거나 旺할 때)

養生之象 : 乙(甲), 丙(丁), 壬(癸)와 조화
取金之象 : 辛金과의 조화
稼穡之象 : 土 一氣로 된 格

7) 庚(庚金 日干이거나 旺할 때)

成器之象 : 丁火(甲木)의 조화
洗水之象 : 壬水와 조화
棟樑之象 : 甲木과 조화
從革之象 : 金 一氣로된 格

8) 辛(辛金이 旺하거나 日干일 때)

光彩之象 : 丙火와 조화
洗水之象 : 壬水와 조화
秋收之象 : 乙木과 조화
從革之象 : 金 一氣로 된格

9) 壬(壬水가 旺하거나 日干일 때)

養生之象 : 木火土와 조화

水火旣濟 : 丙火와 조화

取水之象 : 戊土(燥土)와 조화

潤下之象 : 水 一氣로 된 格

10) 癸(癸水가 旺하거나 日干일 때)

養生之象 : 木火土와 조화

潤下之象 : 견겁 세력으로만 구성

6. 상하 상극(相剋)

사주는 천간(天干)을 上으로 하고, 지지(地支)를 下로 한다. 천간의 剋制 유무, 지지의 刑沖의 유무, 천간 上下의 相剋 유무를 본다.

천간에서 지지를 剋치 않으면 좋고, 지지에서 천간을 범하지 않으면 좋다. 사주 오행이 相剋하지 않으면 그 사람의 명은 순조롭다. 만약 천간은 지지를 범하고 지지가 형충 錯雜하면 氣가 있어도 氣가 없고, 用이 있어도 用이 없고, 求가 있어도 求가 없게 되고, 성격이 되어도 성립이 안 된다.

이와 같이 감정상 변화가 생긴다. 또 일간을 근본으로 하고 년월을 上으로 하고, 일시를 下로 볼 수도 있다.

1) 下에서 上을 生하면 助氣라 하여 일생 행복이 많다.

예

辛 丁 甲 癸
亥 未 子 卯

戊 己 庚 辛 壬 癸
午 未 申 酉 戌 亥

상기 명조는 일간 丁火가 子月에 태어나 월지 장간에서 癸水가 년간에 투출하여 편관격으로 신약이 되었다. 그러나 년지 卯木과 일지 未土와 시지 亥水가 亥卯未 삼합 木局하고, 월간 甲木이 투출하여 관인상생으로 되어 신약된 일간이 신왕으로 변하고, 시간 편재의 근이 되는 申酉戌 서방 金대운을 맞아 관왕 재왕하여 중화를 이루어 부귀한 명조다.

2) 上에서 下를 生하면 盜氣라 하여 일생 타인의 복에 의존한다.

예

甲 丙 戊 甲
午 戌 辰 辰

상기 명은 월지 장간에서 戊土가 월간에 투출하여 식신격이다. 일간이 지지를 생하여 도기라 하나 辰月은 寅卯辰 동방 木運에서 巳午未 火運으로 넘어가는 진기에 해당하고, 월지 관대궁으로 부모는 부귀하였으며, 식신격으로서 식신은 길성이므로 순생하여야 하나 식신도 많으면 상관과 같은 역할을 하게 되므로 강한 식신은 오히려 병이 된다.

식상이 많으므로 일간이 약한데 년시간의 편인이 강한 식신을 제하며, 편인은 타향·타도·타국을 의미하므로 외대를 나와 영어강사로 활동하고 있는 사람의 명조다.

3) 上에서 下를 剋하면 順이라 하여 권위가 있고 성하다.

예

己 戊 己 庚
未 子 卯 戌

乙 甲 癸 壬 辛 庚
酉 申 未 午 巳 辰

상기 명은 戊土가 월지 정관격으로 정격은 순으로 간다 하여 인수를 찾으니 년지 장간 丁火와 시지 장간 丁火로 미약한데, 관을 생하는 일지 子水가 있어 승격하였으며, 초년부터 巳午未운을 맞아 초년 공부 잘 하였으며, 행정고시 합격하고 행정 관료로 근무하는 명조다.

4) 下에서 上을 尅하면 逆이라 하여 제사침체(諸事沈滯) 하기 쉽다.

만약 사절(死絕)하면 더욱 심하다. 生旺하면 얼마만큼 완화된다.

예

乙 戊 戊 壬
卯 寅 申 子

壬 癸 甲 乙 丙 丁
寅 卯 辰 巳 午 未

상기 명조는 戊土가 申月에 태어나 월지 장간에서 壬水가 년간(年干)에 투출하여 편재격이며, 월지는 부모에게 받은 인자로 월지 식신격으로 도합 식신생재격이다. 월지 식신 생재격으로 일간이 약한데, 일지 寅木 편관이 일간을 逆尅하여 더욱 힘들게 한다.

시간에 정관이 乙卯로 강하게 투간한 입장에 일지 편관은 일간을 더욱더 힘들게 할 뿐만 아니라, 특히 여명에서 忌하는 관살혼잡이 되므로 월지 식신이 일지 寅木 편관을 寅申沖하고, 시(時) 정관만 남겨 아름다운 팔자가 되었으나 일간이 극신약하여 인수를 용신으로 하고자 하는데, 일지 장간 속에 미약한 丙火만 있다.

초년 인수인 巳午未 운을 맞아 일찍 결혼하여 인수인 火로 寅木인 소에 불을 지피는 불고기집을 경영하고 있는 명조다.

7. 오행과 음양의 상호 균형

一金 一木이나 二金 二木은 상균(相均)된 오행이다. 一火 一土나 二火 二土를 보는 것 또한 같다. 이에 반하여 三水 一木이나 一水 三木 또는 三金 一火는 오행이 太過 혹은 不及한 것이다. 전자는 길명이고, 후자는 흉명이라고 본다.

예를 들면 경금일생이 사주에 三金 一木이 있으면 金剋木으로서 木이 재성(財星)이 되지만 金의 비견 겁재가 있어서 一木의 재를 쟁하므로 福分이 薄하다고 본다. 즉 재산을 완수하기 어렵다. 또 辛金日生이 사주에 三火가 있으면 살성(殺星)이 太過하여 고생의 명이 되거나 신체 병약의 명이 된다. 모두 다 이와 같이 감정한다.

1) 丙 癸 癸 壬
辰 酉 卯 辰

己 戊 丁 丙 乙 甲
酉 申 未 午 巳 辰

상기 본명은 천간으로 壬癸水가 셋이나 되고, 시간 丙火 정재가 투출하여 丙火가 많은 壬癸水에 극을 받아 흉명이 될 것 같으나 월지 식신격이 되어 강한 壬癸水를 설하여 시간 丙火를 생하며, 정재가 년 시지 辰土 정관을 생하고, 정관은 일지 酉金 인수를 생하여 오행이 주류하며, 식신격으로 승격되어 약대를 나와 제약회사에 근무하는 명조다.

2) 癸 戊 壬 癸
亥 戌 戌 卯

丙 丁 戊 己 庚 辛
辰 巳 午 未 申 酉

상기 명조는 년으로부터 壬癸水가 셋이나 된다. 그러나 일간 戊土가 戌月에 태어나고, 일지 戌土로 간지동하여 일간이 약하지 않고 대운이 申酉戌 金運에서 巳午未 火運으로 흘러 좋은 명이다. 지지 卯 戌 戌 亥로 戌亥를 깔고 있어 약대를 졸업한 후 나와 제약회사에 근무하고 있다.

3) 庚 壬 壬 壬
子 午 子 子

戊 丁 丙 乙 甲 癸
午 巳 辰 卯 寅 丑

이 명조는 저서에 자주 등장하는 전형적인 거지 팔자로서, 寅卯辰 木運에는 水生木 木生火로 衣食은 있으나 木運이 지나면서 군겁쟁재(群劫爭財)가 이루어져서 거지가 되는 전형적인 파격 사주다.

4) 丁 癸 癸 癸
巳 亥 亥 亥

丙 丁 戊 己 庚 辛 壬
辰 巳 午 未 申 酉 戌

이 명조 역시 저서에 들어 있는 전형적 거지 팔자로서 태어나면서 극왕한 비겁이 재를 극하니, 부모로부터 버림받게 되어 고아로 성장하게 되어 평생 거지가 되는 전형적 파격 사주다.

5) 庚 甲 庚 庚
申 寅 辰 申

丙 乙 甲 癸 壬 辛
戌 酉 申 未 午 巳

본 명조는 甲寅 일주로 태어나 월지 편재격으로, 편재가 강한 편관(偏官)을 생하여 종(從)을 하면 좋은데 甲寅 일주 간지동은 종을 하지 못하므로 편관에 짓눌리게 되니 어렵게 살아가다 甲申대운 천극지충(天剋地沖)으로 단명할 팔자다.

8. 설기(泄氣)·도기(盜氣)

설기(泄氣)라 함은 일간에서 他를 생하는 것을 말한다. 즉 식신 상관을 말한다. 甲乙木日생이 丙丁火를 보면 木生火로 자기 정력을 타에 베푸는 고로 氣를 설(泄)하는 것이다.

도기(盜氣)라 함은 타의 오행에서 생을 받는 것을 말한다. 甲日生이 丁火의 상관이 있고 戊己土의 재성이 있으면 丁火의 상관에서 戊己土의 재성이 火生土로 상관의 정력을 盜케 한다. 이것을 도기(盜氣)라 한다.

1) 身이 過强하면 설기가 좋고, 過弱하면 설기는 정력을 약하게 하므로 좋지 않다.

예

甲 辛 乙 己
午 丑 亥 亥

辛 庚 己 戊 丁 丙
巳 辰 卯 寅 丑 子

본 명조는 월지 상관이며, 월지 장간에서 甲木이 시간에 투출하여 상관생재격이다. 일간이 일지 丑土에 통근한 년간 己土에 생을 받고자 하나, 월간 乙木이 乙己克하여 己土의 생이 원활하지 못하다.

일지 丑土에 의지하고자 하는 일간이 亥月생이 되어 냉한 팔자인데, 조후(調候)를 겸한 시지 午火 관으로 火生土하니 남편의 공(功)이 지대하다 하겠다. 그러나 월지 상관의 살성(殺星)이 강하여 자식을 낳고 부부 이별하여 고독한 명이 되었다.

다행한 것은 오행이 주류하니 어려운 여건 속에서도 보험회사에서 열심히 활동을 하면서 살아가게 된다.

2) 사주 중에 흉성(凶星)이 있으면 그 흉성의 氣를 盜하는 것이 좋고, 도기(盜氣)를 하면 그 흉성은 발휘하지 못한다.

예

乙 己 戊 丁
亥 酉 申 未

癸 壬 辛 庚 己
丑 子 亥 戌 酉

상기 명조는 여명으로 월지 상관격에 일지 식신이 혼잡하여 식상이 극왕하나 년간 丁火 편인이 식상혼잡을 제하고, 시지 亥水가 식상의 강한 기를 설하여 시간 乙木 편관을 생하므로 녹마재관(祿馬財官)하고, 관은 용신 丁火를 생한다.

용신 丁火는 한냉한 명조에 조후를 겸하며, 오행 주류하여 승격된 명조로 약대를 나와 현업에 종사하고 있다.

3) 사주 중에 통변이 太過한 것이 있으면 그 太過한 것을 도기(盜氣)하는 통변이 있는 것이 좋다.

예

甲 戊 辛 丙
寅 戌 丑 午

甲 乙 丙 丁 戊 己 庚
午 未 申 酉 戌 亥 子

상기 명조는 丑月 戊土가 일지 戌土로 간지동하여 왕한 중, 년(年) 丙午와 일지 戌土, 시지 寅木이 寅午戌 삼합 火局하여 일간이 극왕(極旺)하다. 월지 장간에서 辛金이 월간에 투출하여 太過한 丙火를 辛金이 丙辛合으로 잡는다.

특히 재가 丑 중 장간에 있으며, 나타난 재(財)가 없는데 辛金이 丙火가 합하여 水로 화하여 강력한 火기를 제하는 효과와 불붙은 갑목을 구해내는 이중효과까지 있어 길명(吉命)이 되었다.

4) 사주 중에 길성이 一位가 있는데 도기(盜氣)하는 것이 많으면 길성(吉星)의 정력이 빠져서 활동력이 없게 된다. 설기(泄氣)·도기(盜氣)의 작용은 감정하는데 매우 중요한 것이다.

예

丙 乙 乙 戊
戌 酉 丑 申

辛 庚 己 戊 丁 丙
未 午 巳 辰 卯 寅

상기 명조는 丑월 乙木으로 일지 酉金이 월지 丑土와 巳酉丑의 반합 酉丑合金하고, 년지 申金과 시지 戌土를 申酉戌 방합하여 강력한 金局을 하므로 종(從)을 하여야 하는데, 시간의 丙火가 시지 戌 중 장간 丁火에 통근하여 종관(從官)을 막고 있으니 상관제살격(傷官制殺格)된 사주다.

강력한 종살격에 일당백하는 상관(傷官)이 용신이나 년간 戊土가 용신 丙火를 설(泄)하여 파격이 된다. 이때 월간 乙木이 戊土를 제하여 상관제살격으로 승격되었다.

초년 寅卯辰 대운에서 巳午未 火運으로 흘러 고대(高大) 전자공학과를 나와 프로그램을 개발하는 회사를 운영하고 있다.

9. 왕(旺)하면 다음 오행으로 변화

왕하면 다음 오행으로 변화한다는 것은 부모가 盛하면 그 자식이 반드시 餘擇을 받고 행복하게 되는 것과 같다. 그러므로 왕하여 吉도 되고 凶도 된다.

(1) 식신(食神)이 왕하면 다음 오행인 재성(財星)의 吉神으로 변화하는 고로 食祿과 물질이 풍족하게 된다. 그러나 식신(食神)이 너무 많으면 상관(傷官)으로 변화하여 흉(凶)이 된다.

예

甲 丙 戊 甲
午 戌 辰 辰

壬 癸 甲 乙 丙 丁
戌 亥 子 丑 寅 卯

丙火 일간이 辰月에 태어나 월간 戊土가 투출하여 식신격이다. 년지 辰土, 일지 戌土, 식신(食神)이 많아 상관화하므로 년시간의 甲木으로 용신하는 상관용인격(傷官用印格)이다.

식신격으로 강력한 식신이 생재(生財)하여 戌 중 장간 辛金을 생하여 외대를 졸업하여 외국어 강사로 활동하여 다소의 경제적 여유는 있으나 극왕한 식상이 상관으로 변하므로 부부 관계는 원만하지 않는 명이다.

(2) 상관(傷官)은 흉성(凶星)이지만 재성(財星)이 있으면 그 재성을 生助하여 물질 재산이 풍족하여 富名이 된다. 재성이 없으면 상관파진(傷官破盡)이 될 때는 도리어 재성으로 변화하여 好命이 된다.

예

丙 庚 丙 己
子 寅 子 亥

己 庚 辛 壬 癸 甲 乙
巳 午 未 申 酉 戌 亥

庚金 일간이 子月에 태어나 상관격인데, 년지 亥水와 시지 子水가 더 있어 식상(食傷)이 왕하다. 왕한 식상이 일지 寅木 편재를 생한다. 子月 庚金은 냉하여 조후가 필요한데, 월시간 양 丙火가 寅木에 통근하고 재생관(財生官) 받아 조후(調候)를 맞추어 주므로 아름답다.

일간 庚金이 지지에 통근을 하지 못한 채 년간(年干) 己土에 생을 받는 식상생재(食傷生財)격에 土와 木으로 식상을 억제하고 설하는 직업으로서 건물과 땅을 소개하는 부동산업을 하고 있다.

(3) 재성(財星)이 왕하면 다음 오행인 관성(官星)을 생하여 재관(財官)이 盛하게 되므로 호명(好命)이 된다. 그러나 사주에 재성이 너무 많으면 財가 너무 왕하여 편관칠살(偏官七殺)로 변화하여 금전상 과오나 여자로 인하여 재해가 있게 된다.

예

壬 戊 癸 壬
戌 戌 卯 子

丁 戊 己 庚 辛 壬
酉 戌 亥 子 丑 寅

년월시 壬癸水 정편재가 년지의 子水에 통근하여 극왕하다. 戊土가 卯月에 태어나 정관격으로 일간이 戊戌 간지동에 시지 戌土가 하나 더 받쳐 주므로 일간이 약하지 않다.

강한 재가 월지 정관을 생하여 재왕(財旺)·관왕(官旺)·아왕(我旺)하여 부귀명(富貴命)이다. 卯戌 천문을 가지고 태어나 예술성을 타고났으므로 디자인으로 크게 성공하였으며, 남편 또한 잘 되는 명이다.

(4) 관성(官星)이 왕하면 印綬를 生한다.

예

丁 癸 戊 辛
巳 卯 戌 巳

壬 癸 甲 乙 丙 丁
辰 巳 午 未 申 酉

癸水 일간이 戌月에 태어나 월지 장간에서 丁火가 시간에 투출하여 편재격이며, 월지 장간에서 戊土가 월간에 투출하여 정관격이며, 월지 장간 辛金이 년간(年干)에 투출하여 편인격이다.

이 명은 41년 9월 3일생으로 한로(寒露)가 지난 13일이 되어 월지 장간 辛金이 3일 사령(司令)하고, 丁火가 9일 사령하는 초기 중기를 지난 정기생이 되므로 월령은 戊土가 사령(司令)하고, 시간의 丁火가 생하기에 재생관격이다.

년지 巳火, 시 丁巳가 월 戊戌 정관을 생하므로 관성이 극왕하다. 관성이 왕하여 辛金을 생하고 일간이 약하므로 인수를 용신으로 하는데, 일지에 식신을 지니고 있고, 편인을 용신으로 하니 의사로 살아온 명이다.

10. 혼탁함이 청함으로 변한다

물이 탁하면 약품을 넣어 물을 청결하게 하는 것과 같다. 사주에 관살이 혼잡하거나 편정재가 혼란하든지 충 형 공망 등이 있어 혼탁하면 이것을 청결하게 하여야 한다.

예를 들면 사주 중에 편관(偏官) 정관(正官)이 있어 혼잡할 때 식신(食神) 또는 상관(傷官)이 있으면 식신은 편관을 제하여 이것을 맑게 하고, 상관은 정관을 제하여 맑게 한다.

다시 말하자면 정편관 중 하나를 없애고 正이나 偏이나 純一로 하여 淸하게 하는 것이다. 또 편관이나 정관에 干合하는 것이 있어도 합한 것은 去하여 없어진다. 편재 정재가 혼란하면 비견 또는 겁재가 있으면 어느 하나가 없어지고, 간합하는 천간이 있으면 이것도 去하여 없어진다.

공망(空亡)이 있으면 이것을 충이나 형하는 것이 있으면 공망이 없어진다. 또 충이 있으면 충지와 삼합 지합이 있으면 충이 안 된다.

예

辛 丁 甲 癸
亥 未 子 卯

辛 庚 己 戊 丁 丙 乙
未 午 巳 辰 卯 寅 丑

본 명조는 丁火 일간이 子月에 태어나 월지 장간에서 癸水가 년간에 투출하여 편관격이다. 그러나 시지 亥水가 하나 더 있는데 亥중 壬水는 정관이니 관살혼잡이 된다.

관살혼잡은 격을 탁하게 하므로 亥 중 壬水는 제하여 가야 하는데, 년지 卯木과 일지 未土가 시지 亥水를 亥卯未 三合 木局함으로 관살혼잡이 제거되어 탁격에서 길격으로 변하였다.

11. 사주 부위의 의의

사주의 干은 천원(天元), 支는 지원(地元), 十二支 중 十藏干은 인원(人元)이라고 한다. 그리고 사주를 다음과 같이 부르기도 한다.

년은 根으로 하고 세덕(歲德)이라 한다.
月은 幹으로 하고 제강(提綱)이라 한다.
일은 花라 하고 명주(命主)라 한다.
시는 實이라 하고 제좌(帝座)라고 한다.

예

壬 戊 癸 丙
子 寅 巳 申

辛 庚 己 戊 丁 丙 乙 甲
丑 子 亥 戌 酉 申 未 午

(1) 사주팔자에서 천원(天元)이라 함은 년간으로부터 丙 癸 戊 壬을 말하는 것이다.

(2) 지원(地元)이라 함은 년지 申金, 월지 巳火, 일지 寅木, 시지 子水를 말한다.

(3) 인원(人元)이라 함은 년지 申金 장간(戊壬庚), 월지 巳 중 장간(戊庚丙), 일지 寅 중 장간(戊丙甲), 시지 子 중 장간(壬癸)을 말한다.

(4) 근(根)이라 함은 년간 丙火와 년지 申金을 합한 것을 말하며, 세덕이라 한다.

(5) 간(幹)이라 함은 월간 癸水와 월지 巳火를 말하며, 제강이라 한다.

(6) 화(花)라 함은 일간 戊土와 일지 寅木을 합한 것으로 명주(命主)라 한다.

(7) 실(實)이라 함은 시간 壬水와 시지 子水를 말하며, 제좌라고 한다.

12. 장(藏)한 형태를 안다

사주 오행을 보고 我 명주 즉, 일간에 대하여 生旺・制剋・衰絕 등을 본다. 다음은 월지제강인 장간원명(藏干元名)과 대비하여 制剋・旺相 등 강약을 정한다. 그리고 각 통변성 각자의 旺相休囚 등을 본다.

예를 들면 재성을 독자적으로 볼 때 비견 겁재가 없고, 상관 식신이 있으면 재성을 생하여 왕하다.

이와 같이 다른 통변도 이에 준하여 보고, 각자 통변성이 형 충 극 파하는가 삼합 지합하는가 공망이 되는가에 따른 자신과의 즉, 일간과의 길흉을 본다.

정재가 왕상하면 정처가 유력하다고 보고, 파하면 처가 약하다고 본다. 모두 다 응용의 범위를 넓게 하여 각기 특색을 감정할 수 있게 된다. 이것을 장(藏)한 형태를 안다는 것이다.

예

丙 甲 癸 庚
寅 辰 未 戌

庚 己 戊 丁 丙 乙 甲
寅 丑 子 亥 戌 酉 申

甲木 일간이 未月에 태어나 정재격이다. 년지 일지 辰戌이 있어 정편재 혼잡격이다. 일간 甲木은 월지 12운 묘지에 해당하고, 辰土에 쇠(衰)지, 戌土에 양(養)지로 일간 갑목이 실령 실지하여 약한 가운데, 많은 재는 년간 庚金 편관을 생하고 있어서 더욱더 약해졌다.

또한 시간 丙火가 시지 寅木의 기를 설하여 강한 土를 생하고 있다. 일간 甲木은 시지 寅木에 통근하나 많은 火土金을 감당하기 어렵다. 다행한 것은 월간 癸水가 일지 장간 辰 중에 통근하여 월간에 자리하면서 강력한 土의 생을 받은 채 일간을 극하고자 하는 년간의 庚金을 설하여 일간을 생하고자 하며, 시간 丙火도 약간 억제하는 효과를 가져다준다. 그러므로 癸水를 용신으로 한다.

초년 대운이 申酉戌 서방 金運으로, 일간 甲木은 지지 통근하고 있는 寅木과 함께 강한 극을 받아서 어려움이 많으나 대운에서 온 金運은 년간 庚金에 뿌리가 되며, 많은 土의 기를 설하여 용신인 癸水를 생하게 되므로 인수가 왕해짐에 따라 어려운 상황 속에서도 공부는 할 수 있게 된다.

현 丙戌대운은 식신과 재운으로 일간의 힘이 미약하여 어려운 여건 속에서 건설회사에 다니고 있다. 丁亥대운이 와서 인수가 왕해지면 자기 사업을 해 보려고 때를 기다리고 있는 명이다.

13. 일주(日主)의 강약

1) 사주의 생일천간을 命元 또는 일주(日主)라고 하는데, 천간(天干)의 衰旺을 자세히 보지 않으면 안 된다. 월지장간 통변을 월지원명(月支元命)이라 하고, 일지장간(日支藏干) 통변을 태생원명(胎生元命)이라 한다. 양자가 어느 星에 해당한가를 아는 것이다. 월지가 인수에 해당하면 印에 坐한다 하고, 정관이면 貴에 坐한다 하고, 편관이면 殺에 坐한다 한다.

예

戊 辛 庚 己
戌 酉 午 酉

癸 甲 乙 丙 丁 戊 己
亥 子 丑 寅 卯 辰 巳

辛金 일간이 午月에 태어나 월지 장간에서 己土가 투출하여 편인격, 월지는 부모에게 받은 인자(因子)로 월지 편관으로서 관인상생격이다.

월지가 편관으로서 편관과 편인이 흉신이기에 제하여 가야 하지만, 년 己酉, 월간 庚金, 일 辛酉, 시 戊戌로 일간이 극왕하므로 비록 편관이 흉신이라 하나, 여기서는 길신 역할을 하므로 편관을 생하면서 편인을 제하는 재가 용신이 된다.

그런데 아쉬운 점은 팔자상에 일점의 재가 없다는 것이다. 대운이 초년 寅卯辰 동방 木운으로 흘러 대운에서 온 木을 용신으로 하는데, 亥子丑 운은 천간으로 甲乙木이 나타나 좋은 입장이라 보이지만 년간 己土가 甲己合하여 길하지 않으며, 乙木은 월간 庚金이 乙庚合金하여 좋지 못한다.

木이 용신이라 건축과 관계되는 부동산업을 한다.

2) 일간인 我에 대한 生旺 · 死絕 · 休囚 · 制化에 의하여 운명의 변화를 측정하고 성쇠길흉(盛衰吉凶)을 정한다. 休囚 · 制化는 통변성에 의하여 알게 됨과 동시에 통변성의 음양을 구분하게 된다.

(1) 관(官)의 음양은 정관 편관

예

戊 戊 丁 甲
午 辰 卯 辰

이 명조는 戊土 일간이 卯月에 태어나 월지 장간에서 甲木이 년간에 투출하여 편관격이며 월지는 정관이다. 월지 정관이지만 월지 장간에서 편관이 투출하여 월지와 천간 투출을 같이 보아서 정편관 혼잡격이다. 일간이 월지 왕상휴수사로 보아 사(死)에 해당하나 년지 辰土, 월간 丁火, 일지 辰土, 시지 戊午 등으로 왕하므로 관(官)을 용신하게 되니 남편 덕이 있다.

(2) 재(財)의 음양은 정재 편재

예

戊 戊 己 辛
午 寅 亥 巳

乙 甲 癸 壬 辛 庚
巳 辰 卯 寅 丑 子

상기 명조는 戊土 일간이 亥月에 태어나 왕상휴수사(旺相休囚死)로 수(囚)에 해당하여 일간의 절지며, 일지 寅木에 의하여 월령을 실령하고 일지를 실지하였으나, 년지 巳火와 시지 午火가 월지 亥水와 寅亥合 木하여 木으로 화하여 온 寅木의 기를 설하여 일간을 생하여 주고, 월시간 戊己土가 동조하여 약하지 않으므로 재관(財官)을 용신한다.

(3) 생기(生氣) 음양은 인수(印綬) 도식(盜食)

예

辛 壬 辛 戊
丑 子 酉 戌

戊 丙 乙 甲 癸 壬
卯 寅 丑 子 亥 戌

상기 명조는 壬水 일간으로 酉月에 태어나 왕상휴수사(旺相休囚死)로 상(相)에 해당하며, 월지 장간에서 辛金이 월시간에 투출하여 일간이 왕하다. 년 戊戌 편관과 시지 丑土의 정관이 혼잡되지만 시지 丑土는 일지 子水가 亥子丑 북방 水局의 반합인 子丑合水하므로 년 戊戌 편관을 용신하여 건설회사 근무한다.

(4) 설기(泄氣) 음양은 식신(食神) 상관(傷官)

예

己	辛	己	辛
丑	酉	亥	丑

癸	甲	乙	丙	丁	戊
巳	午	未	申	酉	戌

상기 명조는 辛金이 亥月에 태어나 월지 상관에 왕상휴수사(旺相休囚死)로 휴(休)에 해당하여 일간이 실령하였으나 년 辛丑, 월간 己土, 일 辛酉, 시 己丑으로 일간이 극왕한 중 월령이 상관이 되어 상관으로서 강한 辛金의 기를 설하게 되어 길명이다. 상관격에 편인이 왕하여 약대를 나와 제약회사에 근무한다.

(5) 동기(同氣) 음양은 비견(比肩) 겁재(劫財)

예

丁 丁 乙 壬
未 未 巳 寅

辛 庚 己 戊 丁 丙
亥 戌 酉 申 未 午

상기 명조는 丁火가 巳月에 태어나 巳 중 丙火는 겁재로서 왕상휴수사(旺相休囚死)의 왕(旺)에 해당하니 일간이 왕하여 일지 未土로 설하여 재관을 살려 중화를 잡아야 하는 팔자다. 대운이 巳午未 운에서 申酉戌 金운으로 흐르니 金을 용신으로 하여 중공업에서 근무하는 명조다.

일견 화왕한데 관을 용신한다고 볼 수 있겠으나, 관인 壬水는 지장간에 통근이 되지 않아 강한 火를 억제하기엔 부족하다. 일지 未土 식신으로 설하려 하나, 未土는 월지가 巳火이므로 초여름의 한낮 시간으로서 사실상 土로 보기보다는 巳午未 火局의 반합으로서 火로 볼 수도 있다. 그러나 子午卯酉의 사왕지가 빠져 있으므로 열기 먹은 土라 보아야 하고, 강한 火기를 설하여 가는 것이 金이 되어 金을 용신한다.

이상 五者는 운명의 변화를 알고 귀명(貴命)·천명(賤命)·장수(長壽)·단명(短命)을 측정하는 중요한 성신(星神)이다. 이상의 통변은 모두 다 일간에서 정하게 되므로 我身 일간의 왕쇠를 알게 된다.

월지원명의 장간 오행을 보고 어느 것이 왕(旺)한가 쇠(衰)한가를 보고, 그 다음은 일지 통변을 상세히 보아야 한다.

예

辛 庚 庚 壬
巳 子 戌 辰

甲 乙 丙 丁 戊 己
辰 巳 午 未 申 酉

상기 명조는 여명으로 庚金 일간이 戌月에 태어나 편인격이다. 시지(時支)의 巳 중 丙火 官이 있으나 관은 편인을 생하여 일간을 더 강하게 하므로 관을 用하기에는 부적절하고, 일지 자수에 통근한 년간(年干) 임수가 강한 금의 기를 설하므로 이를 용신으로 하여 직업은 교육자이다.

대운이 관운으로 흐르니 팔자상에는 미약한 남편이지만 운이 좋아서 남편이 직장생활을 잘 하며, 가정에 충실하고 화목하다. 용신 식상이 왕하여 자식 또한 잘 되는 명이다. 편인격에 제하는 財가 없는 입장에서 년간 식신이 노출되어 위험할 수 있겠으나, 천간에 나타난 무토가 없어 직접적으로 임수인 식신을 극하지 않고 강한 경신금의 기를 설하여 아름답다고 볼 수 있다. 정미대운에서 병오 을사 갑진으로 흘러 좋은 운을 만났다.

14. 체용(體用) 해설

사주명리학은 체용(體用)을 명확히 하여야 감정이 매우 수월하다. 체(體)라 함은 주체이고, 用이라 함은 이것을 보좌하는 상대이다. 즉 체를 도우고 利케 하는 것이 좋은 것이다. 체용에는 三法이 있다.

1) 일주(日主)를 體로 하고, 월지 元命을 用으로 한다. 일주가 왕상하고 월지의 식신 상관 재성 관성이 있는 것은 모두 다 我身 일간의 用이 된다. 일주가 쇠약하고 월지에 상기 통변이 있을 때는 我身 일간을 도우는 것이 있으면 그것이 我의 用이 된다.

예

甲 己 丁 丙
戌 亥 酉 午

癸 壬 辛 庚 己 戊
卯 寅 丑 子 亥 戌

상기 명조는 酉月에 태어나 월지 장간에서 천간 투출이 없으므로 월지에서 격을 잡아 식신격인데, 정격은 순으로 간다 하여 재를 찾으니 일지 亥 중 壬水가 있어 식신생재격이다. 일간이 실령 실지하여 약하지만 년지 午火에 통근한 년월간 정편인이 일간을 생하므로 중화를 이루게 되어 고대 전자공학과를 나와 컴퓨터에 관계되는 소규모 회사에 근무한다.

얼핏 보기에는 시지 戌土가 년지 午火와 寅午戌의 반합 午戌合火하여 일간이 약하지 않을 것 같으나, 시지 戌土는 월지 酉金과 申酉戌 방합의 반합으로 합하므로 사실상 시지 戌土는 년지 午火와 午戌合이 되지 않는데, 대운이 서방 운에서 시작하여 亥子丑 북방 운으로 흘러감에 따라 일간에 좋은 운이 되지 못한 탓이라 본다.

2) 원명(元命)을 體로 하고, 원명 통변성과 배합이 잘된 것을 用

으로 할 때는 원명통변을 主로 하여 日主를 보지 않아도 좋다. 원명통변의 희신이 없으면 前項에 의하여 체용(體用)을 정한다.

예

甲 壬 壬 壬
辰 申 子 申

戊 丁 丙 乙 甲 癸
午 巳 辰 卯 寅 丑

壬水 일간이 子月에 태어나 양인격이다. 시지 辰土와 일지 申金, 년지 申金이 申子辰 삼합 水局하여 전왕격이다. 시간 甲木 식신이 시지 辰土에 통근하고 투출하여 강한 水를 설하여 가므로 대길한 명조로 교육계통으로 진출하면 총장이며, 정계로 진출하면 문교부 장관이 될 만한 명조다.

3) 사주 전체를 體로 할 때는 세운(歲運)·대운(大運)을 用으로 하고, 그 경중을 보좌하는 神으로 用으로 한다. 이상 삼자는 감정의 편의상 체용을 정한 것인데 모두 다 희신으로 보좌하는 것이다.

15. 격국(格局) 용신 보는 법

사주를 조직하면 먼저 어떤 격인가를 알아야 하는데, 성격이 되느냐 파격이 되느냐에 따라 운명의 고저, 즉 경중이 달라진다. 모든 사람은 천태만상으로서 동일한 운명은 없다. 이 차이는 격국의 선악에 의하여 알게 된다.

동일한 격이라 하여도 유정(有情)·무정(無情)이 있고, 유기(有氣)·무기(無氣)가 있다. 예를 들어 월지 정관격이라 하더라도 사주 중 타의 통변에 따라 정관격에 변화를 가져올 수 있다. 타에 상관이 있으면 정관을 破하여 힘이 약하고, 인수가 있어 상관을 제하면 情이 있게 된다.

재격일 경우는 비견 겁재를 忌하나 이에 간합하는 것이나 편관이 있어서 비겁을 제하면 변화가 되어 재격은 도리어 情이 있어 귀격이 된다. 또 情이 있다가 情이 없는 것이 있다. 정관격이 귀격인데 상관이 있으면 정관을 상하여 정이 없게 되지만, 상관에 합하는 것이 있으면 정을 생하게 된다. 그러나 상관에 합하는 상대의 합을 극하는 것이 있으면 합하는 힘이 없게 된다. 이것을 情이 있다가 情이 없게 된다고 한다.

이상은 모두 성격이 된다 하여도 상세히 그 경중을 살펴보아야 된다는 것을 설명한 것이다. 요는 충분히 변화를 밝히지 않으면 안 된다는 것이다.

예

庚 丁 丁 辛
子 丑 酉 卯

庚 辛 壬 癸 甲 乙 丙
寅 卯 辰 巳 午 未 申

상기 명조는 정화 일간이 酉月에 태어나 월지 장간에서 庚金과 辛金이 년 시간으로 투출하여 정편재 혼잡격이다. 또한 子午卯酉 사왕지는 천간 투출 관계없이 월지에서 격을 잡기도 한다.

월지 사령 辛金이 주도하므로 편재격이 된다. 월지 酉金은 일지 丑土와 巳酉丑의 반합 酉丑合을 하여 일지 丑土는 월지 酉金에 동조한다. 격국이 복잡하게 이루어져 있는데 결론은 정편재 혼잡격이라 본다.

월간과 일간이 통근을 하지 못하여 종을 생각하여 볼 수 있겠으나 년지 卯木이 丁火를 생하고자 하니 假從을 할 수밖에 없다. 종을 하지 못하고 강한 金을 제하여 가야 하기에 월간 丁火로 용신하니 木은 희신, 水는 기신, 金은 구신, 土는 한신겸 약신에 해당하게 된다. 하지만 이것은 일반적인 해설법일 뿐이다.

지금부터 필자가 해설하고자 하는 것은 이 본질적인 고정 틀을 깨트려 설명하는 방법으로서 그 이름을 사통오달 0.333법칙이라 한다. 사주를 감정하는 방법에는 앞에서 누누이 밝혔듯이 음양의 법칙에 따라 팔자의 중화를 보는 수평적인 분석법이 있다면 수직적인 분석법으로서 격국이 있다.

팔자의 중화를 보는 방법에는 용신·희신·기신·구신·약신겸 한신 등등이 있다. 그러나 이로서 명확한 감정은 불가하다. 더 섬세히 명확히 풀어 가는 감정법으로서 지금 필자가 해설하고자 하는 초정밀 감정법인 0.333법칙이 필요한 것이다.

격국에 관하여 살펴보면 하나의 팔자에 여러 개의 격국이 있는 경우도 있다. 이럴 경우에는 여러 개의 격국 중 비중이 큰 격국으로 정하여 가야 하는데, 만약 격국이 극에 의하여 손상을 받아서 격국으로 부적합할 경우와 격국이 삼합 등에 의하여 타 오행으로 변하게 되어 격국으로 부적당할 경우에는 타 격국을 잡아가게 된다.

이 명조의 경우는 편재격으로 격국을 정할 수 있기에 타 격국은 생략한다.

필자의 초정밀 0.333법칙이란 특별한 학술이 아니라 기본 역서에 있는 이론을 쉽게 이해할 수 있도록 하기 위하여 붙인 이름일 뿐이다.

0.333법칙을 쉽게 설명하자면, 「격국이란 수평과 수직이다」라고 정의를 내렸듯이 0.333법칙이란 복잡하고 난해하게 얽히고설켜 있는 팔자를 미립자로 잘게 쪼개어 오행이란 다섯 개의 저울에 올렸을 때, 그 다섯 개의 저울에 모두 같은 부피와 무게인 쌀알 1개씩을 올려 균형을 잡듯이 중화를 잡았다면 길명이라 할 수 있다는 것이다.

그에 비하여 같은 부피 같은 무게의 쌀 100개가 다섯 개의 저울에 올려져 중화를 잡는다면 더 좋은 팔자라 볼 수 있는 것이다. 그러나 모든 팔자들은 이와 같이 일률적이질 않다.

팔자를 이해함에 있어 이와 같은 공식으로 일간의 중화와 격국의 중화와 용신의 중화를 보는 방법을 필자의 0.333법칙이라고 보면 되겠다. 그리고 용신·희신·기신·구신·한신에 대해서도 타서에서 명확히 설명되지 않은 부분을 필자가 그간 배우고 익힌 학술을 통하여 해설하고자 한다.

예

庚 丁 丁 辛
子 丑 酉 卯

庚 辛 壬 癸 甲 乙 丙
寅 卯 辰 巳 午 未 申

이 명조의 경우는 水는 시지 子水 하나, 木은 년지 卯木이 하나, 火는 월간 일간 두 개다. 土는 일지 丑土가 하나, 金은 월지 酉金과 년 辛金 시간 庚金으로 셋이 있다.

이런 상태에서 오행을 다섯 곳의 저울에 올린다면 절대로 중화를 잡지 못한다. 이와 같이 복잡 난해하게 되어 있다.

다음 일지 丑土는 월지 酉金과 巳酉丑의 반합 巳酉合金 한다. 또한 丑土는 시지 子水와 亥子丑 방합의 반합인 子丑 합 水하고 있다. 월일간의 丁火는 년지 卯木, 월지 酉金, 일지 丑土, 시지 子水의 지장간에 火의 근이 되는 丙丁이 없으니 사실상 무근이다. 여기에다 丁火를 생하고자 하는 년지 卯木은 월지 酉金에 卯酉충을 당하고 있다.

이렇게 다변한 입장에서 다섯 개의 저울에 같은 부피 같은 무게의 오행을 올려 중화를 잡는다는 것은 불가하며, 더욱이 일간, 격국, 용신을 저울 세 군데에 올려 중화를 잡는다는 것도 역시 어려운 것이다. 용신 · 희신 · 기신 · 구신 · 한신을 일방적으로 보게 되면 안 되는 부분이다.

일단 이 팔자의 경우 일간은 약하고 金이 왕하니 강한 金을 따라 從을 하여 從財를 할 것인가 아니할 것인가를 먼저 보아야 하는데, 년지 卯木이 월일간의 丁火를 生하고자 하여 從을 하지 못한다.

그렇다면 이번엔 木이 강한 金에 극을 받아 충한 상태에서 월일간의 丁火를 생할 수 있는가 하는 부분인데, 강한 金의 氣는 시지 子水로 흘러 金의 氣를 설하고 있다.

水는 木을 생하고자 한다. 丑土는 월지 酉金을 생하고자 하며, 丑土는 子水와는 亥子丑 방합의 반합으로써 水에 협조하지만, 子水가 木을 생하고자 하는 부분에 있어서는 子丑 합으로 발목을 잡은 꼴이 된다.

이렇게 복잡하게 얽혀 있는 부분을 정리하여 본다면 일지 丑土는 酉丑合金도 하지만 子丑합도 하므로 丑土가 子水와 합하여 강한 金의 기를 설하여 가고, 시지 子水는 년지 卯木을 생하고, 木은 火를 생하니 결론적으로는 신약 팔자가 되어 재격에 비겁 용신이 된다.

비겁 용신이며 木이 희신이 되고, 용신 火를 극하는 水는 기신에 해당하고, 金은 구신이 되고, 土는 金을 생하니 원수인 구신으로 기신에 해당한다.

그러나 土는 용신 火를 극하는 水를 억제하여 약신이 된다. 일반적인 해설법이지만 좀더 섬세하게 풀어 간다면 水의 역할은 강한 金의 기를 설하는 효과가 있기에 지지로 오는 水는 오히려 일간의 힘을 도와주는 역할을 하고 있다. 그러기에 각 오행의 위치에 따라 희신·기신·구신·한신의 입장이 달라진다고 보아야 하므로 어느 한 오행이 일방적인 역할을 한다고 볼 수는 없다.

용신이 천간에 있기에 천간으로 오는 壬癸水는 용신 丁火를 직접적으로 극하기에 흉신에 해당하고, 지지 子水는 강한 金의 기를 설하는 효과와 희신인 木을 생하는 이중적 역할을 하고 있다.

이제 대운을 보아 전체적인 팔자 해설을 한다.

초년 대운 병신의 천간 丙火는 천간 庚辛金을 제하는 효과를 한다. 더 섬세하게 풀어 본다면 丙火가 시간 庚金을 丙庚克하고, 년간 辛金은 丙辛合으로 잡아 주는 역할을 한다. 일부에서는 丙火는 丙庚克도 하고 丙辛合도 하므로 합도 충도 되지 않는다는 이론도 있으나, 이 부분은 차후 더 연구하기로 한다.

지지 申金은 월지 酉金과 申酉戌 방합의 반합을 하여 월지 酉金에 동조한다. 그러나 申金은 시지 子水와 申子辰 삼합의 반합 水局에 동조하기도 한다. 결국 申金은 강한 金에 동조하여 申子辰 삼합의 반합 申子合하여 金水를 강하게 한다고 보면 되겠다.

결과로 본다면 일간 입장에서는 좋은 운이라 할 수 없겠다. 그러나 아버지의 입장에서는 길하다. 이를 각 육친의 입장에서 모두 대입하여 보면 각자의 입장을 알 수 있게 된다.

그러나 지금은 일간 입장에서 풀어 가는 상황이기에 육친에 관한 것은 생략한다.

乙未대운의 천간 乙木은 년지 卯木이 천간으로 나타난 모양이 되며, 월일간의 丁火를 생하고자 하고 년간 辛金을 乙辛克하여 辛金을 제하고자 하며, 시간 庚金과는 乙庚合金한다.

이에 관한 해설은 차후로 풀어 가기로 하겠다. 지지 未土는 申酉戌 서방 金運에서 巳午未 남방 火運으로 돌아선 입장인데, 일간 丁火에게는 좋은 운이 왔다고 보아야 한다.

未土는 년지 卯木과 亥卯未 삼합 木局의 반합 木局으로 합하여 약한 卯木에 도움을 주고자 한다. 또한 일지 丑土와 丑未沖을 하여 지금까지 酉丑 合金 子丑合水하고 있던 것을 못 하게 하는 역할을 한다.

이와 같이 巳午未 남방 火運은 일간 丁火의 계절로 접어들어 길하다 하겠으나 未土는 土로서 일간의 기를 설하는 작용도 한다. 이와 같은 섬세한 부분도 앞으로 지속적으로 연구하여 가기로 한다. 아무튼 일간이 길운에 들어 온 것은 분명하다.

甲午대운 천간 甲木은 시간 庚金과 甲庚克하며 용신 丁火와 함께 일간을 생하니 힘을 받은 용신 丁火가 庚金과 辛金을 제하여 가게 된다. 지지 午火는 시지 子水와 子午沖하여 午火의 기가 약해지는 부분이 있는데, 그 결과도 다음에 다시 논하기로 하며, 甲午대운 간지는 시 庚子와 천극지충하여 時를 흔들어 놓는 효과를 가지고 있다.

午火는 丁火에 록에 해당하여 용신과 함께 일간이 강력한 힘을 받은 운이 된다.

계사대운 이 부분에 심도 있게 연구하여 보아야 할 대상이다. 사화는 월지 酉金에 일지 丑土와 巳酉丑 삼합 金局에 동조하게 되어 지금까지 酉丑의 반합 정도의 힘을 보였든 월지 酉金이 巳酉丑 金局을 하므로 강력한 金局이 되며, 천간 癸水는 월간 용신 丁火를 丁癸克함으로써 원래 巳火는 丁火 일간의 겁재로 12운 왕지에 해당하지만 巳酉丑 金局에 가담함으로써 배신을 한 입장이 된다.

그 동안 극신약 팔자로 용신 丁火가 년지 卯木의 생을 받으며 金을 제하고자 하여 힘들게 지내 왔다면 癸巳대운은 巳酉丑 강력한 金局과 용신 丁火를 癸水가 丁癸克하여 극하니 일간이 극히 무력하게 되어 假從財를 하게 된다. 癸巳대운에 부인의 활동으로 강남에 집을 몇 채 장만하고, 지방의 땅도 소유하게 되었다.

팔자란 이와 같이 복잡다단하고 운에 따라 천태만상으로 변화한다.

결론적으로 이 명조는 중화를 많이 잃은 팔자이나 오행이 주류하여 급격한 변화를 가져오지 않은 명으로, 대운에 의하여 큰 변화를 하였다.

이 명조의 문제점을 이야기한다면 고부간 싸움이 심한 팔자며, 부잣집의 머슴 팔자처럼 남의 돈은 많이 만지지만 실상 나의 돈은 부족하다. 은행에서 근무하고 종을 하여 부인 덕으로 부자 된 팔자다.

16. 사주가 지니는 표리(表裏)

간(干)은 表面이고, 지(支)는 裏面이다. 干은 사람의 두안(頭顔)과 같고, 支는 지체(肢體)와 같은 것이다. 두안에 상처가 있으면 그 사람의 인격에 큰 손상을 가져오게 되나 지체에 상처가 있을 경우에는 의복으로 이것을 덮을 수가 있어 악감정(惡感情)을 감출 수가 있다.

1) 간과 지가 모두 길하면 두면(頭面)과 지체(肢體)가 미려하므로 상격(上格)이다.

예

丁 癸 己 庚
巳 卯 丑 申

甲 癸 壬 辛 庚
午 巳 辰 卯 寅

상기 명조는 癸水 일간이 丑月에 태어나 월지 장간에서 己土가 월간에 투출하여 편관격이다. 정격은 순으로 가고, 편격은 역으로 가게 되는데, 정(正)은 가공된 원석(原石)을 사용하여 제품을 만든 상태이므로 바로 사용이 가능하고, 편(偏)은 원석을 가공하지 않은 상태이므로 일단 먼저 가공하는 노력을 기울여야 하기에 제하는 과정을 거쳐야 하는데, 일지 식신이 편관을 제하고 있다.

일간 입장에서 다시 한번 본다면 일단 일간이 약하다. 그러므로 인수로 살인상생 하는 효과가 있으며, 식신으로 제살하는 효과도 있다.

용신이란 팔자의 중화를 이룰 수 있는 오행으로서 다섯 가지가 있는데, 격국용신·억부용신·조후용신·병약용신·통관용신 등이다. 일단 이렇게 모든 용신법을 다 늘어놓고 하나하나 짚어 보기로 한다.

우선 癸水 일간이 丑月에 태어나 차고 냉한데, 丑月 癸水는 얼어 있는 물로 볼 수 있다. 자연론으로 본다면 물은 木을 생하는 즉, 水는 木을 키우는 의무를 부여받았다고 할 수 있다. 그러나 丑月의 癸水 냉한 물로는 木을 키울 수 없고 더욱이 얼어 버린 물로서는 사용할 수 없기에 조후 용신인 丙火가 필요하다.

일단 丙火를 찾으니 시지 巳 중 丙火가 있고, 간지동으로 丁火가 나와 있다.

이 팔자를 자연론으로 논한다면 이렇게 볼 수가 있겠다.

丑月 눈보라 휘몰아치는 논밭에 작물을 키울 수 없기에 己土 비닐하우스 속에서 丁巳 열기와 불빛을 이용하여 하우스 재배를 하는 모습이 연상된다. 이렇게 이 사주에 필요한 조후용신을 팔자상에 갖추고 있다.

이번엔 일간의 입장에서 본 억부로서, 일간이 丑月로 통근을 하기는 하였으나 己丑월로 土가 왕하여 일간이 약하다.

사주팔자는 고저·장단·원근에 따라 천태만상이 되는데, 일단 년간 庚申이 월 己丑의 기를 설하여 일간을 생하고자 한다. 그러나 고저·장단·원근의 법칙에 의하여 癸水는 먼저 己土에 癸己克을 당한 후에 시간이 지나 己土가 庚金을 생하고, 그 생한 金이 다시 일간 癸水를 생하므로 시간이 지체되고, 더 나아가 인수인 庚金이 癸水를 생하고자 하는데 중간에 己丑이 가로막아 그 과정이 원활하지는 못하다고 볼 수도 있다. 하지만 강력한 인수가 있어서 또 하나의 문제를 해결한 입장이다.

다음 통관을 본다면, 일간 水에서 발하여 일지 卯木을 생하고, 卯木은 시 정사를 생하고, 丁巳는 월간 己丑을 생하고, 己丑은 년 庚申을 생하여 庚申은 다시 일간 癸水를 생하니 오행이 주류한다.

그러나 더 엄밀히 이야기하여 통관의 입장에서 살펴보면 庚金이 일간 癸水를 생하고자 하는데 월의 己丑이 가로막고 있어 원활한 입장이 되지 못하므로 이 부분이 이 팔자가 가지고 있는 문제점이라 할 수 있겠다.

다음 병약용신법에서 다시 본다면 재관인은 모두 간지동으로 강하지만, 막상 팔자의 주체라 할 수 있는 자신 일간은 癸亥로 간지동하지 못하고 癸卯로 되어 있다. 또한 월 편관격으로 실령하고 癸己克당하며, 미력한 癸水의 기를 일지 卯木이 설하고 있는 상태이다.

이것이 바로 병인데, 병을 치료하는 약은 庚金 인수가 되겠다.

그렇다면 진정 卯木이 이 팔자상에 병이 된다고 볼 수 있을까? 아니다. 살인상생이란 부분에서 본다면 강한 편관이 약한 癸水를 먼저 극하고, 시간이 지나 점차적으로 土의 기를 설한 庚金이 일간을 생하게 된다. 이는 속된 말로 「앓느니 죽는다」라는 표현이 적절한 상황이다. 즉, 병이 중한 환자가 응급실에 실려 왔으니 신속히 치료를 하여 주어야 하는데, 어디가 아픈지 찾는다고 X-레이 사진 이리저리 찍고, X-레이 사진 결과보고 난 후에는 치료할 수 없으니 큰 병원으로 가라고 하는 식의… 이런 입장이라면 살인상생으로 인수에 의지하기보다는 오히려 일지 卯木이 己토를 바로 木克土하는 것이 효과가 빠르다고 할 수 있다.

이렇게 본다면 卯木이 약한 일간 癸水의 氣만 설하고 있는 게 아니라 卯木이 지닌 식상제살의 효과를 발휘하므로 오히려 살인상생의 인수보다 좋은 작용을 함으로써 응급환자에게 필요한 응급약인 셈이 된다.

이렇게 보았을 때 卯木을 金이 극하고자 하니 인수가 진정 희신이 될 수 있는지, 혹은 병이 되지는 않는지도 따져 보아야 한다.

이번엔 조후 용신을 한번 살펴보자!

축월 계수로 조후가 필요하나 일간이 극히 약하고, 약한 계수는 인수 庚金의 생을 받아야 하는데, 조후용신 火가 卯木을 앞장 세워 일간의 기를 설하여 받아 가니 卯木은 지속적으로 일간의 기를 설하여 丁巳 조후 용신을 생하기에 바쁘다.

이런 입장에는 조후 용신 火가 좋은 것만도 아니다. 또한 더 나아가 약한 癸水가 생을 받고자 하는 인수를 극하여 癸水가 생을 받지 못하게 하는 이율배반적인 이중행위를 하고 있다고도 보아야 한다.

그렇다면 과연 조후 용신을 희신이라서 좋다고 보아야 하는지 병이라 보아야 하는지 난해한 입장이 아니겠는가?

그렇다면 己土는 이적 행위만을 하는가?

己土는 인수를 생하고, 조후 용신인 火로부터 기를 설하여 인수를 생하는 이중적인 노력을 하고 있는 입장이다. 아무튼 하나의 팔자 속에는 이와 같이 복잡다단한 많은 것이 함축되어 있으며, 이것에는 나쁘나 저것에는 좋은 각자의 역할을 하고 있다. 이제까지 대략적인 팔자가 가지고 있는 문제점들을 알아보았다.

결론을 내린다면 일차적인 병은 일간이 약한 데서부터 발단하였는데 土가 강하니 기신에 해당하고, 그 土를 설하는 인수와 土를 극하여 주는 식신이 희신이 된다.

여기에서 용신을 어느 것으로 쓸 것인가 하는 문제가 대두된다. 그러나 한 가지 더 중요한 부분이 있다. 다름이 아니라 희신 역할을 하고 있는 식신과 인수는 일간에게 있어 그 공을 따질 수 없다는 것이다. 먼저 이 귀한 두 오행이 가까이 자리를 하여 서로 싸우고 있는가 아니면 서로 거리를 두고 적당히 각자의 임무를 수행하고 있는가를 살펴보아야 한다.

이 경우 卯木 식신과 인수 庚申은 중간에 土가 끼여 있으므로 직접 金木 상전을 하고 있지 않아 아름다운 입장이라 하여야 한다.

결론은 운으로서 결정을 지어 갈 수밖에 없으며, 운에 따라 서로의 공을 내세우는 입장이 되게 된다. 대운이 인수운으로 간다면 인수는 식상을 제하고 我를 생하니 사회 활동은 적고, 편히 쉬면서 몸조리를 한다고 해석할 수 있겠으나 대운이 인수운이 아닌 식상과 재운으로 흘러간다. 따라서 비록 힘은 들어도 열심히 일하며 살아간다고 할 수 있다. 인수 자격증, 관 명예, 식상 일, 재 돈으로 이 사람은 현재 회계사이다.

사주팔자란 그 사람이 타고난 인자며, 운이란 그 사람이 태어나서 70평생 동안 살아가는 모습이다.

2) 간(干)이 길하고, 지(支)가 흉하면 두안(頭顔)은 美하나 지체(肢體)가 오점이 있으므로 중격이다.

예

己 丁 乙 甲
酉 巳 亥 寅

戊 己 庚 辛 壬 癸 甲
辰 巳 午 未 申 酉 戌

丁火 일간이 亥月에 태어나 월지 장간에서 甲木이 년간에 투출하여 인수격이다. 또한 월지는 계절로서 입동을 지난 지 4일이나 되며, 입동은 겨울에 들어 왔다는 것으로서 이 사주팔자 전체가 겨울이다.

팔자 전체로 甲木 乙木 丁火 己土가 많으나 이 전부는 월령의 기를 모두 받아야 한다.

물로서 예를 든다면 같은 물이나 펄펄 끓는 물이 있는가 하면 꽁꽁 얼어 있는 물도 있으며, 농사짓기 적당한 온도가 있는가 하면 냉기가 흐르고 있는 물도 있고, 사람이 목욕하기 좋은 물도 있는가 하면 땀 흘린 후에 땀 씻는 물도 있다.

이와 같이 월령은 계절로서 그 온도에 따라 팔자 전체에 미치는 영향이 크다. 그러므로 격국을 정하더라도 월지는 항상 함께 봐 주어야 한다.

이 사주는 월지 정관격이다. 정관격은 인수를 희하며 또한 인수격을 겸하고 있다. 월간 乙木 편인으로 혼잡되어 혼잡을 제하여 가야 하므로 재를 찾으니 시지 酉金이 있다. 酉金 편재는 재생관하고, 그 인수는 我를 생하니 월지 정관격으로서 비록 일간이 실령하였으나 관인상생하므로 중화를 이룬 입장이다.

이제 좀 더 섬세하게 파헤쳐 보자! 천간은 지지를 직접 극할 수 없으며, 지지는 천간을 직접 극하지 못한다.

이와 같이 천간에 작용하고 있는 오행의 작용은 천간에서 작용하고, 지지에서 작용하고 있는 오행은 지지에서 작용하고, 천간과 지지는 음양으로서 국회의 여야와 같이 협의하여 작용하여 가는 형식이 필요하다.

이와 같이 본다면 천간에 있는 甲乙 정편인이 시간의 己土 식신을 극하고자 한다. 여기에 일간이 강한 木의 기를 설하여 식신인 己

土를 생하고 있다.

지지로 보면 년 甲寅과 월간 乙木이 정관인 亥水를 강하게 설하고 있다. 그리고 일지 巳火는 정관인 亥水와 巳亥沖을 하고 있다. 시지 酉金이 약한 정관 亥水를 생하고자 하나 일지 巳火가 가로막고 있어 직접적으로 생하지 못하고 있다.

이와 같이 천간은 甲乙木에서 일간 丁火로 기가 흘러 그 기가 시간 己土로 흘러가 외형상 무난한 입장이나, 지지는 여러 가지 복잡한 사연을 함축하고 있다.

더 섬세하게 풀어 간다면 년월간 甲乙木에서 일간 丁火로, 丁火는 시간, 己土 식신으로, 식신은 년지 편재 酉金으로 흘러 酉金은 다시 월지 亥水를 생하여 오행이 주류한다.

다만 일지 巳火가 金을 극하나 시지 酉金과 일지 巳火는 巳酉丑의 반합 巳酉合金하여 시지 酉金을 일지로 당겨 亥水를 생하고 있다. 일지 巳火와 월지 亥水가 巳亥沖을 하고 있는 것을 시지 酉金이 巳火와 합을 하여 巳亥沖을 하지 못하게 말리고 있으며, 亥水는 년지 寅木이 寅亥合하여 巳亥沖을 막고 있다.

이 정도 풀고 나면 이제 대략적 팔자를 다 본 것 같다.

정리하면 정관격에 인수와 식신이 외형상 나타난 모습으로 아름다운 미모를 가졌다고 볼 수 있다. 그러나 이 사람의 심성을 팔자 속에서 찾아본다면 인수의 역할은 공부하고 먹고 편히 쉬고자 하는 것이며, 식신은 열심히 나가 사회 활동을 하고 식신의 활동에 의하여 재를 생하니 재물과 돈을 벌어 오게 되는데, 정편인이 왕하므로 왕한 인수가 식신이 나가서 일하고자 하는 것을 木克土 하므로 열심히 일하지 못하도록 한다.

가령 년간에 인수가 있고 월간이 편재 辛金이 있었다면 시간 己土

식신이 열심히 일하고, 일하면 재를 생하니 辛金 재가 발생하고, 그 재는 관을 생하면서 인수를 적당히 제하겠으나 안타깝게도 월간 편재 辛金이 자리하지 못하고 乙木 편인이 자리하여 乙己克으로 심하게 己土를 극한다.

그리고 월지 정관인 亥水는 년월간에 강한 정편인 甲乙木에 설기당하여 무력화되어 있고, 亥水를 도와주는 酉金은 일지에 있으면서 직접 관인상생 하지 못하고 巳火를 거쳐 생을 하여야 하니, 월지 정관격이지만 정관인 남편이 극히 무력하다.

이를 다시 바꾸어 이야기한다면 甲乙木에서 일간 丁火는 식신이다. 즉 강한 인수가 회사의 사장이라면 일간 丁火는 그 회사에서 고용한 사람, 즉 일꾼이 된다.

그렇다면 甲乙木이 살아가기 위하여 미인계를 쓰게 되고, 그 미인계에 걸려든 것이 亥水가 된다. 편관이 세상 풍파를 많이 겪고 세상 이치를 알아 약삭빠른 사람이라면 정관은 정직하고 순수하고 세상물정 잘 모르는 고지식한 사람이라 볼 수 있다. 즉 관을 유혹하고 그 유혹에 걸려든 亥水의 기를 빨아먹는다고 보아야 하고, 일간 丁火는 그런 탈진하여 기진맥진한 남자를 미인계로 유혹하여 재물만을 욕심낸다고 할 수 있는데, 이는 일지 巳火가 亥水 정관과 巳亥沖을 하고 있기 때문이다.

이와 같이 이 여명은 외형상 아름다운 미모나 속마음이 아름답지 못한 팔자 구성을 하고 있다. 결혼상담소와 인연이 있는 여인이다.

3) 간(干)이 흉하고 지(支)가 길하면 두안(頭顔)에 상처가 있는 형국이므로 지체(肢體)가 아무리 美하여도 타인에 惡感을 면치 못하므로 하격(下格)이 된다.

이상과 같이 길성(吉星)은 표면에 나타나는 것이 좋고, 흉성(凶星)은 지지(地支) 중에 있는 것이 좋다. 상관과 겁패는 천간에 있는 것은 좋지 않고, 지지에 있으면 악을 덮을 수가 있게 된다.

단, 월지원명은 장간이라 할지라도 이것은 表와 같이 보고 露現한 것으로 본다.

예

辛 丁 庚 辛
亥 亥 寅 丑

癸 甲 乙 丙 丁 戊 己
未 申 酉 戌 亥 子 丑

정화 일간이 寅月에 태어나 월지 장간에서 천간 투출이 없으므로 월지에서 격을 잡아 인수(印綬)격, 정격(正格)은 순(順)으로 간다라고 하여 관을 찾으니 일시지의 亥水가 있다.

여기서 매우 중요한 한 가지를 짚어 보고 가고자 한다. 격의 승격(昇格)과 파격(破格)에 관하여 살펴본다면, 월지 인수(印綬)격에 재(財)가 월간 투간한 경우, 관(官)격에 상관(傷官) 개두(蓋頭)한 경우, 재(財)격에 비겁(比劫)이 개두(蓋頭)한 경우, 식신(食神)격에 편인(偏人)이 개두, 건록(建祿) 양인(陽刃)격에 財가 蓋頭한 경우는 파격된다.

이유를 살펴보면 다음과 같다. 年은 할아버지 또는 조상이며, 월간은 아버지, 월지는 어머니로 즉, 月은 부모의 궁이며, 그 사람의 부모며 형제궁이 되고, 년월은 상사 또는 윗사람이고, 년이 국제무대라면 월은 자신의 사회생활의 근본이고, 일은 가정사다.

남자는 특히 사회적 동물로서 부모·형제·친구 등의 유대 속에 사회생활을 한다. 이러한 입장에서 년월이 손상 받고 년월이 파하게 되면 그 사람은 타격을 입을 수밖에 없으며, 윗사람·상사·선배 등의 도움이 없기에 결과적으로 좋은 격국을 가진 사람보다 몇십 배, 몇백 배 더 심한 고난을 받을 수밖에 없다.

또한 그 사람의 인자(因子)가 되기에 부모가 부귀하지 못하였다고 볼 수 있으며, 혹 부귀하였다 하여도 이 사주의 당사자가 태어나면서 집안이 기울게 되어 결국 그 기본 바탕이 무너진 가문에서 출생한 입장이 되는 것이다.

그러나 이는 단편적 해석 방법이고, 이 팔자와 같이 정인(正印)격으로서 日과 時支에 관이 있어 강한 재를 설하여 인수를 살려 가는 경우는 「파격 후 승격」 이렇게 해석한다.

그러나 이 또한 전부는 아니다. 천간에 병이 있는 입장이라면 천간에 약이 있어 주어야 하고, 지지에 병이 있으면 지지에 약이 있어 주어야 한다.

예를 들어 이 사주와 같이 월간 경금으로 인하여 정인격의 파격이 될 경우, 년에 비겁이 있어 재를 제하여 주든가 아니면 년간(年干)에 壬水가 있어 준다면 金은 水를 생하기에 木을 심하게 극하지 못하게 된다. 간지동으로 파격이 된 것은 기본이 상한 상태이지만, 재생관 관인상생으로 돌아가므로 파격된 후에 시간이 지나가면서 점차로 좋아진다고 본다. 그렇지만 근본이 깨어지고 격국이 파격이 된 것은 어쩔 수 없다.

다시 예를 들어 본다. 된장 단지를 잘못 관리하여 된장 단지가 깨어졌다. 그러나 그 깨어진 단지를 막상 새 단지로 바꿀 만한 여력이 없을 경우는 그 단지를 철사 줄로 총총히 매어서 아쉬운 대로 사용할 수밖에 없다.

한 번 더 예를 들어 고장 난 중고차를 고쳐서 사용한다고 생각하면 좋겠다. 팔자 전체의 구도를 다시 살펴보면, 일간 정화가 월지 장간 丙火에 통근하고 월령을 득하였으나 년간 辛金, 년지 丑土, 월간 庚金, 일지 亥水, 시간 辛金, 시지 亥水로서 일간 丁火는 단지 월령에만 의지하고 있고, 주위에는 모두 일간을 약하게 하는 오행들로만 싸여 있다.

사주팔자에서 매우 중요한 부분 중의 또 하나인데, 월령을 득하고 주위 세력을 잃어 신약이 된 명은 초년은 좋으나 사회에서 많은 고난을 받는 명이 된다는 것이다.

격이 다소 떨어지는 명조가 처음에는 어려움을 많이 겪게 되어서라도 운의 흐름에 따라 사회 적응력을 키워 무난히 살아갈 수 있는 경우도 있고, 월령을 득한 명조가 실지 실세하여 약하게 된 경우의 명은 사회생활에 적응하지 못하는 예가 많게 된다. 이 명조는 정해복음대운에 교통사고로 얼굴을 크게 다쳐 몇 번의 대수술을 하였으며, 좋은 대운으로 운이 흘러 주질 않아 살아가는데 어려움을 많이 겪는 명조다.

17. 사주의 전후에 미치는 생극에 의한 길흉

월지 원명(元命) 용신을 정하고 사주 중 생극의 전후를 본다. 생극의 전후를 보는 것은 사주 감정상 비결이다. 전(前)이라 함은 生年月 통변이고, 후(後)라 함은 時와 大運을 말한다. 모두 천간(天干)

을 重히 하고, 지(支)는 매우 輕한 것으로 본다. 前에서 원명(元命)을 생하고, 後에서 원명(元命)을 제극(制剋)하면 길명(吉命)으로 본다.

이에 반하여 전에서 원명을 극하고, 후에서 이것을 생하면 모두 흉명(凶命)이다.

예를 들면 월지 정관격이 년간에 丁의 상관이 있고, 戊의 財가 시간에 있으면 정관격이라 하여도 貴命이 되지 않는다. 또 월지 편인격이 년간에 정관이 있어 원명을 생하고, 시간에 식신(食神)이 있어도 흉명이 아니고 도리어 好命으로 본다. 또 월지 편관격이 癸의 재가 년간에 있고, 辛의 식신이 시간에 있으면 前에서 원명을 생하고, 後에서 원명을 제극하여 호명이 된다.

이에 반하여 년간에 식신이 있고, 시간에 재가 있으면 흉명으로 본다.

예

丁 己 己 辛
卯 卯 亥 巳

壬 癸 甲 乙 丙 丁 戊
辰 巳 午 未 申 酉 戌

상기 명조는 己土 일간이 亥月에 태어나 월지 장간에서 천간 투출이 없으므로 월지에서 격을 잡아 정재격이다. 정격은 순으로 간다라고 하여 일시지 卯木 관을 보아 승격이 되어야 하지만, 월지 정재격에 월간 己土 비견이 개두하여 파격이 된다.

편재는 아버지며, 정재는 아버지의 형제이지만 팔자상에 아버지인 편재가 나타나 있지 않으므로 정재를 아버지로 본다. 또한 월지 정재인 亥水는 년지 巳火와 巳亥沖을 하고 있기에 정재격으로 파격이 되었다.

그러나 다행한 것은 巳亥沖은 일시지 卯木이 亥卯未 삼합의 반합(半合)을 하여 巳亥沖을 해결하고, 정재격에 월간 己土 비견이 자리한 것은 년간 辛金이 己土의 기를 설하여 재를 생함으로서 파격 후 승격의 조건을 갖추었다. 이는 격국에 관한 부분을 검토한 것이다.

다음은 일간 입장에서 팔자를 다시 풀어 보아야 한다. 일간 己土에서 본다면 일단 일간이 월령을 잃고, 년간 辛金은 일간의 기를 설하고, 일시지 卯木은 약한 己土를 극한다.

일간이 실령하고 실지하고 실세하여 약하므로 일간을 생하여 줄 인수를 원하는데, 년지 巳火에 통근한 시간 丁火 편인이 일간을 생하고자 하나 월지 亥水가 巳亥沖을 함으로써 정화의 근이 약화된다.

일시지 卯木이 월지 亥水와 亥卯未 삼합의 반합을 하여 丁火의 근이 되어 주려하는 복잡함을 가지고 있는데, 월령이 주도하는 亥月은 산천이 모두 꽁꽁 얼어붙은 겨울로서 태양 빛이 간절한 입장이다.

丁火는 달빛 · 불빛 · 화롯불로써 이 약한 정화의 열기로 얼어 있는 논밭에 온기를 주기에는 한계가 있다. 자연에서 연상하여 본다면 己土 작은 땅에 己土인 비닐하우스를 만들어 그 속에 작은 묘목들을 심어 정화 불빛과 난로를 피워 그 온기를 가지고 겨울 작물인 하우스 작물을 키우고 있는 것으로 연상하여 볼 수 있게 된다. 이와 같은 입장에서 기토가 극히 미약하다.

이제 용신의 입장에서 다시 한번 훑어보자. 亥월 정재격에 일간이 약하니 일단 비겁을 우선 할 수 있다. 그러나 亥水 그 자체가 강한 것이 아니며, 더욱더 편재격이 아닌 정재격으로 오히려 월간 己土가 정재격에 파격을 만들고 있다.

월지 亥水는 일시지 卯木과 亥卯未 삼합 木局의 반합에 동조하여 반(半) 木국으로 화하여 가고 있다. 원칙적 입장에서 정재격에 己土가 병이 되고 있으나, 亥卯 반합 木局화하게 되면 오히려 亥水가 卯木을 당겨와 월간 己土를 역극하는 형상이 된다.

용신이란 일간 입장에서 또는 팔자 전체의 중화라는 입장에서 보는 것이다.

이 팔자의 경우 일간이 월령을 잃고 실지 실세하여 약하므로 인수로 살인상생하게 되어 시간 丁火가 용신이다. 亥水가 亥卯 합하여 木의 성질을 가진다면 金으로 木을 제하여 가야 한다.

이렇게 놓고 봤을 때 亥水를 水로 볼 것인가 木으로 볼 것인가 하는 복잡한 문제가 발생한다. 원칙을 이야기한다면 亥卯未 삼합을 하였을 경우 亥水는 木으로 합하여 가지만, 未土가 없는 입장에서는 어디까지나 반합이 될 수밖에 없는데, 반합의 작용력을 본다면 절반쯤 木의 성질을 가지고 있다고 보면 되겠다.

아무튼 亥水는 卯木과 亥卯 合木하고자 하며, 亥水는 木을 생하기에 木이 왕한 입장이 된다. 이렇게 보면 년간 辛金으로 강한 木을 제하여 가는 효과도 있다. 용신이 丁火에 木이 희신이 되나, 亥卯合木하여 木이 극왕하게 되어 木이 희신되질 못한다.

작은 불씨에 한꺼번에 많은 나무를 밀어 넣으면 불이 꺼진다. 특히 해수와 합하여 젖어 있는 나무는 더욱더 잘 타지 않는다.

팔자상 목이 병이며, 목을 생하는 수(水)가 기신, 금(金)은 구신, 토(土)는 한신이 된다.

이제 총 정리를 한다면 초년 대운이 申酉戌 서방 金運으로 흘러가며, 천간 丙丁火가 지나간다. 申酉戌 金은 강한 木을 제하여 주는 입장도 있지만 약한 己土 일간의 氣를 설하는 이중적인 역할도 한다.

이 명조는 년에 辛巳로 辛金은 식신이며, 지지 巳火는 인수로 할아버지는 부귀하였다고 보며, 아버지는 할아버지의 유업을 이어가지 못한다고 보며, 초년 戊戌대운 이 명조의 당사자가 태어난 시점에 무척 어려움이 있었다고 본다.

丁酉대운부터 辛金이 亥水를 생하여 주므로 아버지 사업은 무난하였다고 보지만, 자신은 강한 卯木의 극을 받으며 식상으로서 木을 제하지만, 아울러 일간의 기를 설하게 되므로 丁火를 용신하여 공부를 하는 입장에서 건강상 어려움이 많았다고 본다. 巳午未 운부터 발전하며 금융계 근무하는 명조다.

18. 귀살의 변화와 취용법(取用法)

사주 전체를 縱橫으로 본다. 년월일시의 사간(四干) 사지(四支)에서 상호간의 貴를 취하고 殺을 본다. 예를 들면 년간에서 월지 시지를 보고 貴(정관)가 되느냐 殺(편관)이 되느냐를 본다.

월간에서 년지를 보고 시간에서 일지를 보고 貴殺을 취한다. 貴가 되면 吉로 화하고, 殺이 되면 凶으로 본다. 이것이 變體的 운명 변화를 보는 법이다.

예

辛 丁 乙 甲
亥 卯 丑 辰

戊 己 庚 辛 壬 癸 甲
午 未 申 酉 戌 亥 子

丁火 일간이 丑月에 태어나 월지 장간에서 辛金이 시간에 투출하여 편재격, 월지는 부모에게 받은 인자로 월지 식신격, 식신 생재격이다.

일간 丁火는 지지에 通根을 하지 못하고 년지 장간 辰 중 乙木, 일지 卯 중 甲乙, 亥 중 甲木 등에 通地를 하며, 년월간의 甲乙木에 생을 받고 있다.

좀더 구체적이며 섬세하게 풀어 본다면 격국의 입장에서 월지 장간에서 辛金이 시간에 투출하였지만 그 辛金은 월지 酉金에서 시간 투출한 것이 아니며, 丑 중 장간에서 투출하였다.

이를 두고 고서에서 이르기를 辰戌丑未월에 투출한 경우는 잡기라 한다고 하였다. 아무튼 월지는 그 어머니의 유전자로서 뿌리인 근이라 하였다.

그 氣의 강도는 온도・습도・풍속 등으로 표현해 볼 수 있는데, 여름은 섭시 30도를 오르내리며 겨울은 영하 20도를 오르내린다.

이와 같이 같은 물이라 하더라도 영상 30도의 물과 영하 20도의 물이 같을 수 없듯이, 계절이 각 오행에 미치는 영향은 이와 같은 차이를 가지고 있다.

필자는 월지 장간에서 천간 투출한 경우라도 필히 월지를 같이 포함하여 본다. 이와 같이 천간 투출과 월지를 합쳐 본다면 식신 생재격, 즉 그 사람의 근본은 식신 성향이나 외형적 나타난 모습은 편재의 성향을 나타내고 있다.

이와 같이 구체적 분석이 필요한데, 월지는 월지 식신과 상관이 혼잡성을 나타내고 있다. 이와 같이 혼잡됨은 아름답지 못하므로 식상 혼잡을 제하여 가야 한다. 년월간 甲乙木이 개두하여 혼잡된 식상을 제하고 있으므로 승격된 듯이 보인다. 그러나 이는 분명 파격이 된다.

왜냐 하면 년지 상관은 년간 甲木 인수가 제하고 있기에 식상 혼잡을 제하여 아름답다 하겠으나, 월간 乙木은 편인으로서 식상 혼잡은 甲木 인수가 이미 제한 상태에서 월지 식신을 또 제하고 있기 때문에 파격인 것이다.

앞에서도 설명한 바 있지만 파격의 요소 중에 인수격에 재가 개두, 정관격에 상관이 개두, 정재격에 겁재가 개두, 상관격에 정관이 개두 등등… 여러 가지가 있다.

이와 같은 입장에서 보더라도 일단 월령에서 파격의 요소를 가지고 있다. 이에 시간에 투출한 편재가 월간 乙木을 乙辛克하여 제함으로 파격 후 승격되었다.

이는 격국 입장에서 본 것이며, 이번에는 일간 입장에서 다시 보자. 일간은 년지에서부터 시지까지 살펴보아도 자신의 근이 되는 지장간의 丙丁火가 없다. 얼핏 보면 지장간의 甲乙木이 일간의 뿌리가 되어 주고, 천간 甲乙木이 일간을 생하여 주니 일간이 약하지 않다고도 생각할 수 있다.

그러나 이는 잘못 판단한 것이 된다. 젓을 먹어야 하는 애기에게 짜고 맵고 질긴 고기를 먹인다면 큰일이 난다. 중환자는 미음을 먹어야 하는데, 역시 짜고 맵고 질긴 고기를 먹인다면 그 중환자는 소화를 시키지 못하고 오히려 더 큰 병을 얻게 된다.

이와 같은 이치에서 본다면, 일간이 지지에 같은 간지로서 강한 것은 좋지만 간지동하지 못한 경우는 지장간에 있는 자기 자신과 같은 비겁에 통근을 하여야 한다.

그래야만이 자신이 질기고 맵고 짠 고기를 먹고 소화를 시킬 수 있는 입장이 된다고 할 수 있다. 그러나 지장간에 같은 오행이 없다라고 함은 외형은 아름다우나 뿌리 없는 고목과 같은 이치이며, 약한 일간에 과다하게 생하는 것이 병이 되는 법인데, 약한 일간에 많은 인수가 생하여 주니 약하지 않다라고 함은 잘못된 것이다.

앞에서 밝혔듯이 필자의 0.333법칙은 초정밀 분석법이라 하였다. 초정밀 감정법으로서 전체적인 분석을 더욱더 세분화한다면 다섯 곳의 초정밀 저울에 질량과 부피가 같은 쌀알을 다섯 군데 똑같이 올려놓아 맞추어 보았을 때 정밀하게 맞아진 것을 상격 사주라 하며, 다섯 군데 백 개씩의 쌀알이 올라가 중화를 잡았다면 더 큰 상격 사주라 할 수 있다. 그런데 사실 팔자란 다섯 군데 정확하게 쌀알이 올라가듯이 중화를 잘 맞춘 팔자는 희소하며, 대다수의 팔자들은 모두 중화가 많이 깨어져 있다.

예를 들어 본다면 일간 丁화가 한 개라면 木은 지장간 셋, 천간 둘 도합 다섯이며, 水는 시지 장간 壬水와 丑 중 장간 癸水, 辰 중 癸水 도합 셋이며, 金은 시간 辛金 하나, 丑 중 장간 辛金 하나 도합 둘이며, 土는 辰 중 戊土, 丑 중 己土, 亥 중 戊土 도합 셋이다.

모두 하나이면 하나씩으로 중화를 맞추고, 셋이면 셋으로 중화를 잡으면 되겠지만, 이와 같이 각 오행이 가지각색으로 이루어져 있다. 이러니 중화를 맞추는 작업이 어려울 수밖에 없다.

총 정리를 하면 재가 식신격을 파하는 乙木을 제하는 약신이면서 많은 木을 억제하는 용신이 되며, 일간이 미약한데 강하게 설하고자 하는 土의 기를 역설하여 일간에 중화를 잡아 주는 것도 역시 辛金이다. 따라서 용신은 월지 장간에서 투출하여 약하지 않다.

격국의 입장에서와 일간 입장에서와 용신의 입장에서의 모두를 알아보았다. 이 명은 식신격에 격이 떨어지지만 파격 후 승격이 되어 식신을 살리게 되므로 인수 학문, 즉 학문과 재를 살려 후학을 가르치는 교육계통으로서 학원 강사다.

① 통근(通根) : 천간이 지지 장간에 같은 오행이 있을 경우
② 실지(失支) : 일간이 일지를 잃어버린 경우
③ 실세(失勢) : 일간이 주위 세력을 얻지 못한 경우

※ 고서의 왕상휴수사(旺相休囚死) 법으로 일간이 지지에 생을 받게 되면 통근이라 하나, 필자는 같은 오행에 뿌리를 둔 것인가 아니면 상생관계인가를 구분하기 위하여 통근과 통지를 구분한다. 오해 없기를 바란다.

19. 동정(動靜) 비결

동(動)은 기체(基體)가 陽에 속하고 天에 속한다. 天은 건원(健圓)하고 항상 순환하여 쉬지 않는다. 이것을 사주상으로 보면 천간에 해당하므로 천간을 動으로 본다.

정(靜)은 기체가 陰에 속하고 지구에 속하며 항상 정수(靜守)한다. 사주상으로 보면 지지(地支)에 소장한 十干에 속한다. 즉, 지지 중에 숨어서 靜하기 때문이다.

動과 動을 배합하여 길흉을 보고, 靜과 靜을 배합하여 길흉을 본

다. 이 동정(動靜)의 비법은 사주의 간과 행운의 간을 대조하여 길흉을 아는 것이다. 사주 중 천간통변과 행운의 천간통변의 상극 상생 제화를 본다.

예를 들면 사주 중 천간에 甲목이 있고, 申運이 와서 申 중에 庚금이 있어도 庚금은 지지에 소장되므로 사주 천간의 갑목을 극할 수 없게 되고, 剋하여도 害하지 못한다.

만약 사주상에 寅이 있어 寅 중의 甲이 있으면 행운신의 소장 庚金은 甲목을 극하여 害가 된다. 요는 사주천간은 행운천간의 생극에 의하여 길흉을 정하고, 또 사주의 지지 장간과 행운의 지지 장간의 생극에 의하여 길흉을 정한다.

예

丙 癸 壬 己
戌 未 申 亥

己 戊 丁 丙 乙 甲 癸
卯 寅 丑 子 亥 戌 酉

癸水 일간이 申月에 태어나 월지 장간에서 壬水가 월간에 투출하였으나, 같은 오행은 격을 잡지 않는다는 원칙에 의하여 월지에서 격을 잡아 인수(印綬)격・정격(正格)은 순(順)으로 간다라고 하여 관(官)을 찾으니 일지 시지 未土 戌土에 통근한 己土가 년간에 투출하여 승격한다.

이번엔 일간 입장에서 본다면 癸水 일간 주위로 재관(財官)이 즐비하여 극히 약한 입장이다. 만약 일간이 癸亥 간지(干支)로 앉았다면 주위의 세력에 따라 변수는 있겠지만, 일단 일간 자체는 간지동되어서 자신이 약한 상태는 아니게 된다.

그러나 未土 위에 앉은 癸수는 신약하게 되므로 약한 癸水가 월령을 얻는 것이 당연하고, 월간 壬水가 힘이 되어 주는 것 또한 당연하다 하겠다.

이번엔 용신 입장에서 한 번 볼 차례가 되었다. 격국의 입장에서는 인수가 월령을 득하였으나 년지 亥水, 월간 壬水, 일간 癸水가 설하니 인수도 생을 받아야 하는 처지인데, 己土 未土 戌土의 생을 받으니 좋다.

그러나 용신은 팔자 전체의 중화를 보아 제일 적절히 중화를 맞출 수 있는 오행으로서 한다고 하였다.

용신을 찾기 위하여 다시 팔자 전체를 파헤쳐 보면, 인수격에 관살이 과다하게 생하여 주는 것은 격국 자체도 아름답지 못하며, 더욱이 일간 입장에서 본다면 탁수(濁水)를 먹는 꼴이 된다.

또한 일간이 癸亥로서 강한 것이 아니며, 壬水의 도움을 받는 입장과 인수의 생을 받는 입장으로서, 약한 일간에 과다한 관살이 극하는 것도 아름답지 못하다. 따라서 관살을 제하는 木이 용신이 되므로 팔자상에서 용신을 찾으니 년지 亥 중 장간 甲木이 있으며, 未 중 장간 乙木이 있다.

그런데 지장간은 인자를 잉태하고 있는 상태라고 본다면 아직 모태(母胎)에서 나오지 않은 장간의 甲乙木으로는 지지에 있는 未土와 戌土, 더군다나 성장하여 년간에 투출하고 있는 己土를 제하지 못한다. 즉 탁격이 되고 말았다.

앞에서 필자의 0.333법칙은 팔자상에 있는 오행을 다섯 군데의 저울에 올려 중화를 잡는다고 하였듯이, 일간과 격국과 용신도 이와 같은 법칙으로 각각 세 군데의 자리에 올렸을 때 기울지 않는 명을 찾는 것이다.

일간 입장에서 재관이 왕하다 하지만 일간이 월령을 득하고 겁재의 생을 받으니 약하지 않고, 격국 입장에서도 정인격으로서 중화를 잡은 입장이나 용신이 무력하여 중화가 깨어졌다.

이는 아무리 격국이 승격하고 일간이 약하지 않다 하여도 팔자 전체의 중화를 맞추어 가는 입장에서 보면, 비록 일간과 격국이 완벽하더라도 용신이 무력하다면 이 또한 중화를 맞추었다고 볼 수가 없다.

중화의 개념은 오행의 저울 다섯 군데에 한 개씩 올려 균형을 맞추든 백 개씩을 올려 균형을 맞추든 각자 위치에 균등하여야 중화가 되는 법이다.

용신이 미약하니 앞서의 중화를 잡고, 승격이 된 팔자일지라도 다시 다 허물어 미약한 용신과 같은 무게와 부피의 양만을 올려야 한다면, 이는 승격된 격국이 용신의 무력으로 인하여 오히려 팔자상의 병으로 나타나는 것이 된다.

용신은 木이며, 水가 희신, 金이 기신, 火가 약신, 土가 한신이 된다. 원칙상 용신이 甲寅으로 강하게 있다면 당연히 인수는 구신의 역할이 아니지만, 지장간의 甲乙木이 성장을 하려고 새싹을 틔울 때는 월지를 장악하고 있는 金인 인수가 병이 될 수밖에 없는 입장이 된다.

이것으로 용신·희신·기신·구신·약신·한신을 다 가린 것은 아니다. 강력한 土에는 넝쿨나무인 乙木보다 더 강력한 甲木이 필요한데 년간에 투출한 己土는 甲木을 보면 甲己合으로 잡아 용신을 무력하게 한다.

乙木운이 제일 길하나 용신이 무력하게 나타나게 되니 더욱더 탁격이 된 입장이 된다.

이제 대운을 볼 차례다. 초년 대운 申酉戌 서방 金運에서 亥子丑 북방으로 운이 흘러가므로 용신인 木運은 말년에 온다.

癸酉대운은 시지 戌土와 월지 인수 申金과 대운의 酉金이 申酉戌 방합하므로 정편인 혼잡이 되니 어머니 덕을 보지 못하며, 인수가 길 작용을 하지만 흉신으로 변하게 되어 좋은 가정에서 성장하지 못하며, 경제적인 어려움을 겪게 된다.

甲戌대운 甲木은 앞에서 밝혔듯이 년간 己土와 甲己合하여 용신 무력상태가 되며, 戌土는 관살혼잡만 가중시킨다. 즉, 이는 식상은 자식이며, 관은 남자로서 일찍 학업에 취미를 잃고 남자를 일찍 사귀는 형태라 볼 수 있다.

용신이 무력하고 탁한 팔자는 생각 자체가 탁한 것으로 되어 일찍 술집으로 전전하여 생활하게 되며, 팔자상에 관이 많다 보니 특별히 결혼한 상대도 없으며, 丙火인 정재는 가까이 하며 식상이 무력하고 지장간에 있기에 열심히 노력하는 스타일도 아니다. 남자들 상대로 술집 운영하며 살아가는 명조다.

20. 용신(用神) 비해

사주 중 용신이라 함은 我身 일간을 이익 되게 하는 것을 말하나, 월지 원명통변을 용신으로 하여 상격·하격으로 구별한다. 재관 인식을 선용신(善用神)이라 하여 順을 적용한다.

殺傷劫刃을 불선용신(不善用神)이라 하여 逆을 적용한다. 이상은 모두 다 배합이 適意하면 貴格이다. 선용신은 순을 적용한다는 것은 오행의 順生을 희(喜)하기 때문인 것이다.

예를 들면 재는 식신을 희한다. 식신은 재성을 생하고, 재는 관성을 생한다. 관은 인성을 생하고 인수는 관살을 화한다. 이와 같이 순행상생함을 희한다는 것이다.

불선용신은 逆을 적용한다는 것은 편관은 식신으로 이것을 제복(制伏)함을 희하고, 재를 기한다.

상관은 인수의 제복을 희하고, 재를 생하며 재는 상관을 화한다. 羊刃은 편관(偏官)을 희하고, 이로서 제복한다. 관살이 모두 다 없음을 忌한다. 원명 겁재는 정관이 나타남을 희하고, 제복을 하여 겁재를 화한다.

이와 같이 逆을 적용하여 吉로 화하게 된다. 격국을 정하고 용신의 희기를 아는 것이 용신의 요법이다.

예

甲 己 癸 辛
子 酉 巳 亥

丁 戊 己 庚 辛 壬
亥 子 丑 寅 卯 辰

己土 일간이 巳월에 태어나 월지 장간에서 천간 투출이 없으므로 월지에서 격을 잡아 정인격이다.

인수(印綬)격에 재(財)가 개두(蓋頭), 관(官)격에 상관(傷官)이 개두, 재격에 비겁(比劫)이 개두하면 파격(破格)이라 하였다.

그러나 이 경우 인수는 丙火며, 개두한 재(財)는 편재가 되니 인수격에는 편재가 正官으로서 칠살(七殺)이 아니므로 월간지에서 파격은 아니지만 년지 亥 중 壬水가 巳 중 丙火를 丙壬克한다. 즉 巳亥沖이 되므로 인하여 인수(印綬)격에 파격(破格)이 되는 것이며, 충을 합으로서 해결하는데 일지 酉金이 巳酉丑의 반합 巳酉 합하여 巳亥 충을 해소한 듯하다.

그러나 이는 巳火가 충을 한 것이 아니라 亥水가 巳亥沖을 함으로 인하여 발생한 부분이므로 寅木이 있어 인해 合木을 하여 준다면 亥水는 寅亥合木하여 오히려 巳火를 생하게 되며, 卯未가 있어 준다면 亥卯未 삼합 木局하여 巳亥沖이 풀린다 할 수 있다.

팔자상에 寅木과 卯未가 없기에 병이 중(重)하며, 약을 찾아야 하는 명이 되었다. 병에서부터 역으로 풀어 가보기로 한다. 水가 병이면 金은 기(忌)신, 水를 극하는 土는 희(喜)신, 金을 극하며 土를 생하여 주는 火는 희(喜)신, 木은 한(閑)신이 되며, 또한 용신 土를 극하는 병신에 해당된다.

이번엔 다른 방법으로서 시간에 甲木이 있어 甲木을 용신하여 水는 木을 돌려 火를 생하여 주는 용신이므로 水는 희신, 金은 기신, 火는 약신, 土는 한신(閑神)이 된다.

처음 팔자에 병이 된 부분이 水가 巳火를 극하는 것이었으므로 이를 치유코자 木을 용신하였는데, 용신 甲木이 년지 亥水에 미약하게 통근하여 용신으로서는 무력하다. 따라서 용신 甲木은 오히려 생을 받아야 할 입장이다.

그렇다면 당연히 木을 생하여 주는 오행인 水가 희신이 되어야 하는데 이 사주에서는 병으로 되어 있으며, 또 그 병을 치료하기 위하여 용신을 甲木으로 잡았는데 과연 水가 희신이 될 수 있는가?

이제 더 깊이 연구하여 본다면 水는 시지 子水, 년지 亥水, 월간

癸水, 도합 水가 3개며, 木은 시간 甲木 하나, 火는 월지 巳火 하나, 土는 일간 己土, 金은 년간 辛金, 일지 酉金, 이렇게 정리를 하여 木火土가 약하고 金水가 강한 것을 알 수 있다. 즉, 이는 격국이 병중(病重)하고 용신이 무력함을 나타내는 것이다. 이와 같은 입장에서 水가 희신이 될 수는 없지 않는가?

水가 병이 된 입장에 水를 극할 土를 팔자상에서 찾으니 월지 장간 戊土, 亥 중 장간 戊土 등이 있으나 지장간의 미약한 土로 왕한 水를 막을 길이 없다.

시간 甲木으로 용신하지만 용신이 약하고 미력한데 과다하게 생하는 것은 오히려 병이 되므로 水가 희신이 될 수가 없으며, 일간의 입장을 고려하여 용신과 격국을 살리는 두 가지 모두 해결하기 위한 용신법으로 木火土운은 길하며, 金水운은 흉하고 판단한다.

초년 대운이 寅卯辰 동방 木운을 거쳐 亥子丑 북방 水운으로 흘러가고 있다. 현재 회계사 공부를 하고 있으나 별 진전이 없다.

이유는 초년 대운이 寅卯辰 동방 木운으로 흘러가고 있기에 관을 살려 보려 하지만 대운 천간으로 庚辛金이 개두하여 용신 木을 극하고 있기에 노력에 비해 결과가 좋지 못하다.

월 인수격에 격과 뜻은 높고 크나 대운이 따라 주지 않고, 寅卯辰운이 끝나면 亥子丑 북방 水運으로 격을 파하는 운으로 흘러가니 부모님이 살아 계실 때는 품격을 지켜 가지만 부모님 돌아가시면 파격이 되어 어려운 삶을 살아갈 입장이다.

21. 용신을 기후와 대조하여 득실을 따진다

월지 원명을 주로 용신으로 한다. 그리하여 이것을 기후와 대조한다. 예를 들면 성공할 수 있는 좋은 사주가 기후와 알맞게 되면 그 이상으로 성공하게 된다. 불순한 기후를 만나게 되면 아무리 기재(奇才)라 하여도 효과가 적다.

사주 중 타처에 기후를 조화하는 것이 있으면 운명이 호전된다. 이것을 조후법(調候法)이라 한다.

예를 들면 木日生이 동절(冬節)의 수(水)를 만나면 인수(印綬)가 된다. 庚辛의 관성이 있어 관인이 구비하여도 金이 한(寒)하여 수(水)가 더욱 얼고, 인수의 역(力)이 약하여지므로 귀명(貴命)이 되지 않는다.

즉, 수(水)가 얼어서 목(木)인 아(我)를 생할 수 없게 된다. 이럴 때는 화(火)의 식신(食神)이 있으면 금(金)을 제(制)하여 귀명(貴命)이 된다는 것이다.

예

庚 庚 庚 乙
辰 子 辰 卯

乙 丙 丁 戊 己
亥 子 丑 寅 卯

庚金 일간이 辰월에 태어나 월지 장간에서 乙木이 년간에 투출하여 정재격, 월지는 부모에게 받은 인자(因子)로 월지 편인격, 편격(偏格)은 제련하지 않은 상태이므로 제하여 주어야 하는데 월지 장간에서 투출한 乙木이 辰土를 억제하여 승격.

이번엔 일간 입장에서 중화를 보면 년간 乙木은 건록지, 월간 庚金은 진토에 12운 양(養)지가 되며, 일간인 庚金은 子水에 12운 사(死)지가 된다.

시간 庚金은 시지 辰土에 양지가 되어 천간 庚金이 많아 왕(旺)할 것 같으나 사실 월 시지 辰土에 생을 받아서 왕하다.

격국의 입장은 편인격 + 정재격으로 즉, 내면의 모습은 편인적인 요소이나 외부에 나타난 모습은 정재로 보아야 한다.

이제 용신 부분에서 사주를 다시 보기로 하자. 아직까지 사실상 용신이 정해져 있지 않다. 그러나 그 용신을 찾기 위한 입장에서 보면 일간은 천간으로 庚金이 셋이나 되어 강하고, 월시지 辰土에 생을 받아 일간이 강하다.

격국 입장에서 본다면 월지 편인격에서 정재가 乙卯로 천간에 강하게 나타나 편인의 살(殺)성을 제하여 길한 명인 듯하지만 사실 乙木이 월일시간 庚金에 강하게 극을 당하고 있다. 아니 더 정확히 이야기하여 乙庚合金하여 金으로 화(化)하고자 한다.

그러나 년지 卯木이 시지 辰土와 월지 辰土를 寅卯辰의 방합의 반합 卯辰 合木하고, 일지 子水로 강한 일간의 기를 설하여 生木받고 있는 모습으로서 절대로 乙木이 金에 乙庚合金 하려고 하지 않는다.

강한 金을 제할 火를 찾으니 팔자상에 없다. 안타까운 입장이 아닐 수 없다. 일단 庚金이 천간에 셋이나 되고, 월지와 시지의 생을 받고 있기에 강한 金의 기를 설하여 가는 이차 용신을 택할 수밖에 없다.

결국 용신은 일지 子水로서 초년 寅卯辰 동방 木運에서 亥子丑 북방 水運으로 흘러 중대 경영학과를 나왔으나 사회 진출이 원활하지 못하자 子水인 식상을 살려 요리학원을 나와 호텔 요리사로 진로를 바꾸어 버린 명이다.

제 4 장 극비공개(사통오달 사주 감정법)

■ 사통오달 사주 감정법(0.333법칙)

격국에 대한 이해

모두 20%의 확률로 일률적 방법은 위험하며, 필요에 의해 적절히 적용하여 감정하여야 한다.

① 혼잡격
② 천간 투출
③ 합살된 경우
④ 충극된 경우
⑤ 신약해도 통관을 보는 경우
⑥ 제살을 보는 경우
⑦ 합살을 보는 경우
⑧ 억부로 보는 경우
⑨ 조후로 보는 경우
⑩ 병약으로 보는 경우
⑪ 격국으로 보는 경우
⑫ 적천수의 천간으로 보는 경우

⑬ 삼명통회의 대운으로 보는 경우
⑭ 전왕으로 보는 경우
⑮ 종으로 보는 경우

현재의 역학인들 모두가 고서의 이론에 준하여 역(易)을 배우고 익혀서 나름대로 현업에 종사하고 계시며, 또 역을 발전시켜 나가고 있다.

역(易)은 삼라만상을 함축하고 있으며, 역서(易書)는 그러한 역에 관한 이론과 학술을 기록해 놓은 책이다. 따라서 책 한 권에 삼라만상을 함축한 역(易)의 모든 이론을 전부 다 풀어서 싣는다는 것은 불가능하다.

그러므로 각 책마다에는 역(易)에 대한 각론적인 견해가 표현되어 있다고 할 수 있다. 특히 고서는 중국어인 한문(漢文)으로 기록되어 있으며, 이는 한문 특유의 상징적 의미로 초압축되어 있어 그 의미를 해석함에 있어서도 다양하게 표현될 수 있는 소지가 많다.

더군다나 책 한 권에 전부 다를 적어 놓을 수 없기에 선학(先學)들이 가지고 있는 사상과 이론, 학술들을 후학들이 완벽하게 이어받기에는 힘이 들며, 또한 그 의미조차도 제대로 파악하지 못하고 있는 실정이다.

그러니 각자 나름대로의 눈높이에서 깨달은 만큼 자신들의 스승에게서 배운 이론에 따라 학업 또는 학술을 펴고 있다고 보아야 한다.

필자는 오랜 시간 동안 위와 같은 문제점에 대하여 연구하여 본 결과, 사통오달 0.333법칙이라는 용신과 격국을 이해하는 데 필요한 수평과 수직의 논리를 찾아내게 된 것이다.

현재의 학술은 너무나 난해하고 어렵다.

신살로만 감정하는 수준과 중화론인 억부의 논리로만 전부를 다 해결하고자 하는 것이 지금 역술계의 실정이다. 억부(抑扶)에만 낯이 익어 있는 역인들께서는 필자의 이론인 이 사통오달 0.333법칙(용신과 격국에 대한 수평과 수직 이론)이 너무나 생소하여 이해가 잘 되지 않는 부분이 많으리라 생각한다.

그러나 필자의 이 이론들은 새로운 학술이 아니라 선현(先賢)들이 전하고자 한 부분들을 종합적이고 포괄적으로 이해하여 적용하고자 하는 시도이므로 이를 잘 이해하여 주길 바란다.

예제 1

壬丙丁己 ← 비교 → 辛 丙 乙 癸
辰戌丑酉 ← 비교 → 酉 午 卯 亥

辛 壬 癸 甲 乙 丙
未 申 酉 戌 亥 子

비교로 제시된 모델 사주는 쉽게 이해를 시켜 드리기 위해 만든 가상의 팔자이므로 이해하여 주길 바란다.

필자의 재관인록(財官印錄)을 갖춘 예문 사주와 비교하여 0.333 분석법과 사통오달에 의한 억부로 보는 경우

丙火 일간이 丑월에 태어나 월지 장간에서 己土가 년간에 투출하여 상관격. 일지 戌土와 시지 辰土가 있어 식상 혼잡격이다.

일단 정격은 순(順)으로 가야 한다. 예를 들면 正은 가공된 입장이라면 편은 가공하지 않은 것으로서 가공한 것은 바로 상품화되고, 가공하지 않은 물건은 일단 가공하는 노력이 필요한 것이다. 그러니 정과 편을 가려야 하는 이유가 되는 것이다.

그 다음 혼잡으로서 용신 혼잡, 격국 혼잡, 더 나아가 재관인 역시 혼잡됨은 길명을 만들지 못하므로 일단 식상이 혼잡됨을 제하여야 한다.

식상의 혼잡을 제할 木을 찾으니 시지 장간 辰 중 乙木이 있다. 그러나 乙木은 지장간에 있기에 식상 혼잡을 제하지 못한다. 따라서 혼잡을 제하지 못할 경우에는 차선책으로서 탁한 식상을 설하여 가는 쪽으로 방향을 잡아야 한다.

결국 년지 酉金으로 설하여 가는데, 혼탁에다가 격이 많이 떨어진다고 보아야 한다.

0.333법칙에 의하여 일간 입장에서 보면 월간 丁火와 함께 丙火는 일지 戌 중 장간 丁火에 통근하고, 시지 辰 중 장간 乙木에 생을 받게 되나 丙火 일간이 월지 丑土에 실령하고, 년간 己土, 시간 壬水, 년지 酉金, 일지 戌土, 시지 辰土로 이루어져 일간이 기를 설기당하고 극을 받는 상황이다. 그러므로 일간 丙火는 월령을 잃고 실지 실세하여 약하다.

그 다음은 팔자 전체의 土金水가 왕하므로 종(從)을 할 것인가를 살펴봐야 한다. 일간이 신약하지만 월간 丁火가 있고, 일시지에 통근하여 종할 입장은 아니므로 용신을 일간을 생하는 인수로 할 것인가 아니면 월간 丁火로 용신하여 寅木의 생을 받아야 할 것인가를 정하여야 한다.

격국은 식상 혼잡격으로서 식상을 제하여 줄 인수가 없어 파격이 되었으며, 일간이 약하지만 종(從)을 하지 못하니 흉명이 되고, 용신을 丁火로 보면 힘없는 丁火가 무력하여 흉명이며, 일간을 생하여 줄 인수를 용신으로 하고자 하지만 지장간의 乙木으로 무력하니 흉명이다.

격국 논리로 본다.

격국(格局)으로 본다면 상관(傷官)은 왕(旺)하고 일간이 신약(身弱)하여 종(從)을 생각하여 볼 수가 있으나, 종에도 진종(眞從)이 있는가 하면 가종(假從)도 있다.

가종(假從)은 종을 하지만 옥에도 티가 있듯이, 흠(欠)이 조금 있는 종이라 생각하여 볼 수 있다. 종에도 그 승격 요건이 다양한데, 일단 종을 하고자 하면 어느 하나의 오행이 왕하고 자신의 근(根)이 없이 강한 세력을 따라 가야 하는데, 이 명조가 종을 하려면 종을 할 대상이 분명히 정해져야 한다.

살펴보자면, 시간 壬水는 년지 酉金의 생, 월지 장간 辛金과 癸水, 일지 戌 중 辛金, 시지 장간 癸水 등에 통근하고 있는 반면, 년간 己土는 일월간 丙丁火가 火生土 생하고, 월지 丑土, 일지 戌土, 시지 辰土의 같은 오행에 강하게 통근하고 있다.

년간 己土는 지장간의 통근이 아닌 지지에 강하게 통근하고 있고, 시간 壬水는 지장간에 통근하고 있다. 따라서 壬水 편관보다는 己土 상관이 왕하기에 당연히 己土에 종을 하여야 할 것이다.

그러나 己土가 왕한 것은 사실이지만, 이 왕한 土는 년지 酉金으로 설기되고, 그 설기된 酉金은 시간 壬水를 생하게 되므로 己土를 종할 것이 아니라 오히려 壬水를 종해야 하는 입장이 될 수도 있다.

상관이 왕하여 상관을 종하고자 하였으나 상관은 재로 설기되며, 그 기는 관으로 돌아가고 있으므로 종의 대상이 분명하질 않다.

이를 통관 용신법으로 보면,

월지 丑土, 일시지 辰戌土로 극왕한 식상에 년간 己土 상관으로 투출하여 왕하며, 壬水는 년지 酉金, 월지 丑중 장간 辛金과 癸水, 일지 戌중 장간 辛金, 시지 辰중 장간 癸水등에 통근하며 생을 받는다. 즉 이와 같이 강한 두 세력이 상전(相戰)한다.

일간이 약(弱)하여 강(强)한 세력(勢力)을 따라 가는 종(從)의 경우에는 종(從)하는 세력(勢力)을 막는 오행이 있을 때와 강(强)한 세력의 기(氣)가 흘러 타(他) 오행을 생 할 때는 종격(從格)이 성립(成立)되지 않는 경우가 많다.

이럴 경우 강한 세력을 막는 오행을 용신으로 삼게 되는데, 이 명의 경우 두 세력이 상전(相戰)하며, 강(强)한 식상(食傷)이 약(弱)한 관(官)을 극하고 있다. 여기에는 통관(通關) 용신법을 적용하여 년지 유금을 용신으로 한다.

조후용신법(자연법)에 의한 조후로 본다면,

이 명조는 丑월 丙火로 丙火는 木을 키우는 대지(大地)를 따뜻하게 하는 의무를 부여 받았으나 사주상에 키울 木이 없으며, 또한 강한 두 세력이 상전하므로 통관(通關)용신을 적용시킨 특수격에 해당하는데, 조후(調候) 용신이 통관(通關)용신인 金을 극하게 된다.

결과적으로 酉金으로 용신하여 승격화된 사주를 조후(調候)용신이 파격(破格)으로 만들어 버리게 되므로 이 경우는 조후 용신을 채용하지 않는다.

병약용법에 의한 병약용신을 적용 시켜 본다면,

팔자의 병이라면 종(從)을 막고 있는 월간 丁火와 일지 장간에 통근한 戌중 丁火와 시지 장간 乙木이 병이 되며, 신약(身弱)인 명이 되고자 한다면 火의 기를 강하게 설하는 土가 많아 병이며, 월간 丁火를 丁壬合하여 火의 작용을 막고 있는 壬水가 병이 된다.

이 세상의 모든 사주팔자는 대운(大運)에 의하여 승격이 파격(破格)되기도 하고, 파격(破格)이 승격되기도 하며, 신약(身弱)한 명이 신왕(身旺)한 명이 되기도 하고, 병이 중(重)한 사주가 병을 치료받기도 하며, 병이 없던 명에 병이 생기기도 한다.

이 명조는 상관 제살(傷官制殺)이 태과(太過)한 격으로, 년지 酉金이 용신이 되어 金水 운이 길하다.

초년 丙子 대운은 丙火가 子水 위에 앉아 힘이 없어 년지 酉金 용신을 극하지 못하며, 시간 壬水의 근(根)이 되는 운으로 년지 丑土와 亥子丑의 반합 水局하며, 시지 辰土를 申子辰의 반합 子辰合水 하여 관왕하므로 어린 시절 총명하였다.

乙亥대운에는 乙木은 丙火에 힘이 되어 주는 입장은 아니지만 상관인 己土를 乙己克하여 관을 살리므로 길하며, 亥水는 壬水의 근이 되어 전교(全校)에서 수석(首席)하는 총명함을 보였다.

甲戌대운 甲木은 己土 상관을 제하여 주는 길(吉)한 작용은 있으나 일간 丙火에 근이 되지는 않는 입장이다. 戌대운에 土왕한 중 다시 戌土가 들어와 일지 시지 辰戌沖, 월지 丑土와 丑戌형하여 풍파다난한 운이 된다.

이 명조의 당사자는 金을 용으로 하며, 서울대 법학과를 3번씩 도전하였으나 실패하고 성대 법대를 졸업하였는데, 이는 관을 살리는 亥子운이 지나 간 관계이며, 甲戌 대운인 때문이다.

이 팔자의 경우에 천간으로 온 甲乙木은 천간으로 투출한 상관 己土를 억제하여 길하나, 지지로 온 卯木은 흉하다. 寅木의 경우는 용신인 酉金과 직접적인 작용을 하지 않아 흉하지는 않으나, 卯木은 卯酉충함으로 대흉하며, 乙亥대운은 상관을 乙木이 극하여 줌과 동시에 壬水 편관의 록(祿)인 亥水운이므로 총명하였다. 그러나 甲戌대운은 과다한 戌土대운에 壬水인 편관운이 지나갔다.

癸酉대운은 이 명조에 없던 병이 발생한 운이 된다. 이 명조는 상관격, 즉 상관 제살 태과격 등으로, 상관이 관을 보면 위화백단이라 하였듯이 천간 己土 상관에 대운 천간에 癸水가 오므로 상관견관(傷官見官)하여 대흉(大凶)한 운이 되었다.

대운을 논한다면 간지가 10년을 管掌하기도 하며 5년씩 끊어 보기도 하는데, 필자는 이를 막걸리병으로 예를 들고자 한다. 천간은 찌꺼기가 가라앉아 맑은 물만 있는 청주(淸酒)가 되고, 지지는 찌꺼기가 쌓여 있는 막걸리로 생각하여 10년 중 천간이 30% 지지가 70% 작용한다고 본다.

따라서 酉金운은 다소 좋아지리라 보며, 壬申대운은 아주 길하리라 본다. 癸酉대운은 상관견관한 관계로 지지 酉金 용신이 왔으나 길하지 못하지만, 壬申대운은 상관견관이 지나가고 申金은 년지 酉金과 일지 戌土와 申酉戌 방합의 金국하며, 申酉戌 金국에 왕해진 酉金은 월지 丑土와 巳酉丑의 金국의 반합, 시지 辰土 역시 酉辰合金의 강력한 金국이 됨과 동시에 천간 壬水는 월간 丁火를 합하고, 지지 장간 木火는 지지가 金局化됨으로써 자연히 木火의 근이 무력화된다.

따라서 진종(眞從)으로 돌아서게 되므로 인하여 상관제살 태과(太過)의 병이 자연히 소멸되므로 길하다. 식상은 장모며, 재는 부인으로, 팔자상의 인연론으로 본다면 장모 왕하고, 부인이 왕하므로 부잣집 부인을 맞이할 것이라고 필자는 본다.

현 癸未년은 대운 상관견관에 다시 상관견관 운으로서 대흉(大凶)함으로 많은 어려움 속에 지나가리라 보지만, 甲申년은 필자가 앞에서 밝혔듯이 지지 申金이 오면서 지지 방합 삼합 金국화 되므로 壬申 대운의 기반을 이때부터 준비하게 되리라 본다.

① 혼잡격
② 천간 투출
③ 합살된 경우
④ 충극된 경우
⑤ 신약해도 통관을 보는 경우
⑥ 제살을 보는 경우
⑦ 합살을 보는 경우
⑧ 억부로 보는 경우
⑨ 조후로 보는 경우
⑩ 병약으로 보는 경우
⑪ 격국으로 보는 경우
⑫ 적천수의 천간으로 보는 경우
⑬ 삼명통회의 대운으로 보는 경우
⑭ 전왕으로 보는 경우
⑮ 종으로 보는 경우

예제 2

乾 47세

己 乙 辛 丁 ← 비교 → 戊 乙 壬 庚

卯 巳 亥 酉 ← 비교 → 戌 卯 子 申

77 67 57 47 37 27 17 7

癸 甲 乙 丙 丁 戊 己 庚

卯 辰 巳 午 未 申 酉 戌

비교된 사주는 쉽게 이해를 시켜 드리기 위한 가상의 팔자이므로 이해하여 주길 바란다.

필자의 재관인록 예문과 0.333 분석법과 사통오달에 의한 억부로 보는 경우

乙木 일간이 亥월에 태어나 월지 장간에서 천간 투출이 없으므로 월지에서 격을 잡아 정인격이다. 정격(正格)은 순(順)으로 간다 하였기에 년지 酉金에 통근한 辛金이 월간에 투출하여 아름다운 사주 같으나, 일지 巳火가 월지 亥水를 巳亥沖함으로써 인수격에 흠집이 난 입장이다.

巳亥沖을 해소하기 위한 오행으로 시지 卯木이 있으므로 亥水는 卯木을 생하고, 卯木은 巳火를 생하여 인수격의 파격을 해소한 듯하다. 그러나 가령 시지에 卯木이 아닌 申金이 있어 巳火가 巳申合을 함으로써 巳亥沖을 못하게 하는 경우와 비교한다면 많은 아쉬움이 남는다 하겠다.

만약 년지에 寅木이 있다면 寅亥合함으로써 巳亥沖을 해소할 수 있겠으나 이 또한 寅木이 없다. 더 아쉬움을 남기는 부분은 년지 酉金과 시지 卯木이 자리를 바꾸어 亥卯未 삼합의 반한 亥卯합하며, 일지 巳火와 酉丑 金局의 반합 巳酉합을 한다면 巳亥沖을 원만히 해결할 수 있는데 그러지 못한다는 점이다.

卯木은 일지 巳火 뒤에 있으므로 월지 亥水는 일지 巳火를 넘어 亥卯합을 하여야 하고, 일지 巳火는 酉金이 월지 亥水 뒤에 있기에 亥水를 넘어 巳酉합을 하여야 한다. 이는 팔자의 배치 자체가 잘못되어 아쉬운 부분인데, 아무튼 흠집이 조금 있는 인수격이라 하여야 한다.

이번엔 일간 입장에서 본다면 월지 亥水에 통근을 하고 시지 卯木에 록지를 얻어 약하지 않다. 그러나 실제로 팔자 전체를 훑어보면 일간 乙木이 좌지(座支)에 간지동 乙卯로 앉지 못하고 巳火에 앉아 있으므로 일간 자신이 힘이 있는 것이 아니며, 월지 亥水의 도움과 시지의 卯木인 비겁인 친구·형제의 도움을 받아서 외형상으로는 반듯하나 내실은 부실할 수밖에 없는 입장이다.

년간 丁火 식신, 월간 辛金 편관, 시간 己土 모두 일간에 부담을 주는 오행이고, 일지 巳火는 일간 乙木의 기를 설할 뿐만 아니라 월지 亥水를 巳亥沖함으로써 인수를 무력화시키고 있다.

억부의 입장에서 본다면 일간이 월령을 얻기는 하였으나 실지 실세하여 오히려 약화된 입장이기에 인수를 용신하여 관이 희신, 土가 기신, 火가 구신, 木이 한신에 해당한다.

재관인록 예문과 0.333 분석법과 사통오달에 의한 통관으로 보는 경우

일지 巳火가 월지 亥水를 巳亥沖 함으로 인하여 인수격에 흠집이 난 입장이므로 巳亥沖을 해소하는 오행으로 시지 卯木이 있어 亥水는 卯木을 생하고, 卯木은 巳火를 생하여 인수격의 파격을 해소한다.

일간의 입장에서 본다면 월지 亥水에 통근을 하고, 시지 卯木에 녹지를 얻어 약하지 않은 듯하다. 일간이 乙卯로 앉지 못하고 월지 亥水의 도움 시지 卯木 비겁 친구·형제의 도움을 받아 외형상 반듯하나 내실은 부실할 수밖에 없는 입장이다.

년간 丁火 식신, 월간 辛金 편관, 시간 己土 모두가 일간에 부담을 준다. 일지 巳火는 일간 乙木의 기를 설하며, 월지 亥水를 巳亥沖함으로써 인수를 무력화시키므로 일간이 월령을 얻기는 하였으나, 失支 失勢하여 오히려 약화 되었다.

따라서 인수격도 살리며 자신의 힘도 실어 주는 시지 묘목이 용신이 되어야 한다.

필자의 재관인록 예문과 0.333 분석법과 사통오달에 의한 조후로 보는 경우

乙木 일간이 亥월에 태어나 한냉한데, 년지 酉金에 통근한 월간 辛금의 눈보라가 휘몰아치니 눈보라에 乙木이 꺾여질 입장이다.

일지 巳火에 통근한 년간 丁火가 용신이 되어 辛金을 막아 주고, 己土가 일지에 통근하고 시간에 투출하여 비닐하우스가 되어 덮어 주며 봄이 오기를 기다리는 절처봉춘(絶處逢春)격이다.

火가 용신, 木이 희신, 水가 기신, 金이 구신, 土가 약신이다.

필자의 재관인록 예문과 0.333 분석법과 사통오달에 의한 병약법에 의하여 보는 경우

예

己 乙 辛 丁　← 비교 →　戊 乙 壬 庚
卯 巳 亥 酉　← 비교 →　戌 卯 子 申

77 67 57 47 37 27 17 7
癸 甲 乙 丙 丁 戊 己 庚
卯 辰 巳 午 未 申 酉 戌

필자가 모델로 세운 사주는 丁酉생 팔자의 문제점을 명확히 파악하여 병이 무엇이며, 약이 무엇인가를 가려내기 위한 예문이라 보면 되겠다.

일단 팔자의 문제점을 하나하나 분석하여 본다면, 모델이 되는 사주의 경우는 년 庚申이 간지동으로 강하다. 그러나 丁酉생의 사주는 년 丁火가 酉金 위에 앉아 12운으로는 장생궁이 되지만, 丁火는 지지에 巳火를 깔고 앉아야 하는데, 자기 뿌리를 가지지 못하였기에 허리가 짤린 병이라 볼 수 있다.

모델 사주의 경우 월간 壬水는 월지에 子水를 놓아 간지동인 壬子로 강한 자기 뿌리를 가졌다. 그에 비하여 丁酉생의 경우 월간 辛金이 월지 亥水를 깔고 앉아 간지동을 하지 못하여 병이 된다.

모델 사주의 경우 일간 乙木이 지지에 卯木을 깔고 앉아 간지동하여 일간이 왕하다. 그러나 丁酉생의 경우 일간 乙木이 巳火에 앉아 12운 목욕지며, 일간은 일지로 설기당하고 있기에 일간이 허약하여 병이 된다.

모델 사주의 경우 戊土가 시지에 戊土에 앉아 간지동으로 戊土가 왕하다. 그에 비하여 丁酉생의 경우 시간 己土가 卯木 위에 앉아 12운 병지며 간지동이 되지 못하여 허약하므로 병이 된다.

모델 사주의 경우는 일간 乙卯에서 볼 때 정관은 간지동으로 왕하여 조상님은 명문이라 볼 수 있으며, 초년부터 총명하여 일찍이 사회에 이름이 진동하게 된다.

고서에 준한다면 승격된 사주에 년의 정관이 맑고 깨끗하면 어린 나이에 어사화를 꽂는다 하였으니 현대 사회에서는 총명함이 뛰어나 전교 수석으로 명문대 입학하고, 어린 나이에 고시합격하고 이름을 사회 진동한다고 보면 되겠다.

이에 반하여 丁酉생의 경우는 년간 丁火가 酉金 위에 허약하게 자리하였고, 년간 정관이 자리하여야 할 자리에 식신이 자리하여 있으므로 조상이 명예를 날렸다면 허리 잘린 식신과 년지 酉金 편관과 상전하니 조상이 풍파를 많이 겪게 된다고 볼 수 있다. 또한 편관(偏官)은 무관(武官)으로서 식신(食神)이 누르고 있으니 그 조상의 명성은 크다 할 수 없으며, 과거 관직에 출사하여 녹을 받은 것이 최고의 직업이었다고 할 수 있다.

식신은 의식주를 주관하는데, 그 의식주를 주관하는 식신이 酉金관과 자리를 같이 하고 있으므로(요즘 같으면 관을 낀 건설 회사나 관공납품 회사 등으로 볼 수 있듯이) 과거 할아버지나 조상은 관을 낀 사업을 하였다라고 볼 수 있으나 어쨌든 이 또한 病이다.

다음 월인 부모의 입장을 다시 본다면… 모델 사주의 경우는 월지 子水에서 월간 壬水로 간지동한 인수격으로 부모는 건왕하며, 학자로, 명문으로, 부귀가문에 년 庚金 조상이 물려 준 가문을 이어받아 부귀하다. 또한 년은 초년, 월은 장년, 일은 중년, 시는 말년으로 본다면 이 명조의 당사자는 출세 가도를 달려간다고 보아야 한다.

이에 비하여 丁酉생의 명은 월지 인수격이지만 인수가 월간에 간지동하지 못하여 부모는 명문이라 하여도 모델 사주와 비길 수가 없는 것이다.

년・월・주를 합하여 陽이라면 일・시・주를 합하여 陰이 되고, 천간이 陽이라면 지지는 陰이 되어, 즉 부모는 집안에서 명문이라 할지라도 외부에는 알려지질 않았다고 본다. 또한 월간 辛金이 자리하여 辛金은 편관으로서 명예는 명예이지만 정관과 달리 편으로 알려지게 된다고 본다.

모델 사주가 年인 조상이 물려준 명문을 부모가 이어 가는 입장이라면 丁酉생의 명조는 할아버지 때보다 아버지 때에서 가문을 일으켰다 볼 수 있는데, 그 부귀의 차이는 하늘과 땅이라 할 수 있다.

모델 사주의 경우 할아버지와 아버지는 서로 위해 주는 좋은 집안이라면 丁酉생의 경우 년간 丁火와 월간 辛金이 丁辛克하므로 할아버지와 아버지는 서로 불친하였다고 본다. 이 또한 병이다.

다음 일간의 입장을 본다면,

모델 사주의 경우 일간이 乙卯 간지동으로 일간이 건왕하다. 그리고 할아버지에서 내려온 명문가문의 부귀를 아버지가 이어 받아 그 유업을 자신이 다시 물려받으며, 초년 입신하여 세월이 가면 갈수록 입신양명하며 부귀하는 반면, 丁酉생의 경우는 일간이 乙卯로 강하지 못하여 허약한 입장에 월지 부모의 덕을 조금 보고 살아가겠으나 결코 그 유업을 다 받지 못한다고 볼 수 있다.

이는 월간 辛金이 일간을 乙辛克하여 부모와 불화(不和) 불목(不睦)한다고 보아야 하는데, 즉 이는 부모가 병 주고 약 주는 입장이라고 볼 수 있다.

모델 사주의 경우 할아버지의 유업을 아버지를 통하여 자신에게 대를 이어 물려준다면 丁酉생은 乙巳일로 태어나 허약하지만, 년간 丁火를 생하는 입장이니 조상의 유업을 받는 입장이 아니라 자신이 조상을 섬겨야 한다. 또한 월지 亥水 어머니의 도움을 조금 받는다는 이유로 월간 아버지의 乙辛克을 받아야 하는 입장이 되므로 모델 사주와 丁酉생의 사주를 비교한다면 하늘과 땅 만큼의 차이로, 이 또한 병이 아닐 수 없다.

다음은 시를 본다면,

모델 사주의 경우 戊土 정재가 명문가의 부인으로 간지동하여 건왕하고, 년에서 시까지 정으로 이루어진 재관인 일간 녹의 대(大) 귀격(貴格)의 사주로서 運에서 년간 정관을 극하는 상관이 온다고 하여도 월간 인수가 억제한다. 그리고 시간 정재가 상관의 기를 설하므로 상관이 정관을 극하기보다는 오히려 생하게 하며, 나의 명예와 재물을 탐내는 비겁이 온다고 하여도 년간 정관이 다스려 줌으로써 함부로 탈재를 하지 못한다.

이와 같이 대운에서 어떤 흉한 운이 온다 하여도 전화위복되며, 천간 지지를 막론하고 어떤 운이 온다고 하여도 개의치 않는다.

이에 비하여 丁酉일생은 己土 편재가 卯木 살지에 앉아 허약하고, 정편재는 나의 재물로서 내가 살아가는데 절대 없어서는 안 되는 생명과 같은 것인데, 그 재물과 나의 부인이 남의 남자 품에 있는 형상으로서 그 재물과 남의 부인을 나의 부인으로 착각하고 살아가는 형상이다.

그러나 일간 乙木이 己土를 乙己克하니 부인과 백년해로하기 어렵고, 년은 조상, 월은 부모, 일은 자신, 시는 자식궁으로, 자식과 乙

己克하니 자식과도 불목한다.

이는 다시 말하면 부모에게 받은 유업(遺業)을 자식에 넘겨주질 못하며, 乙卯 일간이 아닌 乙巳 일간으로 일간이 허약하니 자식을 위하며 유업을 남겨 줄 여지가 없는 명으로, 이 또한 병이다.

이와 같이 필자가 모델로 세우는 명조는 다음과 같은 모든 것을 한 번에 말끔히 해결한 것임을 알아주기 바란다.

※ 모두 20%의 확률로 일률적 방법은 위험하며, 필요에 의해 적절히 적용하여 감정하여야 한다.

격국에 대한 이해

(1) 혼잡격
(2) 천간 투출
(3) 합살된 경우
(4) 충극된 경우
(5) 신약해도 통관을 보는 경우
(6) 제살을 보는 경우
(7) 합살을 보는 경우
(8) 격국으로 보는 경우
(9) 조후로 보는 경우
(10) 병약으로 보는 경우
(11) 적천수의 천간으로 보는 경우
(12) 삼명통회의 대운으로 보는 경우
(13) 전왕으로 보는 경우
(14) 종으로 보는 경우

용신 해법

(15) 합 살
(16) 무근(통근)
(17) 충 극
(18) 병에 약이 있나 없나 본다

일간의 강약

(19) 비 겁
(20) 인 수
(21) 제 살
(22) 합으로 묶인다

오행 주류

(23) 천간 주류
(24) 지지 주류
(25) 천간에서 지지로 주류

용신이 없는 경우

(26) 특별한 용신이 없는 경우(오행이 주류하며 때에 따라 적절히 대처)

박학 다식하나 한 가지 전문이 없는 경우

(27) 용신이 대운에 있는 경우
(28) 용신병에 운에서 약신이 올 때의 경우
(29) 격국 희신운은 오나 용신운이 아닌 경우
(30) 용신운이나 격국운이 오지 않는 경우
(31) 격, 용신, 일간의 고저 · 장단에서 오는 병

선학의 한마디!

■ **命理正宗 精解. 明文堂 沈載烈 編著 P. 48 中略**

또 至富하고 至貴한 사람의 경우를 살펴보면 반드시 먼저 그 筋骨을 노고하고 體膚를 말리며 그 심신을 공허하게 한 뒤 인성(忍性)을 닦고 不能한 바를 增益케 하여 그 능력을 涵養한 후에 비로소 大器를 이루는 것이니 인명(人命)의 묘함이 또한 이와 같은 것이다.

혹 어리석은 사람이 병약설(病藥說)의 원리를 알지 못하고 번번히 중화법(中和法)만 가지고 인명조화를 살피니 十 에 一二나 證驗함이 있을 것이다. 또 재관(財官)으로 主論하나 또한 다 그 歸 趣와 근원을 일례로 말할 수 없다.

따라서 병약설의 취지를 모르고 거듭 재관과 중화만을 中心한다면 곧 八九는 잃어버리고 造命의 조화를 논잡하게 될 것이니 命造의 묘함이 실로 이와 같을 것이다.

■ **哲顯 왈**

• 道를 얻지 못한 것도 病

- 중화를 잃어버린 것도 病
- 인정하지 않는 것도 病
- 인정하는 것도 病
- 있는 것도 病
- 없는 것도 病
- 투출한 것도 病
- 투출하지 못한 것도 病
- 통근한 것도 病
- 통근하지 못한 것도 病
- 많은 것도 病
- 적은 것도 病
- 먼 것도 病
- 가까운 것도 病
- 합된 것도 病
- 합되지 못한 것도 病
- 충된 것도 病
- 충되지 못한 것도 病
- 통관되는 것도 病
- 통관되지 않는 病
- 조후를 인정하지 않는 것도 病
- 억부를 인정하지 않는 것도 病
- 병약을 인정하지 않는 것도 病
- 격국을 인정하지 않는 것도 病
- 病을 알면 藥은 쉽게 알 수 있다
- 잘난 자는 잘 났기에 病

• 있는 자는 있기에 病
• 아는 자는 알기에 病
• 알지도 못한 것도 病
• 있지도 않은 것도 病
• 잘나지 못함도 病

한 권의 책은 호기심이며, 많은 호기심은 혼돈으로 되며 압축하면 다시 한 권이다. 더 압축하면 六十花甲子며, 더 압축하면 음양오행이다. 더 압축하면 無想無我다.

■ 哲顯 조성화

이제 결론을 내어야 할 차례다.

예

己 乙 辛 丁 ← 비교 → 戊 乙 壬 庚
卯 巳 亥 酉 ← 비교 → 戌 卯 子 申

77 67 57 47 37 27 17 7
癸 甲 乙 丙 丁 戊 己 庚
卯 辰 巳 午 未 申 酉 戌

일간이 시지 卯木에 통근하고 월 亥水에 통근하지만 일주가 간지동하지 못하여 의지가 약하며, 부모에 의지하며, 시지인 남에게 의지하는 입장으로 앞에서 구체적으로 세밀히 다 파헤쳐 보았다.

초년 대운이 申酉戌 金運으로 흐르면서 병들고 약한 인수격에 金

生水하여 주고, 격국상의 병인 巳亥沖을 巳酉合金으로 잡아 주고 巳申合으로 잡아 주니 인수격을 살릴 수 있게 되어 인수격의 명예와 대운 관운으로 木과 관인 金의 발음 「ㅅ·ㅈ·ㅊ」과 木 발음오행 「ㄱ」인 성균관대 법대 나왔으며, 사법고시에 매달렸으나 己酉대운 酉金이 시지 卯木을 卯酉沖하고, 일지 巳火를 巳酉合金하여 사실상 일간이 약하므로 관(官)을 감당할 수 없었다고 본다.

戊申대운 乙木이 정재를 보고 결혼하며 부인의 도움을 받으며, 사법고시에 도전하지만 인수격에 병이 있으며, 일간이 약하며 공부는 인수인데 운은 재운으로써 재극인(財剋印) 당하니 공부가 원활치 못하게 된다.

또한 직장 생활을 하나 적응을 잘 못하고 방황하다가 丁酉대운에 들어 乙木이 넝쿨나무로서 甲木을 타듯이 친구 동료와 사업하였으나 丁火운에 사업 실패하고, 未運에 亥卯未 三合하므로 木局을 이루어 시간의 己土를 극함으로써 己土가 의지할 곳을 잃게 되니 이혼하게 된다.

이미 예고된 것은 일지 부인궁이 월지와 巳亥沖으로 깨어져 있음으로 백년해로하기 어려운 인자를 가지고 있다. 그러나 이 운에서 신약한 일간이 亥卯未 삼합 木局하며 강해짐에 따라 식상을 살리게 되니 공인 중개사 자격증을 획득하여 부동산 중개업으로 자리를 잡아가고 있는 명조다.

즉, 이는 팔자에 병이 중(重)하며 자신이 약하고, 특별한 격국과 재관인록의 중화를 갖추지 못한 명으로 대운이 관(官)운에 있을 때는 관(官)에 따라 살며, 巳午未 火運은 식상이 되니 그에 맞는 공인 중개사 자격증을 획득하여 운 따라 살아가는 명조다.

일간이 중화를 갖추지 못한 상태에서의 무리한 사법고시 준비를 고난의 乙辛克이라 한다면, 巳午未 식상은 조후용신으로서 비록 명예는 없다하더라도 살아가는 데는 편하다고 볼 수 있다.

예제 3

현 45세 건명

癸 乙 己 己 ← 비교 → 戊 乙 壬 庚

未 卯 巳 亥 ← 비교 → 戌 卯 子 申

59 49 39 29 19 9

癸 甲 乙 丙 丁 戊

亥 子 丑 寅 卯 辰

필자의 재관인록 예문과 0.333 분석법과 사통오달에 의한 억부로 보는 경우

乙木 일간이 巳월에 태어나 월지 장간에서 천간 투출이 없으므로 월지에서 격을 잡아 상관격이다.

일단 상관은 흉신(凶神)으로 정관(正官)을 보지 않아야 하며, 상관은 억제하든가 설하여 주어야 하는데, 년월간 己土가 상관의 살(殺)을 설하며, 년지 亥水에 통근한 癸水가 시간에 투출하여 월지 상관을 억제하여 승격이 된다.

이번엔 일간 입장에서 한번 보기로 한다.

일간이 월령을 잃었으며, 일지 乙卯로 득지 년지 亥水, 시간 癸木으로 득세한 듯하나, 년월간 己土가 월지 巳火와 시지 未土에 통근하여 극왕한 상태로 년지 亥水를 억제하고 시간 癸水를 癸己克하여 일간이 약하게 되었다. 다행한 것은 년지 亥水와 일지 卯木과 시지 未土가 亥卯未 삼합 木局함으로써 강력한 세를 얻은 듯하다.

그러나 합(合)에는 다소의 문제가 있고, 만약 亥卯未 三合 木局이 된다면 일간이 신약에서 신왕으로 되는데, 신약에서 구하는 용신과 신왕에서 구하는 용신은 달라지게 된다.

우선 亥卯未 三合 木局이 성립하는가 성립하지 않는가를 연구하여 보아야 한다. 삼합의 경우, 가령 월령이 卯월이며 연일이 亥未로써 삼합이 이루어진다면 강력한 삼합으로서 의심할 여지가 없다.

그러나 지금의 경우, 월령은 巳火가 자리하고 있고 삼합은 일지 卯木이 년지 亥水와 시지 未土를 당겨와 亥卯未 삼합을 하고자 하는 입장이다. 문제점을 살펴본다면 첫 번째는 子午卯酉 사왕지인 卯木이 월령을 차지하질 못하였으며, 두 번째로 년지 亥水는 월지 巳火를 넘어 와서 합을 하여야 하는 어려움이 있고, 세 번째로 월지 巳火와 巳亥沖을 하고 있으므로 합력이 무척 약할 수밖에 없는데, 亥卯未 삼합이 되는가하는 것이다. 삼합 여부에 따라서 일간의 강약이 달라지게 된다.

亥卯未 삼합이 이루어지면 신왕이 되고, 亥卯未 삼합이 되지 못하면 신약이 될 수밖에 없다. 더 나아가 년지 亥水는 월지 巳火와 巳亥沖 하며 년간 己土가 개두하여 극을 함에 따라 무력화되고, 시간 癸水는 시지의 未土 위에 앉아 사실상 년지 亥水의 통근을 바라기는 힘든 상황이다. 사실상 癸水와 亥水는 각각 독립된 입장으로서 각자 무력하여 일간에게 아무런 도움을 주지 못하는 입장이 되고 만다.

한편으로 보면, 월지 巳火는 亥卯未 삼합의 생을 받는 입장이므로 亥卯未 삼합에 그다지 지장을 초래하지 않을 것으로 보이기도 한다. 더 나아가 월지 酉金이 자리하여 亥卯未 삼합 木局을 정면으로 극하는 입장이 아닌 상태이므로 木火는 相生의 관계로서 合力이 있을 것 같기도 하다.

이와 같이 고서(古書)나 혹은 수많은 저서에서도 의견이 각각 달라, 이 작은 부분 하나에도 분명한 원칙이 없으며, 각 저자들의 주관적인 입장이 게재됨에 따라 의견이 분분해진다.

여기서 필자는 나름대로의 원칙을 세우고자 한다.

巳亥沖으로 인하여 합이 되질 않는다고 본다. 가령 년지에 巳火가 있는 상태에서는 월지 亥水에 일지 卯木이 있어서 亥卯未 삼합을 하고자 하는데, 巳亥沖이 있더라도 충(沖)을 합(合)으로 잡으므로 충(沖)이 있어도 합을 하였다고 볼 수도 있겠다.

그러나 월령이 巳火며 년지가 亥水로서 亥卯합 이전에 巳亥沖이 먼저 이루어지므로 亥水는 卯木과 합을 할 수 없는 입장이 된다. 년지 巳火에 월일시로 亥卯未 삼합이 되어도 巳亥沖이 없는 것에 비하면 합력이 약해질 수밖에 없는데, 월지 巳火를 건너는 亥卯未 삼합은 불가하다고 본다. 만약 년월이 충이 되지 않는 午火였다면 삼합을 한다고 본다.

일간이 약한 상관격으로 水가 용신, 金이 희신, 土가 기신, 火는 구신, 木은 약신이 된다.

재관인록 예문과 0.333 분석법과 사통오달에 의한 통관으로 보는 경우

월지 巳火와 년지 亥水가 巳亥沖을 하고 있는 입장에서는 火와 水의 상전을 말리는 木이 통관이 되며, 년월간 己土와 시간 癸水가 상전하는 입장에서는 金이 통관이 되고, 일간의 강약에 의한 亥卯未

삼합이 되면 木土 상전이 되므로 월지 巳火가 통관이 된다.

통관이라 하여 무조건 좋은 것만은 아니며, 팔자 전체의 구성에 따라 희기를 구하여야 한다. 가령 억부 용신법에 의하여 木을 용신으로 한 경우에 木은 土를 제하게 되는데, 木이 土를 제하고자 할 때 火가 통관시켜 버린다면 용신의 역할이 무력화되고, 오히려 木生火 火生土로서 아(我)가 적(敵)을 도와주는 꼴이 되어 버린다.

이와 반대로 상관격에 일간이 약하므로 일간을 생하고 상관을 억제하는 인수(印綬)인 水로서 용신을 삼는데 왕한 土가 水를 극하고 있다. 이때 金으로 통관을 시키면 土生金 金生水로서 土가 용신을 도우는 입장으로 된다.

그러나 일간 木이 왕하다면 金인 통관용신이 길 작용을 하지만, 일간이 약한 입장에서는 水土상전에서의 통관을 보기 이전에 金克木하여 일간을 더욱더 힘들게 하는 작용을 먼저 생각하여야 한다. 그러므로 통관이 된다고 무조건 길(吉)이라고 볼 수만은 없게 된다.

고서(古書)에서의 예를 보면 간단하게 상관용인격으로 무슨 운에 발하였다. 또는 정관격에 재용신하여 재운에 발하였다 등으로 되어 있다. 그러나 사람마다 부귀 빈천이 다르고, 시시각각 나타나는 모습이 다른 경우를 보면 고서에서 밝히고 있는 예문과 같이 간단히 무슨 격에 무슨 용신으로서 어느 운에 발하였다라고 하는 식의 설명만으로는 개개인의 천차만별이 어디에서 어떻게 나타나는가를 해석하는 데는 미흡한 점이 있을 수밖에 없다고 하겠다.

필자는 좀 더 구체적인 해석법을 이야기하고자 한다.

앞에서 이미 밝혔듯이 이 세상에는 백이 없으며, 하느님도 신도 그 누구도 백이 될 수 없으며, 또한 필자의 이론도 절대적이라고 볼 수 없다.

다만 필자가 많은 시간을 통하여 연구한 결과로서, 역(易)은 음양 오행이듯이 음은 수평이고, 양은 수직으로서 수평과 수직을 겸하여 보아야 하며, 수평의 저울로 중화를 본다면 수직의 저울로 격국을 보아야 한다는 것이다.

용신법에 있어서도 격국용신법, 억부용신법, 병약용신법, 통관용신법, 조후용신법 등 이렇게 다섯 가지로 구성이 된다는 것을 알았다.

이 다섯 개의 용신법도 고서에서는 어느 팔자는 조후용신법이 적용되며, 어느 팔자는 억부용신법이 적용되며, 또 어느 팔자는 통관용신법이 적용되고 하는 이런 식으로 해석이 되어 있으나, 필자의 이론은 이 세상 모든 팔자에는 이 모두가 다 들어 있다는 것이다.

또한 이 모두의 작용에 의하여 운명이 변화된다는 것이다. 즉, 격국이 破하였으나 조후가 맞는 입장이라면 사실상 사회에서 크게 활동하지 못하며, 이름을 얻지는 못한다 할지라도 일신은 편하게 지내는 입장이 되며, 또는 조후는 맞지 않으나 격국의 병을 치료하게 되는 운을 맞으면 어려운 환경 속에서 생활하지만 열심히 일하며, 노력한 결과 사회적인 지위를 얻게 된다고 볼 수 있다.

이와 같은 예를 보듯이 모든 사람의 팔자는 한 가지 용신법에 의한 한 가지 해법만으로는 풀 수가 없으며, 많은 사람들의 천차만별도 고서에서 말하듯 단순하게 무슨 격에 무슨 용신으로 어느 운에 발하였다라는 식으로는 섬세하게 가려 낼 수 없다.

예를 들어 보기로 한다. 가령 팔자에서 억부·병약·통관·조후·격국을 한번에 해결하는 경우에는 대발의 가능성이 있으며, 그렇지 않은 대부분의 경우는 운에 따라 각 용신들의 작용이 각기 달라지게 되므로 이 부분은 길하나 저 부분은 흉으로 작용하고, 저 부분은 좋아지나 이 부분이 나빠지는 등의 현상이 나타나게 된다.

이는 다섯 가지 용법이 상호 다르게 작용함으로 인하여 발생하게 되는 것이다. 지금까지 역학계에는 대체적으로 억부용법을 활용하여 온 분들이 많으므로 그러한 학술을 배우고 익혀 온 분들에게는 필자의 이러한 이론들이 너무나 생소하며 복잡하게 여겨지리라 본다.

그러나 필자의 수평과 수직에 의한 격국과 0.333법칙 사통오달법은 사주팔자를 구체적이고 섬세하게 풀어 갈 수 있는 가장 효율적인 방법인 것이다.

다시 명조를 살펴보자면 월지 巳火에 막혀 亥卯未 삼합을 하지 못하므로 시지 未土와 亥卯未의 반합 정도의 합력을 가질 수밖에 없다. 더 나아가 未土는 운에서 午火를 보면 巳午未 방합으로 가고자 하는 마음이 더 강하다.

未土는 巳午未월의 끝자락이며 火계절의 土가 되며, 월령은 巳火가 장악하고 있으므로 亥卯未 삼합 木局에 영향력을 실어 주질 못하며 巳午未 方合 火局에 더 뜻을 두고 있다고 볼 수 있다.

이런 입장에서는 일간이 많이 약할 수밖에 없으므로 水를 용신으로 하여 월지 상관 火를 제하여야 하는데, 火를 제하려 水가 발동하면 편재인 土가 水를 극하려 하므로 복잡한 관계로 얽히게 된다.

일단 水를 살려야 할 입장이므로 金이 통관용신으로 되는데, 금(金)은 관(官)이므로 처음에는 金克木 당하여 일간이 힘이 들지만 시간이 지나가면서 土는 金을 생하고, 金은 다시 水를 생하고, 水는 일간을 생하면서 火를 제하게 되어 亥卯未 삼합이 이루어지므로 점차 좋아진다고 보면 된다.

필자가 이렇게 복잡하게 파헤쳐 보는 것은 이러한 모든 것이 연관성이 있기에 통관용신법을 명확히 파악하고 적용시켜야 한다는 것을 강조하기 위해서이다.

재관인록 예문과 0.333 분석법과 사통오달에 의한 조후용신으로 보는 경우

시지 未土에 통근한 己土가 년월간에 투출하여 넓은 논밭이 된다. 巳월 乙木이 넓은 대지위에 빽빽이 자라는 입장은 아니기에 굳이 톱과 낫으로 솎아 낼 필요는 없으며, 巳午未 월은 태양열이 강한 때이므로 나무가 성장하기 위해서는 水기가 많이 필요하다.

년지 亥水에 통근한 癸水가 시간에 투출하여 조후를 맞추어 주고는 있으나 癸水는 멀리 있는 년지 亥水에 통근하므로 힘이 다소 떨어진다고 본다. 따라서 나무의 성장을 위한 水原을 확보하기 위해서는 년지 亥水, 즉 멀리 있는 저수지 물을 논밭으로 당겨 오는 수로(水路) 역할을 하는 金이 필요하고, 또한 金으로 지하수를 뽑아 올리려는 노력이 필요하다.

조후용신 水, 희신 金, 기신 土, 구신 火, 약신 木이 된다. 고서에는 용신·희신·기신·구신·한신 등으로 해설하고 있는데, 한신의 경우는 팔자상에 별 역할은 없으나 운에 따라서 길이나 흉으로 작용한다고 밝히고 있다.

그러나 팔자상에 한신은 없다고 본다. 예를 들어 용신이 水가 되면 水를 극하는 土가 기신이 되는데, 이때 木으로 土를 제함으로써 水가 원활하게 되므로 木은 한신이 아닌 약신이 되는 것이다. 이와 같이 오행은 상호보완하고 제하는 작용을 하므로 그 어느 한 오행도 작용력이 없는 것은 없다.

필자의 재관인록 예문과 0.333 분석법과 사통오달에 의한 병약법에 의하여 보는 경우

모델 사주의 경우는 己亥생과 같은 乙卯일 주이지만 년 정관, 월 정인, 일간, 시 정재가 간지동 모두 건왕하며 中和를 잘 이루고 있다.

이에 반하여 己亥생의 경우는 년월간과 시지가 未土로 되어 재(財)가 왕(旺)한 것이 병이며, 水가 년지와 시간으로 멀리 떨어져 있어 기가 통하지 않으며 각각 독립상태로 왕한 재에 극을 받고 있다.

년지 亥水는 월지 巳火와 巳亥沖까지 당하고 있어 이 또한 병이다. 火土가 왕하고 水木이 약한 입장에서 土로부터 극을 받고 있는 水를 생하며, 보호하여 줄 金이 월지 장간에 있으나 극히 미약하여 병이다.

월지와 시지에 강력하게 통근한 왕한 土가 水를 극하지 못하게 하여야 하는데,

土를 제하여 줄 甲木이 없어서 병이다.

火土가 왕한 반면 인수와 일간이 약한 것이 병이다.

亥卯未 삼합하지 못한 것이 병이다.

음팔통(陰八通)이 병이다.

정격(正格)으로 이루어지질 못하여 병이다.

이 명조는 亥卯未 삼합이 이루어지질 않아 병이다.

亥卯未 삼합이 성립하려면 운에서 午火가 올 때 巳火는 시지 未土와 巳午未 방합을 함으로써 亥卯未 삼합이 가능하다. 운에서 온 卯木은 巳火 뒤에 있는 입장이 아니기에 亥卯未 삼합을 할 수 있다.

巳火는 申金과 육합하며, 酉金과 巳酉丑 金局이 이루어지면 巳火가 합을 하게 되어 巳亥沖을 하지 않지만, 합한 申酉금이 목(木)과 상극하기 때문에 삼합이 불가하며, 亥水와 卯木이 운에서 오게 되면 약한 삼합이 가능하다.

이 명조는 일간이 신약한데, 초년 寅卯辰 동방 木運에서 亥子丑 북방 水運으로 흘러 좋은 운이 되나, 음팔통에 재왕 신약한 사주로

추진력이 약하여 독자적 사업보다는 고정 봉급을 받는 것이 무난한데 LG 계열사에서 근무를 하고 있다.

癸未년 인수와 재가 함께 들어오니 부모님의 재산인 땅을 팔아 경제적인 도움을 받을 수 있을까 하여 찾아 온 명조이다.

乙丑대운은 亥子丑 북방 水運이나 丑土는 팔자상에 왕한 土가 더 왕해지고, 丑土는 팔자상에 亥卯未 삼합의 반합을 이루는 未土를 丑未沖함으로써 일간이 더 약해지게 되어 경제적 어려움은 가중되는데, 癸未년에는 편인인 癸水와 편재인 未土가 함께 오니 부모님의 도움을 받고자 하지만 癸未년에는 큰 도움을 받기 어렵다고 보며, 甲申·乙酉년에는 甲乙木으로 일간에 힘을 보태고 辛酉金으로 약한 인수를 생하므로 가능하리라 본다.

위 남자의 부인 사주

현 41세 곤명

庚 丙 丁 癸 ← 비교 → 辛 丙 乙 癸
寅 子 巳 卯 ← 비교 → 酉 午 卯 亥

51 41 31 21 11 1
癸 壬 辛 庚 己 戊
亥 戌 酉 申 未 午

필자의 재관인록 예문과 0.333 분석법과 사통오달에 의한 억부로 보는 경우

丙火 일간이 巳월에 태어나 건록격이며, 건록격은 일간이 극왕하

므로 강한 火를 억제하는 것이 용신이 되는데, 일지 장간에 통근한 癸水가 년간에 투출하므로 정관인 癸水를 용신으로 한다. 金이 희신, 土가 기신, 火가 구신, 木은 한신겸 약신이다.

필자의 재관인록 예문과 0.333 분석법과 四通五達에 의한 통관용법으로 보는 경우

월령을 득한 火가 왕하므로 억부용법에 의하여 癸水를 용신으로 하는데 그 癸水는 년지 卯木에 설기되며, 월지 巳火는 절지가 되어 힘이 없다. 또한 일지 子水에 통근은 하였다고 하지만 일지와 거리가 멀어서 官인 癸水는 허약하다.

그러므로 金으로부터 生을 받아야 하는데, 시간 庚金이 월지 巳중 장간 庚金에 통근하고 있다. 그러나 이는 강한 火 속의 庚金이라서 용신 癸水를 생하기에는 너무 무력하다. 이때 시간 庚金은 土가 있어야 火生土, 土生金이 되어 강한 월일간의 丙丁火로부터 극을 받지 않고 피할 수 있다.

앞에서 癸水가 용신이며, 金이 희신, 土가 기신, 火가 구신, 木이 약신이라 하였다. 여기에서 혼란을 가져올 수 있으므로 좀더 구체적인 설명을 곁들인다.

일단 일간이 월령을 얻어 신왕하므로 년간 癸水가 강한 火를 제하는 용신이 되며, 金은 약한 용신을 생하여 주니 당연히 희신이다. 달리 본다면 水가 용신인데 土는 水를 극하니 기신이 분명하고, 용신인 水를 극하는 土를 木으로 제하여 주므로 土는 水를 극할 수 없게 되니 木은 약신이 되게 된다.

이는 일반적인 해석법으로서, 일률적으로 용신・희신・기신・구신・한신겸 약신(藥神)으로 정하여 고정시켜 놓으니 문제가 되는 것이다. 다시 살펴보면 土는 통관 용신으로서, 癸水를 생하는 庚金이 약하기 때문에 그 庚金을 보호해 주는 역할을 한다고 보아야 한다. 그러나 土는 희신인 庚金에게는 좋은 역할을 하지만 용신인 癸水를 극할 수도 있다. 그러므로 여기에서 더 나아가 木이 약신이라 한 것이다.

이 사주의 문제는 일간이 왕하므로 왕한 일간을 제하기 위하여 용신을 水로 잡았는데, 木은 용신의 氣를 설하여 용신을 약하게 하고, 또한 旺한 일간을 생하여 더욱더 왕하게 하므로 좋은 역할을 하지 못한다는 것이다. 하지만 이 木은 팔자가 土에 의한 중병을 앓고 있을 때는 이를 구해주는 약신이 된다.

이해가 잘 가지 않을 테지만 지금은 통관을 이야기하는 입장이기에 土가 통관이 된다는 것으로 이해해 주길 바라며, 더 상세한 부분은 病藥을 해설할 때 다시 하기로 한다.

재관인록 예문과 0.333 분석법과 사통오달에 의한 조후용신으로 보는 경우

巳午未월의 丙火는 천지를 이글이글 타게 한다. 무더운 여름날에는 열기를 식혀 주는 적당한 소나기가 한 차례씩 내려 주어야 하며, 저수지와 강에 풍부한 물이 있어야 만물이 고사(枯死)하지 않고 성장을 할 수가 있다. 그러기 위하여서는 물을 생성하는 근원인 金이 절실하다.

재관인록 예문과 0.333 분석법과 사통오달에 의한 병약용법으로 보는 경우

병을 찾는 데는 필자가 세운 모델 사주와 비교하여 보는 것을 우선으로 한다. 년간 癸水는 모델 사주와 같이 癸亥로 간지동하지 못하며, 년간에 정관으로 자리하고 있으나 약하므로 병이다. 월간은 아버지의 자리며, 월지는 어머니의 자리인데, 월간인 아버지(편재)의 자리에 이 아버지(편재)를 극하는 겁재가 자리를 차지하고 있으므로 아버지는 부귀하지 못하였다고 본다.

시간 庚金 편재는 월지인 巳 중 장간에 통근하여 투출하고 있으므로 아버지는 장수하지만 무능력하다고 볼 수 있다. 따라서 자수성가의 명으로서 아버지의 음덕을 받지 못한다. 또한 월지는 형제궁인데 형제궁이 왕하니 형제는 자수성가하여 부귀한다.

여기서 월지 격국의 중요성에 대하여 이해를 도와 드리고자 한다.

상관격에 정관이 월간 개두하거나 인수격에 재가 월간 개두하면 파격이라 하였다. 월지 인수격인데 일지에 재(財)가 자리한 여명(女命)은 시집가서 3년 안에 친정은 망하고, 시가(媤家)는 번창한다라고 고서에서 밝히고 있다. 이는 일지가 남편궁으로서 여명이 시집을 가게됨과 동시에 재(財)는 인수를 극하게 되기 때문이다.

월지 인수격에 월간 재(財)가 월지의 격을 파(破)한 경우는 명문(名門)이지만 재(財)의 극을 받아서 명조의 당사자가 태어난 후 3년 안에 집안이 망하든가 아니면 망한 집안에서 태어난 것이 된다.

이와 같으므로 필자가 격국에 의한 재관인 모델 사주를 세우는 깊은 뜻을 이해하여 주길 바란다.

이 재관인록 사주의 예문을 세우는 방법은 해설을 하고자 하는 명조의 일간을 간지동으로 세우고 나서 년 정관, 월 인수, 시는 정재 또는 식신으로 세우게 된다. 따라서 만세력에서는 찾을 수 없는 경우가 태반이다. 그러나 명조를 이해하는 데 있어서는 이 보다 더 좋은 예가 없다는 것도 알아주길 바란다.

일은 丙午로 앉지 못하고 丙子로 앉아 있으므로 이 또한 병이다. 시(時)의 편재 庚金이 寅木 위에 앉아 병이다. 더 나아가 팔자를 분석하여 보면 월지가 巳火로서 건록이다.

잠시 이야기를 돌려 보고자 한다. 이 세상 만물은 모태(母胎)로부터 어머니의 유전자를 받고 태어나므로 어머니의 영향이 크다고 할 수 있다. 더 나아가 부모의 부귀가 그 사람의 운명에 80% 이상이라 영향을 끼친다고 하여도 무방할 것이다. 우리 인간이 사주팔자를 운운하는 것도 사람에 관한 것이다.

과거에 왕(王)의 경우를 보면, 왕족에 한하여 왕족의 대를 이을 수 있었기에 왕이 가능한 것이지 왕의 팔자였기 때문에 왕이 된 것은 결코 아니며, 부모의 유전자에 의하여 왕이 된 것이라 볼 수 있다. 그만큼 부모의 인자가 중요한 것이다. 그렇지만 그 왕의 흥망성쇠도 팔자에 다 나타나 있다.

이와 같이 월령인 부모의 유전자가 절대적이지만 사주팔자에 있어서의 격국과 월령의 중요성을 이야기한다면 대략 30% 정도의 영향력으로 인정할 수가 있다.

이와 같이 일간 丙火는 월령을 얻은 상황에서 월간 丁火를 합하여 팔자의 약 60% 정도의 氣를 가졌다고 보며, 여기에 더하여 年時의 寅卯가 강한 火를 生하니 전체 팔자의 80% 정도의 강한 氣를 가졌다.

여기에 비하여 용신과 희신인 水와 金은 20% 정도인데, 이는 정확한 것이 아니지만 여덟 字의 數로 헤아려 보아도 金水가 셋이고 木火가 다섯이다. 월령의 기를 대략 30% 정도로 하여 가감산을 하여 보아도 木火가 강하고 金水가 약함을 알 수 있다.

더 섬세히 가려 간다면, 년간 癸水는 일지에 통근하므로 癸亥로 간지동한 것과 비하면 거리가 멀다. 癸水가 일지에 통근하려면 월간지동 丁巳의 강한 火의 克을 심하게 받기 때문에 많이 약해질 수밖에 없다. 이 또한 병이다. 또한 약한 水를 받쳐 줄 시간 庚金이 지지에 강하게 통근하지 못하니 병이다.

마지막으로 강한 火를 설하고 약한 金을 생할 土가 없음이 또한 병이다. 이 명조는 앞서 설명한 己亥생의 부인 명조다. 남자는 乙卯일간으로서 癸卯 생을 부인으로 하여 약한 일간의 생을 받고자 한 것이며, 여명은 남편을 己亥생으로 하여 강한 火氣를 설하고 亥水로 조후를 맞출 수 있기에 가능한 것이다.

그러나 이미 남명에 財가 극왕함을 나타내고 있는가 하면, 여명에 官과 財가 약함을 알 수 있다. 여명에 丙子일로 일지인 남편 자리에 官이 자리하고 있으니 애정은 있으나 년간에 癸水가 투출하였으나 허약하고, 허약한 癸水 정관을 생할 庚金이 시간에 있으나 寅木 절지에 앉아 있고, 월지 장간 巳 중에 통근하고 있으므로 경제적 불안정은 이미 예고하고 있다.

이 명조는 재관이 약하지만 대운이 초년 戊午 己未로 오게 되니 팔자상에 없는 통관용신인 戊己土가 옴으로써 지지 巳午未 강한 火氣를 설하며, 戊己土가 財의 根이 되어 주니 어려운 환경이지만 무난히 지낼 수 있었다고 보며, 21살 庚申 辛酉 金運을 맞아서는 부모님의 사업이 잘 되었으며, 경제적 고통이 없이 잘 살아 왔다고 볼 수 있다.

올해 41살 壬戌大運은 申酉戌 서방 金運이지만 庚申 辛酉로 온 경우와 비교하면 재운(財運)이 약해지며, 경제적으로 어려움이 있음을 암시하고 있다. 경제적 어려움으로 시부모의 도움을 받고자 하는데 癸未년은 未土가 통관용신이 되어 다소 어려움을 해결하여 가는 정도라 볼 수 있다. 甲申 乙酉년에 甲乙木 문서와 정편재가 되니 시부모의 도움을 받게 되리라 본다.

예제 4

현 47세

戊 辛 癸 丁 ← 비교 → 甲 辛 戊 丙
子 丑 卯 酉 ← 비교 → 寅 酉 辰 午

58 48 38 28 18 8
丁 戊 己 庚 辛 壬
酉 戌 亥 子 丑 寅

필자의 재관인록 예문과 0.333 분석법과 사통오달에 의한 억부로 보는 경우

辛金 일간이 卯月에 태어나 월지 장간에서 천간 투출이 없으므로 월지에서 격을 잡아 편재격·정격은 제련한 것이라면 편격은 제련(製鍊)하지 않은 원자재 자체이므로 가공하는 노력이 필요하다. 木을 가공할 金을 찾으니 년지 酉金이 있어 승격.

이번엔 일간 입장에서 한번 보기로 한다. 辛金 일간이 월령을 잃어 신약이나 년지 酉金과 일지 丑土 시간 戊土로 인하여 강하지는 않지만 약하지도 않다.

여기서 의문이 있을 수 있기에 좀더 구체적으로 섬세하게 풀어 보기로 한다. 水 두 개, 木 한 개, 火 하나, 土 둘 金 둘이다. 다시 모델 사주와 비교를 하여 본다.

모델 사주에는 정관이 간지동하지만 丁酉생의 경우 丁火는 酉金 위에 자리하여 官이 부실한 상태에서 월지의 卯木으로부터 생을 받고 있다.

모델 사주는 월 인수가 간지동하지만, 이 사주의 癸水는 卯木 위에서 부실하나 시지 子水에 통근하고 있다. 일간은 辛酉로 자리하지 못하지만 년지 酉金, 일지 丑土, 시간 戊土의 생을 받고 있다. 시간 戊土는 子水에 자리하여 부실하나 일지 丑土에 통근하고 있다.

이와 같이 섬세하게 풀어 놓고 보면 일간이 월령을 잃고, 년간 丁火 월간 癸水, 시지 子水 등으로 인하여 일간이 약할 것 같으나 실제 약하지 않음을 알 수 있다.

일간을 극하는 官은 사실상 지지에 뿌리를 내리지 못하였고, 일간의 기를 설하는 癸水는 시지에 통근하여 거리가 멀며, 년간 丁火와 丁癸克을 하고 있기에 부실한 입장이며, 월령인 편재 卯木은 월령이지만 천간 투출을 하지 못한 채 년지 酉金에 卯酉沖을 받고 있어 편재격이 왕한 것이 아니라 약한 입장이다.

그에 비하면 辛金은 년지 酉金과 일지 丑土, 시간 戊土가 생을 함으로 제일 강한 입장에 있다. 더 구체적으로 본다면 년지 酉金은 일지 丑土와 巳酉丑 金局의 반합 酉丑合金 할 것 같지만, 酉金은 월지 卯木에 卯酉沖됨으로서 일지와 합이 되지 않는다.

酉金은 金克木하기에 卯木을 극하여 酉丑合이 되는 것이 아닌가 하겠으나, 실제 卯木이 酉金에 의하여 극을 받는다고는 하지만 卯木은 계절이며 월령이므로 酉金이 卯木을 이기지는 못한다.

卯木은 子午卯酉 사왕지로 木의 왕지며, 木의 중심이며, 木이 제일 왕한 계절이므로 강하다. 한참 성장하는 나무는 낫으로 잘 잘라지질 않으며 오히려 낫의 날만 빠지게 되는 것이다.

앞에서 편재격에 卯酉沖이 있는데 어떻게 승격하였는가라는 의구심을 가질 수도 있었겠으나, 이와 같이 卯木이 酉金과 卯酉沖한다 하여 격이 파(破)한다라고 보면 안 된다.

일지 丑土는 시지 子水와 亥子丑 북방 水局의 반합인 子丑合으로 水로 화하게 됨에 따라 일간 辛金을 설하게 된다. 시지 子수는 월간 癸水를 생하기에는 거리가 멀어 일지 丑土와 亥子丑 반합하여 월간 계수를 생하고자 하는데, 만약 子水와 丑土가 亥子丑 방합의 반합이 되어 水로 化한다면 일간과 시간 戊土가 또한 약해진다.

여기서 亥子丑의 반합이 水局이 되는가 하는 문제를 살펴본다. 子丑合은 반합으로서 대운에서 亥水가 왔을 때는 亥子丑 방합으로 인하여 水쪽으로 土가 합하여 가지만, 子丑반합만으로는 丑土가 土의 성질을 버리고 水로 화(化)하여 가질 않는다. 卯월 子丑合은 축축한 논에 卯木이 자라고 있다고 보면 될 것 같다.

필자의 0.333법칙의 논리는 음양 오행학으로서, 음과 양은 수평과 수직으로 논하고, 오행은 다섯 개의 저울이라 보며, 자평학의 자평이 저울이라면 오행학이기에 다섯 곳의 저울에 오행을 올려 수평을 잡는 것이며, 또한 격국·일간·용신을 각각 세 곳의 자리에서 수평을 잡아 길명과 흉명을 가리는 것이다.

모델 사주가 격국과 일간과 용신이 중화를 잘 맞춘 입장이라면 丁酉生의 경우는 외형상의 모습만으로 보아서는 水 두 개, 木 한 개, 火 한 개, 土 두 개, 金 두 개가 되므로 다섯 곳의 저울이 맞을 수 없으며, 격국·일간·용신 역시 맞지 않는다.

이 경우에는 다섯 곳에 백 개씩의 콩을 올려 중화를 맞추는 입장이 아닌 한 개씩 맞추어 가는 입장에서 살펴보아야 한다.

먼저 월지 격국이 천간 투출되지 않았으며, 일간이 간지동되거나 월령을 얻은 것도 아니기에 전체적으로 약한 입장에서 일간보다 격이 약하다고 보아야 한다.

년지 酉金이 卯酉沖을 하여 격을 더 약하게 하므로 약한 일간의 氣를 水로 泄하여 財를 살리는 용신법을 취용하든가, 官으로 일간을 극하여 가는 억부용신법을 취용하여야 하는 입장이 된다.

필자의 재관인록 예문과 0.333 분석법과 사통오달에 의한 통관용법으로 보는 경우

正도 많으면 偏의 작용을 하고, 偏도 약하면 제(制)하기보다는 살려 나가야 한다. 월지 편재격이므로 偏을 제하여 가야 하지만, 약한 편재격을 극해 버리면 너무 약해져 발원을 하지 못하므로 財를 살려 가야 하는 입장이다. 월지 편재격인 卯木을 년지 酉金이 극함으로 이를 막아 주는 水가 통관이 된다.

여명의 경우는 남편(官)이 잘 되어야 가정이 안정되므로 官이 중요하고, 남명도 官은 사회생활이나 명예가 되어 중요하므로 官을 살려 가야 한다.

일간이 약할 때는 官이 부담이 되므로 관을 버리고 재를 살려가지만, 이 명조는 일간이 타 오행에 비하여 왕하니 관을 살려가야 한다. 그러나 官은 년간 丁火로서 지지에 통근하지 못하고 월지 卯木에 통지하여 木의 생을 받고 있는 입장이다. 또한 월간 癸水가 년간 丁火 편관을 丁癸克하므로 월간 癸水와 년간 丁火의 통관으로 木이 사용된다.

재관인록 예문과 0.333 분석법과 사통오달에 의한 조후용신으로 보는 경우

조후(調候)란 자연의 조건을 의미하는데, 자연에서 본다면 戊土 丑土의 넓은 들에 卯인 木을 심어 기른다는 의미로 볼 수 있다. 卯月은 온기(溫氣)가 돌아온 계절이므로 화(火)를 중요시하지는 않으나 년간 丁火가 월지에 통근하여 온기를 더해 주고 있다.

辛金은 밭을 파서 뒤덮는 쟁기나 호미 등의 역할에 해당하므로 辛金이 작물이 성장을 잘 할 수 있도록 잡풀을 제거해 주며, 식물이 성장하고 있는 입장이므로 많은 양의 水氣가 필요한데, 시지 子水가 丑土와 子丑合土하여 축축한 땅을 만듦으로써 성장을 도우는 기름진 땅이 되어 전체적인 조후는 이루어졌다고 볼 수 있다.

재관인록 예문과 0.333 분석법과 사통오달에 의한 병약용법으로 보는 경우

- 년간 丁火는 酉金에 앉아 병
- 월간 癸水는 卯木 위에 앉아 병
- 일간은 丑土 위에 앉아 병
- 시간 戊土는 子水 위에 앉아 병
- 월간 癸水와 년간 丁火가 丁癸克하는 것도 병
- 丁癸克 통관시킬 甲乙木이 없는 것이 병
- 년월지 卯酉沖도 병
- 년지 酉金과 일지 丑土가 巳酉丑의 반합 酉丑合 하고자 하는데 월지 卯木이 막고 있어 병
- 월지 卯木과 년지 酉金이 卯酉沖인데 소통시키는 子水가 너무 멀리 있어 병
- 正偏印 혼잡하여 병

이렇게 팔자 전체가 가지고 있는 것을 다 풀어 보았다. 이제 이 명조의 용신을 구한다면 일간이 약하지 않으므로 생재(生財)하는 쪽으로 가게 되는데, 시지 子水에 통근한 월간 癸水가 용신이 된다.

년간 편관, 월 식신, 시 정인 등에 의하여 외형상 아름다운 모습으로 丁癸克 卯酉沖에 일지 편인에 의하여 외과의사인 명조다. 亥子丑 희신운이 잘 흘러가고 있다.

예

이분 모친 사주 현 75세

壬 辛 戊 己 ← 비교 → 癸 辛 戊 丙
辰 巳 辰 巳 ← 비교 → 亥 酉 辰 午

80 70 60 50 40 30 20 10
丙 乙 甲 癸 壬 辛 庚 己
子 亥 戌 酉 申 未 午 巳

필자의 재관인록 예문과 0.333 분석법과 사통오달에 의한 억부로 보는 경우

辛金 일간이 辰月에 태어나 월지 장간에서 戊土가 월간에 투출하여 인수격. 정격은 순(順)으로 간다고 하였으나 년간에 편인이 있어 정편인 혼잡격이 되었다.

혼잡은 제하여야 하므로 土를 제할 木을 찾으니 월지 시지 장간의 乙木이 있다. 그러나 장간의 乙木으로는 천간에 투출한 戊己土를 제하지 못하므로 파격이 되었다.

고서에서는 필자와 같이 정편인이 혼잡이 되었다고 해서 파격(破格)이라 하지는 않았다. 그러나 필자가 굳이 파격을 논하는 것은 다음과 같은 이유에서이다. 즉, 앞에서도 밝혔듯이 고서는 삼라만상을 다 함축하여 기술하여 놓은 한 권의 저서로는 모두를 표현하기 어렵기에 책마다 각각 각 개론적으로 정리하였다고 볼 수 있다.

예를 들면 인수격에 인수용, 인수격에 관용, 인수격에 재용, 인수격에 식상용, 인수격에 비겁용 등 이와 같이 단순하게 설명되어 있다. 고서는 하지만 구체적이고 상세하게 설명하지는 않았지만, 전체의 내용 속에는 지금 필자가 해설하고 있는 0.333의 해석법과 상통하는 정신기(精神氣)라는 내용을 내포하고 있다.

이번엔 일간 입장에서 한 번 보기로 한다. 모델 사주에서는 년 정관이 丙午로 왕하며, 월지 인수가 戊辰으로 왕하며, 일간 辛金 역시 酉金에 간지동으로 왕하고, 시 癸水도 간지동으로 왕하다.

그에 비하여 이 명조는 년지에 정관이 있으나 천간으로 투출하지 못한 채 년간 己土가 巳火 왕지에 앉아 있고, 월 戊辰은 월령을 얻고 있고, 일간 辛金은 간지동 못 하고 巳火에 앉아 약하다. 시간 壬水 역시 간지동되지 못한 채 辰土에 앉아 약하다.

0.333으로 정밀하게 분석하여 본다면 년월간에 투출한 戊己土는 시지 辰土와 월지 辰土에 강하게 통근하고, 일지와 년지의 巳火로부터 생을 받아 土가 극왕하다.

일간은 辛酉인 간지동으로 되지 못하여 약하며, 일지 官에 의하여 역극 당한 채 시간 壬水로 설기되고 있다. 따라서 인수의 生이 절대적으로 필요하므로 생을 받아야 한다는데 대하여서는 이의(異議)가 있을 수 없다. 그러나 이것은 일반적인 해석법이고, 일간이 辛酉로 앉지 못한 부분에 대하여서는 자세히 살펴볼 필요가 있다.

일간 자체가 월령을 득하고 주위에 많은 인수가 생하여 주어서 왕하게 된 것과, 자신이 간지동이 되어서 왕한 것과는 차이가 있다. 辛酉가 되었을 경우에는 인수과다에 의한 피해를 받지 않으나 일간이 신약할 때는 인수과다의 피해를 입게 된다.

예를 들면, 작은 웅덩이의 물에 과다한 중금속이 흘러들면 그 물은 오염되어 사람과 동식물이 먹을 수가 없다. 이와 반대로 넓은 바다에는 어지간한 오염물질이 흘러든다 하여도 그 오염물질은 많은 양의 물에 희석이 된다. 또 다른 예를 한 번 더 들어 보면, 만약 세 살 먹은 아기가 어른이 먹는 양만큼 많은 음식을 먹는다면 소화불량에 걸리게 된다.

이처럼 이 명조의 경우도 일간이 간지동 못하여 약하며 巳火에 逆克당하고 있고, 시간의 식상으로 설하니 허약하여 인수의 생을 받아야 한다. 그러나 여기서처럼 정편인이 혼잡된 것은 자연식(自然食)이나 생식(生食)에 해당하므로 허약한 어린 아이가 먹기에는 부적당하다고 볼 수 있다. 따라서 어린 아이가 먹고 쉽게 소화시킬 수 있도록 조리한 다음 먹여야 무리가 없다.

이와 같은 법칙에 의하여 앞에서 격국을 설명할 때, 정편인 혼잡되어서 왕하므로 인수(印綬)를 財로서 제하여야 하는데 甲乙木이 없어서 파격이라 한 것이다. 일간이 간지동하여 왕한 것이 아닌 과다한 인수의 생을 받아 왕해진 것이라면, 여기에는 왕한 일간을 억제하는 방법과 설하여 가는 용신법을 적용시킬 수 있다.

우선 관을 살펴보면, 官은 일지에 있어 아름답지만 년지에 또 하나가 있어 혼잡되므로 좋은 입장이 되질 못하며, 또한 천간 투출도 하지 못하였다. 관은 일간을 억제하는 효과도 있지만 과다한 인수를 생하는 흉작용도 있다. 다행히 時干의 상관이 官의 억제도 막아 주면서 많이 먹어서 소화불량 된 것을 설하여 준다.

木이 用神, 水가 喜神, 金은 忌神, 土는 仇神, 火는 救神 또는 藥神이다.

필자의 재관인록 예문과 0.333 분석법과 사통오달에 의한 통관용법으로 보는 경우

水는 木을 생하고, 木은 火를 생하며, 火는 土를 생하고, 土는 金은 생하여야 五行이 주류하게 되는데, 사주상에 木이 없어 순환이 되질 않고 있다. 년월간 왕한 戊己土가 시간 壬水를 극하고자 하므로 辛金이 통관이 된다.

그러나 여명에 있어서 官은 남편이며, 남편의 동향에 의하여 가정의 안정됨과 화목함을 볼 수 있는데, 이 명조는 자식인 상관과 남편인 정관이 상호 상극하게 되어 있으므로 불리하다. 따라서 이를 막기 위해서는 木이 통관이 된다.

재관인록 예문과 0.333 분석법과 사통오달에 의한 조후용신으로 보는 경우

편(偏)은 자연석이며, 정(正)은 가공한 제품이라 하였듯이 辛金은 보석으로서 보석이 흙에 묻히면 빛이 나지 않으므로 먼저 木으로 木克土하고, 壬水로 보석에 묻은 흙을 씻어 낸 후에 丙火의 조명을 받아야 한다.

그런데 이 명조는 土가 많아 일간 辛金이 매금(埋金)되어 있으므로 木으로 土를 제하여 주어야 하는데, 명조에 木이 없어 戊己土를 제하지 못한다. 또한 많은 土에 壬水가 흘러들어 질퍽한 뻘 속에 묻혀 있는 진주와 같이 되어 있는 명조다.

金은 木을 키우기 위한 농기구로서 쟁기·삽·호미·낫 등이 되어 辰月의 밭을 갈아엎고 나무의 성장에 필요한 수로(水路)를 만들어 주지만, 甲乙木이 천간 투출을 하지 못하여 때늦은 발아(發芽)를 하고 있다.

진토인 겹겹이 쌓여 있는 토를 갈아 뒤엎어 주어야 장간에서 싹을 틔울 수 있다. 辰月 조후용신으로 나타난 甲乙木이 없이 시간 壬水가 있으므로 木이 성장할 때까지 오랜 시간을 기다려야 하는 인내심이 필요한 명조가 된다.

재관인록 예문과 0.333 분석법과 사통오달에 의한 병약용법으로으로 보는 경우

정편인 혼잡에 土多의 병, 일간이 약한 병, 관(官)이 천간 투출하지 못하며 일지와 년지에 둘이 있는 것이 병, 甲乙木이 나타나지 않고 辰 중 장간에 있음이 병이다.

일찍 초년 관운으로 흘러 결혼하고 40살 壬申대운에 지지에 있는 巳火와 대운 申金과 巳申 合刑破하므로 남편이 무능력하게 되고, 상관운을 맞아 사회 진출하게 되어 열심히 살아 왔으며, 時上에 壬水가 희신으로 나타나 자식들이 잘 됨을 알 수 있다.

40살부터 노력하여 투자하여 둔 부동산이 60살 甲戌대운을 맞아 재가 나타나므로 부동산에 의한 재물을 소유하였으며, 乙亥대운에 재물과 亥水 상관이 함께 오니 부동산과 재물을 자식들에게 나누어 주게 된 명조다. 명은 時上 傷官과 運에서 오는 正官이 丙壬克하는 丙子대운이 되리라 본다.

예제 5

음력 1965년 9월 27일(女 39세)

戊 戊 丙 乙 ← 비교 → 癸 戊 丁 乙

午 申 戌 巳 ← 비교 → 亥 辰 巳 卯

77 66 56 46 36 26 16 6

甲 癸 壬 辛 庚 己 戊 丁

午 巳 辰 卯 寅 丑 子 亥

필자의 재관인록 예문과 0.333 분석법과 사통오달에 의한 억부로 보는 경우

戊土 일간이 戌월에 태어나 월지 장간에서 천간 투출이 없으니 월지에서 격(格)을 잡고자 하나, 같은 오행은 격을 잡지 않는다는 원칙에 의하여 천간 투출한 오행 중 강한 것으로 격을 잡는다.

년간 乙木은 지지에 통근하지 못하고 월간 丙火는 년지 巳火와 시지 午火에 통근하여 乙木 보다 丙火가 강하므로 이로써 격을 잡아 편인격이다.

앞에서 밝힌 바가 있듯이 戊土와 丙火는 월지 戌土에 묘고(墓庫)가 되어 墓격이 되기도 하며, 辰戌丑未는 잡기에 해당하여 잡기격이 되기도 한다. 그러나 하나의 팔자에 여러 개의 격국이 있을 수도 있고, 원칙은 월지에서 격을 정하여 가야 하지만 격으로 부적당할 경우에는 타격을 잡아야 하기에 이 경우는 墓庫격이나 잡기격을 취용하지 않는다.

이번엔 일간 입장에서 한번 보기로 한다. 戊土일간이 월지 戌土에 통근하고, 시간 戊土, 월간 丙火, 년지 巳火, 시지 午火 등의 생을 받아 일간이 왕하다. 강한 일간은 억제하는 관을 용신으로 하든가 설하여 가는 식신을 용신으로 하여야 한다.

官인 木의 동향을 살펴보자면, 월지 戌土는 申酉戌 서방 金運의 끝머리로서 亥子丑 북방 水運으로 넘어 가는 접목 시기의 金運이기에 년간 乙木은 지지에 통근을 할 수 없으며, 일지 申 중 장간 壬水에 통지하지만 힘이 미약하다.

食神인 金의 동향을 살펴보면, 일지 申金이 천간 투출을 하지 못하였으나 년간 乙木에 비하면 왕하다. 따라서 申金으로 용신한다. 金이 용신, 土가 희신, 火가 기신, 木은 구신, 水는 약신이다.

필자의 재관인록 예문과 0.333 분석법과 사통오달에 의한 통관용법으로 보는 경우

모델 사주를 통하여 재관인의 자리 배치에 관한 설명을 해본다.

年에 정관(正官)이 자리하고 月 정인(正印)이 자리하며 정재(正財)가 時에 자리를 하게 한 이유는 정재와 정인은 거리를 두어야 하며, 정관과 일간도 적당한 거리가 있는 것이 좋기 때문이다.

년에 정인이 있고, 월에 정관이 자리하여도 역시 길명이라 하겠으나 월 정관과 년 정인이 자리한 경우에는 일간은 먼저 정관으로부터 극을 받아야 하고, 정인의 생을 받고자 할 때도 월 정관이 정인과 일간을 가로막아 거리가 멀어짐으로써 정인의 생이 약화된다.

그러나 월의 정관은 비록 일간을 극하기는 하지만 궁극적으로 인수를 생하게 된다. 따라서 먼저 일간은 정관의 극을 받지만 정관은 정인을 생하게 되므로 시간이 지나면서 자연히 정인의 생을 받게 된다고 보아야 한다.

만약 年에 正印이 있고, 月干에 正財가 있다면 月干에 正官이 있는 경우 보다 더 좋지 못하다. 관은 인수를 생하지만 재는 인수를 극하기 때문인데, 財와 印이 같이 붙어 있는 것은 아무리 좋은 正財·正印이라 하여도 좋은 작용을 하기 힘들다. 그러므로 財官印의 위치가 아주 중요한 것이다.

이와 같은 견지에서 乙巳생의 명조를 보면, 官인 남편이 년간에 있으나 乙卯 간지동으로 강하게 자리하지 못하여 아쉬움을 남기며, 또한 乙木 정관은 년지 巳火와 월간 丙火에 설기당하고 있다.

일간은 旺하므로 설하는 食神을 용신으로 하여 왕한 土의 기를 설하려 하나, 일지의 申금이 천간에 투출하지 못하여 아쉬움을 남긴다. 食神과 官을 통관시켜 주는 財인 水가 통관이 된다. 그러나 또 다른 관점에서 오행상의 통관이 아닌 사주상의 통관으로 본다면 금으로써 강한 火土의 기를 설하고자 하는데 일지 申金이 약한 상태이다.

그런데 월지 戌土가 있기에 운에서 酉金이 오게 되면 일지 申金과 申酉戌 방합을 함으로 강력해진 금은 강한 戌土의 기를 설할 수 있어 대길하게 된다. 따라서 월지 戌土와 일지 申金의 중앙에 酉金이 있으면 통관이 된다. 방합에는 酉金이 필요한 것이 당연한데 이를 두고 통관이라고 말한다고 의아해 할 수 있으나, 역(易)은 사통오달하는 것이므로 이렇게 볼 수도 있다.

재관인록 예문과 0.333 분석법과 사통오달에 의한 조후용신으로 보는 경우

戌月은 戌土가 사령하여 왕하므로 甲木으로 소통시켜야 하는데,

甲木은 없고 그 대신 乙木이 뿌리도 없이 허약한 모습으로 년간에 있다. 癸水가 있어서 乙木이 생을 받아야 하는데 癸水도 보이질 않는다. 굳이 水를 찾는다면 일지 申 중 장간 壬水가 있으나, 아직 세상 밖으로 나오지도 못하고 어머니 뱃속에 있는 상태이다.

戌月은 火의 庫지가 되므로 火는 入墓되어 점점 식어가니 甲木과 癸水로써 소토하여 潤土를 만들고, 丙火가 있어 土를 온난(溫暖)하게 하는 것을 귀격으로 하는데 갑목과 수가 없어 아쉬움을 남긴다.

재관인록 예문과 0.333 분석법과 사통오달에 의한 병약용법으로 보는 경우

예

戊 戊 丙 乙 ← 비교 → 癸 戊 丁 乙
午 申 戌 巳 ← 비교 → 亥 辰 巳 卯

77 66 56 46 36 26 16 6
甲 癸 壬 辛 庚 己 戊 丁
午 巳 辰 卯 寅 丑 子 亥

년간 乙木이 간지동이 하지 못함이 병이며, 월간 丙火는 丙午로 간지동하지 못함이 병이다. 일간 戊土는 간지동되지 못함이 병이며, 시에 壬水나 癸水가 간지동하여야 하는데 戊午가 자리하여 병이 된다. 월간 丁火가 간지동하여야 할 자리에 편인인 丙火가 자리하였다.

일간이 왕한 사주에 년지 巳火, 시지 午火, 월간 丙火 등이 많은 것이 병이다. 용신이 일지의 식신 申金인데, 왕한 正偏印이 용신인 食神을 심하게 극하는 것이 병이다.

戌月에 일지가 申金으로서 酉金이 있다면 申酉戌 방합으로 강력한 식신국이 되어 왕한 戊土의 기를 적절히 설할 수 있으나 酉金이 없으므로 병이다. 일지 申金 용신이 열심히 일하여 약한 관인 乙木을 생할 수 있도록 財인 水가 있어 주면 길하겠으나, 官과 食神이 상호 相生관계가 되지 않고 剋의 관계를 이루므로 한번에 두 가지 문제를 다 해결할 수 없음이 병이다.

통관용신 · 억부용신 · 조후용신 · 병약용신을 겸한 초년 대운 亥子丑 水運을 만나 길(吉)할 것 같으나 대운 천간으로 戊己土가 개두하여 水의 작용을 약화시켜 버리니 아름답지 못하게 되어 병이다. 26살 己丑대운은 亥子丑 북방 水運이지만 천간 己土가 개두하여 丑土는 水의 작용보다 土의 작용이 더 강하게 되므로 병이다.

庚寅대운 그토록 기다리든 木運을 맞으므로 강한 土를 제하여 中和를 맞출 수 있는 운이지만, 천간 庚金이 개두하여 관의 역할을 억제하고, 남편궁인 일지에 자리한 식신이 운에서 온 寅木을 寅申沖하여 병이 된다. 그러나 이 운에 결혼을 하리라 보며, 寅申沖으로 인한 주말 부부가 되거나, 또는 불화가 많게 된다.

일지 食神이 자리하니 자식에 대한 애착이 강하며, 일에 대한 애착이 강할 수밖에 없는 것인데, 이는 팔자상에 있는 남편 乙木이 약하므로 남편이 벌어다 주는 돈으로 생활할 수 없기 때문이다.

辛卯대운은 상관 견관한 대운으로서 이 운에 남편과 사별 내지는 이별하게 된다고 본다.

壬辰대운은 애타게 기다리던 財인 壬水가 오지만 辰土 위에 앉아서 財의 유동이 심하다. 비겁인 辰土에 壬水가 통근하고 있기 때문에 비겁의 생을 받기도 하지만 비겁이 나의 재물을 넘보는 현상이 나타난다고도 볼 수 있다. 그러므로 보증이나 투기성 사업은 조심해야 하며, 고수익을 노리는 주식이나 증권투자 등도 조심하여야 한다. 어쨌든 평생을 통하여 경제적으로 안정을 취할 수 있는 제일 좋은 운이라 볼 수 있다.

부동산 관련 자격증을 취득할까 하는 생각으로 상담한 사주로서 癸未년은 길한 운이 아니며, 甲申년은 관·자격증·식신·지살·역마·사회활동 등이 이루어지므로 합격하리라 본다.

현재는 일지 식신(食神)을 용하여 미술학원에서 아이들을 가르쳤고, 지금은 부동산 자격증 공부를 하고자 하고 있다.

예제 6

음력 1978년 4월 9일(女 26세)

癸 丁 丁 戊 ← 비교 → 庚 丁 甲 壬
卯 丑 巳 午 ← 비교 → 申 巳 寅 子

73 63 53 43 33 23 13 3
己 庚 辛 壬 癸 甲 乙 丙
酉 戌 亥 子 丑 寅 卯 辰

비교를 위한 모델 사주는 쉽게 이해를 시켜 드리기 위하여 만든 가상의 팔자이므로 이해하여 주길 바란다.

필자의 재관인록 예문과 0.333 분석법과 사통오달에 의한 억부로 보는 경우

丁火 일간이 巳월에 태어나 월지는 丁火의 왕지가 되며 겁재가 되나 같은 오행은 격을 잡지 않는다는 원칙에 의하여 월지 장간에서 년간에 투출한 戊土를 격으로 삼으므로 상관격이다.

이번엔 일간 입장에서 한번 보기로 한다. 일간 丁火는 월지 丁巳 왕, 년지 午火에 건록, 월간 丁火, 시지 卯木이 생하여 일간이 극왕하다.

이제 용신을 잡아야 할 입장인데 극왕한 火를 다스릴 수 있는 것은 일지 丑土에 통근한 시간 癸水와 지지에 강력히 통근한 년간 戊土가 있다. 활활 타오르고 있는 열기에 시원한 얼음냉수 한 그릇이 필요한 때이므로 시간 癸水로 용신을 하고자 하나 癸水는 癸亥로 간지동하지 못하고 卯木 위에 앉아 허약하므로 기대하기 어려운 입장이며, 戊土로 용신을 하고자 하니 오히려 癸水를 엎어 버리려 한다.

필자의 재관인록 예문과 0.333 분석법과 사통오달에 의한 통관용법으로 보는 경우

水 하나, 木 하나, 火 넷, 土 둘, 金 없다. 여명에 癸水는 남편이 되며, 상관은 자식이며 사회활동이 된다. 약한 癸水 官이 시간에 나타나 있으며 년간에 상관이 투출하여 있다. 傷官과 官은 財가 없으므로 상관은 상관대로, 관은 관대로의 독자적인 입장이 되어 있다.

년간의 戊土 상관은 격을 이루며 강한 火의 기를 설하므로 길 작용을 하고 있으며, 癸水 편관도 강한 火를 억제하여 주는 효과를 가지고 있으므로 이 두 오행의 유대관계가 이루어진다면 금상첨화가 되겠다.

월간에 丁火가 아닌 辛金이 되어 있었다면 상관(傷官)과 약한 관(官)을 통관시켜 주므로 아름다울 것이지만, 이미 丁火가 월간을 차지하여 버렸다.

재관인록 예문과 0.333 분석법과 사통오달에 의한 조후용신으로 보는 경우

巳月 丁火는 甲庚을 겸용하며 甲을 쓰면 목화통명이 되니 庚으로 甲을 쪼개어 좋다. 따라서 癸를 보는 것을 꺼리며 병이 되는데, 이는 庚을 설하고, 甲을 습하게 하며, 丁을 상하게 하기 때문이다.

庚이 있고, 甲이 없이 戊가 있으면 상관 생재격이라 이르며, 戊를 용신으로 쓰면 반드시 부귀하게 된다고 고서에서 밝히고 있는데, 이 명조는 천간 투출한 甲木과 庚金이 없으며 보아서는 안 될 癸水를 보며, 庚金 財가 없이 戊土 상관만 있어 아쉬움을 남긴다.

재관인록 예문과 0.333 분석법과 사통오달에 의한 병약용법으로 보는 경우

자연론과 조후에선 甲庚을 겸용한다 하였듯이 모델 사주와 戊午생 명조와 비교하여 가면서 병을 찾아보자.

모델 사주의 경우는 年의 정관이 간지동하여 할아버지가 명문이며, 부귀 가문임을 알 수 있다.

명조의 당사자는 초년 일찍부터 총명함을 나타내며, 월 甲木 인수가 간지동으로 부모님 역시 명문으로 부귀하며, 명조의 당사자는 좋은 환경에서 출세 가도를 막힘없이 가며, 일의 丁巳는 간지동 왕하며 할아버지의 음덕이 아버지가 물려받아 아버지의 음덕을 자신이 물려받는다. 시의 庚申인 부인 역시 명문이며, 자신은 왕하여 재를 충분히 감당하며, 시지는 자식궁이므로 자식 또한 부귀한다.

이에 비하여 戊午생의 경우는 년간에 상관이 자리하고 있는데, 傷官은 官을 능멸하며 하극상(下剋上)하는 성질을 가지고 있고, 戊午로 왕하므로 할아버지는 무관(武官)으로 있다가 반정(反政)으로 귀향간 가문의 출신이거나, 아니면 할아버지는 평범한 농업에 종사하였다고 본다.

월간은 아버지궁이며, 월지는 어머니궁으로서 月支는 印綬가 앉아야 하며, 月干은 편재가 자리하여야 하는데 財를 극하는 비겁이 간지동하여 아버지인 財는 비겁인 火에 극을 받아 무능력하거나 부모덕을 볼 수 없다. 월에 건록 양인 비겁이 되면 자수성가의 명이며, 형제들 중 자수성가로 부귀한다.

일주는 간지동하지 못하고, 丑土 墓庫에 해당하여 허약하다. 시의 자식궁에 癸水 편관이 卯木 위에 앉아 있는데 巳월 화왕절의 癸水이므로 허약하다.

천간 甲庚이 투출하지 않아 병, 월지 巳火, 일지 丑土에 酉金이 없어 巳酉丑 金局이 되지 않아 병, 癸水 편관이 약함이 병, 화왕함이 병, 戊土 丑土가 혼잡됨이 병, 시간이 乙卯로 되었다면 종왕격이 되지만 癸水가 있으므로 병, 만약 일지에 未土가 있어서 시간 癸水를 생하지 않고 巳午未 方合을 한다면 시간 癸水는 년간 戊土와 戊癸合화하여 종왕격이 될 것이지만 丑土가 있어서 병이라 하겠다.

용신은 癸수와 戊토가 相戰하는 것을 막아 주는 것이 되고, 또한 왕한 일간이 식상으로 설기하여 발생한 財로 다시 官을 생하여 준다면 오행이 주류하여 가정이 화목하여 적절한 사회활동과 아울러 자식도 잘 되며 남편도 잘 되어 중화를 이루게 된다. 그러므로 庚辛金

이 용신이 되며 지지로 酉金이 오면 대길하다.

火왕한 명조에 초년 대운이 申酉戌 서방에서 亥子丑 북방으로 흘러간다면 조열(燥熱)한 명조가 대운에서 병을 치료하게 되리라 보지만, 초년 대운이 寅卯辰 동방 木運에서 亥子丑 북방 水運으로 흘러가니 용신 庚辛金이 53살 이후로 오게 되므로 노년에 가서야 여유로운 안정을 취하게 되리라 본다.

공무원 시험을 보고자 하는데 가능한가를 물어 온 명조로 甲申년에 甲木이 년간 戊土를 억제하고, 申金이 癸水를 생하기에 공무원이 가능하리라 본다.

예제 7

乙 己 戊 丁 ← 비교 → 壬 己 丙 甲
亥 酉 申 未 ← 비교 → 子 未 午 寅

癸 壬 辛 庚 己
丑 子 亥 戌 酉

비교된 모델 명조는 쉽게 이해를 시켜 드리기 위한 가상의 팔자이므로 이해하여 주길 바란다.

필자의 재관인록 예문과 0.333 분석법과 사통오달에 의한 억부로 보는 경우

己土 日干이 申月에 태어나 월지 藏干에서 戊土가 월간 투출하나 같은 오행은 격을 잡지 않는다는 원칙으로 월지에서 격을 잡아

상관격. 편격은 가공하지 않은 원석과 같으므로 일차 가공하는 노력이 따라야 한다.

일지에 식신이 더 있어 식상 혼잡인데 년지 未 중 장간 丁火에 通根한 편인이 투출하여 월지 申金 상관(傷官)의 살성을 다스리니 일지 酉金 식신과의 혼잡을 제하는 이중효과를 얻으므로 승격한다.

이번엔 일간 입장에서 한 번 보기로 한다. 일간은 월지 申金으로 실령하고 일지 酉金으로 실지하였으며, 시지 亥水와 시간 乙木 偏官으로 失勢하였다.

년지에 通根한 월간 戊土로 용신하고자 하는데, 戊土는 허약한 일간에 도움을 주지만 시간이 지나면 식상(食傷)을 생하게 되어 일간의 氣를 洩하는데 동조하는 입장이 되므로 불가하다. 년간 丁火 偏印으로 식상 혼잡을 제하며 일간을 생하므로 丁火를 용신한다.

필자의 재관인록 예문과 0.333 분석법과 사통오달에 의한 통관용법으로 보는 경우

월지 傷官 일지 酉金이 乙木과 상전한다. 특히 여명에 있어서의 상관격은 남편인 正官을 심하게 극하므로 흉신격(凶神格)인데, 식상이 왕하지만 시지 亥水 정재가 있어 살성 강한 식상을 설하여 시간에 약하게 투출한 乙木 관을 생하니 재가 통관신이 된다. 특히 식상은 지지에 있고 官은 천간에 자리하여 직접 상전하지 않는 것이 아름답다.

상관격으로서 식상이 극왕하여 식상을 억제하기 위한 년간 丁火 印綬를 용신하는데 재가 용신 인수를 극하고자 한다. 이에 시간 乙木이 亥水를 통관시키므로 관이 통관이 된다. 용신인 丁火 印綬는 년간에 있고, 印綬를 극하는 財는 시지 멀리 떨어져 있어 아름답다.

재관인록 예문과 0.333 분석법과 사통오달에 의한 조후용신으로 보는 경우

己土는 논과 밭에 해당하며, 申月은 논과 밭의 작물이 성장을 끝내고 수확기를 위한 열매를 맺어 가는 계절로 적당한 수분과 태양의 일조량이 필요하다.

시지 해수가 있어 수분은 충분하고 태양 빛이 강렬하지 못하며, 戊土 높은 산에 가려 그늘지니 日照량이 조금 부족하다.

재관인록 예문과 0.333 분석법과 사통오달에 의한 병약용법으로 보는 경우

모델 사주의 경우 년에 정관이 간지동하여 아름다우며, 월의 병오 인수가 간지동하여 이 또한 아름답고, 일간 역시 기미로 간지동하여 자신이 강하며, 정재가 시간에 간지동하여 조상복이 있으며, 부모 복이 있다. 자신 역시 왕하여 재관을 감당할 수 있으며, 정재 역시 간지동 왕하므로 재복이 있는 명조다.

연에 정관이 자리하니 명문가의 남편에 시집을 갈 것이며, 자신의 집안 역시 명문으로 부모 복이 있으며, 인수격으로 수재 소리를 듣게 되며, 재물이 넘쳐 난다고 보아야 한다.

아울러 조상 명문이요. 부모 명문이며, 자신 역시 명문으로 자식 역시 명문으로 재관인을 다 구비하고 아왕하여 흠 잡을 수 없다. 이에 비하여 정미생의 경우는 년 정관 대신 시간에 편관이 있는데 정관이 남녀간의 사랑에 안정이 깊다면 편관과 아는 불편함이 내재하고 있다고 보아야 한다. 남편이 시간의 자식자리에 있어 남편이 자식 같은 생각이 들것이니, 이는 병이다.

월 정인이 왕하여야 하는데, 기유 일주는 년 정미로서 정인이 아닌

편인이 년간에 있다. 부모의 복을 논하자면 부모님 사랑이 부족하다고 볼 수 있으며, 이 또한 병이 된다.

월간은 아버지 자리로 아버지인 편재 계수의 자리에 무토가 자리하여 재를 극하니 아버지 복이 없다고 볼 수 있기에 병, 월지는 어머니 자리에 상관이 자리하니 이 명조의 당사자는 집안이 기울고 있는 시기에 태어났다고 보아 병,

년 정화는 할아버지며 조상으로서 할아버지는 미토 관대궁에 앉아 명문가였다 볼 수 있으나 월간 겁재가 아버지 자리를 차지하고 상관격을 이루므로 할아버지의 가문을 아버지는 이어 가질 못하였다고 보아 병, 일간 기토는 월령을 잃고 일지 유금으로 실지하여 허약하므로 병, 시는 을목과 해수가 동주하여 허약한 일간을 더 약하게 함으로 병이다.

근묘화실법에 의하여 연은 초년 새싹, 월은 성장하고, 일은 번창하며, 시는 결과를 얻는다고 본다면 년간에 편인이 자리하면 조상이 비록 명문이었다 하더라도 편인은 의식주인 식상을 극함으로 초년의 고향산천이 황폐화되어 먹을 것이 없어 타향·타도로 이주하여 재정착지를 찾는 형태가 되므로 타향·타도로 이주하여 성공하는 명이다.

초년 고생을 피할 수 없어 병, 월은 부모궁으로서 월인 인수가 간지동하면 부모 복이 많을 것이며, 자신의 신분 뿌리가 탄탄할 것이나 자신의 뿌리가 허약하여 병,

식상은 재를 생하므로 시집가서 시가집을 부흥시키는 팔자를 타고났기에 병, 여성으로서 일간은 약하며 식상 혼잡은 많은 일복을 타고난 것으로 병, 식상이 왕함은 자식은 잘 된다고 보나 자신의 기를 다 소진하게 되어 자신을 돌볼 수 없음이 병, 남편이 년월간에 정관으로

자리하지 못하고 시간 편관으로 허약함으로 남편 덕에 편히 살지 못함이 병이다.

초년 대운이 신유술의 서방 금운으로 시작하여 초년 고생을 많이 하였다고 보나 정화 용신이 맑고 병들지 않아 어려운 환경에서도 공부는 잘 하였다고 볼 수 있으며, 해자축 북방 수운은 강한 상관의 기를 수로 설하니 식상관의 살성이 재로 흘러 아름다우며, 특히 을해 녹마재관으로 재생관하며, 관인상생으로 오행이 주류하며, 중화를 이루어 가는 명조로 아름다운 명이다.

제 5장 저자와의 일문일답

예

시 일 월 년
己 甲 乙 辛
巳 寅 未 亥

68 58 48 38 28 18 08
戊 己 庚 辛 壬 癸 甲
子 丑 寅 卯 辰 巳 午

哲顯 님과의 일문일답

도진님 : "저는 역동회원 정도진입니다. 찾아뵙고 상담을 드려야 예의이나 무례하게 전화로 질문을 드립니다. 노여워 마시고 저의 명조를 한 번 감정하여 주십시오."

철현님 : "초년은 곤고하였으나 앞으로 크게 발전할 좋은 명조이군요."

도진님 : "좀 더 구체적으로 말씀을 하여 주시면 감사하겠습니다. 저의 사주가 신왕이라고 보시는지요, 아니면 신약으로 보시는

지요?"

철현님 : "예, 신약이군요."

도진님 : "다른 분들은 신왕으로 보시던데요?"

철현님 : "다른 분들이야 어떻게 보시던 저는 신약으로 봅니다. 먼저 월령을 잃었고, 특히 시까지 巳時며 일간이 祿이지만 년지 해수가 멀리서 생조를 하려고 하나 월지에 막혀 생조가 어려운 상태에 어떻게 신왕이 됩니까?"

도진님 : "그렇다면 월간 乙木은 어떻게 보시는지요?"

철현님 : "乙木은 격을 파하는 사주상의 병에 불과하며, 乙辛剋을 당한 상태로 운에 따라 작용은 있겠으나 乙木은 신약 신왕에 큰 도움이 되지 않습니다."

도진님 : "그렇다면 亥未 木局은 어떻게 보시는지요?"

철현님 : "저는 亥未 木局은 인정하지 않습니다. 사왕지(四旺地)가 빠진 상태며, 운에서 卯木이 오면 亥卯未 三合 木局이 성립한다고 봅니다. 여러 이론이 난무하나 저는 卯未 亥卯合은 합의 작은 육합 정도의 작용이 있다고 보지만 亥未合木을 인정하지는 않습니다."

도진님 : "월간에 乙木이 투출하였는데도 합이 되지 않습니까?"

철현님 : "天干은 천간으로, 지지는 지지로 보아야 하며, 혹 乙木이 투출하였다 하여도 저는 인정을 하지 않습니다. 乙木이 亥水에도 未土 장간에도 通根한 것일 뿐입니다."

도진님 : "혹 월지 장간에서 乙木이 월간에 투출하여 양인격은 되지

않겠는지요?"

철현님 : "예, 모두 그런 식으로 마구잡이로 갖다 붙이면 혼돈 속에 빠지게 됩니다. 월지에서 정기가 투출하였으면 당연히 정기로 격을 잡고, 정기가 투출하지 않고 여기나 중기가 투출하였다면 중기 여기 순으로 격을 잡아야 하며, 천간 투출한 격이 합살 제살 등으로 도저히 격으로 부적합 경우에는 월지에서 격을 잡아야 하며, 子午卯酉는 본기로 월지에서 격을 잡습니다."

도진님 : "무조건 월지에서 격을 잡지 않고 천간 투출된 것으로 격을 잡는지요?"

철현님 : "사주란(자연론에서) 나무로 비유한다면 지지는 나무의 뿌리며 천간은 땅 위에 솟아나 있는 몸체가 되며, 태양의 빛을 받아 열매를 맺어가기에 천간 투출하지 못하면 뿌리만 있는 결과가 되니 나무는 필히 천간 투출을 하여야 하며, 월지에서 정기가 천간 투출하면 격이 상격이라고 봅니다.

특히 子午卯酉 四旺地의 경우도 천간 투출이 우선이며, 子午卯酉 정기가 천간 투출한 것은 格이 크다고 보아야 합니다."

도진님 : "격과 용신에 대하여 말씀을 좀 하여 주십시오. 명리마당에서 격과 용신의 중요성을 가지고 두 고수 분이 토론을 한 것을 보았는데 선생님의 말씀을 듣고 싶습니다."

철현님 : "격이 우선이며, 용신은 차후입니다. 예를 든다면 격이란 내가 타고 갈 자동차에 비유할 수가 있겠는데, 자동차 종류가

약 100종류 정도가 있다고 볼 수 있고, 캐디락·밴스 등으로부터 국산 티코까지 종류도 많으며, 새차·중고차·폐차 직전의 차 등으로 구분할 수 있으며, 또한 자동차 부속들도 수십 만 가지이며, 고장 난 곳이 있는지 없는지 등을 구분하여야 합니다.

또한 운전기사가 저와 같이 판토피 10병씩 마시고 운전하는 사람인지 아니면 건강한 사람이 운전을 하는지 등등을 먼저 고려하고, 그 다음에 대운을 보아야 하지 않을까요?"

도진님 : "대운에 대하여서도 이론이 분분한데, 대운은 10년으로 봅니까? 5년씩 보아야 하는지요?"

철현님 : "대운을 예를 들어 설명 드린다면 대운을 막걸리 병이라고 생각하고 천간은 청주, 지지는 탁주 정도로 보아서 천간과 지지의 상태에 따라 청주가 몇 %, 탁주가 몇 % 된다고 생각하여 볼 수 있으며, 마지막 한 방울이 남을 때까지는 막걸리 병이겠지요?

마지막 운이 다 하는 그 순간까지 형충파해 합 신살 십이운 등의 작용이 있다고 보아야 하며, 대운의 작용을 10이라고 본다면 연은 1 정도의 작용으로 보면 되겠습니다. 하지만 그 수치는 꼭 정하여 볼 수도 없는 것이 사주와의 작용에 따라 천차만별로 나타나기 때문입니다. 예를 들어, 대운이 좋은 것은 여름에 작물이 아주 좋은 조건에서 성장하여 열매를 맺어 가는 상황이라 볼 수 있는데, 이 경우에도 갑작스런 장마로 모두 썩어버려 수확을 하지 못하는 수도 있기에 섣불리 답을 내면 안 되는 것입니다.

대부분의 사람들이 쉽게 명리학에 입문하여 자평서·궁통보감·적천수·삼명통회·명리정종 등을 공부하고 나면 역학에 자신을 한다고 볼 수 있습니다. 그러나 음양오행을 미립자까지 쪼개어 완전하게 역을 통달하고 죽은 사람은 한 명도 없으며, 죽을 때까지 배우고 배워도 끝이 없는 신의 학문이며, 미립자로 쪼개어 들어가면 갈수록 혼돈되어 이론만 분분하니 지금 저의 이론도 역시 백이 아니라고 봅니다."

예

시 일 월 년
己 甲 乙 辛
巳 寅 未 亥

68 58 48 38 28 18 08
戊 己 庚 辛 壬 癸 甲
子 丑 寅 卯 辰 巳 午

도진님 : "선생님! 신약이라면 水木이 좋아 보이는데, 乙木이 나쁘다는 것은 다소 이해가 되지 않는군요."

철현님 : "예! 격이 우선이기 때문입니다. 만약 월간의 乙木이 년간의 辛金과 자리를 바꾸어 乙亥 辛未, 또는 시간 己土와 자리를 바꾸어 己未 乙巳로 사주가 구성되었다면 당연히 乙木이 나쁘다고 말할 수는 없지요.

같은 오행이라도 고저·장단·원근·심천에 따라 천태

만상으로 다르게 나타나겠지요. 도진님! 년에 관인이 동주하여 할아버지 때 부귀하였으며, 아버지는 할아버지의 후광이 있어 부귀하셨을 것이고, 나중에 사업 실패를 하시지 않았습니까?"

도진님 : "예! 선생님의 말씀대로 할아버지 때 부귀하였으며, 아버지도 한때 거부였으나 현재는 어렵게 살고 계십니다. 아버지가 잘 나가실 때는 하루에도 수십억씩 들어오고, 수억이 나가고 했지요."

철현님 : "거 보세요! 그러니 乙木이 병이며, 格이 좋아 수십억이 왔다 갔다 하는 것이라 말할 수 있지 않습니까? 신약 신강을 논하기 이전에 먼저 격을 보아야 하는 이유가 바로 여기에 있지요.

좋은 사주는 재관인이 녹으로 강하게 통근하고, 년에서부터 시까지 오행이 주류하면 조상의 유업이 자손에게까지 내려간다고요. 재관인이 주류하는 사주와 비교하여 보면 당장 乙木이 사주상의 병이라는 것을 쉽게 알 수가 있지 않습니까?"

도진님 : "아… 듣고 보니 그렇군요. 그렇다면 용신은 辛金이 되나요?"

철현님 : "아니죠! 부득이 용신을 잡아야 하는 경우가 아니면 용신은 강하여야 하며, 조후 억부 일간의 신강약에 따라 정하여야 하는데 辛金은 根이 巳 중 庚金에 약하게 통근하여 무력하며, 년지의 亥 중 壬水가 조후와 억부를 겸하여 일간을 생하여 주니 亥 중 壬水로 용신을 잡아야 되며, 辛金은 병

을 치료하는 약신과 희신을 겸한다고 보아야 하지 않겠습니까?"

도진님 : "그렇다면 辛金은 巳 중에 통근이 되는 것인가요? 辛金은 巳火에 통근이 되지 않는다는 이야기도 있던데요?"

철현님 : "그렇다면 辛金이 亥水나 未土에 통근이 되나요? 辛金이 욕지에 앉아 있고, 시지의 巳火 장간 庚金에 통근한 것이며, 장간의 작은 씨앗이 있으므로 巳酉丑 삼합 금국이 이루어지는 것입니다.

辛巳日柱의 예를 들어 본다면 절처봉생 한다고 볼 수가 있겠는데, 辛金은 巳火에 먼저 극을 당하고, 장간 丙火는 戊土를 戊土는 庚金을 생함에 따라 처음엔 곤고하고 시간이 지나가며 점차적으로 좋아진다고 보아야 합니다."

도진님 : "그렇다면 辛金이 시지에 통근하여 월지에 통근한 강한 乙木을 억제할 수가 있는지요?"

철현님 : "약해도 辛金이 乙木을 극하고 있으며, 약한 것은 운에서 金이 오면 좋다고 보며, 합살이 최선이기에 내년 庚辰年은 대길하리라 봅니다."

도진님 : "선생님 말씀을 듣고 보니 용신은 亥水가 되겠군요. 용신에 대한 말씀을 좀 하여 주십시오."

철현님 : "용신이 왕하고, 조후·병약·억부·통관 등을 한번에 해결한다면 용신으로는 금상첨화가 되겠으나, 어느 오행이 용신으로 적합하지 않아서 다른 오행으로 용신을 삼게 될 경우에는 사주 감정상 실수를 범하기 쉽습니다."

1) 격의 병을 약신이 제하여 파격 후 승격이 된 사주에 용신이 약신을 극하여 대흉하게 되는 경우가 있습니다.

예) 관격에 관살이 혼잡된 것을 식상이 관살을 제하고 있는 중에 인수가 식상을 극하게 되면 파격이 되어 대흉하게 됩니다.

2) 정편인이 일간을 과다하게 생하여 병이 된다면 용신도 과다하면 병이 됩니다.

예) 오염된 물은 사람이나 동식물이 먹고 살아갈 수가 없는 이치와 같지요.

3) 용신으로 중화를 이루어 잘 나가던 사람도 운에 따라 용신이 묶이면 대흉하게 되기도 합니다. 용신이 합하여 타 오행으로 변한 경우와 용신이 변하지 않는 경우를 잘 관찰하여야 하는데, 용신이 변하지 않는 경우에는 처음은 조금 곤고하나 점차적으로 좋아지니 섣불리 단정하여서는 안 되며, 용신의 기반은 중요하며 대운을 조심스럽게 관찰하지 않고는 정확한 답을 구하기가 어렵습니다.

4) 운에 따라 격과 용신이 바뀌며 오늘의 희신이 내일의 기신으로 변하는 경우도 있으니 쉽게 단정 지을 수도 없습니다.

예) 회사의 경리나 요직의 핵심담당 직원이 중요 기밀을 역이용하여 경쟁사로 둔갑한다든가, 경리장부를 국세청에 고발하여 대흉하게 되는 경우도 있으며, 채권자가 파산 직전의 채무자에게 빚을 받아 내기 위하여 부족한 사업자금을 더 많이 대어주어 회사가 정상적으로 돌아가게 되는 수도 있으며, 직업을 다변하게 바꾸어 살아가는 경우도 있습니다. 이 외에도 격과 용신에 관하여서는 수없이 많은 문제들이 있습니다.

도진님 : "선생님! 일간과 용신이 약하고 관살이 많으며, 식상이 없어 오염된 물을 먹지 못한다면 어떻게 하나요."

철현님 : "적은 물이나마 정수기로 걸러서 마셔야 하겠지요? 중환자에게는 미음과 죽을 쑤어 건강을 회복한 연후에 보약으로 다스린다는 제갈공명의 명언이 있지 않습니까?

식상이 많아 일간이 신약일 때는 비겁으로 대설하며, 인수 과다의 병이 될 때는 비겁으로 나누어 먹고, 인수를 많이 생하여 병이 될 때도 인수의 정수된 적은 양의 물은 먹을 수 있습니다."

(관살이 많은 것은 중금속에 오염된 물과 같이 희신이 되지 못합니다)

예

시 일 월 년
己 甲 乙 辛
巳 寅 未 亥

68 58 48 38 28 18 08
戊 己 庚 辛 壬 癸 甲
子 丑 寅 卯 辰 巳 午

도진님 : "선생님 죄송합니다! 저는 지금까지 저의 명조를 신왕으로

알고 있으며, 많은 선생님을 찾아다니며 사주 감정을 받았었습니다. 지금까지 저의 사주를 신약이라고 하신 분은 한 분도 계시지 않았는데 선생님만 유독 신약이라고 말씀하시니 뜻밖이며, 선뜻 받아들여지질 않아 재차 질문을 드립니다.

선생님은 월간의 乙木을 인정하지 않으신다고 하시는데 저는 그 부분에 의문이 있습니다. 노여워 마시고 후학이 학문에 갈증을 느낀다 생각하시고 답을 주시면 감사하겠습니다."

철현님 : "정도진 님이라고 하셨나요? 제가 질문을 하나 드려도 될까요? 壬辰대운과 癸巳대운과 비교하여 어느 쪽이 더 좋다고 보시는지요?"

도진님 : "저는 과거보다 지금이 좋다고 봅니다."

철현님 : "그렇다면 신약이 맞습니다. 신왕이면 巳午未운이 좋아야 하며 寅卯辰운은 나쁘며, 반대로 신약이라면 巳午未운이 나쁘며 寅卯辰운이 좋은 것이 분명하지요!"

도진님 : "巳午未운에는 아버님이 부자였고, 지금은 아버님이 어렵게 살고 계시니 꼭 그때가 나쁘다고 말하기는 어렵군요."

철현님 : "그렇다면 다시 한번 질문을 드립니다. 도진님은 어느 대학을 나왔습니까? 그때가 좋았다면 사주의 격이 크고 좋아서 명문대 경영학과를 나와 지금쯤 금융계에 투신하여 잘 지내다가 壬辰대운부터 고난이 시작된다고 보이는데요."

도진님 : "아닙니다! 저의 아버지는 잘 사셨으나 저는 공부가 하기

싫어 아버님 속을 많이도 썩여 드렸고, 늦게 철들어 고대에 원서를 넣어 떨어지고, 삼수 하다 군에 갔다 오니 아버님의 사업실패로 대학을 가지 못했습니다."

철현님 : "그렇다면 신약입니다. 도진님의 격이 크고 좋은데 대학을 나오지 못하였다면 도진님의 초년은 좋은 것이 아니며, 이는 아버님이 잘 사신 것과는 별개로서 도진님의 운과 부모님의 운과는 다른 것입니다.

지금까지 도진님은 본인의 사주에 의문을 가지고 계시며 많은 분들을 만나 감정을 하였으나, 본인의 살아온 모습과 일치하지 않기에 지금 저에게 질문을 하신다고 보여지는군요. 지금까지 도진님의 사주를 모두 신왕으로 감정을 하였기에 해답을 찾지 못하였다고 봅니다.

신약으로 감정이 되어야 도진님의 살아온 것과 일치하며, 앞으로 다가오는 운이 맞게 된다고 보여집니다. 신왕으로는 해답을 찾을 수가 없었던 것입니다."

도진님 : "선생님! 그렇다면 甲己합 土로 화기격은 되지 않는지요?"

철현님 : "화기격이라니요? 甲寅 일주에 寅午戌 삼합 巳午未 방합으로 근이 없는 것도 아니고, 지지 辰戌丑未 등의 土가 모두 있는 것도 아닌데 화기라니요?"

도진님 : "월지 未土와 시지 巳火와 방합에 일지 寅木은 巳火에 설기당하지 않습니까?"

철현님 : "도진님! 그렇다면 亥未 木국도 보아야 하지 않습니까? 亥未 木국도 저는 인정을 하지 않는데, 午火 사왕지가 빠졌는데 어떻게 그렇게 마구잡이로 짜 맞추기를 한답니까?"

도진님 : "그렇다면 종은 되진 않는가요?"

철현님 : "종이라니요? 甲寅日柱가 어떻게 종을 합니까? 도진님이 정말 몰라서 물어보시는 것입니까? 아님 저를 지금 시험해 보시는 것입니까?"

도진님 : "선생님 절대로 아닙니다. 제가 어떻게 선생님을 시험할 수가 있겠는지요? 단지 저는 왕초보이며, 선생님의 해설하여 주시는 것이 너무 명확하다는 느낌이 들어 지금까지 무수히 난무한 잡다한 이론들에 대한 명쾌한 답이 듣고 싶을 따름입니다. 오해를 말아 주십시오."

철현님 : "그러하시다면 좋습니다. 말씀하십시오."

도진님 : "일간이 시간 己土와 甲己 합을 하면 일간이 묶여 무능하게 된다는데 선생님은 어떻게 생각하시는지요?"

철현님 : "일간이 정재와 합한 것은 묶였다라고 하지 않습니다. 저도 지금까지 수백 권의 역서를 읽었으나 지금까지 시간 정재와 일간이 갑기합하여 일간이 묶였다는 이론을 본적이 없습니다."

도진님 : "중복된 질문입니다만, 亥 중 甲木과 未 중 己土와 甲己 합土 또는 亥 중 壬水와 未 중 丁火와 丁壬 합木, 또 未 중 己土와 일지 寅 중 甲木과 甲己합 土는 어떻게 보시는지요?"

철현님 : "지장간의 합은 육친관계의 문제를 볼 때 사주상의 내면에 감추어진 다변한 인자, 그 사람의 의식 등을 연구 관찰할 때 보는 법이며, 격과 용신·신약·신왕을 볼 때는 보지 않

는 것입니다."

도진님 : "그렇다면 월지 장간에서 천간 투출한 것으로 격을 잡고 지장간 장축된 기물의 힘의 작용을 보지 않습니까?"

철현님 : "월지는 우리 인간이 태어나는 어머니의 모태로서 인간의 출생과 인격 형성에 가장 중요한 작용을 하기에 장간의 여기 중기 정기의 강약을 구분하여 격의 80% 정도를 월지에서 정합니다. 그러나 격과 암합은 구분되어야 합니다."

도진님 : "선생님! 저는 저의 명조와 四柱學이 정확하게 맞는 학문인가 하는 의구심을 가지고 있습니다. 수없이 많은 사람들에게 감정을 하여도 모두가 답이 다릅니다. 어떻게 운명학이 체계적으로 정립된 학문이며, 이것을 가지고 남의 운명을 감정하여 줄 수가 있는 것입니까?

공부를 많이 하셨다는 고수 분들의 이론이 모두 제각각인데 손님들 입장에서는 이곳에 가면 이 말, 저곳에 가면 저 말이니, 정말 수십 군데 아니 수백 군데를 가더라도 과연 제대로 된 카운셀러를 받을 수가 있겠습니까?"

철현님 : "정말 난처한 질문을 하셨는데, 앞에서도 말씀을 드렸듯이 자격증과 졸업장이 없는 학문이며, 끝없이 공부하지만 득도를 하지 못하고, 이 세상사람 모두가 다르다 보니 각자 다른 생각을 할 수밖에 없으며, 각자 다른 답이 나오는 것도 당연하다고 하겠지요.

아무튼 이 또한 신의 뜻일 뿐입니다. 그래서 우리 인간은 미완성이며, 고의든 타의든 간에 속고 속이고 있는 것입니다. 불확실하기에 철학관을 찾고, 불확실한 답을 듣고, 불확실하게 살아가며, 불확실한 학문이기에 호기심이 있는 것이지요. 그러기에 이 학문은 영원히 존재한다고 보아야 합니다. 저도 적중률을 올려보려고 지금 이 시간에도 노력을 하고 있을 뿐입니다."

哲顯 **조성화 님과의 통화내용**

예

시 일 월 년
己 甲 乙 辛
巳 寅 未 亥

68 58 48 38 28 18 08
戊 己 庚 辛 壬 癸 甲
子 丑 寅 卯 辰 巳 午

도진님 : "선생님! 그렇다면 희신·기신·구신·한신 등은 어떻게 구분이 되나요?"

철현님 : "사주를 감정할 때 희신·기신·구신·한신 등을 정확히 구분하여야 감정에 실수를 하지 않게 됩니다. 도진님의 사주에는 亥 중 壬水가 용신이 되며, 辛金은 격의 병을 치료하는 약신과 희신을 겸하게 됩니다. 기신은 용신을 극하는 土가 되겠으며, 구신은 기신을 생하고, 사주상의 병을 제거하고 있는 약신인 辛金을 극하는 火가 되고, 救神은 용신을 극하고 있는 기신인 土를 억제하니 木이 됩니다."

도진님 : "선생님! 그렇다면 한신은 없는 것입니까?"

철현님 : "한신은 학술적 용어이며, 사주에 따라 한신은 희신도 기신도 된다고 봅니다."

도진님 : "선생님! 저는 아직 왕초보가 되어서 이해가 잘 되질 않는군요. 어떤 사주에 한신이 희신이 되며 또 기신이 되는가요?"

철현님 : "앞에서도 말씀을 드렸지만 사주상 식상이 많아 일간이 신약하면 비겁도 일간에 도움이 되겠지요. 그러나 용신법에 의하여 인수가 용신이면 관이 희신, 재가 기신, 식상이 구신, 비겁이 한신에 해당하여 용신을 극하는 재를 비겁이 막아주니 구신 역할을 합니다.

인수가 용신인데 관이 약하므로 재로 관을 생한 후에야 오행이 주류하게 되어 좋은 명조로 되는데, 일괄적으로 "인수가 용신이며, 재가 기신이기에 비겁으로 재를 극하므로 비겁이 희신이다"라고 할 수는 없습니다.

같은 오행도 천간과 지지로 구분되며, 통관시켜 주는 신이 있고 없음에 따라 달라집니다. 합이 되어 병이 된 사주의 경우에는 흉신일지라도 합으로 묶여 병이 된 용신을 충극하여 합을 풀어 준다면 그 흉신이 오히려 길신의 작용을 하여 그 운에 대발하게 되기도 하고, 흉신을 흉신이 와서 합살한 경우도 길신 역할을 하게 됩니다.

다른 경우, 비겁이 있어서 먼저 일간에 도움을 주지만 약한 비겁이 왕한 식상에 설기 되여 결국에는 식상만을 도와주는 꼴이 되어 일간을 더욱더 어려운 지경에 몰아넣어 도와주지 않은 것보다 더 못한 경우가 될 수도 있으니 선불리 희신·기신·구신·한신을 일괄적으로 정하여 감정을 할 수가 없는 것입니다.

사주상의 모든 오행의 배합에 의하여 어느 것 하나 중요하지 않는 것이 없고 버릴 것이 없습니다."

도진님 : "선생님! 앞에서는 식상이 강하고 일간이 신약할 때 비겁으로 대신 설하는 용신으로 쓰신다고 하셨는데, 지금은 비겁이 먼저 일간을 생하나 결국은 식상을 생하여 나쁘다고 하시니 조금 이해가 가지 않는군요."

철현님 : "그래서 역학은 어려운 것이며, 같은 오행이라도 고저·장단·심천에 따라 다변하게 되는 것입니다."

도진님 : "그래도 조금 이해가 되질 않는군요."

철현님 : "생고무줄 띠를 오늘 만나 제가 고초를 겪게 되었군요. 하하하… 용신법에는 우선 순이 있게 되겠는데, 일간이 신약한 사주에 인수가 용신인데 인수가 없다면 차선책으로 비겁이라도 쓸 수밖에 없지 않겠습니까? 종도 되지 못하고, 제살·합살 등등 용신으로 쓸만한 적당한 것이 없어 부득이 신약한 비겁으로 용신을 삼는다면 미음과 죽으로 몸을 보신하는 정도라고 보면 되겠지요.

다음은 관살과 식상이 왕하고 일간이 약한 사주에 인수를 용신으로 하여 식상을 억제하면서 관살도 설기시켜 일간을 생하게 하는 용인격에 비겁이 있다면, 이 비겁은 일간에 도움은 되지만 점차 강한 식상에 설기되어 오히려 식상을 왕하게 되는 결과를 낳으므로 결국 인수보다 도움이 되지 못하는 경우라고 말씀드릴 수가 있군요."

도진님 : "선생님! 해설을 듣고 보면 정말 명리학은 어렵고 난해하며 혼란스럽기 그지없군요. 선생님의 설명을 듣고 보면 이론이 명확하시며 아주 간단하고 쉽게 이해가 되는군요. 제가 지금까지 많은 분들에게 감정을 받아 보아도 이렇게 명확한 이론을 세우시지 못하고 있었으며, 수많은 사람들의 이론이 중구난방식이라 코에 걸면 코걸이, 귀에 걸면 귀걸이 식으로 너무 이론이 난잡하더군요. 선생님께서 좋은 체계적 이론으로 후학들을 위하여 저서를 내시지요."

철현님 : "아닙니다! 저는 지금까지 선생님들의 주옥과 같은 저서로 공부하여 왔는데, 감히 저 같은 사람이 어떻게 선생님들의 이론에 칼질하며 왈가왈부할 수가 있단 말입니까?

저의 생전에는 고인들의 명예에 누가 되는 짓은 하지 않으려 합니다. 그러기에 저의 졸저 「술술 읽다보면 통달하는 사주학」은 선생님들의 주옥과 같은 학술에 명예손상을 하지 않는 범위 내에서 실전에 활용하는 법을 후학들에게 드리려고 집필한 것입니다."

도진님 : "선생님! 후학들을 생각하신다면 좋은 저서를 써 주시는 것이 더 좋지 않을까요?"

철현님 : "아닙니다! 이미 선생님들의 저서에 명확한 이론이 주옥처럼 들어 있기에 저희와 같은 후학들은 선생님들의 저서 속에서 옥석을 가려야 하며, 옥석을 잘 가려내고 선별하여 선생님들의 이름을 빛나게 하는 것이 후학들의 몫이라 생각합니다. 그리고 저 또한 100이 될 수가 없기에 자칫 잘못하면

후학들에게 혼란만 가중하게 될 뿐이지요.

도진님! 농담 한 마디 할까요? 시계를 차지 않은 사람에게 시간을 일일이 가르쳐 준다면 시계 찬 사람과 시계 차지 않은 사람과 다를 것이 없지 않나요? 하하하…

예

시	일	월	년
己	甲	乙	辛
巳	寅	未	亥

68	58	48	38	28	18	08
戊	己	庚	辛	壬	癸	甲
子	丑	寅	卯	辰	巳	午

도진님 : "선생님! 저의 경우 재가 기신이 되면 처덕이 없다고 보아야 하지 않습니까?"

철현님 : "앞에서도 누누이 말씀을 드렸듯이 재가 사주상에 용신을 극하는 기신이긴 하지만, 사주의 구성 하나하나에 따라 천태만상으로 변하기에 일간이 신왕하고 운이 좋으면 충분히 재를 감당하니 굳이 재가 기신이라고 단정할 필요는 없지요!

재격으로 승격되어 격이 크기에 재 복이 많은 것과, 파격으로 격이 작은 관계로 인하여 비록 좋은 운이 오더라도 의식이나 겨우 해결하다가 운이 나쁘면 라면도 먹기 어려워

고난을 겪는다면 일방적으로 기신·희신·구신·한신이라 정하여 처덕이 있다 없다고 말할 수가 있나요?

도진님의 경우 정재격으로 격이 크고 좋아 명문가의 따님을 부인으로 맞아 처덕이 있을 것이며, 월지는 어머니궁이 되니 어머니와 같이 자상한 부인이며, 시간에 투출하니 자식같이 귀엽고 사랑스러우며, 甲己合하여 다정다감하고 애교 많은 부인에다가 일지는 부인궁으로 신약한 일간에 뿌리가 되어 주니 부인이 의지처가 되어 주며, 간지동하니 친구 같은 부인이지요! 월지 未土는 년지 亥水를 亥卯未 합하려는 마음을 가지고 있기에 어머니와 며느리간의 사이를 돈독히 하려는 정신을 가진 소유자며, 시간 己土는 일간과 甲己 합하여 눈곱만큼도 亥水인 용신을 극할 마음이 없으며, 년간 辛金 조상궁을 土生金하니, 시가의 가문을 빛내려고 노력하지요.

그리고 辛金 자식을 바로 키우기에 辛金 자식은 乙木을 제거하여 격을 맑게 하며, 년지 亥水를 생하게 하니 자연히 조상의 위업이 빛나며, 조상은 일간인 남편을 생하고, 일간인 남편은 시지 巳火인 처가의 형제들과 장모님을 위하며, 후손을 생하고, 巳火 장모는 未土 재를 생하여 오행이 주류하게 되니 격이 크고 좋은 사주가 아닌가요?"

도진님 : "저에게 듣기 좋게 해설을 하여 주시니 무어라 감사의 말씀을 드릴 수가 없군요! 사주감정이 맞고 틀리고를 떠나서 저는 지금까지 수많은 분들에게 감정을 받아 보았으나 선생님과 같이 분에 넘치도록 칭찬을 들어 본 적이 없습니다. 감사합니다!"

철현님 : "아니죠! 도진님의 사주가 좋기 때문에 좋다고 말씀드리는 것이지 결코 기분 좋으시라 칭찬을 하는 것이 아닙니다. 저도 수없이 많은 사주를 감정하지만 사주가 좋지 않아 손님의 마음을 아프게 하는 말씀을 드려야 하는 순간이 제일 어렵지요.

손님의 경우 실날같은 희망 하나를 찾고자 하는 마음이 간절하여 역술가를 찾는데 감정결과가 좋지 못하여 실망스러운 답을 드릴 때 저도 무척 가슴이 아파 괴롭습니다. 도진님과 같이 감정결과가 좋게 나와 저도 기분이 좋을 뿐입니다."

도진님 : "선생님! 감사드리며 월지 未土는 조토라 辛金을 생하지 못한다는 말이 있던데 未土가 辛金을 생할 수가 있는지요?"

철현님 : "未土는 조토가 되어 辛金을 생하지 못한다고요? 시지 巳火가 辛金을 생하나요? 오행대로 본다면 土가 金을 생한다고 하지 않나요?

여기 · 중기 · 정기 · 조후 등을 논하여 土가 金을 얼마나 많이 생하느냐 적게 생을 하느냐는 있을 수가 있지만, 생을 못한다고 함은 하나는 생각하고 둘은 생각하지 않은 것이라 볼 수가 있군요. 시간 기토는 일간과 갑기합 토하여 부부가 함께 자식인 신금을 생하기까지 하는군요.

예를 들어 火와 金이 상전하며, 土가 없어 오행이 주류하지 못하여 병이 된 사주에 未土가 오면 오행이 주류하지 못한다고 하나요? 어머니의 모유가 부족하면 분유라도 먹여서 자식을 키우며 사랑하지 않나요? 어머니의 사랑은 살신의 사랑입니다."

도진님 : "오행이 주류하면 대체적으로 좋은 명조며, 아무리 어려운 여건이 되어도 상호 협조관계가 이루어져 큰 어려움을 받지 않는다고 보아도 되겠군요?"

철현님 : "아니죠! 격이 파격이 된 상태에서 오행이 주류하면 한 가지 일에 매진하지 못하며 올바른 직업하나 제대로 가지지 못하는 수도 있지요. 오행이 주류하니 직업이 다양하지만 그 어느 것 하나라도 전문성이 없어 운에 따라 직업이 수시로 바뀌며, 오행이 모두 용신이며 기신이기에 중구난방이 되어 제대로 쓸 수가 없습니다. 옛말에 열 가지 재주 가진 사람 끼니때마다 항상 끼니 걱정한다 하지 않습니까?

예를 든다면 관이 많아 식상으로 제살하는 사주에 중간에 재가 끼면 관을 극하지 못하게 함으로 파격이 되어 버리며, 인수가 있어 식상을 극하여 관을 보호하게 되면 파격이 되어 버립니다.

이와 같이 격과 용신이 우선이며, 무조건 오행이 주류한다고 좋다할 수가 없으며, 격과 용신이 다양하면 한 가지 직업에 종사하지 못하며 성공을 하기 어렵기 때문에 격과 용신이 혼잡됨을 꺼리는 것입니다."

도진님 : "선생님! 조금 전에는 오행이 주류하여 좋다고 하시고, 제가 또 여쭈어 보면 금방 다른 이론을 내놓으시니 도저히 종잡을 수가 없군요."

철현님 : “역은 이토록 다변하기에 이론을 정립하기가 어려운 것입니다. 그러나 명리학은 정확한 진리 속에 질서가 있기에 바른 진리를 찾아 이론을 정립하여야 합니다.”

도진님 : “인미 귀문관살과 월간 乙木이 있는 것은 어떻게 보시는지요?”

철현님 : “아직까지 월간 乙木에 관하여 질문 아닌 추궁을 하시는 군요. 월지에서 천간에 두 개의 격이 투출하면 격을 맑게 하기 위하여 둘 중에 하나를 합살 내지 극을 하여 하나를 제거하여야 하는데, 도진님은 乙木 겁재와 시간 정재 중 어느 것을 취하시겠는지요?”

도진님 : “당연히 정기가 시간에 투출하였으니 정재격이 되겠군요.”

철현님 : “그러기에 월간 乙木은 제거되여야 하며, 일간의 신왕 · 신약에 아무런 도움이 되질 않는 것입니다.”

도진님 : “지금까지 저의 사주를 감정하여 주신 분들은 乙木이 있기에 신왕이라고 하셨고, 선생님은 乙木이 일간의 신왕 · 신약에 아무런 도움이 되지 않는다고 하셨기에 이해가 가지 않아 지금까지 궁금증이 풀리지 않았는데, 格을 논함과 논하지 않는 것은 하늘과 땅의 차이군요?

이제서야 격과 용신과 신왕 · 신약 · 희신 · 기신 · 구신 · 한신이 무엇인지 조금은 알 것 같습니다!”

철현님 : “지금까지는 도진님이 저에게 질문을 주셨는데, 지금부터는 제가 도진님에게 질문을 드리고 싶군요! 도진님이 저의 질문에 답을 주세요.”

예

시 일 월 년
己 甲 乙 辛
巳 寅 未 亥

68 58 48 38 28 18 08
戊 己 庚 辛 壬 癸 甲
子 丑 寅 卯 辰 巳 午

철현님 : "도진님은 100을 가지고 부인과 51과 49로 나누어 누가 누구를 더 많이 위하여 주는 것이 좋다고 보시는지요?"

도진님 : "제가 부인에게 51로 조금 더 위하여 주고 싶습니다."

철현님 : "당연히 그래야지요. 자신이 사랑하는 부인에게 조금 더 위해주는 것이 좋겠지요. 그렇다면 다음 질문을 드립니다.

도진님이 100개 중에 1개를 가지고, 부인에게 99개를 드릴 수가 있겠는지요?"

도진님 : "그것은 너무 일방적이지 않습니까? 보통은 50대 50이 좋지 않습니까?"

철현님 : "50대 50은 공정하게 거래하는 남과의 상거래에서나 있는 계산법이지요. 사랑하는 부부관계에서 물건을 사고 팔듯이 냉정하게 상호간 손해를 보지 않는 공정함을 유지한답니까?

그렇다면 도진님은 앞에서 말한 51을 준다는 말은 거짓말이 됩니다.

예를 들어 라인을 그어 놓고 한쪽은 1부터 100까지는 주는 것이고, 또 한쪽은 1부터 100까지는 주지 않는다고 한다면 도진님은 부인에게 51개로 부인에게 조금 더 위하여 준다고 하셨지요?

그러나 1개를 가지고 99개는 주지 못한다고 하셨기에 처음 부인에게 51를 준다고 한 말은 거짓말인 것입니다. 처음 51개를 줄 수가 있으면 99개도 줄 수가 있어야 되며, 99개를 주지 못한다면 처음부터 51개를 주지 않는 것이 되며, 오히려 51개를 받고 싶다는 말이 되는 것입니다."

도진님 : "예, 선생님의 말씀을 듣고 보니 그렇게 성립이 되는군요! 그러나 사람이 사랑을 하는 것은 엄밀히 말하면 자신이 사랑하는 사람에게 사랑을 받고자 함이 당연한 것이 아닌가요?"

철현님 : "사랑하는 사람으로부터 사랑을 받고자 하는 것이 당연하지요. 그러나 도진님은 하나는 생각하고 둘은 생각을 하지 못하는 것입니다. 많이 받고자 한다면 많이 줌으로써 많이 받을 수가 있지요! 내가 1개 가지고 99개의 사랑을 부인에게 준다면 부인도 자신이 1개를 가지고 도진님께 나머지 99개를 주지 않겠나요?

명리학의 육친별로 구분하여 재가 기신이니 처덕이 없다고 생각하는 것은 많이 잘못된 것입니다. 사주학은 인간이 세상을 살아가는 데 많은 도움이 되지만, 하나만 생각하고 둘을 생각하지 않음으로서 잘못 인식되게 된 부작용도 크다고 봅니다.

우리 인간사에는 진정 남을 위해 희생을 하며 자비를 베푸는 사람도 많이 있는데, 어떻게 보면 명리학을 배운다는 것은 학문을 깨우치고자 하는 데만 욕심이 가득하다고 할 수 있겠지요!

예수님이 자비와 99개의 사랑과 희생을 하셨기에 「원수도 사랑하는데 우리 민족을 사랑하지 못하리」하며, 모래사막에 흩어졌던 유태 민족이 단결하여 지금은 세계에서 제일 단결이 잘 되는 이스라엘을 탄생시켰으며, 테레사 수녀님도 자신을 희생하며 병들고 약한 자를 위하여 평생을 봉사하여 노벨상과 아울러 성현으로 추대를 받았으며, 로미오와 줄리엣도 99개의 목숨 건 사랑을 하였지요.

또 있지요. 이 세상에서 제일 큰 사랑 99개를 맹목적으로 주는 어머니의 사랑, 어머니는 밥을 먹다가도 자식이 똥을 싸면 기저귀를 갈아주고, 밤에 아파 밤새 잠을 자지 않고 울면 어머니도 함께 아파하며 꼬박 밤을 지세지요.

또 3살짜리 딸이 「엄마, 미워」하고 발을 동동 구르며 떼를 쓴다면 어머니는 어떻게 하나요. 그 딸을 때려 눈밭에 얼어 죽으라고 던져버리나요?

어머니는 그 딸을 달래기 위하여 「까꿍 야옹 멍멍」 이 세상 그 어느 연극배우도 흉내를 수 없는 코메디, 바보 흉내질을 하여 3살 먹은 딸이 깔깔대며 웃음 짓게 하지 않나요?

이와 같이 자기 자신은 돌보지 않고 자식에게 희생하는 하늘같은 어머니 사랑이 있지 않나요? 이와 같이 내가 사랑하는 부인에게 부모의 사랑과 같이 목숨 건 99개의 사랑을 주게 되면 부인도 남편에게 목숨 건 99개의 사랑을 주게 되니, 50개 주고 50개 받는 것보다 99개의 목숨 건 사랑을 받는 것이 훨씬 더 행복하지 않겠나요?"

도진님 : "선생님의 말씀을 듣고 보니 제가 그곳까지는 미처 생각을 못하였습니다. 잘 하고 있는 부인을 두고 나는 부인 덕이 있느니 없느니 정말 부인에게 씻지 못할 큰 죄를 짓는 말을 함부로 한 것이 되었군요. 정말 부끄럽다는 생각이 듭니다. 그리고 보면 명리학을 공부하며 10신으로 나누어 상생상극을 공부하다 보니 자연히 누구는 좋고 나쁜가를 가리게 되니 잘못하면 극단적인 이기주의로 흐를 가능성이 많군요."

철현님 : "역학은 나 자신을 알고자 시작하기 때문에 이기적인 마음으로부터 학문에 입문한다고 볼 수 있으며, 점차 공부를 많이 하게 되면 자신을 비우며 무상으로 돌아가 세상에서 제일 낮은 곳을 찾고 도와 중용을 얻고자 하게 되는 것입니다."

도진님 : "선생님! 저도 오늘부터 깨달았으니 저의 와이프에게 99개의 사랑을 주며, 처덕이 있다 없다고 하지 않으렵니다."

철현님 : "참으로 좋은 생각이십니다! 그러나 그것이 잘 될런지는 모르겠군요. 만약 도진님이 회사의 상사로부터 심한 꾸지람 아니 모욕적인 말을 듣고 기분이 나쁜 상태에서 처자식이 눈앞에 아른거려 사표를 던지지 못하고 북받치는 성질을 참으며 퇴근하여 집에 왔는데, 부인이 짜증과 신경질을 낸다면 도진님은 그때도 자신이 회사일로 속상한 것을 표내지 않고 부인을 위하여 99개 사랑으로 부인을 끝까지 달래 줄 수가 있겠는지요?"

도진님 : "성인 군자가 아닌 이상에야 그 상황에서 어렵지 않겠습니까? 99개의 사랑을 한다는 것도 정말 쉬운 것이 아니군요!"

철현님 : "좋을 때는 누구나 99개를 줄 수가 있지요. 그러나 정말 어려운 여건 속에서 99개 사랑을 줄 수 있어야 진정한 사랑이 아닌가요?

성질이 많이 난다고 부인에게 잘 하지 못하면서 고작 「재가 기신이면 부인 덕이 없겠지요?」라고 하는 도진님이 성인 군자를 거론하니 테레사 수녀님이 노벨상에 성인으로 추대된 것은 당연하지 않겠습니까?

도진님 : "선생님! 저희는 범부로서 성현과 같은 그릇이 되질 못하는데 99개의 사랑은 정말로 어려운 것이 아닙니까?"

철현님 : "아니죠! 보통 평범 속에 진리가 있는데, 사랑하는 부인에게 99개의 사랑을 주려면 남편은 부인을 부인으로 생각하지 말고 나의 작은 3살짜리 예쁜 딸이라고 생각하고, 부인은 남편을 나의 3살짜리 아들이라고 생각하여 부모의 입장에서 자식을 사랑하듯 하면 99개의 사랑을 줄 수가 있는 것입니다.

남편이 처자를 위하여 사표를 던져 버리지 않고 상사 앞에서의 굴욕을 참으며 물러 나온 부분에서는 분명히 부인은 자신도 모르는 사이에 남편으로부터 99개의 사랑을 받은 것이 됩니다. 그러나 부인 입장에서는 부인이 시부모나 남편의 잘못한 부분으로 인하여 어려운 환경에서 생활하면서 말없이 잘 참고 지내다가 남편을 보는 순간 남편으로부터 위로를 받고 싶어서 힘들고 어려운 생활 처지를 토로하게 되겠지요. 이때 남편도 자신만을 생각하고 자신의 힘든 상황을 부인으로부터 위로를 받으려 하다가 상호간의 불신과 배신감을 느끼게 될 경우 서로 싸울 수도 있지요.

남편이 자신의 입장을 참으며 부인에게 아버지의 입장이 되어 나의 귀여운 3살 먹은 딸을 얼레고 달래듯이 오늘 본인이 회사에서 있었던 일을 이야기한다면, 부인도 자신의 남편이 처자를 위하여 속상함을 참으며 사표를 내지 않았다는 큰사랑에 대하여 감격하여 남편을 하늘같이 존경할 것입니다.

또한 부인도 남편이 화가 나서 들어왔을 때, 본인이 어머니의 입장이 되어 나의 사랑하는 3살짜리 아들이 밖에서 무슨 속상한 일이 있었는가 하며 따뜻하게 안아 주고 보살피듯 남편의 마음을 풀어주면서 오늘 집에서 있었던 일을 이야기한다면, 남편이 생각하기에 「나의 사랑하는 3살 먹은 귀여운 딸을 내가 보살펴 주어야 하는데, 오히려 내가 3살 먹은 아기가 되어 마누라의 품에 안겼구나」라고 하겠지요. 그렇게 되면 정말로 부인 보기가 민망할 것이며, 부인의 하늘같은 사랑에 감동하여 부인을 들면 날아갈까, 놓으면 깨질까, 쥐면 터질까, 금이야 옥이야 하면서 목숨 건 99개의 사랑으로 대하며 로미오와 줄리엣 같이 함께 죽어주는 사랑을 하며 살아갈 수가 있게 되질 않겠나요?

만약 남편이 부인의 뜨거운 사랑을 받고 그 다음날 회사에 출근하여 밝은 얼굴로서 상사에게 "제가 어제는 잘못하였기에 앞으로 열심히 잘 하겠습니다"라고 사과한다면, 그 상사는 남편을 성실한 사람으로 인정하며 앞으로 출세길을 열어 주려 하겠지만, 그 반대로 부인이 남편을 원망하고 남편은 부인을 증오하게 되어 남편이 그 화를 풀지 못하여 술집에서 밤새 술을 마시고 취해 흐트러진 모습으로 출근하여 증오심이 가득 찬 얼굴로서 상사에게 사과를 한다면, 그 상사는 남편의 얼굴 속에 가득 찬 증오심과 형식적으로 사과를 하는 모습을 보게 되므로 더욱 괘씸한 생각을 할 것이며, 기회만 온다면 좌천을 시키겠다고 벼르게 되겠지요.

이렇게 보면 부인의 99개 사랑은 남편이 출세를 할 수 있도록 만들기도 하지요. 이와 같이 부부의 99개 사랑이 확산되어 내가 있고 네가 있음이 아니라, 네가 있기에 내가 있는 너와 내가 사랑하고, 이웃과 이웃이 사랑하며, 동과 서가 화합하고 남북이 단결한다면 세계의 중심국가! 아시아 속의 이스라엘이 탄생되지 않을까요?"

도진님 : "아… 선생님 대단하십니다. 순수 우리 토종 김치·된장과 같은 사상 철학이십니다."

예

시	일	월	년
己	甲	乙	辛
巳	寅	未	亥

67	57	47	37	27	17	07
戊	己	庚	辛	壬	癸	甲
子	丑	寅	卯	辰	巳	午

도진님 : "선생님의 설명을 듣고 보면 저의 사주가 감정하기 어려운 사주는 아니군요!"

철현님 : "더욱더 간단하게 감정하는 법도 있지요. 7월 뜨거운 여름 오전 11시경 넓은 호남평야를 자동차로 지나다가 전경이 좋아 잠시 내려 논밭으로 가보니, 날이 가문 탓에 논에는 물이 없어 벼가 시들고 있으며, 주위에는 잡초가 무성한데, 논 주인은 낫으로 잡초를 베어내다 말고 저수지 물을 대러 가고 없군요. 이 논의 주인은 조상 대대로 물려받은 대농의 집안이라는 것을 쉽게 느낄 수 있으며, 조금 멀리 있기는 하지만, 사계절 마르지 않은 저수지가 있으므로 좋은 옥답이라고 느껴지는군요.

또한 논 주인은 여름내 땀 흘리며 저수지의 물을 대고 논의 잡초를 제거하고 나면, 가을에는 풍년을 맞아 여름내 땀 흘린 보람을 느끼며 즐거워하는 모습을 상상할 수가 있군요."

도진님 : "아… 사주를 자연에 비유하기도 하는군요. 구체적으로 해설을 하여 주시면 좋겠습니다. 선생님 왜 오전 11시라고 하시는지요?"

철현님 : "간단하지 않습니까? 년간의 辛金은 자동차며 亥水는 지살이니, 도진님 덕분에 제가 자동차로 넓은 호남평야(未土, 己土)로 드라이브 한 번 하게 되었고요. 7월생에 巳시니 시간으로 오전 11경이며, 벼 甲寅이 잘 자라고 있으며, 잡초(乙木), 낫(辛金), 날이 가물은 것은(未土장간 수기가 없다), 주인이 물 대러 간 것(년지 亥水 저수지), 조상 대

대로 물려받은 대농은 월지(未土 부모궁) 시간 자식궁(己土), 년지(亥水 조상이 돌보아 줌), 7월이니 곧 辛金 열매 가을 풍년이 눈에 선하지 않아요?"

도진님 : "이해하기도 쉽고 정말 좋은 해설법입니다. 선생님 대운에 대하여 말씀을 좀 하여 주십시오."

철현님 : "사주를 초목에 비유하면 운은 어느 계절로 가는가를 나타내고, 월에서 대운을 일으키기에 월령은 대운의 근묘가 되고, 월의 연속성을 접목한 것으로 비유할 수가 있으며, 대운 수는 절입일로 셈하여 정확히 자신의 생일날 태어난 시로 대운이 바뀌게 되지만, 편의상 절입일로 날자를 셈하여 3으로 나누어 정하므로 도진님의 대운 수는 8이 아니며 7이 됩니다.

일간의 왕약에 따른 격과 용신·희신·기신·구신·한신 등을 각각 대운에 대입하여 다변하게 변하는 유무를 살피며, 용신 법에 의하여 중화·통관·조후·억부·병약 등을 따져야 하며, 육친별로 각각 대입하여 다변한 생·극·합·형충파해·12운·신살 등등을 관찰하고 사주와 대운과 연운으로 이루어지는 삼각법에 의한 형충파해·합 등을 고려하여야 합니다."

도진님 : "많은 분들에게 사주 감정을 받아 보았으나 간단히 이 운에 이렇다 저렇다고 말씀들을 하시던데 선생님은 너무 어렵게 말씀을 하시니 이해가 될듯하다 복잡하고 모르겠군요!"

철현님 : "한 사람의 운명을 논하는데 이 정도 관찰하는 것으로는 많이 부족한 것이 아닙니까? 그리고 다른 분들도 짧은 시간에

감정을 하는데 굳이 시시콜콜한 설명할 필요가 없기에 말씀을 하시지 않으신 것일 뿐이며, 저는 10년 동안 면벽에 사람이 그립던 중 도진님이 저에게 전화를 주시니 오랜만에 입에 곰팡이를 털어 내느라 말이 좀 많은 것이지요."

도진님 : "10년 면벽이라니요? 선생님은 홍대 지하도에서 로땡을 하셨다는 것으로 저는 알고 있는데, 어디 절에 들어가셔서 공부를 하셨는지요."

철현님 : "농담도 못하나요? 사실 절에 들어가 공부를 하여도 마음속에 오욕칠정이 끓고 있다면 그곳은 시장통이고, 지하도에 앉아 있어도 마음이 절이면 이곳이 절이 아닌가요? 그리고 역학에 10년 공부한 것 가지고 공부하였다고 말할 수가 있나요?

그러나 시간도 시간 나름이겠지요. 아무리 많은 세월동안 공부를 하였다 하더라도 친구 따라 술 마시고, 당구 치고, 애인 만나 데이트하고, 공부 좀 하려고 하면 마음속에 오욕칠정이 가득하고, 그런 상태로 10년 이상 공부했다 한들 무슨 의미가 있겠습니까? 10년 공부 나무아미타불이란 농담이 있지 않습니까?

저의 말은 학문을 수도하는 마음으로 하여야 한다는 말이며, 고독한 거지생활을 10년을 하고 나니 너무 외로웠는데 도진님이 전화를 주시니 반가워서 면벽 10년이라고 한 것입니다."

도진님 : "아닙니다. 선생님의 농담 속에도 진리가 있습니다. 그리고 저의 97년 98년 99년은 어떻게 보시는지요."

철현님 : "도진님은 97년부터 지금까지 좋다고 보여지는데요."

도진님 : "선생님의 말씀대로 金은 희신 亥水가 용신이라면 丁丑년은 丁火가 辛金을 극하고, 丑土가 亥水를 극하니 나쁘며, 戊寅년은 戊土가 용신 水를 극하고, 寅木은 용신인 亥水를 寅亥 합으로 묶고, 己卯년도 역시 己土가 용신 水를 극하고, 亥卯합으로 용신 亥水를 묶어 나쁘다고 보아야 하지 않는지요?"

철현님 : "丁丑년부터 대운이 癸巳대운에서 壬辰대운으로 바뀌며, 사주상에 亥水가 천간 투출을 하지 못하고 지지에 있었으나 대운에서 壬水가 천간으로 오게 되어 사주상의 亥 중 壬水가 천간 투출한 형식이 되어 좋은 운이라 볼 수가 있으며, 대운이 사주의 전체 운을 좌우한다면 년은 그해의 십신별로 운의 작용이 있게 되기에 연운이 재가 되면 재에 대한 일이 있고, 인수가 되면 문서에 관한 일이 있다고 보며, 특별히 사주와 대운이 형충파해가 되지 않으면 대체적으로 대운의 관계로 좋다고 보면 됩니다.

丁丑년의 경우는 식상의 운이 되니 새로운 사업운 또는 취직 등이 있다고 볼 수가 있게 되고, 丁丑년의 丁火가 사주상의 희신 辛金을 丁辛 극하나 대운의 壬水가 丁壬합으로 묶어 주니 대운의 작용에 의하여 나쁘게 작용을 하지 못한다고 보며, 오히려 대운 壬水(윗사람)의 도움으로 좋은 직장을 얻게 된다고 볼 수 있으며, 丑土는 월지 未土를 충하니 직장에서 급여를 받기는 하나 생각보다 적게 받는다고도 볼 수가 있습니다.

戊寅년은 돈・여자에 관한 운이 있게 되며, 편재(투기성 재물) 寅木이 용신 亥水를 합하고 木으로 변하여 신약한 일간에 도움을 주니 亥水(문서)가 木(비겁)으로 변한 관계로 문서에 의한 겁재 겁탈 등이 있다고 볼 수도 있으며, 亥水(12 문서)와 비견 寅木(3 비견)이 합하여 戊土 편재가 생기니 亥水(12) 120만원 투자하여 3,000만원 벌었다고 할 수 있으며, 편인 + 비겁 = (사기성 + 강제성)로 부잣집 아가씨에게 장가들며 열쇠 3개 가지고 왔다고 할까요?

하하하… 己卯년은 壬辰대운의 辰土와 己卯년 卯木과 일지 寅木이 寅卯辰 방합을 하고 사주상의 년지 亥水와 월지 未土와 己卯년의 卯木이 亥卯未 삼합 木국을 하여 변한 중에 기묘년의 천간 己土가 월간 乙木과 乙己극이 되니 정재가 겁재를 본 것이 되고, 기묘년에 삼합에 방합으로 한꺼번에 친목회가 여기저기 쌍으로 생겨나며, 壬辰대운에 갑자기 미꾸라지가 용이 되며, 승천하여 戊寅년에(편재 불로소득) 열쇠 3개씩이나 받고 장가들었다 또는 사기결혼한 것 탄로나 무더기 단체로 몰려와 항의하니 무마하려고 한턱 내느라 월급이 남아나지 않게 생겼군요. 하하하…”

도진님 : “하하하… 그렇다면 庚辰년은 어떻게 보시는지요?”

철현님 : “庚辰년은 대길하다고 볼 수가 있으며, 庚辰년부터 壬辰대운의 진면목을 보게 되겠는데, 하루에 수백 억 들어오고 수억 나가는 격을 만드는 시발점이 되어 사주상의 病으로 작용하고 있는 乙木을 乙庚합하여 확실히 제거하고, 대운 壬辰과 연운 庚辰에 용신과 희신이 상생관계가 성립하여 대

운 壬水(조상 윗사람 문서 명예) 년 庚金은(상사 윗사람 관청 승진 명예) 등에 辰土(투기 성재물 불로소득) 등이 되며, 대운의 壬水(편법)의 작용에 의한 2곱, 庚金 약신에 희신 편관(비정상 승진)의 작용에 의한 2곱이 되어 도합 4단계 초고속 승진이 있겠습니다.

그리고 庚金이 辰土를 달고 왔기에 庚辰월(상사 윗사람 승진 명예) 등에 의한 辰土(5) 편재 5천만 원의 특별 수당이 있을 것이며, 대운壬水가 辰土(5)를 달고 왔기에 壬水(편인의 인기 눈치 비정상 사기성 문서 윗사람) 壬辰대운 중5억 아님 5단계의 특별 승진이 있게 되겠군요. 하하하…"

도진님 : "하하하… 말도 안 되는 농담을 하시는군요. 하하하…"

철현님 : "하하하…"

哲顯 조성화 님과의 통화내용

예

시 일 월 년
己 甲 乙 辛
巳 寅 未 亥

67 57 47 37 27 17 07
戊 己 庚 辛 壬 癸 甲
子 丑 寅 卯 辰 巳 午

도진님 : "선생님 壬辰대운 중 천간 壬水는 용신이라 길하다고 볼 수가 있으나 지지 辰土운은 재운이 되어 나쁘진 않을까요?"

철현님 : "앞에서도 말씀을 드렸듯이 대운은 10년 동안 천간과 지지가 함께 작용하며, 辰土는 寅卯辰 동방 木방으로서 계절의 중간 조절 기능에 土로서의 작용이 강하지만 천간 투출한 오행에 따라 다변하게 작용한다고 봅니다. 즉 천간에 戊土가 투출하면 土의 작용으로 壬水가 투출하면 水의 고로 작용하고, 甲木이 투출하면 木의 고로 작용하며, 庚金이 투출하면 金을 생한다고 보겠는데, 현재와 같이 천간에 壬水가 투출하였기에 水의 고로 작용한다고 보아야 합니다."

도진님 : "다른 분들은 천간을 5년 지지를 5년으로 따로따로 구분하여 보기도 하던데, 선생님은 단순 10년 水의 작용으로 보시는지요?"

철현님 : "끊어서 보아야 합니다. 대운의 작용은 간지가 함께 동주하고 있으니 10년을 작용하게 되지만, 壬水와 辰土는 분명히 다른 기호이듯이 각자 다르게 작용하며, 상호 유대관계에 의한 작용이 이루어지고, 대운이 바뀌어질 때까지 함께 작용한다고 봅니다."

도진님 : "선생님 그렇다면 대운에서 천간과 지지 중에 어디를 더 중요하게 생각하시며, 천간과 지지의 기를 정확히 몇 %로 나누어 보시는지요."

철현님 : "천간 지지를 몇 %로 나누는가를 간단히 설명 드리기는 좀 어려운데요."

도진님 : "선생님 많이 귀찮게 해 드려서 죄송합니다. 구체적으로 말씀을 좀 하여 주시면 감사하겠습니다."

철현님 : "먼저 방(方)의 운을 30% 가산하고, 방(方)의 기운 30을 뺀 70%를 100으로 잡아 그 안에서 천간을 30% 정도, 지지를 약 70%로 봅니다. 만약 개두나 절각이 된 상태라면 지지가 천간을 생하여 줄 경우에는 천간과 지지를 각각 50%로 보고, 천간이 지지에 극을 받을 때는 천간의 기운을 20% 정도 작용하는 것으로 보고, 지지를 80% 정도 보지요.

천간이 지지를 극할 경우에도 천간과 지지의 기운을 각각 50% 정도로 보며, 현재와 같이 천간이 지지에 극을 받으나 지지에 통근한 경우에는 천간을 40%, 지지를 60% 정도로 저는 보고 있습니다."

도진님 : "선생님은 지지를 더욱 중하게 생각을 하신다는 말씀이시군요. 그렇다면 저의 경우 壬辰대운은 지지가 辰土가 되며, 土의 작용이 강하고, 土는 사주상에 기신에 해당하니 辰土운 5년은 상당히 어렵다고 보아야 하겠군요."

철현님 : "굳이 따진다면 壬水보다 나쁘다고 보아야 하겠지요. 그러나 도진님이 염려하시는 정도로 나쁘다고 볼 필요는 없습니다. 이미 대운이 寅卯辰 동방 木운에 있어 辰 중 장간 乙木이 전체 운의 30% 정도를 작용하고, 천간의 임수가 근을 한 辰 중 癸水의 작용도 보아야 하지 않겠습니까?

예를 들어 戊戌이나 己未처럼 운이 서방과 화방에서 천간에 土가 투출하였다면, 지지 土는 완전한 土의 작용을 하므로 천간과 지지를 구분하여 나쁘다고 볼 수가 있겠으나, 辰土는 천간 壬水의 근이 되어 주는 작용과 木의 작용을 빼고 나면 土의 작용이 미약하므로 그다지 흉하지 않으며, 특히 辰土가 사주와의 관계를 볼 때 크게 염려할 정도는 아니라고 봅니다."

도진님 : "선생님! 그렇다면 지지를 중히 여기시는 이유가 무엇인지요?"

철현님 : "예, 우리는 음양오행의 모든 기를 받고 살아가고 있으나 태양력이 우리가 살아가고 있는 지구에 영향력이 제일 강하고, 다음이 월력이 된다고 보며, 월은 계절을 나타내며, 계절에 따른 작용에 의하여 만물이 흥망성쇠를 하게 됩니다.

예를 들어 엄동설한의 午시면 눈보라 속에 흰눈이 소복이 쌓여서 풀 한 포기 자랄 수 없는 상태의 한나절이며, 삼복더위의 午시는 만물이 만발한 한낮이 되니 비교하여 본다면 월을 중히 여기는 이유를 간단히 아시게 되리라 보여지는데요!"

도진님 : "아… 선생님 정말 간단하고 쉽게 이해가 되는군요. 그렇다면 년을 더 중히 여겨야 하는 것이 아닙니까?"

철현님 : "당연하지요! 그러기에 과거에는 근묘화실 법에 의한 연주위주로 사주를 보았지요. 사실 예나 지금이나 년이 상당히 중요하지 않나 생각합니다. 근은 뿌리로서 인자론에 의하여 활엽수인지 잡초인지 그 품종을 알며, 나무가 처음 싹을 틔울 때 건강한 종자인가 부실한 종자인가를 알 수 있으며, 좋은 여건에서 성장을 하였는가 나쁜 여건에서 성장하였는가 등을 고려하여 볼 수 있으니 아주 중요하지요.

사람의 경우에도 초년에 부모에게서 많은 사랑을 받고 좋은 여건에서 자란 사람은 성격이 온화하고 원만하며 순조롭게 대학을 나와 선후배의 유대관계에서 사회생활도 서로 밀고 당겨 주며 쉽게 풀어 나가고, 초년 부모에게 사랑을 많이 받지 못하고 어려운 여건에서 억척같이 살아왔다고 본다면 심성이 편굴하기 쉽고, 머리가 아주 좋은 사람이 아니면 공부할 경제적 여건이 조성되질 않아 기술직으로 진로를 수정하게 되고, 주위에 선후배 관계도 여의치 않으며, 대다수가 평생을 어렵게 살아가는 예가 많지 않나요."

도진님 : "선생님 그렇다면 굳이 일간으로 사주를 세울 필요가 없지 않는지요?"

철현님 : "년을 위주로 감정한 것도 평생을 놓고 보면 대체적으로 맞기는 하지만 적중률은 현저히 떨어지는데, 과거에는 역자들이 년을 위주로 감정을 하였지요.

그러나 많은 학자들이 끊임없이 새로운 학설로 재정립하여 가던 중 자평이란 분이 새로운 학설로서 천간을 넣고 일간을 자신으로 하여 형충파해 극 합 다변한 신살을 대입하여 지금과 같이 섬세하게 감정하면서 적중률을 올리게 되었던 것입니다.

그리고 역이란 기호를 파자로 풀게 되면 음양오행이 함축된 것을 알 수 있는데, 날일 자 밑으로 달, 월이 합친 기호로서 음양 오행학인 역은 일과 달의 관계를 나타내고 있기에 사주학에서도 월지와 일간으로 풀이하는 자평의 이론이 맞다고 볼 수가 있습니다.

또한 자평이란 저울로 물건을 달듯 추로써 수평을 잡는 것 또는 수평을 잡고 고른다는 뜻이기에 즉, 월지와 일간의 관계에서 용신으로써 중용을 찾는다고 보아야 하지 않을까요?"

도진님 : "선생님의 해설이 간단하고 명료하십니다. 그리고 사주상에 을목이 병이라고 하시며 동방 목운이 좋다고 말씀을 하시니 저는 이해가 잘 되질 않는군요."

철현님 : "일간이 신약일 경우에 인수와 비겁을 함께 쓰기도 하며, 편재격의 경우는 비겁이 용신이 되지만 도진님의 경우는 정재격에 조금 약하니 가급적 비겁을 쓰지 않고 인수로 용신을 잡아야 만이 조후를 겸한 인수가 용신이 되어 격이 크기에 인수용신에 금이 희신, 土가 기신 火가 구신, 木이 한신일 뿐입니다.

비겁은 동기·동업자·형제 등이 되며, 차후 이익금은 나누어 가져야 하고, 비겁이 용신이 될 때에는 어려운 여건에서는 힘을 합쳐 단결하기 좋으나 이익이 생겼다 하면 쟁재가 일어나지요.

그리고 비겁이 용신인 사람은 대체적으로 세력은 좋으나 자신은 별 볼일 없으며, 주위의 친구·선배 등에 의지하고 항상 주위 세력을 과시하며, 주위 선배와 형이 잘 되어야 도움을 받게 되니, 잘 되어야 2등이지요.

비겁이 망하면 자신도 어려움을 겪게 되니 비겁을 용신하는 사람은 대체적으로 남에게 의타심에 불만이 많고 어렵게 살아가는 경우가 많고, 어려운 여건이 역이용되어 강탈당하기도 하며, 어려울 때 도움이 되질 않는 경우도 있지만 일간이 약할 때는 일단 비겁 운이 좋다고 보아야지요."

도진님 : "그렇다면 인수도 엄밀히 보면 내가 아닌 남이질 않습니까?"

철현님 : "인수도 엄밀히 보면 남이라고 볼 수도 있겠지요. 인수는 어머니, 윗사람, 상사 등이 되겠으나 인수는 나의 학문과 지식이 되기도 하니 궁극적으로 나의 능력이라고도 볼 수 있습니다."

도진님 : "선생님! 오늘 정말 감사합니다. 많은 시간을 이렇게 할애하여 수많은 의문점 등을 상세히 설명하여 주셔서 무어라 감사의 말씀을 드려야 할지 모르겠군요. 그리고 제가 찾아뵙고 상담을 드려야 하는 것을 전화상으로 많은 실례를 범하였습니다. 오늘 장시간 선생님의 시간을 빼앗아 정말 죄송합니다. 오늘 정말 많은 것을 배우고 지금까지 풀리지 않던 의문을 속시원히 풀게 되었습니다. 감사합니다."

책을 마무리하면서

98년 7월에 「술술 읽다보면 통달하는 사주학」 1권으로 독자들을 만나 뵙고 난 후, 5년 만에 다시 2권으로 인사를 드리게 되었다.

먼저 독자들의 열화와 같은 성원에 감사를 드린다. 1권에서는 필자의 건강이 좋지 않은 상태에서 원고를 준비하게 되어 여러 가지 미흡한 부분도 많았으며, 세밀히 교정을 보지 않아 오자가 다소 있었기에 불편함을 끼친 데 대하여 사과의 말씀을 드린다. 2권에는 미흡한 부분들을 보완하고 심혈을 기울여 집필하였다.

많은 독자들께서 2권을 출간할 때는 기초부분을 정리하여 실어주기를 원하셨으나, 기초부분의 서적은 자평서로부터 시작하여 실력 있는 학자들의 책이 무수히 많이 나와 있으며, 오히려 이론이 분분하여 혼란스럽기까지 한 상태이기 때문에 저자의 생각으로는 어설픈 기초 책을 한 권 더 내어 혼란을 가중하는 것보다는 선학들의 노고에 감사하는 편이 낫다는 것이다.

필자는 선학들의 저서들을 읽으면서 실전 대입부분에 있어서의 아쉬움을 늘 느껴왔기에 후학들에게 조금이나마 도움이 되었으면 하는 마음으로 혹세무민(惑世誣民)이 될지언정 「술술 읽다보면 통달하는 사주학」을 집필하게 된 것이다.

많은 독자들께서 지금까지 답은 있으나 공식이 없어서 실전대입이 잘 되질 않았는데, 「술술 읽다보면 통달하는 사주학」이 답과 공식을 자세히 설명하여 주어서 실전에 많은 도움이 되었으니 지속적으로 집필하여 달라고 제의하셨고, 또한 많은 분들이 본인들의 사주를 2권에 실어 줄 것을 요청하였으나 모두 실어드리지 못하여 죄송스럽게 생각하며, 아울러 독자들의 뜨거운 성원에 감사드린다.

역(易)의 기초를 익힐 수 있도록 좋은 역서들을 집필하여 주신 수많은 선배・철학인들에게 감사드리며, 인터넷상의 홈페이지에서 인연이 되어 몇 년 동안 함께 학술 토론에 참여하여 학문 발전에 힘써 왔으며, 이번 저서의 발간에 많은 도움을 주신 모든 학술회원님들께도 감사드리는 바이며, 노고에 답하고자 철현학회 학술위원님들을 소개하고자 한다.

[철현학회 학술위원 소개]

철현학회 : 趙 哲 賢 010-4569-4442
http://cafe.daum.net/7tkwn

강동지회 : 尹 銀 淑(智映) 016-234-9438, 02)766-9438

강북지회 : 朴 德 熹

강서지회 : 蘇 恩 觀 02)2616-4361

서초지회 : 鄭 度 眞 011-207-7883

강원지회 : 趙 盛 浩 010-602-2811, 033)378-7770

경남창원 : 金 順 玉 010-9330-6617

대구경북 : 金 範 修(書川) 011-259-7204, 053)252-7204

인천경기 : 金 靈 帝 010-5373-1232, 070-7582-9381

전주호남 : 泰 陽 063)283-2961

충청중부 : 秋 勝 燁 011-549-7407

마산지회 : 심 우 량 010-5654-0377

연구회원 : 李 明 子

四通五達　四柱學
극비전(極秘傳)

2판 1쇄 인쇄　2009년 11월　5일
2판 1쇄 발행　2009년 11월 10일

저　자 | 조철현
펴낸이 | 천승배
펴낸곳 | 도서출판 유한문화사

등　록 | 제 5-31호. 1979. 3. 6.
주　소 | 서울시 강서구 가양동 146-63(우 157-801)
전　화 | 2668-2055~6　팩스 | 2668-2565
홈페이지 | www.yuhansa.com

ISBN 978-89-7722-714-9　03150

값 25,000원